実態調査で見た
中堅・中小企業のアジア進出戦略「光と陰」

安積敏政　著

日刊工業新聞社

はじめに

　本書は，日本の中堅・中小企業のアジア進出の実態をアジア20カ国・地域100社強（巻末の国別訪問企業名一覧参照）の現地法人を直接訪問し，インタビューした結果をまとめた実証研究（Empirical Study）である。2012年1月から2014年2月の2年間，中国，インドはもとより，北はモンゴルから南はインドネシア，東は東ティモールから西はパキスタンまで各国の事業現場を自ら歩いた「アジア路地裏経営」の実態である。

　100社を超す製造業，非製造業（サービス業）の経営現場を訪問すると同時に，アジア各国の大きく変化する消費の実態や消費行動を理解するため，各国の訪問都市のショッピングセンター，ショッピングモール，伝統的な地元市場について，トップの規模と言われる上位3カ所（巻末の訪問市場リスト参照）を歩いた。アジアで急増する中間層の消費動向を体感するのが目的である。

　本書を書く背景となったのは，産業界の要請である。ダイナミックに変化するアジアで日本は2010年代にどのような経営をなすべきかという疑問から，2009年に「激動するアジア経営戦略－中国・インド・ASEANから中東・アフリカまで－」を上梓した（2014年5月現在6刷）。本書は主に自動車，電機，化学，機械などの大手製造業に焦点を当てた。その後，商社を除いて新興国進出が大きく遅れたサービス業のアジア進出の課題や対応策がほとんど述べられていないという前著への批判から，2011年に「サービス産業のアジア成長戦略」を上梓した。その後，製造業，サービス産業の大手企業に対して中堅・中小企業のアジア進出が加速化したことが本書出版の動機である。そういう意味では，本書は筆者の"アジア経営戦略シリーズ"3部作の3冊目に当たる。

　今回のアジア20カ国・地域100社強の現場を訪問したことが，日本の中堅・

はじめに

中小企業のアジア進出の実態を普遍化，標準化することにはならない。これら企業は，業種も規模も経営スタイルも大きく異なるからである。また，これらの進出企業の日本の本社は，北海道から九州まで全国にまたがっており，各々異なる地域経済の特性を反映しているからである。そのような状況の中で，進出国，進出事業の異なる100社強の個別実態から具体的に何が学べるかというインプリケーション（示唆・含意）が重要である。進出時の検討，進出後の現地経営の困難さ，そして志半ばでの事業縮小・撤退という3段階で日本の中堅・中小企業は何と格闘して，どのように解決しようとしているのかという実態の一端を産業界，官界，学界の皆様にご理解をいただければ幸いである。

中堅・中小企業の海外進出のリアルな実態は，進出企業の日本本社にアンケートを送って回収した結果を机上でまとめる程度ではわからないのである。海外現地法人の事業の現場で経営トップに詳細な突込んだインタビューを行い，工場見学，事業所見学をさせていただく中からその実態が浮かび上がってくる。インタビュー中で言えないことも多いし，話していただいても書けないことも多いのが中堅・中小企業である。

中堅・中小企業の海外進出に関しては，「匠の技を持つ日本の中堅・中小企業は素晴らしい」という礼讃一辺倒の本や論文がある。現地で事業困難に陥り，事業撤退や事業売却を余儀なくされた多くの企業の存在に触れることなく「光と陰」の「光」の部分だけに焦点を当てたワンサイドの本もある。また，「中堅・中小企業の海外進出は，日本本社の雇用を増大し，企業の活性化に大きく貢献している」といった例外的企業を取り上げた所轄官庁の希望と期待を書いた本なども多い。本書ではそれらの先入観なく20回に及ぶ現地出張を通して，現場を一社一社丹念に歩いて，見て聞いて感じた結果を海外の現場サイドから記載しているアジア路地裏経営学である。本書に，筆者が訪問した現地法人の中から42社の具体的事例を収録したのも，今後アジア進出を計画し現地での様々なご苦労に直面するであろう中堅・中小企業の皆様の実践的な参考書となることを願ってである。なお，企業事例の内容，経営の数字は，筆者訪

問時点であることにご留意いただきたい。

　また，本書の第5章に，筆者が顧問を務めている神戸市アジア進出支援センター（檀特竜王所長）の開所1周年記念シンポジウムを収録している。筆者が企画しモデレータを務めたこの討論会の中で，2010年代に入って雨後の竹の子のごとく全国自治体や経済諸団体が立ち上げた中堅・中小企業の海外進出支援制度や組織は，地方経済の活性化に本当に役に立っているのか，その具体的な課題と展望は何かを追求している。関係官庁，関係諸団体の皆様の今後の政策立案や支援活動の参考になれば幸いである。

　なお，本書出版に当たっては，著者のインタビューや問合せに，日々の業務で多忙な中にもかかわらず温かくご支援・ご協力をいただいたアジア各国現場の経営者・経営幹部の皆様に心より感謝を申し上げたい。

　また，筆者の海外インタビューの多くの行程に同行いただき，拙稿に貴重なコメントをしていただいた神戸市アジア進出支援センターのシニアマネージャー　八伏俊彰氏（元・松下電器産業勤務）の支援がなければ，本書の発刊は困難だったと言わざるを得ない。あらためて感謝を申し上げる次第である。

　最後に，日刊工業新聞社・大阪支社の辻總一郎氏には本書の企画段階から編集・校正に至るまで懇切に作業を進めていただいた。同氏をはじめ関係者の皆様に心より御礼を申し上げたい。

2014年6月

安　積　敏　政

● 目　　次 ●

はじめに

第 1 章　アジア 20 カ国・地域 100 社強の現地実態調査の概要

1. 中堅・中小企業の定義 ……………………………………………………… 2
2. 訪問企業の選定 ……………………………………………………………… 4
3. 現地インタビューの方法 …………………………………………………… 5
4. 進出国 ………………………………………………………………………… 6
5. 本社所在地 …………………………………………………………………… 6
6. 業種 …………………………………………………………………………… 7
7. 売上高 ………………………………………………………………………… 7
8. 資本金 ………………………………………………………………………… 8
9. 従業員数 ……………………………………………………………………… 9
10. インタビューリスト ………………………………………………………… 12

第 2 章　中堅・中小企業のアジア進出事例研究

◆ 1．東アジア編

●モンゴル

1. モンゴル人元実習生が経営するモンゴル現地法人
   賛光テックモンゴリア株式会社 ………………………………………… 18
2. 厳冬期にでも稼動できる北海道の生コン技術
   アイザワモンゴル LLC ………………………………………………… 23

目 次

●中国

1. 顧客とは日本語で仕様書を打合せ
   北京信思成信息技術有限公司 ……………………………………… 29
2. ゴム長靴日本トップ企業の現地企業買収
   大連金弘橡胶有限公司 ……………………………………………… 33
3. 金型製作・プラスチック事業・水気耕栽培装置
   大連大暁協和精模注塑有限公司 …………………………………… 41

●韓国

1. 日華化学グループ内で存在感上昇
   ニッカコリア株式会社 ……………………………………………… 47
2. 韓国政府の国産化政策に連動して進出
   韓国三星ダイヤモンド工業株式会社 ……………………………… 51

●台湾

1. 中国大陸市場を狙う橋頭保としての台湾
   台湾曽田香料股份有限公司 ………………………………………… 56
2. 海外初の研究開発部門を備え持つ表面処理剤メーカー
   台灣上村股份有限公司 ……………………………………………… 60

●香港

1. 日本と海外現地法人間に横たわる諸課題
   サンコール香港株式会社，新确精密科技（深圳）有限公司 ……… 66
2. 困難を増す採用，高騰する賃金
   明興産業（香港）有限公司，東莞萬江明興産業塑膠製品廠 ……… 72
3. 岐路に立つ日本の着物市場と来料加工貿易
   京蝶苑（香港）有限公司，京蝶苑和服工藝廠 …………………… 77

目 次

◆ 2. 東南アジア編

●インドネシア

1. 小規模時代からグローバル視点で事業拡大
   P. T. Meiwa Indonesia ………………………………………… 83
2. 労組対策と最低賃金の急上昇が課題
   P. T. Komoda Indonesia ……………………………………… 87

●シンガポール

1. シンガポールとマレーシアが連携した一貫生産体制
   Kyowa Singapore Pte. Ltd. …………………………………… 93
2. みりん，調味料メーカーのアジア戦略拠点
   キング アルコール インダストリーズ シンガポール株式会社 …… 99

●タイ

1. 創業者のDNAが継承される同族経営
   Muramoto Electron (Thailand) Public Co., Ltd. …………… 104
2. 着実な配当による投資回収，現地上場を実現
   タイミツワ株式会社 …………………………………………… 110
3. 進出後，苦労した新規顧客の開拓
   Kobayashi Industrial (Thailand) Co., Ltd. ………………… 115

●フィリピン

1. 問われるグループ一体化経営
   Nikkoshi Electronics Philippines, Inc. ……………………… 123
2. 日本IBMの雇用受け皿会社でスタート
   P. IMES Corporation …………………………………………… 127

vii

目 次

●マレーシア

1. 金属表面処理剤で日本をリード
   Dipsol (M) Sdn. Bhd. ………………………………………… 132
2. 最大の従業員数はインド系マレー人とネパール人
   トーケンマレーシア株式会社 ………………………………… 138

●ベトナム

1. ハイフォン市進出のパイオニア企業
   Witco Vietnam Ltd. ………………………………………… 144
2. レンタル工場活用による中小企業進出支援
   ザ・サポートベトナム有限会社 ……………………………… 149

●ミャンマー

1. インドシナ3カ国で医療用縫合針を分業
   マニーヤンゴン株式会社 ……………………………………… 156
2. IT業界初のミャンマー進出に挑戦
   株式会社ミャンマーDCR ……………………………………… 163

●カンボジア

1. 海外生産展開に生き残りを賭ける
   マルニックス・カンボジア株式会社 ………………………… 170

●ラオス

1. ヴィエンチャン郊外に独自進出
   ラオ ミドリ セフティ シューズ株式会社 ………………… 176
2. 特恵関税を活用する婦人靴製造
   ラオシューズ株式会社 ………………………………………… 181

viii

◆3. 南アジア編

●スリランカ

1. スリランカに進出して30年
   トロピカル ファインディングス リミテッド ………… 187
2. 現地のドイツ企業を買収した筆専業メーカー
   ウスイランカ株式会社 ……………………………… 191
3. スリランカ人留学生の熱意が生んだIT企業
   メタテクノランカ株式会社 ………………………… 194

●ネパール

1. 頭を悩ますIT企業の離職率の高さ
   ネパールKCコンサルティング株式会社 …………… 199
2. 国際村おこしとネパール進出
   株式会社かんぽうネパール ………………………… 204
3. 日本の"山岳民族"とも言われる立山芦峅寺が発祥地
   丸新志鷹建設株式会社　ネパール支店 …………… 207

●インド

1. 縫製品から生活雑貨品までの第三者検品のプロ
   インドフルシマ検品センター株式会社 …………… 211

●バングラデシュ

1. 従業員2,000名，原材料調達から製品までの一貫生産
   丸久パシフィック株式会社 ………………………… 218
2. チャイナプラスワンを意識した縫製副資材メーカー
   横浜印刷（バングラデシュ）有限会社 …………… 221
3. 停電頻発国に停電時にも点灯するLED電球で生産進出
   Kami Electronics International Bangladesh Ltd. ………… 227

目 次

4. 最大の売上高を誇るバングラデシュ・インド市場
　　ペガサスミシン シンガポール バングラデシュ・リエゾンオフィス　232

●パキスタン
1. 合弁パートナーの工場の一角に合弁工場を設立
　　パキスタン リークレス インダストリーズ株式会社 ……………… 238

第 3 章　中堅・中小企業のアジア進出の 20 大留意点

3.1　進出前の留意点……………………………………………………… 246
　　3.1.1　安易な合弁設立………………………………………… 246
　　3.1.2　ロイヤルティの確保…………………………………… 247
　　3.1.3　販路の確保……………………………………………… 252
　　3.1.4　現地調査が杜撰な事業計画…………………………… 253
　　3.1.5　資材調達………………………………………………… 254
　　3.1.6　仲介人の見極め………………………………………… 255
　　3.1.7　入居先の決定…………………………………………… 256
　　3.1.8　派遣人材の質…………………………………………… 256
　　3.1.9　国際契約の重要性……………………………………… 257

3.2　進出後の留意点……………………………………………………… 258
　　3.2.1　出向者の異文化経営対応とコミュニケーション能力…… 258
　　3.2.2　労働争議への対応……………………………………… 259
　　3.2.3　親子ローンによる資金調達…………………………… 260
　　3.2.4　強まる移転価格調査…………………………………… 261
　　3.2.5　完全出資を認められない時代の合弁会社の独資化…… 263
　　3.2.6　遵法精神………………………………………………… 265
　　3.2.7　情報収集と情報管理…………………………………… 266

3.2.8 日本本社の内なる国際化 …………………………………… 266

3.3 事業撤退時の留意点 …………………………………………… 268
   3.3.1 成功・失敗の具体的イメージ ……………………………… 268
   3.3.2 撤退時の企業売却 …………………………………………… 269
   3.3.3 日本の親会社の第三国企業への売却 …………………… 272

第4章　中堅・中小企業のアジア活用戦略

4.1 地域戦略の視点 ………………………………………………… 276
   4.1.1 急成長するモンゴル，挑戦する日本の中小企業 ……… 276
   4.1.2 台湾から中国市場を攻略 …………………………………… 278
   4.1.3 岐路に立つシンガポール・バタムの
       ツイン・オペレーション …………………………………… 279
   4.1.4 イスカンダルプロジェクト
       ―シンガポール・マレーシアのツイン・オペレーション… 280
   4.1.5 インドシナ半島の国際分業
       ―ミャンマー・ラオス・カンボジア・ベトナム― ……… 281
   4.1.6 東ティモール ………………………………………………… 284
   4.1.7 アジアと中東の結節点，パキスタン ……………………… 285

4.2 生産戦略の視点 ………………………………………………… 288
   4.2.1 新たな生産拠点と輸出拠点の構築 ……………………… 288
   4.2.2 きめ細かな事業拠点の選択
       ―西マレーシアと東マレーシアの事例― ………………… 290
   4.2.3 外国人労働者の活用 ―海外および日本での活用事例―… 291
   4.2.4 賃貸工場の活用 ……………………………………………… 292
   4.2.5 ポストアジアの生産拠点，アフリカの検討 ……………… 293

4.3 研究開発戦略の視点 ………………………………………………… 295
4.3.1 新興国でのIT開発 …………………………………… 295
4.4 経営機能戦略の視点 ………………………………………………… 296
4.4.1 設立形態と出資形態
―自前進出／合弁／戦略的提携／企業買収― ………… 296
4.4.2 資金調達 ―アジアの証券取引所上場を視野に― ……… 299
4.4.3 グローバル人材の確保
―人材不足の中で誰が現地法人を経営するのか― ……… 301
4.4.4 二世経営者（後継者）育成の場 ………………………… 304
4.4.5 ホームページの活用 ……………………………………… 306
4.4.6 リスクマネジメントの構築 ……………………………… 308

4.5 中堅・中小企業の強みを生かした経営 ―スピード経営の光と陰― … 309

第5章 中小企業のアジア進出は地元経済に何をもたらすのか
―神戸市アジア進出支援センター
開所1周年記念シンポジウム―

はじめに……………………………………………………………………… 314

5.1 基調講演の骨子
―中小企業のアジア進出は地元経済に何をもたらすのか― … 315
5.1.1 デメリット ………………………………………………… 315
5.1.2 メリット …………………………………………………… 317

5.2 パネルディスカッション ～企業編～
企業経営視点から見た
「中小企業のアジア進出の地元経済への貢献」……………………… 319

5.3 パネルディスカッション ～行政編～
行政の視点から見た
「中小企業のアジア進出の地元経済への貢献」……………… **325**
    5.3.1　海外進出支援組織や制度を作った背景とその内容 …… **326**
    5.3.2　組織・制度の今日までの進捗や実態 ………………… **331**
    5.3.3　海外から地元経済に具体的にもたらされるもの ……… **336**
    5.3.4　費用対効果の評価方法と対外的な透明性確保 ………… **340**
    5.3.5　モデレータの総括 …………………………………… **345**

注　釈………………………………………………………………… **243, 312**
おわりに……………………………………………………………… **347**
国別訪問企業一覧…………………………………………………… **349**
国別訪問市場一覧…………………………………………………… **352**
参考文献……………………………………………………………… **357**
図表一覧……………………………………………………………… **369**
索　引………………………………………………………………… **370**

第1章

アジア20カ国・地域100社強の現地実態調査の概要

第1章　アジア20カ国・地域100社強の現地実態調査の概要

1. 中堅・中小企業の定義

　本書で取り上げる「中堅・中小企業」とは，『大企業』，『中堅企業』，『中小企業』の中で後者の2つである。

　『中小企業』とは，中小企業基本法の第二条「中小企業の範囲」の中で以下の通り定義されており，資本要件，人的要件のいずれかに該当すれば"中小企業者"として扱われる。

- 製造業，建設業，運輸業などにおいては，資本金が3億円以下の会社並びに常時使用する従業員の数が300人以下の会社および個人。

- 卸売業では，資本金1億円以下の会社並びに常時使用する従業員の数が100人以下の会社および個人。

- サービス業では，資本金5,000万円以下の会社並びに常時使用する従業員の数が100人以下の会社および個人。

- 小売業では，資本金5,000万円以下の会社並びに常時使用する従業員の数が50人以下の会社および個人。

　なお，同第二条では，常時使用する従業員の数が20人以下の場合は，"小規模企業者"として定義している。ただし，商業またはサービス業では5人以下の事業者を対象に含んでいる。

　ちなみに，経済産業省中小企業庁が2013年12月に発表した2012年2月時点における中小企業・小規模事業者の数は，385万社（者）であり全産業（大企業と中小企業・小規模事業者の合計386万社）の99.7％を占める。中小企業・小規模事業者のうち小規模事業者は334万社を占め，全産業の86.5％を占

める。この中小企業庁の統計の中では，法律で定義する中小企業・小規模事業者以外はすべて『大企業』という扱いをしており，1万社あることになる。

　次に『中堅企業』であるが，『大企業』同様，法律的な定義はない。前述のように法律的な定義がなされている『中小企業』以外の企業がすべて該当することになる。例えば，製造業，建設業，運輸業などにおいては，『大企業』とは資本金3億円以上の会社並びに常時使用する従業員の数が300人以上の会社および個人ということになる。

　それでは『中堅企業』と『大企業』はどのように区分されるべきであろうか。資本金や売上高が使われるのが一般的である。関係官庁や金融機関や各地の商工会議所などでは，資本金が1億円から10億円の企業を『中堅企業』と呼ぶケースがある。また，2014年5月に東京都内で開催された日本経済新聞社主催のフォーラム「中堅企業と成長力－その課題と可能性―」では，"年商10億円から1,000億円"を『中堅企業』としている。また，資本金だけで区分すると，資本金3億円以下という『中小企業』の定義に『中堅企業』の一部が含まれることも出てくる。

　一方，東京証券取引所の一部上場企業1,805社（2014年3月期）を仮に『大企業』とすると，その連結売上高は，100億円未満の企業（例：ペガサスミシン）から20兆円超（例：トヨタ自動車）の企業まで幅広く分布する。東証一部上場企業の売上高を超える『中小企業』はかなり多い。上場企業か未上場企業かによって『大企業』，『中堅企業』，『中小企業』を区分するのは困難な面がある。

　また，従業員数で判断すると，国内は100名以下であっても海外では1,000名から数千名を雇用している『中小企業』も多い。労働集約的な業種では海外従業員数が極端に多く，結果として連結の従業員数だけ見ると『大企業』並みの規模となる。逆に，資本集約的な業種や技術集約的な業種では，売上げ規模

が大きく『大企業』と言われる企業でも従業員数は『中小企業』規模の企業も数多くある。

さらに売上高規模で『大企業』,『中堅企業』,『中小企業』を判断すると,業界規模や市場規模によっては,該当業種の上位10番目に位置する企業の売上高が1,000億円超であるケースと100億円未満のケースがある。業種を超えて売上高の絶対金額だけで判断するのも困難な面が生じる。

以上から,本書では,『中堅企業』を資本金の大きさを1つの目安として定義したい。中小企業基本法で定義する『中小企業』の資本金は3億円以下ということから,資本金3億円以上10億円未満の企業を『中堅企業』とする。

2. 訪問企業の選定

本プロジェクトでは,訪問企業の選定は,東洋経済新報社の「海外進出企業総覧」(約2万3,000社を掲載)の2011〜2013年版を主に活用した。他に,中国北京については,蒼蒼社の「北京日系企業総覧2012年版」(日系現地法人860社,日系法人代表処310社を掲載)や,他の国では,各国の現地日本人商工会の会員企業(ただし,非公開のところもあり),新聞記事検索,経済雑誌や書籍などの記事,さらにネットでの一般検索を通して,第1次候補約1,000社を選出した。「海外進出企業総覧」の活用が6割程,他の方法が4割程である。

その第1次候補約1,000社を1社ずつ,各社のホームページなどで海外進出の概要を確認した。中には既に閉鎖,売却などで撤退した企業もあり,また,海外での活動実態が不明であったり,ファックス,Eメールなどの連絡先が不明の企業も多数あり,最終的に中堅・中小企業の海外現地法人と推定されるコンタクト候補として約450社に絞り込んだ。アジア20カ国・地域を一気に調べたのではなく,訪問可能となった時期と訪問国ごとに調べて,上記総数となった。候補企業の選定に当たっては,その入り口と方向性を間違えると,中

堅中小企業の海外の実態が浮き彫りにされないので，選定には多くの時間と労力をかけ慎重に行った．

次に上記約450社から更に絞り込んだ210社に対して，本プロジェクトの主旨と筆者の履歴書を添付して現地インタビューのお願いをした．その中で直接，現地法人の社長，役員，部門長など経営幹部から返信があったのは147社（返信率70％）であった．業務繁忙や他国への出張などの理由で訪問を受け入れられないという企業もあったが，全部で107社から受け入れるとの返答をいただいた．なお，この中には，筆者が神戸市アジア進出支援センター主催の中堅中小企業のアジア訪問ミッションの団長を務めた際に訪問を打診して受け入れを承諾していただいた企業も含まれている．現地訪問を打診した企業210社に対して5割を超す企業が承諾をしてくれた．

3. 現地インタビューの方法

訪問受け入れを承諾していただいた企業には現地インタビューに先立って，日本からインタビューリスト（本章末に掲載）を送付した．応対者が日本人出向者の場合は，「日本語版」，現地人の経営責任者の場合は，「英語版」，合弁会社のように日本人出向者と現地人経営責任者が同席する場合は，「日本語・英語併記版」の3種類を使い分けた．

インタビューの大半は，日本語で行われたが，日本企業の現地法人ではあるが，パキスタン，バングラデシュ，マレーシア，ネパールなどのいくつかの企業では日本人出向者が常駐しておらず，現地人経営幹部が現地法人のトップまたは実質的にトップを務めている場合は英語インタビューとした．大半の企業では，筆者訪問前に上記インタビューリストに回答やメモを準備して，インタビューに応じてくれた．国によっては，社外インタビューは初めてという企業もあり，自社の沿革や経営内容を改めて見直すきっかけとなったという企業もあった．

第1章 アジア20カ国・地域100社強の現地実態調査の概要

4. 進出国

訪問した107社の進出国（所在国）は図1-1が示すとおり，アジア20カ国・地域である。北はモンゴルから南はインドネシアまで，東は東ティモールから西はパキスタンまでをカバーしている。GDPベースで日本を含むとアジアの99%の国をカバーしている。地域別には東アジア5カ国・地域，東南アジア10カ国，南アジア5カ国である。なお，2012年2月に訪問した東ティモールでは，日本人が責任者を務める現地資本の自動車修理工場，「Emera Moris Foun Japanese Car Sale 社」を訪問したが，本プロジェクトでは訪問日系企業としてはカウントしていない。

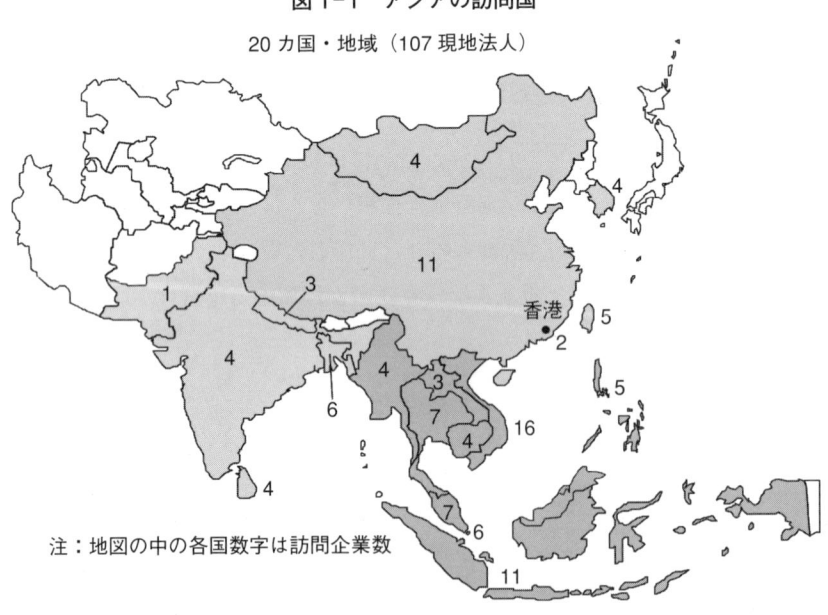

図1-1 アジアの訪問国
20カ国・地域（107現地法人）

注：地図の中の各国数字は訪問企業数

出所：訪問先企業データより筆者作成

5. 本社所在地

訪問した現地法人107社の内，所在国は異なっていても日本本社が同一の

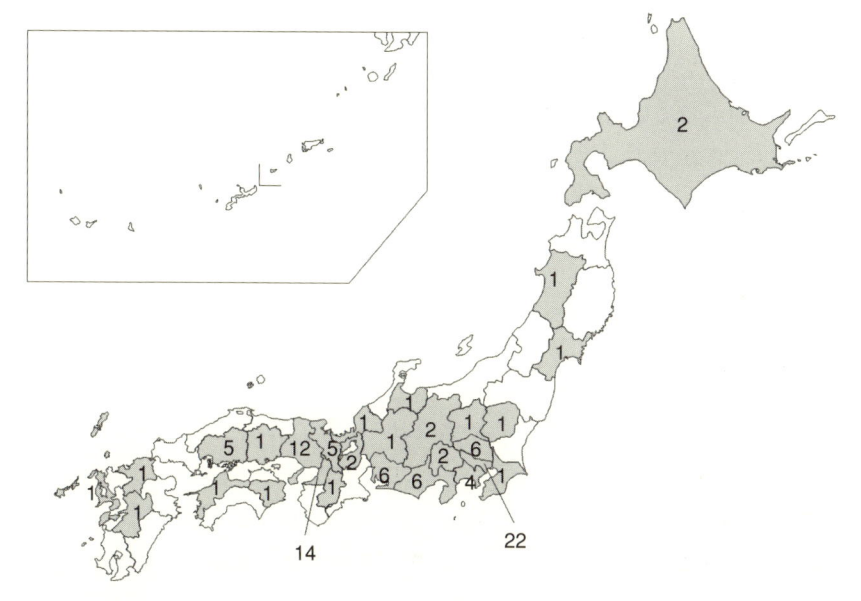

第1章　アジア20カ国・地域100社強の現地実態調査の概要

図1-2　現地訪問企業の本社所在地

出所：筆者作成

ケースを差し引いた103社の所在地は、図1-2が示すとおりである。北は北海道から南は九州まで1都1道2府24県をカバーしている。内訳は、北海道2社、東北2社、関東39社、北陸2社、東海13社、近畿34社、中国6社、四国2社、九州3社である。

6. 業　種

訪問した107社の業種別内訳は、製造業96社、非製造業（サービス業）11社でその業種は広範にわたっている。製造業では電気機器21社、機械8社、化学7社、自動車5社、ゴム5社が上位5業種である。

7. 売上高

今回現地訪問した107社の日本の親会社103社を2012年度単独ベースの売上高で見ると、10億円未満が16社（15.5％）、100億円未満が56社（54.4％）、

500億円未満が28社（27.2%），1,000億円未満が3社（2.9%）である。

　大阪府のペガサスミシンなどの上場企業を除くとホームページ上，各年度の売上高を開示している企業や，最新年度の1年のみを開示している企業，過去，特定年度のみ開示してその後，止めた企業など様々である。しかし，大半の中堅・中小企業は利害関係者に売上高や利益を公表する義務がないため公表していない。上記の単独売上高は，現地で個々の企業にインタビューした結果の集計であり，一部の企業では推定も含まれている。

8. 資本金

　今回現地訪問した107社の日本の親会社103社の資本金は，1,000万円から109.5億円の間に分布する。1,000万円～1億円が60社（58.3%），1億円以上が43社（41.7%）という構成比である。製造業の「中小企業」の定義である資本金3億円未満ということは，現地企業の選択の際，意識したが，それ以外は，資本金の大小で訪問企業先を決定したわけではない。

　対象の103社の資本金を横断的に見るといくつかの特徴が見られる。1つ目は，増資を抑えるということである。創業時の数十万円，数百万円という小さな資本金が事業発展の中で，節目節目で増資されて数千万円，数億円と拡大する。しかしながら多くの企業は1億円未満に留めているケースが多い。例えば，兵庫県のキング醸造の資本金は9,700万円であり，滋賀県の草津電機や東京都のディプソールは9,800万円である。これは，資本金1億円までの企業に地方税である外形標準課税が免除されるなどの税務上の恩典があることに起因するものと推定される。

　例えば，宮城県の弘進ゴムのように，事業発展に伴い，増資を重ねていく中で，事業不振が理由ではなく減資をしたケースもある。同社では1943年の資本金160万円は1950年に3,000万円，1957年に1億2,000万円，2000年に2億2,000万円，2003年に3億3,700万円と増資されていったが，2006年に1億

円に減資されている。これは1963年に公布された中小企業基本法の改訂により税務上，有利な優遇制度を享受できるか否かの分岐点の資本金額であったためであろう。

2つ目は，未上場企業が多いということである。103社のうち，日本の東証，大証（当時），名証への上場企業は，ペガサスミシンなど17社あり，そのうち3社はジャスダック市場に上場している。その他の企業は未上場企業であり株式所有者は共通して創業家に集中している。したがって，利益処分後の配当性向や配当率は，株式の過半数あるいは圧倒的多数を占める創業家によって決定することが事実上可能である。創業家にとって配当収入や自社のキャッシュフロー以上に税務上の優遇策の享受の可否は大きい。

9. 従業員数

今回現地訪問した107社の中堅・中小企業の従業員数は，日本本社（親会社103社）ベースで7名（ウイトコ社）から1,700名（神鋼エンジニアリング＆メンテナンス社）の間に分布する。その内訳は，100名未満が31社（30.1%），300名未満が45社（43.7%），500名未満が14社（13.6%），1,000名未満が7社（6.8%），1,000名以上が6社（5.8%）である。

対象107社の従業員数を横断的に見るといくつかの特徴が見られる。

1つ目は，国内従業員数が100名未満の中小企業が，国内生産を空洞化しながら果敢に海外生産進出を図っていることがうかがえる。表1-1は海外従業員比率 上位20社であり，上位13社は，従業員の90%を海外工場が占めている。日本の工場は既に無くなり，あるいは生産していても量産工場は既にない企業がある。人材がいないことや，少ないことが取り沙汰される中小企業が，まず企業自身の生き残りを賭けた海外生産進出となっている。

この結果，多くの中小企業で日本本社の従業員数を海外現地法人の従業員数

第 1 章　アジア 20 カ国・地域 100 社強の現地実態調査の概要

表 1-1　海外従業員比率 上位 20 社

	本社名	所在地	国内	海外合計	合計	海外従業員比率(%)
1	株式会社マツオカコーポレーション	広島	92	14,000	14,092	99.3
2	株式会社村元工作所	兵庫	150	11,850	12,000	98.8
3	ウイトコ株式会社	兵庫	7	250	257	97.3
4	株式会社マルニックス	埼玉	80	2,700	2,780	97.1
5	大阪マルニ株式会社	大阪	16	500	516	96.9
6	丸久株式会社	徳島	160	4,500	4,660	96.6
7	株式会社ファッションクロスフルシマ	埼玉	120	3,000	3,120	96.2
8	有限会社ラガー・コーポレーション	兵庫	60	1,000	1,060	94.3
9	協和株式会社	大阪	166	2,170	2,336	92.9
10	安福ゴム工業株式会社	兵庫	157	1,843	2,000	92.2
11	株式会社アイメス	神奈川	88	912	1,000	91.2
12	株式会社エルピーディ	東京	23	231	254	90.9
13	株式会社伸東工業	静岡	140	1,350	1,490	90.6
14	ティー・エス・ビー株式会社	東京	45	360	405	88.9
15	ミツワ電機工業株式会社	大阪	280	2,120	2,400	88.3
16	横浜テープ工業株式会社	東京	45	330	375	88.0
17	マニー株式会社	栃木	326	2,295	2,621	87.6
18	石勘株式会社	京都	90	480	570	84.2
19	ペガサスミシン製造株式会社	大阪	228	965	1.193	80.9
20	上村工業株式会社	大阪	256	996	1,252	79.6

出所：訪問企業のヒアリング結果（2012 年 2 月～2014 年 3 月）などから筆者作成

が大きく上回っているという現実がある。日本の生産工場が縮小または全面的に海外シフトしたことで，日本の従業員数はリストラにより急激に減少し，逆に海外現地法人の従業員数が急増している。

2 つ目は，各国にある海外現地法人の 1 社当たりの従業員数が 1,000 名を超えることも珍しくなく，現地法人の経営の力量が問われている。表 1-2 はアジアの現地法人の中で従業員数の多い上位 15 社である。神戸市本社の村元工作所は，国内従業員が計 150 名であるが，タイとインドネシアの現地法人は，

第 1 章　アジア 20 カ国・地域 100 社強の現地実態調査の概要

表 1-2　従業員数の多いアジア現地法人 上位 15 社

	訪問企業	国名	従業員数
1	Muramoto Electron（Thailand）Public Co., Ltd.	タイ	6,425
2	P.T. Muramoto Electronika Indonesia	インドネシア	3,000
3	P.T. Meiwa Indonesia	インドネシア	2,000
4	Maruhisa Pacific Co., Ltd.	バングラデシュ	2,000
5	Thai Mitsuwa Public Co., Ltd.	タイ	1,850
6	P.T. SMT Indonesia	インドネシア	1,618
7	P.T. Shinto Kogyo Indonesia	インドネシア	1,350
8	Myanmar Postarion Co., Ltd	ミャンマー	1,000
9	P.T. Yasufuku Indonesia	インドネシア	600
10	新确精密科技（深圳）有限公司	中国	597
11	Philippine IMES Corporation	フィリピン	580
12	Castem Philippines Corporation	フィリピン	460
13	Mani Yangon Limited	ミャンマー	323
14	Kein Hing Muramoto Vietnam Co., Ltd.	ベトナム	300
15	台灣上村股份有限公司	台湾	263

出所：訪問企業のヒアリング結果（2012 年 2 月～2014 年 3 月）から筆者作成

各々 6,425 名，3,000 名である。

　3 つ目は，「海外生産シフトにより，海外現地法人が売上高，収益性ともに成功すると，それに比例して日本の従業員数が増える」という俗説や通説は今回の訪問企業の中では見られなかった。海外生産拡大に伴い，日本の生産技術や研究開発部門など特定部門の従業員数が以前よりも増えたということはあっても，海外シフトする前の全社従業員数の絶対数を上回ることは皆無であった。したがって，雇用という側面から見れば，中堅中小企業の海外生産シフトは，自社の日本の製造部門の従業員数を劇的に減少させているというのが実態である。

　日本の従業員数は激減しても，海外の従業員数がそれ以上増加しているため，個々の企業の連結ベースの従業員数は増加に転じたという理屈が時折見ら

れる。多くの中小企業にとって，銀行融資を受けるためなどの理由で国内外のグループ企業の単純合計や簡易連結をすることはあっても，会計上の正式な連結決算をすることは稀である。また，国内で生産していたものが海外に生産シフトする場合，安価で多数の労働力を活用する労働集約的なモノづくりとなるため，従来の国内の従業員数を海外が上回ることは経済合理性上，至極当然である。今回の107社という限られた数の現地インタビューを通して発見された事象をもって標準化や普遍化ができないのは当然であるが，海外生産シフトが日本の雇用に好インパクトを与えているとか，相乗効果により日本の従業員数が増えたという事象は，今回訪問した個々の企業ベースでは起こっていない。

10．インタビューリスト

　現地訪問しインタビューするのに先立って，日本から当該現地法人に送付したインタビューリストのサンプル（日本語版）は下記のとおりである。

御社へのインタビュー内容（骨子）

2012年2月

甲南大学経営学部　教授　安積敏政

企業機密など御社の情報セキュリティ上，開示できない場合は該当する項目をスキップしていただいて結構です。お答えいただける項目については，訪問インタビュー時に，口頭又は書面でお話しいただければ幸いです。

1．貴社の設立概況
　1）会社名
　2）住所
　3）設立年・月
　4）払込資本金，株主と出資比率
　5）会社設立背景（例：生産，国内販売，輸出，開発，トップ判断など）

2．貴社の日本の親会社の会社概況
1）会社名
2）住所
3）設立年・月
4）払込資本金，株主と出資比率
5）事業内容
6）売上高と営業利益の推移（公表，開示している場合）
7）海外売上高比率の推移（公表，開示している場合）
8）その他（株式公開の有無，など）

3．貴社の事業概況
1）事業内容
2）主たる製品またはサービス
3）過去数年間の売上高または生産高，及び収益性のトレンド（開示できる場合）
4）輸出の有無
5）日本人数
6）従業員数（フル・パートタイム割合，男女比）
7）平均的勤続年数
8）給与レベル（開示できる場合）
9）採用方法と訓練方法
10）労働組合の有無（社内，社外）
11）その他

4．貴地進出してからの経営上の悩み・課題
以下は事例です。該当する項目か，これら以外でもあればご回答ください。

A．社内関係
1）従業員の採用方法（雇用確保）と離職者対策（定着率）

2）人材育成，教育，トレーニング，日本への研修など
3）社内および社外でのコミュニケーション（言語，能力など）
4）給与レベルの上昇（最低賃金法への対応，物価変動への対応など）

B. 対外関係
5）電気・水道・ガス・交通等のインフラ。特に停電，電圧対策など
6）現地調達（原材料・部品・金型）など。品質・性能・価格・納期など
7）現地の情報入手方法（メディア，日本人会，法改正，業界情報など）
8）販路開拓（現地，輸出（対日本，アジア諸国等））など

C. 資金関係
9）資金調達（日本から，現地金融機関（日系，外国系，現地系）から）
10）海外からの，又は海外への送金（手続き，時間，為替など）
11）日本への配当，ロイヤルティ支払い（技術援助料，商標使用料など）
12）現地税務当局への対応，顧問税理士の雇用

D. その他
13）不透明な行政手続き，訳のわからない（恣意的な）法適用
14）工業団地入居の場合，メリット・デメリット（行政手続，共益費の高さなど）
15）現地コンサルティング会社活用の場合，費用と質（例：人材確保）
16）労働組合対応（組合がある場合）
17）会社として目指す方向，姿，目標（組織的な観点，個人的な思いなど）

5．<u>日本で進出検討時には気がつかなかったが，現地に進出してから気がついた経営課題</u>
以下は事例です。該当する項目か，これら以外でもあればご回答ください。

1）情報入手（例：工業団地，政府恩典，業界情報など）の難しさ
2）出向者のカバーする仕事の広さと深さ
3）販売先の開拓（日本の顧客の現地需要および現地での新規開拓）
4）親会社の配当，技術援助料，商標使用料などの方針
5）行政の各種サポートの活用
6）取引銀行の活用
7）経営目標の設定（売上高，コスト削減など）
8）その他

第2章

中堅・中小企業の
アジア進出事例研究

第2章　中堅・中小企業のアジア進出事例研究
◆ 1. 東アジア編

モンゴル

●モンゴル人元実習生が経営するモンゴル現地法人
1. 賛光テックモンゴリア株式会社
(SANKOU TECH MONGOLIA Co., Ltd.)

はじめに

　賛光テックモンゴリア株式会社（SANKOU TECH MONGOLIA Co., Ltd.）は，2011年1月にモンゴルの首都ウランバートル市に設立されたマシニングセンターによる精密部品の切削加工会社である。親会社は，埼玉県本庄市に本社を置くアルミ精密部品加工の賛光精機株式会社である。

同族企業の強みを発揮するアルミ精密部品加工会社

　賛光精機株式会社（以下，"賛光精機"と略す）は，1964年（昭和39年）に清水光吉氏によって埼玉県蕨市に「清水製作所」として創業したメーカーである。創業者は早稲田技術専門学校で学んだ技術者である。1988年に同社は社名を「賛光精機株式会社」と変更している。同社はアルミ精密部品の加工から組立てまでを行っている。2014年1月に創業50周年を迎えた。親族による事業継承を行いながら半世紀にわたって発展してきた典型的な同族企業である。現社長の清水洋氏は祖父に当たる創業者から数えて4代目の社長であり，牧野フライスに7年間勤務の後，29歳の時に賛光精機に入社している。2代目は，創業者の長男である清水勲氏である。技術分野に強く社長職として16年

間勤めた。3代目は創業者の次男である清水崇司氏で，営業分野で強みを発揮した経営者である。大企業以上に熾烈な競争にさらされる中小企業にあっては，通常，サラリーマン社長では担いきれない経営責任を脈々と同族の中で受け継いでいる。

同社の経営理念には，「良いモノづくりは良い人づくりから」，「当社の最も大切な経営資源は人です」が掲げられている。その中には論語的な考え方が取り入れられており，礼を重んじた人材育成，感謝の気持ち，思いやり，従業員の生活向上などが挙げられている。同社の従業員をはじめ社内外に向けた社是は「いい会社　いつまでも　いつまでも」である。

同社は資本金8,800万円，従業員数73名（うちモンゴル人実習生18名）であり，本社工場を埼玉県本庄市の児玉工業団地に，そして分工場を同県蕨市に有している。また，太陽光発電販売事業部を本庄市内に置いている。

本社工場では，精密部品の切削加工から組立てまで24時間365日の稼動体制を敷き，高品質・短納期・低コストの魅力ある製品をお客様に提供している。同社の技術には，高精度を要するアルミ切削加工，アルミニウム・銅・ステンレス・鉄鋼・チタンなどの金属材料での電子ビーム溶接，ステッパーのユニット組立などのクリーンな環境での生産体制に応える精密加工技術がある。特に，同社のモノづくりの強みにヘール加工技術がある。従来，シール面仕上げについて，人の手で仕上げる不安定さがあり，また，コストがかかったが，機械加工による自動化を求めてヘール加工工法に注目し，シート面での手磨きレスを実現した。この加工技術は，半導体などの超精密加工として実績を上げている。また，同社は信頼される顧客企業を目指して国際規格の品質ISO 9001と環境ISO 14001の認証を取得している。

モンゴル人元実習生が経営するモンゴル現地法人

賛光精機は，モンゴル（人口280万人）の首都ウランバートル市（同120万人）に3つの現地法人を有し，3社を"賛光モンゴリアグループ"と名付けている。1社目は2005年2月に事業化されたアルミ切削加工の「賛光テックモンゴリア」，2社目は2010年1月に事業化されたソーラーパネルの製造販売の

「賛光ソーラーモンゴリア」、3社目は2007年8月に事業化された事務機の販売・サービスの「賛光マーケティングモンゴリア」である。

　3社とも事業化の年月は異なるがモンゴル現地法人としての創立は2011年1月であり、資本金は各10万ドルで、いずれも賛光精機が全額出資の完全子会社である。従業員数は、2013年12月現在、賛光テックモンゴリア（ツェンデーフー社長）20名、賛光ソーラーモンゴリア（フレルバートル社長）25名、賛光マーケティングモンゴリア（ニャマ社長）12名の計57名である。日本の親会社、賛光精機の従業員数73名を合わせると日本・モンゴルで合計130名である。

　賛光精機がモンゴルに事業進出を果たした背景には興味深い歴史がある。同社は2000年頃から日系ブラジル人、中国人、イラン人など外国人実習生を受け入れてきた。日本人社員の中に入って仕事をさせたが、技術習得がうまくいかず、欠勤が多く、製品の品質不良も発生した。2001年には、地元埼玉県の「共同計算センター」経由でモンゴル人3名を受け入れたが、3年間熱心に働いてくれた。しかも日本語と技術修得レベルが高かった。モンゴル語と日本語の文法が近いということもあり、日本語の修得も早かった。また、他の外国人実習生と比べると日本人の価値観への理解度も非常に高かった。この3名のうち2名は母国に帰国後、起業を希望し、賛光精機の清水崇司会長がモンゴル訪問時に、この希望を聞き事業進出を決断した。2名とは現在の賛光テックモンゴリアのツェンデーフー社長であり、賛光ソーラーモンゴリアのフレルバートル社長である。

　その折、清水会長は現地の日本大使館で大使に会い、大使館の紹介でモンゴル科学技術大学の学長に会った。前述の2名のモンゴル人はこの大学の出身者である。同大学ではロシア製の汎用旋盤しかなかったため、賛光精機からマシニングセンター1台を寄付した。一方、大学側からは校舎を使ってくださいという申し出があり、これにより現地法人「モンゴル・ジャパンサンコウ」が誕生し、切削加工がスタートした。

　3年後、この現地法人は日本のコニカミノルタの販売代理店契約を結び、コピー機の販売とサービスの事業を開始した。モンゴルの商習慣は、旧宗主国で

社会主義国ロシアの影響を受けているため"待ちの姿勢"が強く，修理の概念も弱い。こうした中で，日本式サービスで現在800台強まで販売を伸ばした。この事業の社長には，当時国立モンゴル大学で日本語を教えていたニャマ氏（女性）が就いた。

ソーラーパネル事業は，2008年のリーマン・ショックの際，清水会長が本業のアルミ精密部品加工に対して「もう一つの事業の柱を立てる」という目的で参入したことに由来する。日本の生産技術，品質技術を基本に，質の高いモンゴルの労働力を活用して市場競争力のある商品づくりをするというコンセプトのもと，2011年1月からモンゴルで自社生産をスタートした。なお，日本ではソーラーパネルの事業拡大が見込まれていることから2011年4月に販売を目的として「太陽光発電販売事業部」が設置されている。

2011年1月，モンゴル・ジャパンサンコウ社の上記3事業を3社に分社化してできたのが，前述の3現地法人である。

モンゴルでの日系製造事業のパイオニア

賛光テックモンゴリアの現地経営は，他の2社同様，社長以下モンゴル人の手だけでなされている。賛光精機の清水会長が2カ月に一度現地を訪問し2週間程度の滞在中に経営指導を行うだけである。遊牧民族，モンゴル人の持つ時間のおおらかさなどへのアドバイスを行うという。

従業員の人材教育面では，従業員数の3分の1を実習生として日本の賛光精機に派遣する。モンゴルで1年間働いた後に，日本に呼んで1年間実習する人材育成方法である。日本派遣は従業員の労働への動機づけとして大いに役に立つ。日本の本社工場では，派遣された実習生が品質管理のチーフとして活躍するまでに成長している。

同社の主たる設備投資は，切削加工のマシニングセンター（MC）8台で三菱製やブラザー製である。ブラザー製の「TC31」は日本である程度減価償却済みの機械で2008年にモンゴルに導入した。既に8年間使用している。同「TC32」は新品であるが，日本政策金融公庫から低利で融資を受けて購入した。融資の依頼に当たっては詳細な資料を提出した。

賛光テックモンゴリアの生産管理をはじめとする経営管理のやり方は，日本の親会社のものとほぼ同じである。社内の掲示類は，社是，生産工程表示に至るまでモンゴルのキリル文字と日本語で併記されている。また，MC制御盤のパネルは日本語だけであり，オペレーターはそれを見て作業する。壁の指定位置につるして管理する治工具の並べ方，片づけ方，完成品の検査に至るまで日本の本社工場のやり方を踏襲している。

　同社の製品の物流は，操業開始時は日本から材料を100%船で横浜港から天津港へ運び，そこから鉄道で中国とモンゴルの国境を越えてウランバートル市に送っていた。輸出も全く逆のルートで全数，日本に運んでいた。日本から往きの船便では，コンテナを材料でいっぱいにすることができたが，モンゴルの工場での完成品はユーザーごとに出荷のタイミングが異なるため，物流のスピードと効率が悪かった。その後，時間とロジスティクスのコストを考え，完成品は航空便を使って日本に輸出をしている。

今後の経営課題

　モンゴルの廉価な人件費を活用した加工組立の製造モデルは，日本〜中国〜モンゴルまたは日本〜ロシア〜モンゴルという自国に港を持たない内陸国の物流というハンディキャップの中でも機能してきた。しかしながらモンゴルの豊かな天然資源をベースにした急速な経済成長は，1人当たりのGDPを押し上げると同時に人件費の上昇をももたらす。これは既存の業種からより賃金の高い鉱山や不動産などへの人の移動や職種転換を引き起こす。この国の製造業には，今後，より高付加価値の生産品目へのシフト，かつスピーディで安いコストのサプライチェーン・マネジメント（SCM）の構築が求められる。

● 厳冬期にでも稼動できる北海道の生コン技術
2. アイザワモンゴル LLC
（AIZAWA MONGOL LLC）

はじめに

　アイザワモンゴル LLC（AIZAWA MONGOL LLC）は，2009年4月，モンゴルの首都ウランバートル市に設立された生コン供給会社である。親会社は北海道苫小牧市に本社を置く會澤高圧コンクリート株式会社（AIZAWA Concrete Corporation）である。

寒冷地対応コンクリート材料のプロ集団

　會澤高圧コンクリート株式会社（以下，"會澤"と略す）は，1963年（昭和38年）に，會澤芳之介氏（現社長の祖父）によって北海道日高郡新ひだか町（旧 静内郡静内町）に設立されたコンクリート製品総合メーカーである。創業当初はコンクリート2次製品事業に特化していたが，後に生コン事業，コンクリートパイル事業，住宅パイル事業に参入した。2012年3月現在，資本金6,390万円，売上高約160億円，従業員数298名（単体）である。

　事業所は苫小牧本社の他に「本店」を同社発祥の地である北海道日高郡新ひだか町に置き，札幌，東京の各支社に加えて，東北，函館，旭川，北見の各支店を有する。生コン工場は，道庁所在地で建設需要の大きい札幌，そして千歳，苫小牧，胆振日高地域に位置している。また，製品工場は道内の主力工場である鵡川（勇払郡），加えて札幌，美唄，旭川，北見などの主要都市に所有し，また道外では宮城県，茨城県に所有している。

　主な事業は，高強度生コンなどの有数の技術力を持つ「生コン事業」，高層ビルや商業施設などに使われる基礎杭の「パイル事業」，住宅用の「Hパイル事業」，各種コンクリート2次製品の「プレキャスト事業」，そして大部分はグループ各社向けの「資材販売事業」である。単独ベースの売上高の3分の1を

占める「生コン事業」が同社の主力事業である。寒冷地という北海道の過酷な環境で培った高耐久なコンクリート配分設計技術は，ロシア，モンゴルなど海外のインフラ整備においても高い評価を得ている。

海外に成長性を求めてモンゴル進出

　アイザワモンゴルLLC（以下，"アイザワモンゴル"と略す）は，2009年4月，ウランバートル市に資本金10万ドルで設立された生コン会社である。同社は會澤が100％出資する完全子会社である。モンゴルでの事業運営に当たっては，政府関係者などビジネスパートナーはいるが出資はしておらず合弁形態にはなっていない。モンゴルのビジネスは外資単独ですべて進めるのは困難であり，政府とのつながりがないと大きな仕事は取れないため，信頼できるパートナーは必須と言われる。また，各種許認可のみならず，操業インフラの整備，自社のダンプカー，ミキサー車，建設車両のライセンス取得などのために地場の有力パートナーの存在は欠かせない。

　會澤は，日本国内の建設需要の伸びは期待できず，したがって，生コン需要も伸びないと見て，アジア各国のダイナミックな経済成長による建設需要に注目していた。とりわけ同社の強みである寒冷地対応の生コン需要である。

　そのような中で，モンゴル政府高官から，日本のODA（政府開発援助）で建設するモンゴルの新空港建設などの大規模プロジェクトには，モンゴル地場の生コン工場ではまだまだ対応ができないので會澤に進出してほしいという名指しの誘いがあった。同社の持っている材料の高度な配合管理や温度管理技術，北海道企業としての寒冷地対応能力などが評価された上での誘致であった。

　同国では今後，新空港工事の他，地下鉄工事など大規模なインフラ整備計画が予定されており，これらプロジェクトを見据えて進出した。その他の一般工事向けとしてはビル建設ラッシュが続く市内向けに年間約5万m^3の生コンを販売できると見込んでいる。

厳冬期にでも稼動できる北海道の生コン技術

　モンゴルの気温は，図2-1が示すように冬季はマイナス20℃を下回ることがある。したがって，地場の生コン会社の操業は4月から11月ぐらいで終了し，実質的な操業期間は半年で真冬は何もできない。一方，アイザワモンゴルは，気温がマイナス40℃になっても生コンが出荷できる工場を建設した。ウランバートル市内で冬季の厳寒期でも稼動できる唯一の工場である。しかしながら，生コンは出荷できても建設現場の方が冬季に打設できる技術がないだけでなく対応できる技術者やマネージャークラスの人材がいないのが課題である。かつての北海道も，今日の真冬のウランバートルと同じで生コンクリートの工事ができず，生コン工場の人間は本州の方に応援に行ったり，出稼ぎに行くことで凌いだ。しかし，その後，技術レベルの上昇とともに旭川などマイナス30℃の寒中でもコンクリートの打設ができるようになった。

　アイザワモンゴルの現地での様々な苦労と工夫は次の例に見られる。1) 冬季や秋口，春先などまだ気温が低い時に生コンが寒さで凍らないように，工場

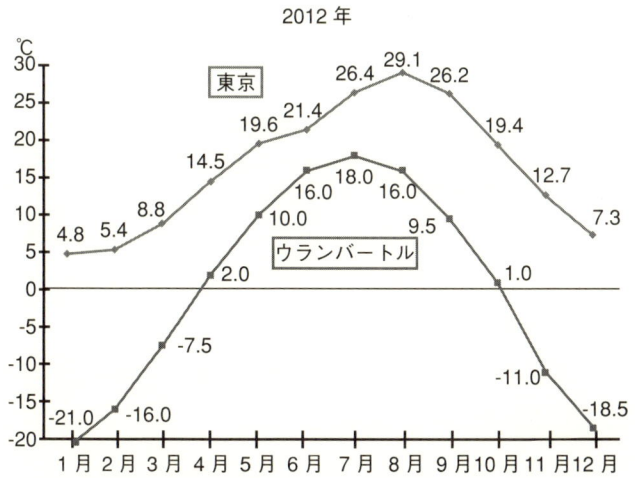

図2-1　モンゴルと日本の月別気温推移
2012年

出所：東京（総務省　統計局　統計センター）、ウランバートル（MSN Japan）

出荷から現場到着，順番待ち，打設の時間を計算して，出荷時の生コンの温度管理をしている。2）コンクリートミキサー車も，生コンを入れている変形円筒形のミキシングドラムに保温シートを巻いている。3）バッチャープラント（セメント，水，砂，砂利，混和剤などのコンクリート材料を所定の割合に混ぜ合わせて均質なコンクリートを製造する設備）の外壁も，一般的には40 mmの厚さが，アイザワモンゴルでは150 mmにしている。4）プラント内での材料投入に際しては，砂利，砂はスチームで温めて，水もボイラーで温めている。5）2011年冬には外気温が氷点下35℃の中，試験的に寒中コンクリートを出荷したが，プラント内部の貯蔵区画にストックしていた骨材が上から下まで凍結するといった事件が起きた。割ろうとしたが内部まで完全に凍ってしまったため，春に自然解凍するのを待たざるを得なかった。このようなトラブルに対する教訓がその後の出荷体制に生かされている。6）2012年9月下旬には，モンゴルは氷点下となり，その中で，シャングリラホテル建設のための基礎工事用の生コン製造，出荷，打設を2昼夜かかって実施した。

會澤は2012年のAPEC開催準備中の極東ロシアのウラジオストックでも生コン事業に参画した。同地の金角湾に架かる大きな吊り橋の建設で，ロシアのパートナー会社と合弁会社を作って橋げたの土台の基礎に生コンクリートの打設を行った。ここでも同社の生コンプラントの防寒対策，寒中コンクリートの製造，打設の技術が鍵となった。

モンゴル政府から「北極星勲章」を受賞

會澤のモンゴル事業進出に伴い，同社のインフラ整備の基幹技術であるコンクリート材料分野での貢献が高く評価され，2012年7月，同社の會澤實会長がモンゴル政府から「北極星勲章」を受賞した。この勲章は，モンゴル国における最高の国家勲章の1つであり，外国人に授与される勲章の中で最高位に当たるものである。今回の受賞者は，同社会長の他に，日本モンゴル議員連盟の武部勉氏，江田五月氏，外務省の木寺昌人官房長，元国連難民高等弁務官の緒方貞子氏ら計7名であった。

人材の確保と育成

　アイザワモンゴルが本格稼動したのは，2012年春である。この事業を進めるのは，日本人のモンゴル代表1名と現地スタッフ9名（男性6名，女性3名），そして日本から出張ベースでやってくる技術系社員である。他にパートナー会社からの営業担当が1名いる。男性社員6名は全員現場を担当，女性3名のうち1名は技術者，2名が事務スタッフである。

　求人はウランバートル市内の大学に声をかけて推薦してもらい，また，インターネットや新聞でも公募した。若者が多いウランバートル市内での新卒の新人募集には大量に応募してくるので採用上，問題はないが，事業経験のあるリーダークラスの人材の採用は難しい。モンゴル国内の生コン産業自体の歴史が浅いためである。大きなバッチャープラントを建設して生コンを大量供給するという歴史がまだ10～20年と短いため，この分野の技術者が育っていないことが背景にある。同社は人材育成のため，2011年冬季に3～4名を1カ月間，北海道に派遣し，生コンプラントを動かしている札幌工場での研修，様々なコンクリート製品を作っている製品工場での研修，コンクリート，生コンに関する技術研修を受講させ，現場でのOJT（On the Job Training）を実施している。

プラント稼動前後の経営課題

　ウランバートルに進出し準備段階から本格稼動段階に入ったアイザワモンゴルの直面する経営課題は，次の3点である。

　1点目は，需要ピーク時の輸入セメントの調達の難しさと価格高騰である。コンクリートを作るのにはセメントが一番重要であり，セメントの品質が強度をはじめとする生コンの品質に直結する。モンゴル国内には，ある程度の規模を持ったセメント工場は1カ所しかなく，それはウランバートル市内から車で3時間ぐらいのフトゥルという町にある。モンゴル国内の需要を全然満たすことができないため，中国の内モンゴルから中国製セメントを輸入せざるを得ないが品質は必ずしも良くない。

モンゴルは内陸国で海がないため，中国産セメントは鉄道の貨車で輸入する。中国からモンゴルを横断してロシアに抜ける単線の1路線しかないため，建設工事が始まる夏場にはセメント調達不足による生コンの供給不足が生じる。セメントは通常，海に面している国では，セメントタンカーに積んで港に着けてタンカーからセメントタンク車に積み替えて各工場に運ぶのが一番輸送効率が良いが，モンゴルではこれができないのが弱点である。

　さらに，夏場のセメント需要ピーク時には，価格が急騰する。セメントはトンの単位で購入する。骨材の砂利，砂の価格が指数1とすると，セメントは10に相当する。セメントはコンクリートの中では一番大きなコストを占めるので，セメント価格の上昇は生コン価格を直撃する。

　2点目は砂利と砂の調達の難しさである。生コンを作るためには砂利と砂とセメントが必要である。モンゴル国内に砂利と砂の産地はあるが，産地にある工場は小規模な会社ばかりなので，8月，9月の繁忙期になると，1社や2社にだけ調達を頼っていると調達不足から生コンの供給不足を来たす。そのためにモンゴルでは様々な場所から材料を調達せざるを得ない。

　日本の場合，JIS規格（日本工業規格）に則って生コンを作っており，砂利や砂の調達は1カ所とし，配合や強度もJIS規格どおりにやっている。企業が勝手に原材料を複数カ所から仕入れるとJIS規格に抵触する。一方，モンゴルでは調達先を1カ所に絞ると生コンの出荷自体ができなくなる。

　3点目は，運搬，通関，工事，インフラなどに関する不透明な許認可や商習慣である。旧社会主義国モンゴルにおいても，多くの発展途上国同様，外資にとっては何をするにもスムーズに事が運ばない苛立ちを経験する。日本から持ってくるプラント設備の保税ヤードからの搬出，恣意的に時間のかかる通関作業，コンテナの中からの物の取り出し，現地の土木業者や建設業者の手によるプラント建設の基礎工事の不十分な仕上がりなどが例である。停電，瞬停，不安定な電圧といったインフラの不十分さもある。また，工業水確保のための井戸掘りライセンスの取得と井戸水使用への課金制度，そして井戸水の品質基準検査などの不透明さなどが挙げられる。

中　国

●顧客とは日本語で仕様書を打合せ
1．北京信思成信息技术有限公司
(BEIJING XIN SI CHENG INFORMATION TECHNOLOGY CO., LTD.)

はじめに

　北京信思成信息技术有限公司は，2002年に北京市に設立されたソフトウェア開発会社である。親会社は，長野県長野市に本社を置くソフトウェア開発会社の株式会社システックスである。

長野県の中堅IT企業

　株式会社システックス（以下，"システックス"と略す）は，1970年「長野ソフトウェアサービス株式会社」として設立，1990年に現社名に変更した。主たる業務は，Web，C/S，オフコン，汎用機などのシステムの設計・開発・販売・運用・コンサルタントなどである。2012年には，独立行政法人情報処理推進機構（IPA）から，長年にわたる新入社員教育制度および若手社員のフォローアップ制度が高く評価され「中小ITベンダー人財育成優秀賞2012特別賞」を受賞している。

　2013年4月現在，資本金7,500万円で，主要な株主は創業家，社員持株会，東京中小企業投資育成などである。2013年3月期の売上高23億5,440万円，従業員数172名（男性139名，女性33名）である。主要取引先には，日本電気，NECソフト，大塚商会，NTTデータ通信，三井住友海上火災保険などがある。収益性重視の堅実経営が特徴である。

　システックスの海外事業展開は，1996年に中国でのオフショア開発を開始し，1998年には北京で合弁会社を設立するも合弁パートナーとの事業拡大方

針の違いにより資本を引き上げ合弁を解消した。その後，2002年に後掲詳述の北京信思成信息技術有限公司を設立した。同年末には，北京市よりハイテク企業（"高新技術企業"）の認定を受けた。北京進出の背景には，当初，開発コストの削減よりも優秀な技術者の確保があったが，2007年，2008年以降は，顧客からの開発のコストダウン要求が厳しくなったことから低コスト開発の実現へのプレッシャーが高まった。

北京信思成の概要

北京信思成信息技術有限公司（以下，"信思成"と略す）は，2002年，北京市にソフトウェア開発のため資本金15万ドル（約1,500万円）で設立された。2012年には創業10周年を迎えている。株主および出資比率は，システックス30%，同社社長北村正博氏30%，日本留学の経験がある王亜平氏（信州大学工学部修士卒）40%である。信思成の役員構成は，董事長は北村正博氏，総経理は王亜平氏である。

信思成の主たる事業は，日本向けオフショア開発[注1]と中国の優秀な技術者を日本へ派遣することである。2008年のリーマン・ショック後，日本ではソフトウェアの値段が下がり，逆に中国ではソフトウェア開発者の賃金が上昇したため，収支的には，厳しい状況が続いている。同社は上記既存事業に加えて，新規事業として保険・鉄道関連の中国国内ソフトウェア開発と，日中貿易に注力している。後者はスポット商売ではあるが，具体的には，日本の新明和工業との航空部品，LEDの日本への販売，バイオ肥料が対象である。従業員数は，2012年7月現在，70名で，リーマン・ショック以前のピーク時従業員数が200名だったことと比べると大幅減少である。2012年現在，信思成の受注する仕事は，直接信思成に入ってくる分が50%，日本の親会社，システックス経由のものが50%という構成比である。

コストアドバンテージのある太原支社の拡大

同社の組織は，総経理のもと北京本社（22名），太原支社（33名），日本のシステックスの東京支社内にある海外事業部（14名）の3部門から成り立っ

ている。山西省の太原市に「太原支社」を作った理由としては，同社には，太原市出身の技術者が多かったことと，北京市や上海市に比べると家賃が3分の1から4分の1であり，開発者の人件費も3割程度安いことが挙げられる。特に中国は不動産バブルの傾向があり，北京市の家賃は2011年までの1日，4.1元/m^{2}から2012年には6元に上昇している。一方，太原市は1.5元/m^{2}である。2012年には，太原支社の開発要員を中心に20名の採用増を予定しており，インターネット経由で募集する。太原市では，大学にも直接募集に出かける。また，2012年には，河北省の石家荘市で採用予定である。前掲の東京にある海外事業部は，中国から派遣している技術者10数名の仕事の管理や生活指導を行っている。

　従業員の平均年齢は，北京本社が28～29歳で男女半々の構成であり，太原支社が25歳である。同社の平均勤続年数は5年以上で，開発メンバーが安定している。ただし，業界全体を見渡すと，中国内の銀行などではIT関連の賃金が上昇しており，開発者の定着率では不安定な側面がある。また，同社の給与レベルは，大卒新入社員は2,500～3,000元/月，勤続5年のSEは10万元/年，部長クラスは20万元/年である。給与は平均して毎年1割アップしている。

顧客とは日本語で仕様書を打合せ

　信思成は，会社特徴および強みとして以下の6点を挙げている。
① 顧客志向で信頼と継続を基としている。
② 日本向けオフショア経験が12年あり，社員70名規模の堅実な会社である。
③ 社員が真面目で技術スキルも高く，離職率も低く顧客から継続的に開発を請負うことができる。
④ 同社は，日本の顧客の業務用アプリケーション開発の専門会社であり，業務ノウハウを吸収したリーダーが多く，上流工程から参加をしている。
⑤ 社員教育を積極的に行い，業務スキル，新技術スキル，プロジェクトマネジメントなどの高度化を図っている。

⑥ 日本語教育を重視すると同時に，日本へ派遣することにより日本の文化や習慣を理解させ，業務理解力の更なるアップを図っている。日本滞在経験は長い社員で4～5年，短い社員で半年である。太原支社の社員の3分の2は日本への派遣実務を経験している。社員の日本語スキルは，2012年8月現在，日本語能力試験の一番難しいレベルで幅広い場面で使われる日本語を理解できる「N1」5名，仕事の打合せが可能レベルと言われる「N2」14名，「N3」25名，基本的な日本語を理解できる「N4」6名である。

同社のプロジェクトリーダーは，全員，日本語による仕様書の打合せができ，仕様書に記載されている内容はもとより記載されていない内容もくみとることができる。これは，長年にわたり業務経験を積み重ね，日本の商習慣をうまく理解しているからである。また，各拠点にTV会議施設が完備しているため，TV会議で，仕様書説明，懸案事項，納期・進捗報告を含めた双方間のコミュニケーションを円滑に実行できる。

ビジネスチャンスとビジネスリスク

信思成の今後の経営課題は，持続的成長性と収益性をどのように実現するのかである。特に企業の成長スピードの決め方である。中国経済のダイナミックな成長の中で，日本的に堅実に開発基盤を構築しながら品質を最優先しユーザーの信頼を一歩一歩勝ち取っていくのか，それともGDPの成長率をはるかに上回るような会社の急速な成長性を最大の目標とするのかという問いに直面するであろう。

日本の顧客から受注する開発案件は，利幅は薄くても中長期には安定した経営には欠かせない。一方，中国国内で王亜平総経理の人脈で積極的に開拓する中国地元企業の開発案件は，ビジネスリスクは大きいが同社のダイナミックな成長には欠かせない。同業他社との熾烈な開発競争の中で，多くのビジネスチャンスと低い受注単価や回収への不安というビジネスリスクを見ながら経営の舵取りが問われている。

●ゴム長靴日本トップ企業の現地企業買収

2. 大連金弘橡胶有限公司
(Dalian Jinhong Rubber Co., Ltd.)

はじめに

　大連金弘橡胶有限公司は，中国遼寧省大連市の金州区にあるゴム長靴メーカーである。親会社は，宮城県仙台市に本社を置く弘進ゴム株式会社である。

日本でトップのゴム長靴メーカー

　弘進ゴム株式会社（以下，"弘進ゴム"と略す）は，1935年に仙台市にゴム長靴製造の弘進護謨工業株式会社として設立され，1958年に現社名に変更している。2015年には創業80周年を迎える。事業構成は，3分野から成り立っている。1つ目は長靴，安全スニーカー，厨房用シューズなどの履物や各種作業レインウェアなどのシューズウェア部門である。2つ目は，自動車，建設機械用の成形ホースといったゴムや樹脂製の産業ホースなどの工業用品部門であり，トヨタ自動車，ヤンマー，ダイキンなどが納品先である。3つ目は，防水シートや遮水シート，各種フィルムなどの産業資材部門である。

　2013年5月末現在，弘進ゴムの資本金は1億円で主な株主は創業家である。同年度の売上高は，約120億円で輸出比率は1%前後である。輸出製品には，厨房用の白い塩ビの耐油性長靴などがある。単独の従業員数は約300名である。同社のゴム長靴の生産数量は，中国生産分も含めて年間300万足弱であり，日本ではトップである。

　同社は，長靴やレインコートなどの製品に，1986年から1999年までにグッドデザイン賞（当初経済産業省主催）を9度（12商品）受賞している。また，2007年には経済産業省の「元気なモノ作り中小企業300社2007年度版」に選ばれている。さらに同年度には宮城県主催の第11回「みやぎものづくり大賞」の優秀賞，地元七十七銀行傘下の財団法人七十七ビジネス振興財団主催の第

10回（平成19年度）「七十七ビジネス大賞」を受賞している。

大連金弘橡胶有限公司の概要

　大連金弘橡胶有限公司（以下，"大連金弘"と略す）は，1995年に遼寧萬融貿易有限公司によって設立され，資本金3,569万元である。弘進ゴムの中国事業は1977年から中国遼寧省の瀋陽市や撫順市で生産委託を開始したことに始まる。1991年から大連第2工場で遼寧省軽工業品進出口公司と合作契約を締結し生産開始するも，その後，発展的解消をする。1996年に，遼寧萬融貿易有限公司と現在の大連金弘で再合作契約のもと生産を再開した。2006年に10年間の合作契約満了に伴い，弘進ゴムと，仕入れ先の1つである輸入窓口商社の大宝産業（本社東京都）で大連金弘を買収し，日本独資企業として現在に至っている。

　同社の主たる事業は，ゴム長靴，ゴム合羽，ゴム前掛けなどゴム製品の生産である。買収直後の3年間は，厳しい収益性となったが，一連の経営改革を行った。その後は，リーマン・ショックの影響はあったものの，2010年の日本の大雪や2011年の東日本大震災に伴うゴム長靴への大量発注などもあり黒字経営を続けている。同社は，価格競争に巻き込まれない商品づくりで差別化を図ろうとしている。土木作業や農作業に特化したゴム長靴や比重1.0以下で水に浮く履き心地の良い，作業しやすい，疲れにくい軽量長靴などに注力している。1日約20品目の多品種少量生産で，少品種大量生産と比べると生産効率は悪いが総合長靴メーカー，弘進ゴムの生産拠点として年間100万足を超す供給責任はますます重くなっている。生産品はすべて日本へ輸出される。

深刻化する採用，上昇する賃金

　従業員数は2013年12月末現在，310名で，2〜3名の臨時工（パートタイマー）を除くと全員正社員である。2014年2月の春節（中国正月）以降，毎日若干名の変動がある。従業員の内訳は，男性160名，女性150名であり搬送，倉庫，設備，工具，ゴムをロールで練るなどの作業があることから男性が半分以上を占める。平均勤続年数は，9年から17年の勤続者が全体の3割，

同4～8年が3割などで1年以上の勤続者の平均は7.3年である。全社的に見ると常時, 1年未満の従業員の勤務期間は不安定であり, 3年勤めれば, 退職者は大きく減少する。年間の離職者は70～80名発生する。

同地域には中国経済の勢いに合わせて縫製工場などが多く進出してくるようになり2010年頃より全般的な人手不足が起こった。各社は, 人員確保に賃金アップを全面に出して採用を競うようになった。当時の大連金弘の賃金が2,000元／月に対して近辺新規工場が2,500～3,000元と相場が上がり, 同社からも一部従業員の流出があった。さらに,「一人っ子政策」のもと甘やかされて育った若者にとりゴム製品製造は"3K"の仕事と見られるだけに就職を敬遠する傾向も見られる。採用は困難になりつつあるため, 少数精鋭で経験者の活用が得策と考え, 勤続手当を見直し給料が安い理由で辞めた人に勤続手当も通算在籍年で支給し, 出戻り再雇用を優先に勧誘するなど対策を取っている。入社後すぐに辞める新人が出ないよう, 応募者には総務担当者が社内見学をさせ, 本人が納得した場合に入社させる。また, 人員不足を補うため, 2012年秋から生産に間接人員の活用を始めている。間接人員による幹部用生産ラインを設け, 午前10時～11時, 午後2時～3時30分は, 間接人員が一日200足程度の生産を開始した。従業員の平均賃金は, 総額ベースで3,000元／月である。

大連金弘の勤務体系は以下のとおりである。週当たりの稼動日は基本的に隔週, 週休2日で, 5月～10月の繁忙期は例年月1回程度, 土曜日は休日になる。夏季期間は, 暑さが厳しく状況に応じて休ませる。勤務体制は1シフトであるが, 前工程のゴム練工程は夜勤がある。作業時間は, 午前6時45分から17時00分までで, 休憩時間は11時40分から12時40分までの1時間である。

企業買収の経緯

日本での生産が, 高い人件費やインフラコストで価格競争力がなくなり生産を海外にシフトせざるを得ない場合には, 海外に自前工場を設立するか現地工場に生産委託をするという選択肢がある。いずれのケースでも立地条件, 人員確保, インフラ, パートナーの信用など十分な現地調査や企業化調査(フィー

ジビリティ・スタディ）が必要である。

　弘進ゴムの場合，後者の委託生産を選び，その後，永年協力関係で委託していた工場を契約更新時に買収した。合作契約生産時代から弘進ゴム青森工場の生産品種，技術を投入し，日本国内工場と同じ意識，レベルを目指して主力品を生産してきた。しかしながら中国経済の急速な発展の中で，委託工場も経験を積んで意識は高くなったものの，賃金，材料アップと環境が変化しているにもかかわらず旧態依然の経営が行われていた。今後の競争を勝ち抜くにはどうしたらよいのか，同社にとって唯一の海外拠点である委託工場が将来的に不安定になれば日本本社そのものも不安定になるという危機感が生じた。そのような状況下で，商品の安定確保を最優先と考え買収することを決定した。

　買収時に検討が十分でなかったこととして挙げられるのは，買収後，弘進ゴムとしてどのような経営をするのか，誰が経営するのか，本当に経営ができるのかという"ポストM&A"の経営であった。買収の資金調達は，同社と大宝産業が共同で対応することに合意したが，工場運営，技術指導，材料発注などは弘進ゴムが主体となる。工場運営経験者が少ない中，同社の青森工場経験者を配置したものの，海外工場運営は資金対応，人事対応，現地政府対応など守備範囲が広く，日本の工場経験者でも未知の世界が多く対応の難しさが明らかになった。こうした状況下で買収の下交渉から大きく関わったことから工場経験が無いながらも共に改善に携わってきた営業畑出身の中村晴美氏（66歳）が4代目総経理として今日に至っている。同総経理は，同時に本社役員として中国事業を管掌している。

買収後判明した問題点

　企業買収後，日本から生産委託者として見ていた同工場の経営と，買収後に自ら同工場の中に入って買収者の経営視点で見た経営状況は余りにも大きく違いがあったことに気がつく。以下は主な違いである。

　1) 社内規律を破っても注意する者がいない，2) 領収書をごまかすなどの不正，3) 経営幹部のいい加減さ，4) 一般従業員は過酷な労働を強いられていた，5) 資材業者との癒着，6) 各担当者の利権搾取，7) 品質管理のいい加減

さ，数合わせで不良品を混ぜての輸出，8) 一部不良従業員の窃盗行為の存在，9) 従業員の不満は押えるだけで，その場しのぎの対応，10) 日本からの来客があった場合，整理整頓を急遽実施，帰れば元に戻る，11) 納期管理意識なく場当たり的生産，12) 納入業者への支払は次回の納入につなげるためか全額支払わず大きく残す，などである．

離職者対策

2007年に弘進ゴムが合作会社を買収し，独資会社としての大連金弘がスタートした．中村晴美総経理が新たに打出した離職者対策の基本的な考え方と具体的な対応策は次のとおりである．収益が思うように上げられない中，一時的に賃金を上げて離職者を減らそうとしても，その時だけの効果となり，さらに賃上げを要求されるだけである．従業員が住む寮の生活環境や会社の労働環境，安全性を最重点に投資し，勤務する会社が儲かれば必ず従業員に還元するという基本スタンスで対応した．従業員には，幸せは他人が与えてくれるものではない，自分達で掴み取らなければならないという意識改革を求めた．より高い給料だけを求めて会社を辞める者は仕方がない，会社を信じて残ってくれる人が一人でも多くなるように祈りながらの対応である．仕事を嫌々やる者は遅かれ早かれ会社を辞めるものである．

同社は60～70名が入居できる独身寮や18部屋がある幹部用社宅を有している．独身寮には，遼寧省北部，吉林省，黒龍江省出身者などが入っている．多くの従業員は，同社の周辺地域から通勤してくる．従業員に対する具体的な対策は，生活環境の改善を最優先とした．1) 寮・工場内トイレの改修，2) 寮の寝具の取り換え，3) 窓の網戸設置，4) 真冬には気温がマイナス10℃以下になることもあるため工場，宿舎，事務所などの二重窓化，5) 食堂の改修と食事の改善，6) 自転車，バイク置き場の移転，改修，7) 以前は井戸水を直接飲んで下痢する者が常にいたため，ボトルに入った飲料用の水の設置，8) 寮に部外者が来たり喧嘩すると外部から応援者が来たりして問題があったため，守衛を替え，部外者の立入りを禁止し，訪問者用に守衛室横に面談室を設置，9) 安全確保のために主要箇所にビデオカメラ設置，10) 2009年から年1回

ボーナス支給，11）春節近くなると早々に故郷に帰り，出勤率が約1カ月前から悪くなるため，対策として2007年からお土産代として最終日に100元支給することで事態は改善された，12）春節に故郷に帰るチケットを取るのが一苦労のため，1カ月前の発売日を会社の休日とした，13）春節休暇後，工場再開日に出勤した社員の交通費を会社負担とした。以上の春節対策で，従来40～50名辞めていたのが10名程度に減少した，14）2010年から社員全員による1泊旅行を実施。

同社の買収後の経営改革は離職者対策に留まらない。中村総経理自ら，工場敷地内の社宅住まいを選んだ。同じ所に住み，同じ釜の飯を食うという仲間意識づくりのためである。月曜日から木曜日は社宅に，金曜日夜から日曜日は大連市郊外の大連経済技術開発区のホテル住まいである。毎朝5時半に社宅で起床し，工場巡回し，朝食後6時半工場出勤，6時40分朝礼，6時45分に工場の作業開始という中で職住一体の勤務スタイルを3年間貫いた。同社ではこの3年間，毎日午前8時から11時の間は経営幹部の教育を行い，自分の考え方を浸透させることに注力した。

日本本社と現地法人間に横たわる課題

海外に現地法人を設立した場合，日本本社との間で起こる以下の課題は，多くの企業が共通して経験する。例えば，1）日本の本社は，現地の事情に関係なく，日本的感覚で判断することが多い。2）工場運営も日本式工場でのやり方を押し付ける，3）現地責任者は，ちょっと問題が起きると本社にお伺いを立てるため指示が遅れる，4）現地責任者への信頼，信用度が低い，5）中国は毎年変化が激しく，前年の状況が様変わりしている場合が多く，過去の情報や経験がすぐに陳腐化してしまうだけに現地に出向している者の判断が重要になることが日本側はわかっていない。このような状況は日常的に起こる問題であるが，弘進ゴムの場合は，中国進出から30数年の経験があり，経営トップの理解度は高く事後報告も許されたことは現地責任者にとって救いであった。

現地経営の要諦

　2006年から大連金弘の買収交渉，管理に関わり，そして総経理として今日まで現地法人を経営してきた中村晴美氏が取り組む上で守っていることは以下のとおりである。

1) 郷に入れば郷に従う

　　日本と中国の文化は異なり，同じ事をやるにしてもやり方が違う。会社運営も日本式のやり方をそのまま押し付けても通じない。日本人の上からの目線ではなく，中国人のレベル，考え方，やり方を尊重し，最終目標を達成させる。

2) すべてにおいて対等

　　4000年の歴史ある中国人のプライドは高い。買ってやる／買わせてもらう，売ってやる／売らせていただくといった対等の立場で，相手を尊重しながら，いかに自分のペースを守り，主導権を握るかが重要。相手の話を十分に聞く，こちらの話も理解してもらうまで話す。そして落とし所を見つける。

3) 損して得を取る"負けるが勝ち"

　　中国人は全て克明にメモを取り，言ったこと，言われたことは忘れない。会社のプライド，家族のプライド，友人のプライドが重要であり，相手が正しいとわかっていても，その背景の中で曲げられないものがある。その時，当方が頑張って勝ってみても後で必ず仕返しが来る。先を見て相手の立場を尊重し折れる，負ける貸しを作る方が後々生きる。

4) 先手必勝

　　中国は急激な進歩のためルール，規律，体制が追いついていない。新しい商売も早くやった人が成功を収めている。工場の生産能力を押える，材料を押える，人を押える。すべて早く動いた人や会社が勝つ。ぐずぐずしている人は務まらない。

5) 守れないことは約束しない

　　知ったかぶりをしない。いい格好をしない。自分から見える範囲は限

られ，それ以上に自分は他人に見られている。会議，商談はもちろんだが，酒席，普段の会話でもすべて同じである。話の中で持ち上げられても，好い気になって格好良く大きな話をせず常に謙虚な姿勢でいる。

　以上の心構えで経営に取り組んできた結果わかったことは，「二人三脚で苦労できる中国人幹部の存在」が重要なことである。同社の場合は，2007年末から，大連金弘の親会社であった遼寧萬融貿易有限公司に勤務していた宋俊国副総経理（53歳）を大連金弘に迎えた。同氏が総経理の片腕として活躍してくれたことが様々な経営の改善・改革につながった。日本から派遣された総経理や駐在員が，どれほど優秀であっても，また，取り組む姿勢，責任感，気力で努力しても限度がある。中国で多少でも成功している会社，工場の共通点は，現地中国人で片腕になる優秀で信用できる，実務を任せられる，二人三脚で苦労できるコンビを組める人がいる。日本本社と現地の如何ともしがたいズレ，日本人と中国人のズレを埋めるに当たり，現地事情に明るい信頼できる片腕が居るか居ないかで大きな違いが生じる。

　弘進ゴムの中国事業は，最初の委託生産時から30年以上が経過する。単に人件費が安いという理由だけでなく，中国国内で材料のゴムを調達できるというメリットを活用している。さらにゴム長靴の生産には寒冷地という気候条件が合っている。同社の日本の工場立地が地元宮城県から寒冷地の富山県や青森県に展開していったことからも材料のゴムを扱う気候条件の重要性がうかがえる。例えば，縫製工場であれば，人件費の高騰の中で中国生産を停止して，他のアジア諸国に渡り鳥的に移動することは可能である。しかしゴム長靴は，人件費の高騰や日中間の外交のきしみなどの理由で簡単に中国大連工場を投げ出すことはできない。同社にとって唯一の海外生産拠点の中国は，日本本社の生き残りと勝ち残りを賭けた主戦場と言える。

●金型製作・プラスチック事業・水気耕栽培装置
3. 大連大暁協和精模注塑有限公司
(DALIAN DAISHO-KYOWA PLAMOLD CO., LTD.)

はじめに

　大連大暁協和精模注塑有限公司は，中国遼寧省大連市（人口590万人）の大連経済技術開発区にあるプラスチック製品および金型のメーカーである。親会社は，大阪府高槻市に本社を置く工業用樹脂製品製造の協和株式会社である。

金型製作・プラスチック事業・水気耕栽培装置

　協和株式会社（以下，"協和"と略す）は，1953年に資本金125万円で協和化学工業株式会社として設立され，1978年に現社名に変更されている。同社の資本金は，2013年3月現在，単独で9,600万円，グループ合計で29億6,000万円であり，株式の7～8割は創業家が保有し，残りを社員持株会などが所有している。従業員数は単独で166名，グループ合計2,336名であり，海外従業員数が圧倒的に多いのは海外の生産比重が高いことを反映している。

　主要な事業は3つあり，1つ目は金型の製作，2つ目はその金型を活用するプラスチック事業である。20トンの小型から850トンの大型クラスの射出成形機による射出成形，成形品の塗装，シルク印刷，超音波接着などを施す2次加工，そして部品などを組立て，半完成品・完成品にして出荷するアセンブリーである。3つ目は，水気耕栽培装置「ハイポニカ」の製造販売である。「ハイポニカ」は登録商標名である。同社が開発した水気耕栽培は，土の代わりに水を液肥として使う一般の水耕栽培と異なり，水中に酸素を吹き込むことにより植物の根を健康にできる培養液を使用することを特徴とする。この技術は，1985年に開催された「つくば博」で日本政府館に展示され注目を浴びた技術である。同社は，1971年にこの栽培の技術開発とプラスチック製造のために，兵庫県篠山市に敷地3万3,000 m^{2}の篠山工場を新設した。さらに1985年には，

第 2 章　中堅・中小企業のアジア進出事例研究

茨城県結城郡に敷地 2 万 5,100 m² の筑波工場とハイポニカ研修センターを新設した。同社の売上高は，2013 年 3 月期は約 31 億円で，その構成比は，金型 10%，プラスチック 75%，ハイポニカ 15% である。なお海外売上高比率は約 8 割である。

独資路線の中国進出

協和の香港，中国への進出の時期は，同業の中ではかなり早い。図 2-2 に示すように同社は，1986 年に，香港の新界元朗工業団地に資本金 500 万香港ドルで喬奥華有限公司を設立した。その後，この香港現地法人の傘下には，3 つの中国現地法人が独資会社として設立されている。1992 年には，喬奥華有限公司の傘下に全額出資会社（独資会社）として広東省深圳市に進料加工会社の喬奥華塑膠製品（深圳）有限公司を資本金 1,600 万香港ドルで設立した。1999 年には，前記喬奥華塑膠製品（深圳）有限公司において委託加工会社「協和塑膠五金廠」を設立した。2011 年には，2 つ目の喬奥華協和塑膠製品（深圳）有限公司を喬奥華有限公司の来料加工会社から独立させ，資本金 300 万ドルで独資化する。2008 年には，3 つ目の喬奥華銀星塑料（深圳）有限公司を資

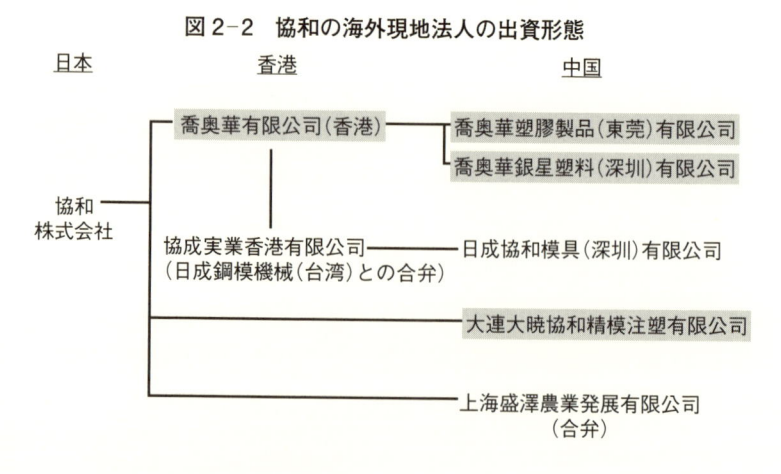

図 2-2　協和の海外現地法人の出資形態

日本　　　　　　香港　　　　　　　　　　中国

協和株式会社 ─ 喬奥華有限公司（香港） ─ 喬奥華塑膠製品（東莞）有限公司
　　　　　　　　　　　　　　　　　　　└ 喬奥華銀星塑料（深圳）有限公司
　　　　　　　└ 協成実業香港有限公司 ── 日成協和模具（深圳）有限公司
　　　　　　　　（日成鋼模機械（台湾）との合弁）
　　　　　　　　　　　　　　　　　　　── 大連大暁協和精模注塑有限公司
　　　　　　　　　　　　　　　　　　　── 上海盛澤農業発展有限公司
　　　　　　　　　　　　　　　　　　　　　　（合弁）

注）図の中の網掛け企業は独資

出所：協和株式会社のホームページ（2014.3.22 採録）

42

本金300万ドルで設立した。設立目的は大手ユーザーの専属工場である。2004年には，協和グループ会社が直接投資した大連大暁協和精模注塑有限公司を大連市に資本金5億円（後に6億円に増資）で設立した。なお，2012年5月に喬奥華塑膠製品（東莞）有限公司を東莞市塘厦鎮に資本金400万ドルで設立，前掲の喬奥華塑膠製品（深圳）有限公司と喬奥華協和塑膠製品（深圳）有限公司を統合して移転，翌年5月より実稼動を開始した。

協和は，以上の独資現地法人の他に，合弁会社を2社設立している。1社目は，香港にある協成実業香港有限公司で，協和の喬奥華有限公司が15%，台湾の金型メーカーである日成鋼模機械有限公司が85%の出資比率で資本金は1,400万香港ドルである。その傘下に中国で金型製造を行っている日成協和模具（深圳）有限公司がある。2社目は，ハイポニカ事業を行う上海盛澤農業発展有限公司で，その出資比率は協和本社が40%，上海匯盛農業開発有限公司40%，上海依蘭亭貿易有限公司20%である。

大連協和の会社概要

大連大暁協和精模注塑有限公司（以下，"大連協和"と略す）は，2004年に大連市の大連経済技術開発区に設立された。稼動開始は2005年で，2015年には創業10周年を迎える。2013年3月現在，払込資本金は6億円，株主は協和グループ会社と精密金型技術を有する株式会社ダイショープレーンである。中国進出を検討する際に，協和の経営トップが大連，青島，上海の3都市を視察した結果，最終的には日系企業の進出が多かった大連を選んだ。

主たる事業は，プラスチック製品および金型の生産販売，深圳市の同社工場で生産される水気耕栽培装置の販売である。直接輸出はなく50%は人民元による中国国内販売，残り50%は中国国内の顧客への保税納品販売である。後者は顧客が大連協和の製品を組み込んだ最終製品を輸出するため，大連協和にとっては間接輸出となる。

同社の工場敷地は3万 m^2，延べ建屋面積は1万0,942 m^2 で，工場棟1棟の他に，同敷地内に4階建の従業員用宿舎（寮）を有する。当初計画では3棟建設であったが，筆者訪問時には2棟分の敷地は空いており，野球グラウンドと

して使用されている。

　従業員数は，正社員70名，派遣社員170名，臨時工（パートタイマー）16名の計256名で，日本人は総経理，技術担当，品質管理担当の3名が勤務している。200名収客能力を持つ寮には180名が入居している。一部屋4〜6名が住める。入居者の大半は，同社までバスで1〜2時間掛かる場所に住んでおり，通勤の交通手段がないため入寮せざるを得ない。

　工場労働者（労務工）の離職率は，6〜7%/月であり，工業団地の中にある給与の高い会社に職を求めて辞める。勤務体系は，12時間勤務の2シフト制を採用している。第1班は朝の8時から夕方5時半まで作業し，30分の夕食・休憩の後，2時間の残業をこなし夜8時に終了する。午前10時と午後3時と交替時には各10分の休憩を取る。第2班は，夜の8時から朝の5時半まで作業し，30分の朝食・休憩の後，2時間の残業をこなし，朝8時に終了する。同社の人件費負担は，残業代を含む賃金や保険・基金代などを含んで1人平均3,500元/月と寮費，食事代の補助費400元/月を合わせて3,900元/月である。

　大連の最低賃金は2013年に200元増え1,100元から1,300元になったことから大連協和の賃金も上昇し，加工高に占める人件費比率が2%上昇した。大連は，中国内の他地域と比べ保険，基金，積立金負担率が非常に高いため，人件費の上昇は企業存続に大きな影響を与える。さらに大連政府は2016年には最低賃金を華南に合わせて1,800元にする計画である。また，大連には自動車工場の進出により大連にある既存の下請企業の賃金上昇は避けられず，同社は，今後，人員削減や省力化といった対策を突き付けられる。

　従業員の男女構成比は3:7であり，平均勤続年数は2〜3年である。近年，採用は，派遣社員が主流となっており，正社員は「人材市場」から採用する。社内に労働組合として工会[注2]がある。

岐路に立つ大連事業

　日系企業による大連進出は，完成品よりも部品が主流であり，部品の生産後は，日本へ全数輸出するといったパターンである。2013年末に東芝のカラー

TVの組立拠点が生産を終息し撤退するなど，中国の外への海外生産シフトが起こり，大連での生産事業の構造的な縮小が懸念されている。

協和の大連進出の背景には，携帯電話など多くの精密部品メーカーの顧客が多いことがあった。かつてはノキア向けコネクターの生産を行っていたが今はない。その後は生産品目をデジタルカメラ部品にシフトしたり，2010年にはスマートフォン部品にも参入した。スマートフォン部品が，デジタルカメラ部品を凌駕し，その後，医療用部品，車載用部品にシフトしている。同社は自動車関連の認証を取得し車載用市場に対応している。大連協和にとって，日産自動車の大連生産開始があるものの，自動車関連企業以外に日系企業で勢いのある企業が少ないだけに中長期な主戦場をどこに定めるかが課題となっている。

資金調達面では，協和本社との間で親子ローンを設定し，日本に金利を支払っている。中国国内の地場メーカーをターゲットに販路開拓を図っているが，売掛債権の回収などに不安がある。今後の販路開拓では，顧客企業の窓口がローカル化されてきたため，同社としても営業は完全ローカル化し，その部下育成にも真剣に取り組んでいる。現地化推進の中で，日本人出向者数も3名から2名へと少数精鋭化が求められている。

大連進出後，気がついた経営課題

協和は，前述のように1992年の広東省深圳市への進出経験をもとに大連に進出した。しかし進出後に改めて気がついた点は次の4点である。

1点目は，大連市に進出している日系企業の顧客は，自社内に成形部門を有し内製化している企業が多いため，大連協和のようなサプライヤーに発注される仕事量は当初予想より少ないことである。この背景には，当初，大連政府が外資の部品加工メーカーの誘致に必ずしも積極的でなかったため，進出時に内製化を計画した企業が多かったことがあると推察される。

2点目は，大連に進出した顧客は，当初より日本の親会社への販売が多く，その社内販売依存度の高さがコスト的には甘い面が出てくることである。このため，プラスチック業界では，華南地区など販路拡大が厳しい他地域と比べてコスト競争力で必ずしも優位性が築けていない。

3点目は，大連市の保険料・基金の負担率は異常に高く，2013年度は正社員で50.1%（派遣社員23.3%）に上る。他地域は，住宅基金，年金，失業保険，医療保険，出産手当など合計すると正社員は20～25%である。また，大連市は中国の法律遵守の管理が厳しく，深圳市のようにその運用に柔軟性がない。

4点目は，輸送インフラが地形上，霧，雨，媒煙などの天候に左右されることが多く，輸出入に影響が出ることもある。人の移動のための飛行機便，貨物輸送の航空便，船便などへの影響が出ることもあり，納期が緊急な製品やサプライチェーン・マネジメント（SCM）に不都合が生じる。

韓　国

●日華化学グループ内で存在感上昇
1. ニッカコリア株式会社

はじめに

　ニッカコリア株式会社は，1971年6月，人口がソウル市，釜山市に次いで第3位の都市大邱（テグ）広域市に設立された界面活性剤（撥水剤・撥油剤）の開発・製造・販売を行っている化学品会社である。大邱市はソウル中央駅からKTX（高速鉄道）で南に2時間弱の都市で，もともと繊維産業とメガネ産業で栄えた都市である。両産業とも国際競争力に陰りが出た中で産業構造転換に後れを取り，2012年には北部の仁川市に人口が抜かれたことが報じられている。2010年代に入って同市は国際都市を目指して，スポーツ，水，エネルギーなどの分野で世界的な祭典や会議を招聘している。同社の親会社は福井県福井市に本社がある界面活性剤では日本有数の日華化学株式会社である。

創業70周年を迎えた北陸の老舗化学メーカー

　日華化学は，1941年，合資会社日華化学工業所を株式会社組織に変更して設立され，2011年に創業70周年を迎えた化学メーカーである。1960年，クリーニング用粉末石鹸を開発しクリーニング分野に進出，1964年に金属用洗浄剤を開発して金属工業分野に，その翌年には製紙用消泡剤を開発して紙パルプ分野に進出した。さらに1980年には殺菌消毒剤を開発して医薬品分野に，1982年には頭髪化粧品分野に進出してデミ化粧品製造所を完成した。

　一方，同社は国内の事業規模が小さい段階から合弁形態をてこに積極的な海外事業展開を行ってきた。2012年現在，8カ国・地域に12拠点を有している。

まず1968年に台湾に合弁会社，台湾日華化学工業を設立，1971年に韓国に合弁会社，三慶日華化学（現・ニッカコリア）を，1974年にタイに合弁会社，サイアムテキスタイルケミカル（現・STCニッカ）およびインドネシアに合弁会社，PT.インドネシアニッカケミカルズを設立した。1988年，米国に合弁会社，ニッカU.S.A.を，同年5月に香港に香港日華化学有限公司を設立し，翌月には同社出資による合弁会社，UJTニッカケミカルズ（2003年統合）を設立した。1993年，中国広州市に合弁会社，広州日華化学，1995年，杭州市に合弁会社，杭州日華化学（2006年解散），2002年，杭州市に合弁会社，浙江日華化学，2004年，ベトナムに合弁会社，ニッカベトナムを相次いで設立した。

同社の2011年度の業績は，連結売上高310億円，営業利益10.4億円（営業利益率3.3%），従業員数1,158名である。連結売上高の事業別構成は，繊維加工用，紙パルプ加工用，金属加工用薬剤などの化学品79%，シャンプーなどのヘアケア商品やヘアカラーなどの化粧品21%である。また，地域別構成は日本57%，東南アジア36%，北米他7%である。

なお，同社は1993年，名古屋証券取引所の市場第二部に株式を上場している。

韓国進出の背景，動機，沿革

1971年5月，三慶日華化学株式会社を日華化学45%，韓国パートナー50%，その他5%で設立した。同年に大邱工場を竣工，翌年には外国人投資企業に登録された。1974年に社名の「日華」への反発危惧から韓国精密化学に商号を変更した。

1980年代は，1986年にシリコン撥水剤を開発，同年，有望中小企業に指定されると同時に付設研究所を設置した。また，翌年にはコンピュータ室を設置した。1989年には韓国科学研究所と共同開発契約を締結した。

1990年代は，大邱工場を増築，また，フッ素撥水撥油剤の国産化のための技術開発を行い，翌年には生産を開始した。1992年に日華化学が韓国側の出資分を買い取り同社は完全子会社となった。この年代は，ニッカコリア内部で

のイノベーションが進んだ。

2000年代は，2000年3月に金敬裁（キムキョンジェ）社長が就任，同年フッ素アルコールの合成技術を開発すると同時に韓国中小企業庁から「技術競争力優秀企業」として指定された。2002年，社名を現社名ニッカコリアに変更する。2006年に韓国染色技術研究所と技術交流契約を締結した。2007年に韓国政府から「技術革新型中小企業」（INNO-BIZ）の認定を受ける。

ニッカコリアの会社概況

ニッカコリアの資本金は80億ウォン（約5.8億円），生産高は2011年7,209トン，生産能力は年21,000トン，資産総額337億ウォン（約24.6億円），売上高318億ウォン（約23.2億円），従業員は2012年10月現在，87名である。

経営組織は，大きく化学品事業部と経営本部の2つから成り立っている。前者には企画室，営業部，付設研究所，生産部，品質管理部があり，後者には経営支援部がある。この2組織とは別に監査室がある。なお，化粧品のデミコリアは分社化されて現在の組織にはない。

上記の営業部には地元大邱，ソウル市，ソウルから仁川空港に行く途中にある始華（工業団地）の3営業所，および海外営業がある。同社は代理店経由で販売しているが，韓国の代理店は必ずしも強くなく小さなユーザー対応が難しい。海外営業は，韓国のユーザーがアジア中心に海外生産シフトするのに伴い，ニッカコリアもそのサポートのため現地進出している。日華化学のグループの方針として，当該国（例：韓国）のユーザーの海外生産シフト（例：中国）に対しては当該国の現地法人がサポートすることになっているので，日本の営業部隊や進出先現地法人（例：ニッカ中国）とコンフリクトは起こらない。以上の営業棲み分けについては3年前に日本本社で成文化されている。

主たる製品は，繊維化学品としてフッ素系撥水・撥油剤，防災加工剤，高品質カーシート用加工剤，繊維用濃色化剤，人工皮革用ウレタン樹脂がある。また，技能性化学品として，金属加工用離型剤，木材工業用薬剤，新環境界面活性剤がある。

付設研究所で行っている研究開発分野は，繊維化学，有機フッ素化学，精密

特殊化学，木材工業用薬剤である。独自の開発に基づく知的財産権は，登録特許13件，商標登録3件，デザイン登録1件である。主要開発実績は1987年のシリコン系撥水剤の国産化から2011年PFPE誘導体合成技術開発に至るまで多数存在する。

品質管理面では，社内のQCサークル活動が活発である。2001年4月からQCサークル活動を再開し，毎年2回社内QC発表大会を実施している。また，日本で開催される日本NICCA国際QCサークル大会にも参加している。2003年に優良賞，2007年に海外特別賞，2010年に優秀賞を受賞している。

1993年から5S活動を開始した。2007年からは社内のみならず工場周辺にも5S活動を拡大した。また，改善提案では1985年から活動を開始し，2009年からは提案者，実行者，援助者に"個人別提案ポイント"を付与するポイント制度を導入している。また，品質管理のISO 9000については，1998年，ISO 9002の認証を取得し，2003年にISO 9001を更新している。環境管理面では，2006年にISO 14001の認証を取得したと同時に地域環境保護活動を行っている。

福利厚生面では，会社側が経常利益の5%を出資し，「社内勤労福祉基金」の運営に充てている。この基金の主な活動は，従業員の家計資金の貸し出し，長期勤続者の海外旅行支援，従業員および配偶者の誕生日，結婚記念日への贈り物，全従業員の子女（中学・高校生対象）資金支援，奨学金支給である。また，登山，サッカー，ボーリング，釣りなどの社内同好会活動費の支援も行っている。さらに，2004年からはクリスマスイベントとして，従業員がサンタクロースの姿になって，従業員宅を訪問し，子弟にクリスマスプレゼントを手渡している。

他に福利厚生として，年2回の社内体育会や忘年会（韓国語では"送年会"）の実施がある。2011年の創立40周年には，その記念行事として"海外文化探訪"と称して全従業員が日本を訪問し京都・大阪巡りなどを楽しんだと同時に，福井の日華化学本社を訪問し交流を深めた。また韓国内では麗水エクスポ観覧や南道旅行を実施した。インタビューした金社長コメントによると「国ごとに価値観が異なるが，経営者の仕事は社員が喜んで仕事をする仕組みを作る

こと。現在の福利厚生の制度は，開始してから10年近い運営となる」とのことである。

日華化学グループ内で存在感上昇

親会社の日華化学は2011年に創立70周年を迎え，創立75周年にあたる2016年に連結売上高で「500億円企業」の達成に向けて，その事業を加速化させている。国内外グループ会社連携によるシナジー効果を最大限発揮することが重要となる。一方，海外子会社として2番目に長い歴史を持つニッカコリアは同年，創立40周年を迎えた。年間3,000トンと言われる韓国の撥剤市場でニッカコリアは3分の1（約1,000トン）を占めているが，2011年度中に1,400トンに拡大させシェアNo.1を目標とした。撥剤需要拡大に向けて新規設備投資や人員増強で2012年度は更に生産量の拡大を狙う。

金社長は国ごとの市場性に対応しながら更なる成長を計画している。日華化学グループの本社指導に依存する単なる1海外子会社に留まることなく，韓国の市場性に合わせて技術開発・営業展開を行っている。現在，韓国系企業を中心に，世界13カ国に製品を輸出しており，韓国市場に合わせた展開が功を奏している。日華化学グループの「長期ビジョン2016」の中でニッカコリアの役割が増大している。

● 韓国政府の国産化政策に連動して進出

2. 韓国三星ダイヤモンド工業株式会社

はじめに

韓国三星ダイヤモンド工業株式会社は，2003年11月に韓国の首都ソウル市から車で60分の距離にある仁川広域市に設立されたガラス切断・加工の製造装置の開発・製造・販売を行っている企業である。資本金は20億ウォン（約

1億4,600万円）で日本の親会社，三星ダイヤモンド工業株式会社の完全出資の子会社である。

ガラス切断加工技術で日本有数のトップ企業

　三星ダイヤモンド工業株式会社（以下，"MDI"と略す）は，1935年に大阪市都島区に「三星ダイヤモンド工具製作所」として創業，三星（みつぼし）ブランドのダイヤモンド硝子切の製造販売を開始した。2012年で創業77年目を迎えた歴史ある企業である。1957年に現社名に改称し，この年，超硬ホイールを用いた硝子切の製造販売を開始した。2012年10月現在，本社所在地は大阪府の摂津市にあり，資本金4,150万円，従業員の持株会を含む株主構成とその出資比率は非公開である。連結ベースの従業員数は，2012年12月現在，800名，単体ベースで460名である。

　事業内容は，FPD（フラットパネル・ディスプレイ），板ガラス，太陽電池，LED（発光ダイオード），LTCC（低温同時焼成セラミックス）などの製造装置および切断・加工工具の開発・製造・販売を行っている。特に主力のFPDではガラス基板が大型化すると同時に薄くなり，切断後のガラス端面強度維持など，技術の更なる高度化が求められている。

　本社単体売上高は，2009年度（2010年3月期）162億円，2010年度187億円，2011年度（決算期変更に伴い9ヵ月決算）133億円と推移している。決算期は，日本本社（3月期）と海外子会社群がばらばらだったが，2012年から12月期に全社統一した。これは従来，決算期ずれにより発生した連結の事業計画上の業績見通しや次期事業年度計画立案などの煩雑さや複雑さという実務上の課題を解消し，アジア圏でのグループ経営を強化するものである。なお，同社は営業利益などの収益性は未上場企業のため非公開である。

　同社製品の主な用途は，液晶テレビ，携帯電話，スマートフォン（高機能型携帯電話），タブレット（多機能端末），パソコンなどの平面ディスプレイの製造現場である。また，主要顧客は，日本国内では液晶メーカーであるシャープ，パナソニック，ジャパンディスプレイなどである。ただし，日本のFPDメーカーは，いずれも国際競争力の低下と収益性の急激な悪化から生産規模が

縮小し，サプライヤーであるMDIの業績に大きな影を落としている。MDIの海外売上高比率は，2008年度から2011年度の4年間では70〜80%で推移しており，今後はアジアを中心に海外市場で成長性を確保する必要性があることから海外売上高比率は更に上昇するものと推定される。

韓国政府の国産化政策に連動して進出

MDIが2003年に韓国に直接投資により事業進出した背景には，韓国政府が打ち出したハイテク技術の国産化計画がある。この計画を受けて，MDIの主要顧客であるサムスン電子やLGディスプレイから韓国進出要請があったことが挙げられる。FPDの生産・販売では世界第1位と第2位の両社は，現地調達率の引き上げ，すなわち輸入比率の引き下げを意図していた。この国産化政策を推進するために日本のハイテク部品・部材メーカーへの韓国進出要請はMDIに対してだけでなく，薄型ディスプレイ製造装置の大手で真空技術に強みを持つアルバック（2011年度海外売上高比率60%）や温度センサー部品最大手の芝浦電子（同48%）などの韓国進出をも促した。なお，MDIが韓国現地法人を設立する前は，韓国の代理店がMDIの製品を日本から輸入していた。

韓国三星ダイヤモンド工業の会社概況

韓国三星ダイヤモンド工業株式会社（以下，"MDI韓国"と略す）の事業内容は，主にFPDの製造装置の製造販売およびそれら消耗品の販売とメンテナンスである。売上高は，2009年452億ウォン，2010年876億ウォン，2011年870億ウォン，2012年は世界的なFPD不況から前年売上高の半減（2012年10月現在の予想）が見込まれている。売上高は主要顧客であるサムスン電子やLGの設備投資計画にリンクして変動する傾向がある。

MDI韓国の主要な輸出先は，日本のMDIと中国である。中国向け製品は日本のMDIからの要請のもと，MDI韓国で完成品として組み立てて輸出する。

MDI韓国の従業員数は，正社員144名，パートタイマー6名の計150名であり，男女別には男性129名，女性21名である。女性社員の大半はサポート業務の事務職であり，他に工場の組立てとソフト設計に各1〜2名の正社員が

活躍している。日本人の出向者は10名で大半各部門の部長職クラスを占めている。

　従業員の採用はインターネットなどによる一般公募と人材紹介会社を通じて行っている。特に幹部職の採用には，出向日本人幹部職とのコミュニケーション上，日本語能力が求められているのが1つの採用上の制約となっている。同社の社内会議の中でも幹部会議からは日本語を主に使用している。一般社員に対しては必要な都度，韓国語へ翻訳を行っている。

　従業員の平均勤続年数は2年6カ月で，その中でも製造職と技術職の勤続年数が短い。2008年から売上高が急上昇し，当時50名の従業員が僅か4年で3倍の150名に急増したことや，24時間のユーザー現場対応が大変なことが背景として挙げられる。従業員のモラルを向上し定着率を高めるために，福利厚生制度の充実を図っており，その中には慶弔見舞金の設定や，多くの韓国中堅企業が行っているリゾートホテルの年間使用契約などがある。なお，同社には労働組合はなく，四半期ごとに開催する労使協議会で基本的な経営業績の説明を行ったり，従業員からの提案の検討を行っている。

　従業員の一般的な教育訓練は，社外の研修機関に委託している。一方，技術教育は日本の本社に派遣して行っているが，日本語で研修が行われるために日本語が理解できることが派遣の条件になっている。

　従業員の給与レベルは経営業績と物価水準などを検討して決定する。韓国の最低賃金法の遵守は当然であり，今後，労働基準監督署の立ち入り検査があっても賃金水準や労働環境改善などの指摘などが起こらないようにしっかりと対策を行っている。

　経営上，電気・水道・ガスなどのインフラについては，現工場の敷地が国家産業団地であることや，同社に24時間稼動する生産設備がないため，特に停電や電圧対策などは必要としていない。

　部材の現地調達については，日本と状況が大きく変わらず，品質的にも問題がなく価格が安い。日本のMDI本社の図面に厳格に合わせると日本部品が必要という場合もあるが，多くは代替品が韓国に存在する。

　現地の情報入手については，特に税務と財務の情報が重要である。韓国政府

が発表するこれらの情報は同社の監査法人である韓国第2位の公認会計事務所の日本企業担当部門や，特許事務所，法律事務所，役所などを通じて入手している。

販路開拓については，同社のビジネスが不特定多数の顧客に汎用品を売るということではなく，サムスン電子やLGディスプレイなど特定の顧客にカスタム品を売るというのが主流であり，基本は受注生産である。また，日本の本社が受注した中国向け製品を韓国の同社が製造して中国に輸出するという商流・物流もある。

資金調達については，現地進出の邦銀か韓国の銀行かを問わず，現地金融機関からは借り入れず，日本本社から親子ローンで借り入れている。韓国の地元銀行は預金口座として活用している。

熾烈化する韓国地場企業との競争

MDIが韓国に進出した2003年には韓国に高度なガラス切断技術を有している企業はMDI韓国1社であった。その後，韓国地場のライバル企業が設立され，MDI韓国の優位性を脅かす存在にまで成長している。これは韓国の主要顧客が韓国政府の国産計画に呼応すると同時に，地場企業の同等製品により原価の削減を狙っていることや，日本企業以上の優れた製品の開発を意図しているためであろう。MDIの独占的なハイテク技術が韓国進出後，韓国地場の新興ライバル企業から寡占的な競争を挑まれることになる。

一方，ガラス切断技術は，さらに薄くなるガラスをどのように切るか，材料がフレキシブルな繊維ロールで納品されるのにどう対応するのかといった課題がある。MDIとMDI韓国は，FPD分野で韓国地場企業以上の事業スピードと先端技術の開発に先行しなければ勝ち残れない。技術サービスセンターなどを中心に中国，韓国，台湾，ドイツに展開する日本のMDIのグローバルな事業展開の中で，MDI韓国がどのような製造拠点として位置づけられ，熾烈さを増す韓国での競争の中で今後，自社の知的財産権を守りながらどのように勝ち残っていくのかが問われている。

第2章　中堅・中小企業のアジア進出事例研究

台湾

●中国大陸市場を狙う橋頭保としての台湾
1. 台湾曽田香料股份有限公司

はじめに

　台湾曽田香料股份有限公司は，日本の総合香料メーカーで東京都中央区に本社を置く曽田香料株式会社の連結子会社である。親会社の曽田香料の創業は，1915年（大正4年）に曽田政治氏が香料商を開業したのが始まりで，1972年に旧商号，「エム，エス香料株式会社」から現社名に変更して設立されている。

需要が減少する国内香料市場

　曽田香料株式会社（以下，"曽田香料"と略す）は，2012年3月末現在，資本金14億9,000万円，連結売上高158億6,700万円，連結従業員414名（単独292名）であり，2004年にジャスダック証券取引所に株式を上場している。事業内容は，フレグランス（香粧品香料），フレーバー（食品香料）および合成香料・ケミカルから構成されている。フレグランス（fragrance）は，シャンプー，リンス，石鹸，芳香剤，入浴剤などに，フレーバー（flavor）は飲料，冷菓，菓子，即席麺用スープなどに使用される。合成香料・ケミカルは，ラクトン類，香料素材，都市ガス・LPG用ガス着臭剤，医薬・農薬中間体などである。

　日本香料工業会の香料統計によれば，国内香料市場は2011年，製造ベースで，1,854億円で，その構成比は，食品香料70.8％，合成香料17.7％，香粧品香料10.2％，天然香料1.3％である。2007年から2011年の5年間の市場規模はリーマン・ショックや東日本大震災で大きく減少した年もあるが，基本的に横

ばい傾向である。2012年以降も国内の調合香料市場は，主要購買層である若年層の減少と，低価格志向などの環境のもと横ばいもしくは縮小傾向が見込まれている。

　低成長またはマイナス成長の国内市場に対して，中国香料市場は高成長を見せている。2009年に中国の香料市場は生産金額ベースで約2,080億円（28.8万トン）で日本の1,682億円（7.3万トン）を超えた。生産量で見ると，中国は既に日本の約4倍である。フレーバー市場だけを取り上げると約2倍である。中国のフレーバー市場は，所得の向上に伴う生活水準の向上や，生活スタイルの欧米化により今後も確実に成長することが予想されている。

成長鈍化の連結売上高

　図2-3は曽田香料の2003年度から2011年度の連結売上高と営業利益の推移である。売上高は漸減傾向を示しており，今後の持続的な成長性の確保が課題となっている。2011年度の連結売上高158.7億円と営業利益13.9億円を事業セグメント別構成比で見ると，フレグランスとフレーバーを合計した調合香料事業54%（営業利益61.1%），合成香料・ケミカル事業35.6%（同22.1%），海外事業10.4%（同16.8%）である。フレグランスではシャンプー用香料を中

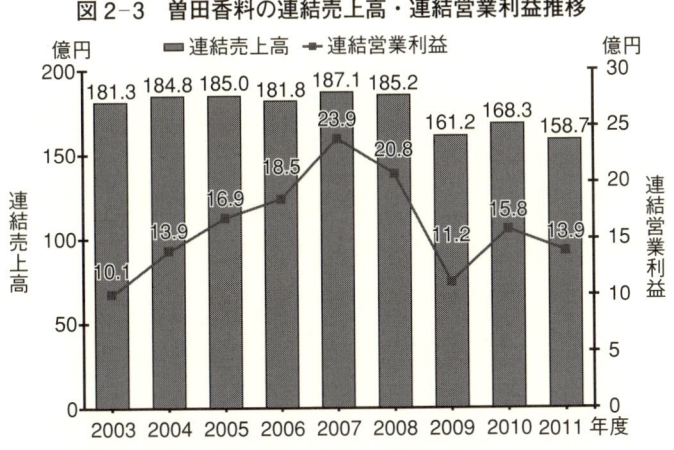

図2-3　曽田香料の連結売上高・連結営業利益推移

出所：曽田香料の有価証券報告書　各年度版より筆者作成

心に売上高は増加したが，夏場後半の天候不順や東日本大震災・原発事故の影響により売上高が減少している。ケミカルでは医薬・農薬中間体を中心に売上高が増加したが，輸出中心の合成香料では急激な円高，海外経済の減速，原発事故の影響などにより売上高が大きく減少した。海外事業では，中国の飲料市場が物価上昇，天候不順，可塑剤混入問題により低迷したため飲料用フレーバーの売上高が減少した。2012年度は調合香料と中国の売上増を見込むものの，合成香料は円高と海外経済の減速に直面するため連結売上高と営業利益は横ばいとなる見込みである。

中国大陸市場を狙う橋頭堡としての台湾

　曽田香料の台湾への事業進出の歴史は古い。1970年に現地法人，台湾曽田香料股份有限公司（以下，"台湾曽田香料"と略す）を台北市に設立する前から，天然香料の素材となる「夜来香」（イエライシャン）や「秀英花」（モクセイ科の一種）などを日本に輸入していたのである。

　台湾曽田香料は，資本金5,000万台湾ドルで，株主は日本の親会社である曽田香料が66％，台湾の個人株主などが34％出資している。事業内容は各種香料・香料関連品の製造販売であり，主たる製品は食品用フレーバーおよびシーズニング（調味料）である。フレグランスはほとんど扱っていない。食器用洗剤や洗濯用洗剤などに使用されるフレグランスは国際的な大手企業の寡占市場になっているため，用途の拡大が期待できる飲料・食品用のフレーバー市場の開拓に注力している。同社製品は台湾内で販売されているだけでなく中国，韓国に輸出されている。

　日本からの出向者は董事長1名であり，従業員数は22名（うち女性10名）で，その平均勤続年数は14年を超える。学歴的には修士卒レベルの社員が増えている。人材育成のためにフレーバリスト（flavorist）の研修を年1回日本で行っている。教育訓練は不定期であるが日本から同社に専門の研修講師を派遣してもらっている。通常，フレーバリストやパフューマー（perfumer）の人材育成には5～6年を要すると言われ，熾烈な競争下にあるこの業界でも，給料が高い同業他社から，せっかく育成した人材が引き抜かれることもあ

る。なお，同社は台湾南西部の嘉義市に工場を有している。台湾国内市場を主たる対象としていた同社の経営資源，とりわけ人材や経営ノウハウを中国市場の開発や生産展開に積極的に活用する時代を迎えている。

　福島県の原子力発電所事故以来，韓国政府は放射能への懸念から日本の食料品輸入を全面的に禁止している。曽田香料本社は日本からの輸出を台湾曽田香料経由に切り替えている。各国の食品衛生法は異なるため，韓国，台湾，日本の規格は異なる。台湾の規格をより厳しい韓国の規格に合わせるという課題がある。同社に限らず台湾の香料メーカーがアジア近隣諸国に輸出するとなると，台湾の規格水準の更なる向上が求められている。なお，日本の曽田香料本社は，世界各国の食品関連法規を遵守することと，この業界の趨勢を把握するために，IOFI（国際フレーバー工業協会，1969年設立）とIFRA（国際香料協会，1973年設立）に加盟している。

中国と東南アジア市場開拓をてこにした成長戦略

　台湾曽田香料は，曽田香料の本社戦略のもと，1995年，中国江蘇省昆山市に100万ドルを投じて子会社，曽田香料（昆山）有限公司（以下，"曽田香料（昆山）"と略す）を設立している。進出のきっかけは，台湾国内の主要取引先の1つである統一超商が現地に進出したことから，同社の要請もあり，そこで製品を供給するのが目的であった。したがって，スタートは台湾企業向け中心の中国事業であった。曽田香料（昆山）は，2012年8月現在，従業員数57名で，台湾曽田香料から製造1名，営業2名が出向している。57名の内訳は昆山総公司に30名，2012年7月に設置され研究開発と営業の両方の役割を担う上海分公司に27名である。同工場の敷地面積は6,600 m^2，生産能力は1,500トンで2011年度の生産実績は約1,000トンである。2010年に年間売上高1億元を達成した。

　日本の曽田香料本社としては，少子高齢化が進行する日本国内ではトータルの需要減少が懸念されるだけに，フレーバーを中心に成長が期待できる中国市場での事業拡大を狙っている。台湾系企業に加えて，中国地場企業や日系企業の顧客拡大に注力する。日本本社の持つ製品開発力，生産・技術力，品質管理

力と，台湾曽田香料の持つ営業力を結集して曽田香料（昆山）を強化拡大する計画である。同時に，フレグランスについても，中国のユーザーからの現地生産の要請に応えるべく現地生産を推進する。曽田香料（昆山）では2013年から年産3,000トンの生産能力を持つ新工場の着工を計画し，2014年の稼動を予定している。日本そして台湾，中国の現地法人の連携のもと，曽田香料グループの総力を挙げて需要が急上昇する中国のフレーバー，フレグランス市場を確保しようとしている。

中国市場と並行して，もう1つの成長戦略としてタイ，ベトナムなどの東南アジア地域での営業戦略と事業戦略を立案中である。低価格品が主流の同地域に対応するために，台湾曽田香料と曽田香料（昆山）を生産拠点とした事業戦略を構築しようとしている。曽田香料にとりアジア・欧州が中心の海外売上高比率は2003年から2011年まで20％台のままであり，特にアジアのダイナミズムを取り込めていない。国内のみならず海外の売上高も鈍化傾向にある。また，中国主力の海外事業も伸び悩み，営業利益も横ばい止まりであり岐路に立っている。同社にとり，開発，生産，マーケティングを駆使したアジアでの売上高の伸びが今後，全社の連結ベースの成長性を牽引することになる。

●海外初の研究開発部門を備え持つ表面処理剤メーカー

2. 台灣上村股份有限公司
(TAIWAN UYEMURA CO., LTD.)

はじめに

台灣上村股份有限公司は，1987年に中華民国台北市内に設立され，現在桃園県の大園工業団地で操業している表面処理薬品および表面処理設備の開発・製造・販売会社である。親会社は，大阪市に本社を置く表面処理技術のリーディングカンパニーの上村工業株式会社である。

表面処理資材では中堅の老舗企業

　上村工業株式会社（以下，"上村"と略す）は，江戸時代の1848年（嘉永元年）に大阪道修町において医薬品の販売を始めたのが創業である。1915年（大正4年），当時の最先端技術として日本に導入され始めためっき技術に，第6代上村長兵衛が着目し，めっき資材の輸入業に業種転換を図り，日本市場での明確な地位を築いていった。1933年（昭和8年）に株式会社上村長兵衛商店を設立，1969年に現社名に変更している。

　上村は1997年に大阪証券取引所市場第二部に上場し，同年，現資本金の13億3,693万円に増資した。2012年度の連結売上高は379億円，純利益は28億7,500万円である。連結売上高の内訳は，プリント基板用およびアルミ磁気ディスク用めっき薬品の「表面処理用資材事業」が全体の79.7％，同めっき機械の「表面処理用機械事業」が11.9％，「めっき加工事業」6.5％，「不動産賃貸事業」1.9％である。連結売上高379億円の地域別売上高は，日本163億円，上海，深圳，香港の中国51億円，台湾50億円，その他米国，マレーシア，タイ，シンガポール，韓国，インドネシアなどの115億円である。各国の売上高には日本から当該国への輸出売上高も含まれる。海外売上高比率は57％と半分を超えている。

着実な成長を遂げる台湾上村

　台灣上村股份有限公司（以下，"台湾上村"と略す）は，1987年，合弁会社として設立された。2013年3月期の資本金は6,000万台湾ドルで，出資比率は，上村が92％，王　正順　現総経理をはじめとする台湾側が8％である。2010年代に入って年間売上高は，15～16億台湾ドル（約52.5～56.0億円）で推移している。

　設立当初は，資本金2,000万台湾ドルで，台北市復興北路で従業員7名の小さな事務所からスタートした。同時に，輸入販売会社の「尚村貿易」を設立した。この会社は，日本の上村が製造しているプリント基板用表面処理資材および工業用電気めっき工程で使用される表面処理用添加剤を輸入販売すること

と，台湾で製造施設を設立することが目的であった。

　1990年代に入ると台湾の電子産業が半導体やパソコンを中心に急激な成長を遂げていく。台湾上村は，日本で開発された当時のプリント基板（PCB）の高機能プロセスと見なされていた無電解めっき法に基づく手法を率先して適用する中で業績を伸ばしていった。同社は，表面処理資材を販売し，顧客のニーズに基づきカスタマイズされたサービスを提供し，表面処理設備の販売において優れた顧客サービスを提供することで，それまでの業界で採用されていた薬品の販売モデルに変革をもたらした。同社は設立以来，日本の上村で掲げてきたスローガン「Growing Together With U」（顧客とともに成長）を台湾においても着実に実行している。

海外初の研究開発部門の設置

　台湾上村は，電子製品の動向に対応するために，1994年，社内に研究開発部門を設立し，営業部とともに顧客にきめ細かな技術支援サービスを提供し始めた。市場動向を的確に把握し，新しい工程と技術を開発するために，研究開発部門に技術支援エンジニア社員を再配属した。

　また，同社は，研究開発能力および独自の開発能力を改善する必要性を日本の本社から認められ，台湾研究所を設立した。日本の親会社の中央研究所に加えて，海外子会社では初の研究所の設立となった。台湾市場と台湾上村の研究開発能力の両方が日本の親会社から評価された結果である。

　製造面では，台湾上村は，将来の発展をにらみながら工場敷地と建屋を拡大してきた。2006年に加工工場の建設を開始し，2008年に水平および垂直のプリント基板用表面処理装置が設置できたことで，同社の最新高機能表面処理プロセスの配置が完了している。2013年12月現在，同社は，表面処理加工工程を持つ第1工場から徒歩3分のところに本社機能も有する第2工場を有している。近年のミクロン単位以下の微細加工製品に対して表面処理薬品，機械も対応が必要となることから，第1工場には表面処理薬品用にクラス1,000と表面処理機械用にクラス10,000のクリーンルームを設置し，カスタマイズされた顧客ニーズへの対応能力を一段と高めようとしている。

高い定着率の従業員

　台湾上村の従業員数は，2013年12月現在278名で，パートタイマーはおらず全社員が正社員である。内訳は，男性7割，女性3割である。日本人は4名で副総経理，工場長，研究所長，機械担当顧問を担当している。

　勤続年数は，10年未満が全従業員の6割弱，11年以上が4割強を占める。特に同社の創業時代に入社した勤続20年以上の従業員（パイオニアメンバー）が21名おり，その定着率は，極めて高い。同社では，離職申し出が出た場合は，優秀な人材の引き留めのため離職原因を十分聞き，当該社員の重要性を判断した上で，慰留するか否かを決める。賃上げは，物価指数の変化と会社の業績により検討される。

　採用方法は，社内各部門から出た増員要求表に基づいて，インターネット上の「ネット人力バンク」で募集する。応募者に対しては第1段階は，要求部門が主管となって面接，第2段階は，総経理が直接面接して最終決定し採用する。1年間に12～13名程度採用するが，同社が「Customized Service」を標榜する以上，顧客の事態によっては即，駆け付ける必要性が高くなってきたことから技術系社員の採用が多くなっている。しかし，最近の台湾においては，大卒者は製造現場の仕事を避け，第3次産業（サービス業）に就職する傾向が強まっている。

充実した人材育成・教育訓練制度

　台湾上村には，社内に教育訓練を専門的に行う「管理部」がある。まず新入社員の教育訓練では，会社概況，環境安全衛生，ISO関連方針および規定，品質コンセプト，情報セキュリティ方針および規程，内部統制関連方針などの理解を求める。

　既存の社員については，各部門策定の「従業員年度教育訓練計画表」に基づいて関連養成，教育訓練を実施する。その実施率は月次管理がなされている。一部の教育訓練費用は，会社が全額補助し，交通費・駐車代といった関連費用を支給する。受講する従業員は，当該資格を取得する義務がある。

例えば，語学訓練では，「管理部」から従業員の要望を聞き，集計し，総経理の承認を得た後，英語と日本語講習コースを各々毎週開いて，従業員の語学能力の向上を図っている。英語，日本語とも初級，中級，上級の3コースがあり，1回当たり2～3時間の学習である。現在では，両コース合わせて30名以上が受講している。

社外の教育訓練では，社内の各部門で社員の不足している能力や，将来の育成計画に基づいて外部訓練要望を提出し，外部の専門機関の指導を受けて必要な能力を向上させたり，将来の産業界の動向や発展を理解させる。

海外留学の希望者が出た場合は，社内の休職管理規定に基づいて本人が休職を申請し，「休職申請書及び誓約書」を提出する。また，海外で開催される展示会などの視察の際には，「職工受訓／出国展示会参加承諾書」を提出する。

社内のコミュニケーションは中国語であるが，日本の親会社や台湾上村で働く日本人と話す際には，社内の外語行政課の通訳支援を受ける。また，同課は専門的な翻訳業務もこなす。外語行政課のスタッフ5名全員が外国人には難関とされる日本語能力試験（JLPT）N1検定合格者である。上記5名の他に，社内には日本語のコミュニケーションができる社員は多数いる。

社内に経営側と社員間で主に労働環境などを話し合う「労使協議会」や，映画鑑賞の斡旋，書籍紹介，スポーツジムによる健康意識増進などを行う「職工福利委員会」がある。また，クラブ活動として男子のソフトボール，バスケットボールクラブと女子の編物クラブがあり，社員の団結力，忍耐力，創造力の向上に貢献している。

台湾上村の経営は，四半世紀を超す歴史の中で，徹底した人材育成，充実した福利厚生，従業員や組織への高度な自主権の付与，高い定着率に支えられモラルアップとやりがいを生み出し企業への求心力を生み出している。

台湾進出後の経営課題

上村が台湾に進出して26年が経過し，リーマン・ショックをはじめとする同社を取巻く様々な経営環境の変化にも素早く対応してきた。同社は工業団地に入居しているため，共益費の発生や排水などの統一管理を工業区の方針に合

わせる義務はあるが，インフラ全体が集中管理されており，近隣住民とのトラブル解決もしやすいというメリットも享受している。ただし，同社では電気・水道・ガスなどのインフラ対策として，緊急事態に備えてディーゼル発電機や1,000トン以上の貯水槽，UPS（無停電システム）を設置している。

資金調達に関しては，銀行からの借入なしの無借金経営をしているため，すべて自社資金による経営を行っている。現地税務当局から帳簿内容に問い合わせがある場合，経理部が同社の監査法人でもある会計事務所のデロイトの公認会計士に連絡を取り，適切な対応をしている。

日本の親会社，上村は，製品，商品，原料を開示した対価として海外現地法人からロイヤルティを取得している。同社決算短信（連結）2012年版によると，台湾上村はじめ米国，マレーシア，中国・上海，香港，韓国の各現地法人が支払っている。開示するライセンス契約は毎年更新される。台湾上村のケースでは売上高にある一定の料率が乗じられた額が毎年のロイヤルティ支払額となる。例えば，固形研磨剤と比べると付加価値の高い表面処理薬品の料率は高い。同社監査法人のデロイトによると，台湾における一般的な料率は3～5%であり，5%以上の料率はないというのが見解である。

台湾上村の今後の目指す方向は3点ある。1点目は，表面処理加工を従来のドライプロセスからウェットプロセスを応用した方法で，生産性を高め，コスト削減を図り競争力を強化することである。2点目は，表面処理加工代行工場の製造ラインの充実である。3点目は，機械工場の一体化サービスである。これはウエハーおよびプリント基板用めっき薬品とめっき機械を自社内ですべて行う，「トータルソリューションを提供できる会社」であり，同社のめっきノウハウの社外漏洩を極力長期にわたって防ぐというものである。

香港

● 日本と海外現地法人間に横たわる諸課題

1. サンコール香港株式会社
SUNCALL CO., (H.K.) LTD.
（新確精密（香港）有限公司）

SUNCALL TECHNOLOGIES (SZ) CO., LTD.
（新确精密科技（深圳）有限公司）

はじめに

　サンコール香港株式会社（中国語表示：新確精密（香港）有限公司）は，1992年に香港（人口710万人）に設立された情報機器および光通信機器の部品製造・販売を行っている企業である。その傘下に中国広東省深圳市に設立された現地法人 SUNCALL TECHNOLOGIES (SZ) CO., LTD.（中国語表示：新确精密科技（深圳）有限公司）がある。親会社は，京都市に本社のあるサンコール株式会社である。

サンコールの会社概況

　サンコール株式会社（以下，"サンコール"と略す）は，1943年に京都に資本金170万円の三興線材工業株式会社として創業した。今日，世界的な自動車関連部品，電子・情報機器部品，光通信機器部品メーカーとして成長してきた。特に自動車エンジン用弁ばねなどの精密機能部品や精密機能材料が，2012年度連結売上高313億円の53.5%を占める。同年の海外売上高比率は46.5%であり，特にアジアの売上高が連結売上高の3割強を占める。海外生産比率は，25.6%（アジア17.3%，北米8.3%）であり，日本への生産依存度は依然高い。また，従業員数は連結1,927名，単体524名である。業容拡大の中で1964年

に大阪証券取引所第二部および京都証券取引所に株式を上場し，2001年に大阪証券取引所第一部に指名された。2013年7月に同取引所と東京証券取引所が合併したことに伴い，サンコールは東京証券取引所一部上場企業になっている。

　同社の海外展開は，1989年6月に米国に製造合弁会社 SANKO PETERSON CORP. を設立したのが第1号である。次いで1992年4月に香港にサンコール香港株式会社を設立，2年後には同社の中国工場を深圳市に設立した。1997年10月には，インドネシアに P.T. SUNCALL INDONESIA（生産品目：プリンター用紙送りローラー，自動車用切削部品）を設立した。

　2000年1月には，米国にも光通信用部品の販売現地法人 SUNCALL AMERICA INC. を，同年11月にタイに SUNCALL HIGH PRECISION (THAILAND) LTD.（同・バルブスプリング，シートベルト用リトラクター他）を相次いで設立した。

　2004年11月に，ベトナム ハノイ市に SUNCALL TECHNOLOGY VIETNAM CO., LTD.（同・プリンター用紙送りローラー，トルクリミッター）を，2006年3月に中国広州市に SUNCALL (Guangzhou) CO., LTD.（同・バルブスプリング，リングギア）を設立した。

サンコール香港の会社概要

　サンコール香港株式会社（以下，"サンコール香港"と略す）は，日本のサンコールが100％出資する資本金405万香港ドルの会社であり，情報機器および光通信機器の部品製造・販売を行っている。主たる製品は，インクジェットプリンター用に特化した送紙ローラーと光コネクターである。オフィスを香港九龍廣東道に構える。その傘下に2011年5月に設立した100％出資の中国製造子会社 SUNCALL TECHNOLOGIES (SZ) CO., LTD.（以下，"STS"と略す）がある。資本金は600万ドルである。STS は日本のサンコールから見れば孫会社となる。所在地は，中国 深圳市に接する香港 新界の羅湖（Lo Wu）から車で東へ30分の距離にある。

　STS を設立した背景は2つある。1つ目は，香港にある得意先の生産拠点が

中国・華南地域にシフトしたことが挙げられる。2つ目は，1995年11月から中国で行っていた来料加工貿易[注3]が，中国中央政府の方針変更により，来料加工廠から独資企業へ転換を余儀なくされたことである。2011年末，深圳市は，来料加工の営業ライセンスの更新を認めないという通達を出している。STSは，2010年11月に，2015年までの5年間のライセンス更新申請を行ったが，上記通達により2011年4月に自社のライセンスが切れることが判明した。その結果，来料加工廠から独資企業に転換することを決定したものである。

独資化後も，借地代と建物のレンタル料の支払は変わらず，また，来料加工廠時代に中国側の工場長など村からの派遣者受入れ義務はなくなったものの，雇用は継続しており，経営の形態と実態は大きく変化していない。当時，中国政府はこの転換を促進するため外資へ恩典を供与していた。また，日本のサンコール本社出資の海外現地法人として設立せずに，サンコール香港の子会社としたのは，中国政府当局の設立承認が容易だったためである。

STSの1階フロアーには，2枚の写真が誇らしげに掲示されている。1枚目は，2002年2月，江沢民国家主席（当時）が深圳市南嶺村を視察の際に，同社を訪問している写真である。もう1枚は2003年4月，胡錦濤国家主席（当時）が同市南嶺村を視察の際に，同社を訪問している写真である。南嶺村の外資誘致の熱心さの一端を物語っている。

サンコール香港の売上高および営業利益率は，2010年度24億円（6.3%），2011年度26億円（3.5%），2012年度24億円（6.6%），2013年度28億円（11.0%）である。2014年度は売上高30億円，営業利益率10%を経営目標としている。売上高の多くは中国の顧客向けであるが，一部は日本などに輸出される。光通信用コネクターは米国に，送紙ローラーは，ブラジル，タイ向けに輸出される。

高まる離職率

日本人出向者は，サンコール香港並びにSTS兼任の社長1名，STS工場長1名，工場の技術指導のためSTSに2名，計3名である。従業員数は，サン

コール香港にフルタイムの女性5名，STSに全員フルタイムの597名（男子307名，女子290名）である。STSは従来女子が6割を占めていたが，最近では工場の自動化・機械化が進み，設計・加工の領域が増えたこともあり，男子の構成比が高まっている。平均勤続年数は，2.5年である。給与レベルは，平均月60時間の残業代込みで，3,420人民元である。市況に合わせて生産調整は残業時間で行う。ちなみに，中国 深圳市の最低賃金は1,600人民元/月プラス残業代である。従業員の離職率は，6～13%/月であり，従来の5%レベルから上昇している。

従業員に対する日本研修制度はなかったが，2013年下期からSTS社員を日本に派遣する予定である。社内のコミュニケーションは，サンコール香港では英語や日本語で対応。STSでは日本語，英語ができる社員が各々23～24名いることと，10数年の勤続経験のある日本語通訳がいるので，基本的には日本語で経営している。ただし，日本的な言い回しを理解するのは，困難な状況である。

採用は，STSでは正門の掲示板にワーカー募集の張出しを行うことと，日本の職安に当る「人材市場」から行う。ただし，スタッフ以上は，人材紹介会社を活用する。毎月，約50名が応募してくる中から20名程度を定常的に採用しているので人事部門のスタッフの数は充実している。

従業員の出身地は，湖南省，湖北省，四川省が多い。入社後，STSの敷地内にある寮に入る。2013年12月現在，約400名が入寮しており，結婚すると退寮してSTSの近所に住み通勤する。勤務体系は1直制であるが，工程の一部のみ2交替制を採用している。社内では5S活動などが活発に行われ，社員のレクリエーションとして綱引き大会なども催されている。STSの周辺には独資企業のブラザー工業をはじめ日系企業が約20社操業している。

労働組合については，当局の指導があり，工会を設立済みである。独資企業に転換してからは，工会の活動は，工場の福利厚生面を主に運営していくことだが，そのリーダーは主に人事・総務部門に所属している。給与レベルは，毎年経費が上がるので上昇する傾向にある。

STSは，深圳市の南嶺村が開発した工業団地に入居しているが，今日では

周辺に住宅が建てられ，モノづくり環境が低下している。また，STSでは，夏場の電力逼迫期に週1～2日の計画停電があるが，電圧変動の問題はない。停電の当日通知は，工場の稼動に影響が出る。また，部品・材料の現地調達を推進中であるが，継続購入と品質・価格の安定性が課題である。販路開拓については，大半が現地納入となっており，また，日系企業では現地法人に購入権が移動しているため，現地での営業活動が増えている。そのため日本の営業活動が減少傾向にある。

日本と海外現地法人間に横たわる諸課題

　京都市のサンコール本社と，傘下に中国事業のSTSを擁するサンコール香港との間には日本の中堅企業の海外展開で典型的に見られる日本本社と海外子会社間の集権化・分権化や現地化などの様々な課題が見られる。同社の場合を以下8点に要約する。

1)　日本側の為替影響の回避や資産運用に対する理解が必ずしも十分ではない。中国の発展に伴いここ数年は継続的に中国元高が進んでいる。STSでも海外と外貨建て取引を行っているので為替変動リスクがある。現地では為替を，稼いだ利益を目減りさせないため，および経費低減のための手段として捉えているが，本社が考える為替は日本円-ドルやユーロなどプラスにもマイナスにも大きく変動するリスクの高い商品である。現在，中国元は世界で唯一為替レートがほぼ予測どおりに進む通貨と言われており，多くの企業がそれを活用した為替ヘッジ策を講じているが，STSはその恩恵にあずかれていない。また，STSがサンコール香港から親子ローンで借り入れるといった海外子会社と孫会社間の資金調達について社内規定の新たな作成が必要となった。

2)　日本とSTSの間には，技術援助契約は無いが，サンコール香港と日本の親会社の間には，営業サポート契約があり，サンコール香港とSTSの営業サポート費（Sales Support Fee）として数％を日本へ送金している。ロイヤルティ支払いはなく，投資回収は配当に一本化している。

営業サポート費は製品別に算出されるが，サポートの程度は一律でないためその位置づけが必ずしも明確でなく不透明感がある。営業サポート費は契約上，認められるが深圳市の税務当局へ合理的な説明が求められる。

3) 日本の本社は「安全」などの新規取組みなどについては，まず専門部署が中心となって指導し，活動を統括しているが，海外に対しては，すべて現地駐在者が理解した上での展開を求めてくる。日本からの指示は，日本の感覚，日本のやり方から抜け出せず，原則論で要求しがちであり，現地の特殊事情を理解し，その拠点の実力に合致したものとなっていないことも多い。総務・購買といった本社の間接部門の位置付けは，本社のためだけになりがちであり，海外現地法人の経営現場への配慮が必ずしも十分でない。人事評価や給与体系は，親会社が基本をしっかり作り，現地の特殊事情を勘案して運用を現地側で考えさせるといった進め方が望ましい。

4) 日本本社はコストダウンのため海外からの購入比率を上げようとし，調達可能性の調査を依頼してくる。中国側での購入は日本と比べて価格が半額など劇的に安いものもあるが，日本と同じサービスと品質を求めてくる。日本本社の海外購入サポート要請が現地実態とかけ離れており実現が難しい。また，社内の資材調達部門は，部材の紹介・仲介が主たる役割であり，最終の発注は，製造部門が行うため，両部門間で当該部材のリードタイム，価格，量などの選択基準で差が出てくることがある。

5) 自動車部品は，日本がマザー工場としての役割を果たしているが，光部品については，試作ニーズへの対応やモノづくりの品質・性能などはむしろ海外現地法人への依存度が高く，日本本社のマザー工場としての役割が不明確である。

6) 現地税務当局への対応は，顧問税理士のデロイトトーマツに相談している。サンコール本社では，世界中のオペレーションの監査法人をデロイトトーマツに一本化している最中である。

7) 現地拠点は，日本からの移管品だけでは今後，成長は望めないので得意

先開拓と製品開発を担うべきである。ただし，自動車部品は，担当するためには技術的なハードルが高く，まずはトルクリミッターなどOA機器用が中心となる。STSが担当する製品のコア技術を生かした他用途への事業展開の可能性について日本の開発部隊と検討をしている。

8) 会社として目指す方向は，駐在員主体から現地従業員が主体とした業務遂行への移行である。過去，サンコール香港/STSで最大8名の日本人を雇用。現在それを3名に削減したため，必然的に組織がフラット化し現地従業員への権限委譲が進んだ。しかし，日本本社担当の意識改革が進まず，ややもすれば現地側の言葉，表現，考え方の違いを日本基準で判断しがちでありコミュニケーション上のギャップが生じることもある。日本とのやり取りは原則英語化するといった解決策が考えられる。

●困難を増す採用，高騰する賃金

2. 明興産業（香港）有限公司
東莞萬江明興産業塑膠製品廠

はじめに

明興産業（香港）有限公司は，香港の新界地区にある従業員数名の事務所であり，日本本社と中国で製造事業を行う東莞工場を仲介する役割を担っている。ビジネスモデルは来料加工貿易であり，中国・東莞市側に来料加工廠として東莞萬江明興産業塑膠製品廠を有する。日本の親会社は，兵庫県神戸市に本社を置く部品・機器の組立てや機械加工メーカーの明興産業株式会社である。

親会社の会社概要

明興産業株式会社（以下"明興"と略す）は，1956年に神戸市須磨区に明興化学工業所として創業し，1962年に神戸市に本社を置く法人として設立された。2013年9月現在，資本金5,000万円，従業員は国内120名，海外230名，

合計350名である。創業者は現在，代表取締役会長の下土井康晴氏（77歳）であり，当時20歳の若さで創業している。

主な事業は，5つに分かれている。それらは，電子・電気機器製品および部品製造，射出成形および金型製作・シルク印刷の「プラニクス事業部」，電気・電子・電力用機器組立て，電鉄用制御箱組立て，配線組立ての「電鉄・電力機器事業部」，電機機器の組立ておよびメンテナンス，各種プラスチック・絶縁物・ロボット部品の成形および機械加工の「電機事業部」，環境・医療機器，安全・安心機器の開発・販売，情報通信機器販売およびメンテナンスの「開発情通事業部」，そして香港と中国 大連の事業をコントロールする「海外事業部」である。

「海外事業部」は，明興産業（香港）有限公司の社長のもと，営業部門が兼任し，後述の中国・東莞工場の営業窓口として，中国・日本をはじめ各国への輸出入を行う。主要な納入先は，三菱電機の電力システム製作所・受配電システム製作所（香川県丸亀市）と伊丹製作所（兵庫県伊丹市），東洋電機，ジェイアール西日本テクノス，近畿車輛，日本車輌製造などである。

香港進出の背景

明興産業（香港）有限公司（以下，"明興香港"と略す）は，1994年，明興100%出資の子会社として資本金52万4,000香港ドル（約680万円）で設立された。中国東莞工場の営業事務を現地スタッフ2名でこなしている。進出動機は，1990年代に入り日本での複写機メーカー間の競争がさらに激化し，これら複写機メーカーは，日本市場で勝ち抜くために1980年代に，円高下で特恵関税のメリットを享受できる香港生産に打って出た。特恵関税の対象となるためには，香港での現地調達率が50%以上であることが条件である。こうした状況下で中小企業5社が当該大手複写機メーカーから香港生産進出を要請された。成形，板金，アセンブリーなどのこれら5社のうち1社が明興であった。

日本での大手納入先との長期取引継続のためには，中小企業は海外進出要請を断りにくいのが一般的である。当該大手複写機メーカーの香港生産が軌道に乗らない中，明興は香港企業を買収して現地法人，明興産業（香港）有限公司

を設立した。現地法人の新規設立と比べて，既存の地場企業の名義買収は，設立手続きを簡素化でき，設立のスピードが速いためである。

明興産業（香港）有限公司の概要

　明興香港の傘下に設立されたのが，中国広東省東莞市の萬江区谷涌第二工業管理区にある東莞萬江明興産業塑膠製品廠（以下，"東莞工場"と略す）である。明興香港と東莞工場の取引形態は，来料加工貿易[注3]である。この委託加工方式では，東莞工場は中国国内に販売できない。ただし，中国国内から完成品などを輸出する企業に対しては，転廠[注4]手続きにより東莞工場から中国国内に販売することは可能である。しかしながら経営環境の変化により東莞工場設立の動機となった大手複写機メーカーからの発注はなく，同業の中小企業が撤退する中，既に金型15面を香港に送ってしまっていた同社のみが残り苦難の事業がスタートした。

　商売形態は，明興香港が，東莞工場の樹脂などの材料やプレス品，金属部品や金型を香港の商社に発注し，その支払は，香港ドルまたは米ドルで行う。明興香港の主要な納入先は，京セラドキュメントテクノロジー（旧社名：京セラミタ），日本技研，群馬電子，Azbil，三菱電機などの香港現地法人および湖南省の東洋電機製造などである。

　東莞工場は，A棟，B棟，C棟の3棟から成り立っている。A棟は，3階建で1階1,200 m^2（20 m × 60 m）で3階の総延面積は3,600 m^{2}である。建物は，1階部分が550トンの射出成形機が据え付けられた射出成形工場，2階部分は，基盤の組立て・ワイヤーハーネス・シルク印刷，3階部分は，組立ておよび一部倉庫となっている。B棟は，1,000 m^{2}の建屋に直圧成形および機械加工工場と倉庫，C棟は，1,000 m^{2}の建屋すべてが倉庫である。

　東莞工場の主な設備には，熱可塑性射出成形機22台，熱硬化性直圧成型機4台の計26台があり，三菱重工，東洋機械金属製の他に中国地場設備メーカー製が混在している。機械加工では，放電加工機，フライス盤，旋盤などは台湾製で溶接機は香港製である。また，工具顕微鏡は米国製，三次元測定機はスイス製である。これらの設備の他に，中国製の東莞市電力変電設備一式，停電対

策として420KVAの三菱重工製と200KVAの中国製の発電機が各1台据え付けられている。中国製設備は，価格は日本製の半値程度と廉価であるが耐久性に問題がある。東莞工場設立時に投入した設備は既に日本にて減価償却済みの中古品であり，それを明興香港経由で無償貸与したものである。その後導入した増加設備は1～2年で減価償却している。一方，多くの香港，台湾企業の場合，短期間に利益を上げると同時に，1～2年で全額を償却する傾向がある。

同社の経営陣は，日本人の総経理1名，技術者1名と現地責任者2名である。日本本社から見れば，進出形態は委託加工である。同工場は，2000年にISO 9000，2004年にISO 14000を取得している。

困難を増す採用，高騰する賃金

東莞工場では，前述のプラニクス事業部と電機事業部の製品を生産しており，2013年7月時点で従業員195名を雇用している。全社員が正社員である。その内訳は，製造部門が130名，品質管理20名，管理部門45名である。管理部門45名は，資材，人事，総務から食堂料理人，守衛に至るまでの人数であり24時間交替制勤務に伴うセキュリティ対策から間接部門が多くなりがちである。同社の射出成形機の設備投資金額は大きく，設備の減価償却と製品のコスト競争力確保のためには，2013年は，年間248日操業の24時間稼動が前提となっている。年間休日は117日あるが，そのうち，法定休日は11日あり，完全に休みとなる。ちなみに，休日に当たる土曜日，日曜日の勤務日の賃金は，通常日の2倍であり，法定休日は3倍となる。東莞工場では，通常，月の前半の土曜日，日曜日は出勤日となっているため，2週間連続での労働となる。

勤務体系は，1直制で午前8時から残業を含んで午後8時までである。ただし，射出成形と直圧成形の2部門のみ2交替制を取り，2直目は午後8時から翌朝8時までの勤務となっている。かつて3交代制を導入したことがあるが，従業員の手取り収入が減ったことからクレームが出て，1年後に現在の勤務体系に戻している。

従業員の採用は年々難しくなっている。同社従業員の男女比は，2013年7月現在，半々であるが，女子従業員の構成比のピーク時は70％であった。近

隣に進出する大手および中小の製造会社は，問題を起こしやすい男子と比べて勤務態度が勤勉な女子を中心に採用するため，女子従業員の確保が逼迫しがちである。採用後は，東莞工場に隣接する寮に入居する従業員が大半である。寮費は会社負担である。

　同社の社員の平均勤続年数は6年であり，平均年齢は27～28歳となっている。創業20年近い中で，10数年の長期勤務者も働いている。創業当初の10年間は，従業員の平均年齢はたえず22～23歳であった。近郊の村から18歳で出てきて同社に採用され，3～4年働いて帰郷する。働いている間は給与の半分を実家に仕送りするというパターンが10年前まではあったが，今日では「一人っ子政策」のもとで甘やかされて育っていることもあり，逆に親から仕送りを受ける従業員が出てきている。

　採用は，同社従業員の口コミ紹介によるものが大半である。故郷の友人をつてに出稼ぎ就職するため，不安や孤独感はなく，また，定着率も良く雇用側にとっても採用される側にとっても好都合である。「人材市場」経由の応募は，給与等採用条件を高くしないと他社との競争上，人が集まらないため，口コミ紹介による採用に依存してきた。また，社内に工会があり，組合員名簿を作成して東莞市の人材資源局に提出している。年1回の社員旅行や忘年会を実施している。社内のコミュニケーションは，日本語のできる社員2名を通じて伝達をしている。

　従業員の賃金レベルは，支給ベースでワーカー2,800元（約4万6,000円注：1RMB=16.3円）/月，ワーカー以外の管理部門3,800元（約6万2,200円）/月であり，この中には8時間の定時労働時間に1日当たりの平均残業時間2～3時間を含んでいる。従業員は手取り給与が増えるように適度な残業を行うことを強く希望している。

　以上の賃金レベルは，1994年の創業当初の400元/月未満から10年後に500～600元レベルとなった歴史を振り返ると，最近の上昇は急である。ちなみに，今日の東莞市の最低賃金は1,310元/月であるが，実質的には支払ベースで2倍程度となっている。同社の正門入口には，従業員募集「員工招聘簡章」の大きな立看板がありその中には，男女別募集人員，年齢，学歴，勤務条

件，給与，休日勤務や残業による割増時間給，福利厚生などが記載されている。

　この背景には，中国の高い経済成長があり，広東省が打出した「5年計画で所得倍増」といった方針がある。今後もこの賃金が続くと，製品のコスト競争力に深刻な影響を与え，事業の存続を左右する事態が予想される。

　同社のビジネスモデルには，従来の部品生産に留まることなく，さらに高付加価値の部品から完成品組立てまでの一貫生産にシフトするといった変更が求められている。2013年より明興本社の社長は退任した後に，明興香港の社長に新たに就任し，東莞工場経営の陣頭指揮を取っている。同社の勝ち残りの生命線が東莞工場であるという意思表示であろう。同社がこのまま中国に踏み留まるのか，中国偏重のリスク分散のためベトナムなどアジアの他の国へシフトするのか創立20周年を迎える2014年に問われている。

●岐路に立つ日本の着物市場と来料加工貿易
3．京蝶苑（香港）有限公司
京蝶苑和服工藝廠

はじめに

　京蝶苑（香港）有限公司は，香港・九龍に2003年に設立された京呉服の染色会社で，その工場は，中国広東省東莞市にある京蝶苑和服工藝廠である。ビジネスモデルは来料加工貿易である。親会社は，京都市に本社を置く京呉服製造元卸の石勘株式会社である。

江戸時代創業の老舗京呉服製造元卸

　石勘株式会社（以下，"石勘"と略す）は，天保年間，初代石田勘兵衛が京都新町三条に創業し，1982年に創業約150年を迎えた。2012年現在，約180年の歳月を数える。安政5年に2代目勘兵衛を襲名し，家業を継承する。明治

12年に3代目勘兵衛を襲名。明治政府の殖産興業政策の進展に伴い,商勢は飛躍的に発展する。1932年（昭和7年),直営織工場を石川県能登に設立するとともに,石勘株式会社として法人に改組した。

戦後の1948年（昭和23年),従来の白生地商より脱皮し,京染呉服の分野の拡張を目指す。オリジナル製品を開発,京染呉服の総合企画卸メーカーとなる。

海外展開は,1993年にベトナムに専属縫製工場を,同時に,同年タイに直営縫製工場を設立した。両国への同時進出はカントリーリスクの分散である。いずれの場合も日本の職人不足とコスト削減が進出動機である。2003年には,後掲詳述の中国東莞市に直営染色工場を設立した。

2008年には,石勘は,日本の和装製造卸部門で売上高トップ企業となった。また,社内組織改革に伴い,新たに意匠デザインルームと新規開拓室を設置した。

石勘の事業は,振袖,留袖,訪問着,おしゃれ着といった京染呉服の企画製造卸であり,2013年3月現在,資本金1億8,992万円で,従業員数90名である。主たる株主は,現代表取締役社長の石田徹氏や創業家一族他である。2012年度（2013年3月期）の売上高は約25億円である。

石勘の物流・商流は,国内で生地を丹後産地問屋から仕入れ,京都で染色加工し,縫製を経て商品化し,得意先である問屋に卸し,問屋から百貨店,専門店,量販店,催事,NC（National Chain）などの小売店を経て,一般消費者の手に渡る。一部の商品は,問屋を経由せずに,石勘の京都・大津・神戸にある直営ショップ「愛きもの館」を経由して一般消費者に届く。なお,国内で行われる染色,縫製の工程は,後述の中国,ベトナムにも展開されている。着物の枚数ベースでの生産は,国内75％,海外25％の構成比である。

いち早く海外工場での生産管理体制を確立

石勘は,高品質な商品の安定供給を目指して,呉服の製造元卸としていち早く,海外直営染色工場や縫製工場での徹底した生産管理体制を確立していった。

最初の海外進出は，進出準備に2年を要し1993年5月にベトナムのホーチミン市に設立した2つの縫製専門工場である。進出背景には，日本での縫製職人の確保の難しさに直面したことがある。1つ目は，ベトナム政府系の総合商社，ジェネラリメック公団と一緒に作った「ジェネラリメック和装縫製工場」であり，従業員数200名である。原材料の輸入や製品の日本向輸出は，同公団を経由して行う。2つ目は，前掲の公団の部長（女性，日本語堪能）が独立して自分で設立した商社と一緒に作った「トコンタップ和装縫製工場」であり，従業員数は180名である。

 ベトナムに次いで1993年10月にタイ国北東部の主要都市であり学園都市としても有名なコンケン市に設立した直営の縫製工場の「ケンスターソーイング株式会社」があった。コンケン市はラオスの首都のヴィエンチャン市まで車で2時間の距離にある。かつて300名いた従業員は，人件費がベトナム，中国に対して3倍と上昇する中で全員解雇され，2006年11月に工場が閉鎖された。タイ工場閉鎖に当たっては，従業員はタイの人件費の高さによる閉鎖理由を納得し，タイ政府の労働省，商務省，税務当局の関連三者が一度に工場を訪問して事態を理解し平和裡に完了した。

 当時，タイでの生産においては，賃金の支払いを従来の月給制から合格製品のみを対象とした出来高払に変更した。生産品目は留袖や振袖である。120名で月産400枚生産していたものが，80名に減員されても月産450枚と逆に生産性がアップした。

 ベトナムとタイに工場を設立するに当たり日本に実習生を迎え入れた。その後も両工場から毎年各6名を日本に1年間の実習生として迎え入れた。帰国後，1人当たり10名の部下指導ができるという考え方で人材育成を計画した。当時，品質的にはタイ製がベトナム製を若干上回った。今日では，日本の石勘の事業所にベトナム人女性3人が実習生として来ており，現地製の着物の手直しなどを担当している。

中国・東莞市に直営染色工場を設立

 石勘は，2003年に香港に100%出資の子会社，「京蝶苑（香港）有限公司」

（以下，"京蝶苑"と略す）を設立した。社名の由来は，繊維を主力とした商社の蝶理が京都の呉服製造卸数社に声をかけ，出資を募って設立した企業名から来ている。石勘は当初，この企業には参加しなかったが，後に主要発注元となった。当時，石勘は，蘇州に自社工場を建設する計画を持っていたが，前述の蝶理の京蝶苑が赤字操業のため閉鎖することを知り，買収をした。社名は経費節減のため変更せずに旧社名のままである。

ちなみに，蝶理が経営していた前身の京蝶苑は，1994年に操業をスタートした。同年3月から従業員30～40名を採用し，同年11月まで，日本から技術者が来て工程ごと，指導して立上げたものである。

京蝶苑は，設立当時の資本金は2,812万5,000香港ドル（4億5,000万円）で，2013年3月現在，従業員100名を有し，中国側の着物染色工場の名称は，東莞市にある「京蝶苑和服工藝廠」である。従業員の仕事の内容は，設計，意匠，型友禅，引染，蒸水洗，染料，手描，金加工，刺繍，検反，修理（后勤），工管，事務所（弁公室）などである。日本人は技術指導のため1名常駐しており，また日本の石勘本社から月1回，現地出張で経営をチェックすると同時に，外注化を図っている。

現在の京蝶苑の従業員数は約100人であり，その8～9割は女性である。賃金は，1994年当時，1日4時間の残業代込みで500元／月だったものが2003年では3,000元／月となり，その後，年功序列的に職位が上がったこともあり，今日，5,000元／月レベルとなっている。ただし，初任給は，今日でも残業代を含まず1,300元／月に設定されている。

勤務体系は，1シフトで，午前8時から午後5時まで勤務の後，30分の食事・休憩時間を挟んで，午後5時半から9時半まで4時間の残業が入る。従業員の多くは，広東省周辺の湖北省，湖南省，江西省などからの出稼ぎなので，残業が少ないと収入面で文句が出るというのが現状である。残業がなくなると従業員にとって手取りの大幅減収となるため解雇手当の支給がなくても従業員数の自然減につながっていく。なお，従業員の4階建の寮は，同社の敷地内にあり全従業員の6割が入居している。従業員の勤続年数は，1994年の会社設立時から働いている20年勤務者から最近入社した1～2年の若い勤務者まで

様々であるが中間層が少なくなってきている。

　石勘が買収する前の旧京蝶苑時代には，ピーク時の従業員数は，約500名であり，2003年の石勘が買収した時点では350名であった。日本の着物への需要減や石勘自身の在庫調整により，今日の従業員数は100名規模に減少した。

岐路に立つ来料加工貿易

　京蝶苑のビジネスモデルは，来料加工貿易である。日本から原材料100%を香港経由で中国工場に送り，賃加工し，完成品100%を香港経由で日本に送り返すという形態である。中国政府は，2011年にはこの貿易形態を終了予定であったが，東莞市では，実質的には2015年末まで自動延長になっている。工場が立地する村，長安鎮では来料加工貿易が継続し地域住民の雇用機会を守り，家賃収入を維持したい意向が強い。しかしながら，京蝶苑にとって来料加工貿易のライセンスを失えば，輸出入の際に少なくとも17%の増値税などが課税されることになる。

　ライセンス失効の問題に加えて，東莞市環境局からの環境汚染への厳しい規制や指導が強まっている。京蝶苑の染色工程の一部に対しても汚染の懸念が指摘され，該当工程を現工場から移転して汚染対策のしっかりした敷地で行うよう指導がある。また，染色工程で使用される材料輸入に対して税関からのクレームも増えている。しかし，発火性や有毒性の材料，染色用溶材などは，中国国内で調達できない状況にある。

　昨今，2015年のライセンス失効後の京蝶苑のあるべき経営が問われている。日本では京染の伝統技術を継承する職人が不足し高齢化している中で，この香港進出のビジネスモデルが再び岐路に立っている。中国側の工場を閉鎖するのか，工場を売却または貸与して委託生産を行うのか，それとも新たに独資で現地法人を設立するのかという選択となる。日本，中国（香港，東莞），ベトナムの各拠点間の国際分業のあり方が問われている。

少子高齢化の進展とレンタル着物産業の躍進

　京都の老舗の呉服製造卸，石勘にとって，今後の事業展望は厳しいものがあ

る。少子高齢化による着物需要の構造的減少以上に，経営に深刻な影響を与えるのが卒業式，成人式や結婚式参列などにおけるレンタル着物の増加である。若い世代の女性にとり，普段の生活や晴れのイベントで母や祖母の着物姿を見なくなり，自宅で着物をたたんだり，着付けの場を見たり経験することは，ほとんどなくなった。着物を手軽にレンタルし，当日美容院に行って着付けてもらい，また髪をセットしてもらい，写真館で記念撮影してもらうというパターンである。使用後は，そのまま脱ぎ捨てて返却すれば事が済むという利便性が若者に受けている。1回当たりの着物レンタル代は決して安くはないが，一生のうちで，着物を着る回数が限られるという感覚の若い女性およびその母親にとって，高価なレンタル代よりも利便性が重要となる。

　レンタル業者にとっても，例えば，帯や小物を含めた和装一式を20～30万円の原価で購入し，1回当たり15万円で貸し出せば，3回目の貸し出しからは確実に利益を計上できる。以上を市場的な視点から見れば，着物需要が3分の1に減少したことになる。着物の生産・供給量が従来と同じであれば，市場で商品がダブつくことになる。

　以上の低迷する日本の着物需要に対して石勘は新規顧客の開拓に注力している。輸出需要は基本的に無いので，事業の適正規模化を図る縮小均衡以外の打解策は見つけにくい。戦後，京都でのエレクトロニクス部品産業が勃興する前，京都のGDPの約6割を呉服産業が占めたとさえ言われたが，今日，約1割を占めるに留まる。長い歴史を持つ京都の伝統産業が岐路に立っている。かつて，1兆5,000億円の着物市場は，5,000億円にまで縮小し，今日，3,500億円と推定される。着物の市場は，"ゼロサム"市場ではなくマイナス成長下での競争となる。

第2章　中堅・中小企業のアジア進出事例研究
◆ 2. 東南アジア編

インドネシア

●小規模時代からグローバル視点で事業拡大
1．P.T. MEIWA INDONESIA
（メイワインドネシア）

はじめに

　P. T. MEIWA INDONESIA は，1972年にジャカルタ市郊外のチマンギス・デポックに設立された塩ビ・プリントフィルム，シートなどのメーカーである。親会社は，大阪府東大阪市に本社を置き，写真製版・印刷・ラミネート・モールドプリント（成型印刷）技術を応用したインテリア雑貨・産業資材の製造・販売を行っている明和グラビア株式会社である。同社は2013年に創業60周年を迎えている。

小規模時代からグローバル視点で事業拡大

　明和グラビア株式会社（以下，"明和グラビア"と略す）の前身は，1949年に名古屋市にて創業し，日本で初めてビニール印刷を完成させた明和印刷株式会社である。1953年に同社のビニール印刷部を独立して明和グラビア印刷株式会社を設立した。

　同社は，1959年（昭和34年）の伊勢湾台風で工場浸水の大被害を受けた後，翌年，大阪府に移転し布施市（現・東大阪市）に新工場を設立した。同社は1965年に，中小企業庁により，中小企業合理化モデル工場に指定された。

1989年に現社名に変更している。

　同社の資本金は2013年9月現在，3億2,000万円であり，主たる株主は，創業家の第二世代である現社長の大島規弘氏，大阪中小企業投資育成，明和持株会などである。売上高は，2013年9月決算124億円で，安定的な収益性を堅持している。2011年に策定した3ヵ年を対象期間とした中期経営計画「メイワ・ルネッサンス62（MR62）計画」をベースに高付加価値経営を目指している。

　従業員数は，2012年12月現在，国内386名，インドネシア1,899名となっている。

　社内組織は，管理本部，購買本部，営業本部，海外本部，電材事業部に加えて，国内主要都市6カ所に営業所・出張所を有する。国内工場は，本社のある東大阪市と埼玉県行田市の2カ所である。

　明和グラビアには，2つの企業特徴がある。1つ目は卓越したユニークな技術開発に基づく商品群と2つ目は進取の気性による積極的な海外展開である。

　1つ目は，同社の『品質基本方針』の1つに「他人のやらない商品を作る」とあり，これを全社員がそれぞれの職場において実践している。日本国内における新商品という面では，アイデアを形に現し，需要を掘り起こす部門（営業本部・商品部）と，そこから発信されるアイデアを技術的に可能へと導く技術開発部門（大阪工場・行田工場）がある。これらの開発部門と営業部門の連携において，様々な新商品が世に送り出されている。海外への技術移転という面では，設備に関係する人材，製造技術に関係する人材を必要に応じて，出張・出向という形で後掲詳述のインドネシア法人へ送り込んでいる。

　2つ目は，同社の進取の気性は，事業規模の小さい時代から世界に目を向けていることである。1964年にニューヨーク駐在員事務所を設立，1967年にマニラ市に現地法人メイワ・フィリピン，1972年にジャカルタ郊外にP.T. MEIWA INDONESIAを設立し，その後，後述のとおりインドネシアが同社の最大の生産拠点として事業を拡大し，発展していった。P.T. MEIWA INDONESIAが自社のマジョリティ出資で経営権を有し，生産から販売までを行う初の海外拠点である。

2. 東南アジア編

　以上の海外直接投資に加えて，同社は，既に1956年に台湾へ技術援助を行い，その後，米国，フィリピン，タイ，中国へプラント輸出を実施した。また，同社のテーブルクロスや窓貼りシートといった日本国内生産の最先端のインテリア製品は，貿易商社を通さず米国，欧州，中近東，アジアの各市場に直接輸出されている。とりわけ中近東のサウジアラビアや，UAE（アラブ首長国連邦）のドバイ経由のイラン，ロシアなどが最大の市場となっている。

P. T. MEIWA INDONESIA の概要

　P. T. MEIWA INDONESIA（以下，"メイワインドネシア"と略す）は，1972年にジャカルタ市郊外に設立され，既に設立40周年を迎えたインドネシア進出のパイオニア企業で，かつ老舗企業である。2013年11月現在，払込資本金1,800万ドルで，出資比率は，明和グラビアおよび日本企業91.4％，インドネシア側8.6％である。インドネシア側の最大出資者は，同社取締役の一人，EDDY S. OTTO氏（日本の亜細亜大学卒）であり，その父君は，戦後日本軍のインドネシア残留部隊で同国の独立戦争に参加した乙戸（おつど）昇氏である。

　工場は同社が事業拡大する中で，3カ所建設されている。操業開始年は，それぞれ第1工場は1974年，第2工場は1984年，第3工場は2000年である。設備投資は，3工場を合わせて，毎年平均1億円を超えている。

　工場の内訳は，第1工場の建築面積は約1万3,200 m^{2}で，テーブルクロスや敷物などの塩ビ・プリントフィルムとシートを生産している。主力工場の第2工場の建築面積は，約2万2,100 m^{2}で，自動車座席部材，自動車二輪車座席，座椅子を生産している。第3工場の建築面積は，約5,000 m^{2}で，ここにはインドネシアの外注企業を集めて，テーブルクロスやシャワーカーテンなどの塩ビ製レースを生産している。自社敷地内での一種のアウトソーシング生産である。3工場の敷地面積合計は約12万4,900 m^{2}と広大である。同社はISO 9001：2000の認証を本社工場より1年早い2003年8月に取得している。第2工場の納品先は日系の自動車メーカーのため，顧客の工場監査に適格に対応するため取得したものである。なお，日本の明和グラビアは，自動車，オートバ

イ向けの製造・販売は行っていない。

　主要な取引先は，輸出先の日本の明和グラビア，およびインドネシアの日系現地法人である富士シート，いすゞ，日野自動車，ヤマハ発動機，ホンダ，日本楽器（ヤマハ），小林製薬などである。テーブルクロスや雑貨向けに生産していた同社が自動車・バイク用途に参入した背景には，当時，インドネシアでは，自動車・バイク用など商業用塩ビシートの輸入が禁止されており，また，自動車・バイク部品のTier 1企業（1次請け）が進出していなかったため塩ビ製品で優位性のある明和インドネシアが受注したものである。その後，Tier 1企業は，自動化・省人化の設備を持ってインドネシアに参入している。

急上昇する賃金

　従業員数は，2013年9月現在，約2,000名で，主力工場の第2工場で約1,400名が働いており，女子社員比率も高い。社員の雇用形態は，約1,200名が正社員，800名が契約社員である。2008年のリーマン・ショック後の景気後退への対応で，その後5年間に早期退職などにより500人規模の人員削減を行った。また，日本人出向者は20名から11名に減らし，景気変動による生産調整に柔軟に対応できるよう，正社員を採用せず契約社員の構成比を4割としている。正社員の平均勤続年数は約16年である。なお，採用方法は，同社正門守衛室前の掲示板に募集を貼り出す。また，従業員の知り合いが口コミで募集を知り応募してきた中から履歴書を受け取った順に選考する。

　同社の初任給レベルは，最低賃金プラスαに交通費や米代を加えている。インドネシアの賃金は急上昇している。インフレ率は6〜8%で推移している中で，労働組合の賃上げ要求は毎年50%アップである。最近の10年間で賃金は4倍になり，2013年現在，デポック地域の最低賃金は225万ルピア／月となっている。2013年ジャカルタ特別州の賃上げ50%アップ要求に対して44%で決着している。同社の位置するデポック地区は53%アップした。2014年は，ジャカルタ特別州は州知事が9〜11%のアップを決定している。賃金に加えて，正社員の解雇には，1年未満の勤続であっても2.8カ月プラス1.0カ月の計3.8カ月分賃金支払い，また，勤続年数に応じた累進加算が法的に義務づけ

られているため，正社員の新規採用には慎重にならざるを得ない状況にある。

　同社の労働組合は約20年前に結成された。組合員は正社員のみが対象である。原則，月1回の労使協議会が開かれるが，賃上げなど特にきわだったテーマがなければ2カ月に1回の開催となる。労使協議会とは別に，2年に1回，労働協約の改訂があり通勤，夜勤など福利厚生全般が見直される。

深刻化する交通インフラ

　企業経営上，インフラについては，交通渋滞を除けば，電気，ガス，水道などには深刻な問題はないものの，近年は需要過多を背景とした大幅な値上げが続いている。また，社員の通勤のための交通費は年々上がっており，月20万ルピア近くになっている。このバス代負担であればバイク購入によるローン支払の月額20万ルピアと大きな差がなく，女性も含めてバイク通勤者が増えている。また，通関などの輸入手続については，専門の通関業者（乙仲）を使って行うので，税務当局とのトラブルなども起こらない。

●労組対策と最低賃金の急上昇が課題
2. P.T. KOMODA INDONESIA
（コモダインドネシア）

はじめに

　P.T. KOMODA INDONESIAは，1995年11月，インドネシアのブカシ県南チカランの工業団地，East Jakarta Industrial Park（以下，"EJIP"と略す）に設立された建設機械部品の製造を中心とした金属加工会社である。親会社は，千葉県柏市に本社を置く株式会社コモダエンジニアリングである。

建機関連業界向けの油圧製品メーカー

　株式会社コモダエンジニアリング（以下，"コモダ"と略す）は，1936年に

87

菰田正二氏により東京都墨田区で創業し，1947年に有限会社菰田鉄工所として設立された。1989年に有限会社コモダエンジニアリングと商号が変更され，翌年に株式会社化し現社名となった。2006年に創立70周年記念祝賀会を実施している。2013年11月現在，資本金1,000万円で，株式の8割を創業家の菰田一族が所有している。従業員数は，インドネシアの現地法人121名を含めて245名である。

主たる事業は，バルブなどの油圧製品，各種機械加工部品，熱間鍛造ボルトや冷間鍛造ボルトなどのファスナー類の金属加工業である。

主たる工場は，国内は，本社所在地の柏市にある柏工場と茨城県稲敷郡阿見東部工業団地内の阿見工場であり，海外は，後述のインドネシア工場である。

主要取引先は，日立建機，三菱重工業，新潟原動機，トピー工業，日立住友重機械建機クレーンなどであり，建設機械関連業種への売上依存度が高い。なお，同社の納めた製品が当該企業により最終的に輸出されることはあるが，直接自社による輸出はない。

インドネシア現地法人の概要

P.T. KOMODA INDONESIA（以下，"コモダインドネシア"と略す）は，コモダの唯一の海外現地法人である。1995年に設立され，主たる事業は，建機用の高張力ボルト，油圧部品機械加工と建機の足回りのシュー（履帯）の組立てである。2013年11月現在，資本金は300万ドルで，コモダが100％出資している。

同社の売上高の7割強が日本の建機メーカー向けの輸出である。2010年度から2012年度の売上高は着実に伸びたが，2013年度は，中国の景気低迷による建機需要の落ち込みやインドネシア国内の不調により若干低下する見通しである。

日本向け輸出品は，コモダ本社経由で日立建機，三菱重工業，トピー工業などに納品される。また，インドネシア国内は，日立建機，コマツ，酒井重工業，日野自動車などの現地法人に納品される。

インドネシア進出の4つの背景

　コモダが同社の将来の発展を見込んでインドネシア進出を決めた背景には4つの要因がある。1つ目は，1995年当時，コモダの社長が三菱重工業の世界戦略に積極的な人物と交流があり，この考え方にかなりの影響を受けて，自社の海外生産を考え始めていたことである。

　2つ目は，日本国内の柏工場は工業地域にあるものの，周囲が住宅地となり，騒音の出るボルトの生産にはあまり適さない環境となっていたこと。夜間作業ができず，休日を含めた昼間の作業でも近所から苦情が寄せられ，同工場以外での生産を検討する必要があった。

　3つ目は，コモダの最大の取引先である日立建機が1991年5月にインドネシアのジャカルタ郊外に現地法人を設立したため，コモダもサプライヤーの一社としてインドネシア進出を決断する大きな要因となった。

　4つ目は，ローカルの事業パートナーが見つかり，外資への資本規制をクリアできたことである。同社がインドネシアに会社を設立した当時は，地場資本が入らないと会社の設立ができないルールになっており，外資80%，地場資本20%の合弁で設立が可能であった。同社は当時，地場資本25%を受け入れた。

　コモダインドネシアには日本人は3名勤務しており，社長，工場長，生産管理の役職にある。従業員数は121名で，内訳は男性90名，女性31名である。また，雇用形態は，正社員80名，契約社員36名，アウトソーシング5名である。2012年8月までの「派遣社員」は，法律により複数回継続採用している場合，「正社員」化された。有期雇用の「契約社員」は，2年以上雇用すると「正社員」にしなければならない。「アウトソーシング」が許されるのは，運転手，守衛，庭師，清掃員などに限定されている。社員区分の変更により，同社の正社員の平均勤続年数は約8年に低下した。

　採用は，正社員，契約社員ともに日系の人材紹介企業を活用している。紹介料は，正社員の場合，1～2カ月分の給与相当額，契約社員の場合，1人当たり40万ルピア（約4,000円）である。

従業員の教育訓練はOJTが中心だが，必要に応じてOFF-JTを実施している。例えば，製品の目視検査の教育・テストを週に1回1～2時間程度実施したり，品質の責任者を日本へ1カ月研修に送ったこともある。2013年8～9月には3名を日本に派遣して，磁粉探傷試験や機械加工の教育を受けさせた。また，資格関連については社外の教育機関を利用している。

同社の勤務体系は，2直となっており，1直目は8時～17時，2直目は20時～翌日5時である。17時～20時の間は，1直目の残業が入るため，空白の時間とならない。残業による割増率は，ウィークデーは，1時間目1.5倍，2時間以降2.0倍，祝日（休出）は，7時間まで2.0倍，8時間目3.0倍，9時間以降4.0倍となっている。この他に宗教上の重要祝日の休出による割増率が別途定められている。

経営課題は労組対策と最低賃金の急激な上昇

社内にインドネシア金属労連（FSPMI）系の労働組合が結成されており，組合員は，正社員と契約社員の110人である。ちなみに，同社が入居しているEJIPの工業団地にある日系企業の大半に労働組合があり，無いケースは珍しい。また，企業内に2つの労働組合があるケースもある。

課題の1つ目は，デモ隊が工業団地にある企業の従業員に対して，操業中にデモに加わるように強く勧誘し操業を妨害するといった「スウィーピング」と称する行動である。ガソリン補助金削減反対デモや更なる最低賃金確保のデモの際に発生する。

2つ目は，急激な最低賃金の上昇である。コモダインドネシアが適用となる2010年の最低賃金は123万ルピア／月であったが，2011年は対前年比15%アップの141万ルピア，2012年は同30.7%アップの185万ルピア，2013年は同29.9%アップの240万ルピアとなった。さらに2014年は同17.2%アップの281万ルピアとなり2010年から2014年の4年間で約2.3倍の上昇である。コモダインドネシアは，政府ガイドラインの最低賃金を遵守して支払っているが，これ以上最低賃金が上昇すると廉価な人件費というインドネシア最大のメリットを喪失することになる。主要取引先は，人件費の急上昇を理由に納入価

格の値上げに応じてくれない。同社に限らず，外資はジャカルタ郊外からより人件費の安い中部ジャワなどの地方やインドネシア以外の国への生産拠点の変更も視野に入れなければならない状況にある。

限られる現地調達率

コモダインドネシアにとって生命線となる金属の材料調達については，品質的に現地調達が難しく，条件が低い一部材料の調達に留まっている。そのため日本材の購入を行っているが，韓国材の品質が高まっていることと安定性が出てきたことからコスト面で有利な韓国材購入のトライアルを行っている。ただし，台湾材や中国材になるとまだ品質面で信頼性がない。

日本材については，性能・品質面は良いが納期面に問題がある。同社は3カ月先の注文をしており，追加注文があった場合や，急激に景気が停滞した時などは生産や輸送上，対応が難しい状況に陥る。

金型については，約9割を，コモダが依頼している日本の外注先で製作している。品質が確かなこと，航空便で送ってもらうため時間的に早いこと，コスト的にも日本で製作した方がインドネシア国内調達よりも安いことなどが日本国内を選択する理由である。

電気，水道，ガスなどのインフラについては，改善がなされ大きな問題とはなっていない。停電は全くないに等しく，電圧も安定している。しかし，電気代，水道代，ガソリン代が上昇しコストを圧迫している。課題は深刻な交通渋滞であり，通勤に費やす時間が膨大なことと，トラックの港との往復が1日に2回から1回しかできなくなり輸送費が増加している。

現地の情報入手に便利な工業団地

大企業か中堅・中小企業かに関わらず，インドネシア政府の新たな政策や外資法の変更，工場を取り巻く環境変化などの情報は企業経営上重要である。コモダインドネシアの入居しているEJIP工業団地では，入居企業を対象に毎月第2水曜日に開催される「二水会」があり，同工業団地に進出してきた企業の社長や，既存企業の新社長の紹介，工業団地の近隣の道路渋滞情報，工業団地

内や生活圏などのセキュリティ情報の提供,移転価格などその他タイムリーなテーマに関する講演会,現地税務署の説明会などがある。

　さらに同社の近隣の日系企業8社が,毎月第3水曜日に開催する「三水会」がある。ここでは,賞与支給状況や日本本国へのロイヤルティ支払などに関する更に突っ込んだ情報交換の場となっている。入居企業の経営者にとっては,現地赴任歴の長短により欲しい情報の種類とレベルが違うものの,発生した際のデモなどの情報の連絡もありメリットは大きい。なお,同工業団地の管理費（共益費）支払は,現状の月0.06ドル／m^2から,2014年初めには同0.08ドルへと初めての値上げが予定されているという。

2. 東南アジア編

シンガポール

●シンガポールとマレーシアが連携した一貫生産体制
1. KYOWA SINGAPORE PTE. LTD.
（協和シンガポール株式会社）

はじめに

　KYOWA SINGAPORE PTE. LTD. は，1979年にシンガポールのジュロン地区に設立されたプラスチック上のめっき会社である。親会社は，群馬県高崎市に本社を置く電気めっき，ダイカスト鋳造，金型設計製作の株式会社協和である。

めっき一筋60年の老舗メーカー

　株式会社協和は，1949年，由田繁太郎氏が東京都板橋区で，当時カメラを生産していたキヤノン株式会社構内工場で鍍金（めっき）業を内職として開始したのが創業である。会社設立年は翌1950年である。既に創業60周年を超えている。1961年に，群馬県高崎市に高崎工場を新設した。かつては板橋（東京）・目黒（東京）・綱島（横浜）・川越（埼玉）にも工場があり，本社は池袋（東京）にあったが，リーマン・ショック以降，本社機能も含め群馬へ集約した。

　2012年12月末現在，同社の資本金は6億4,500万円で，主な株式は，株式会社協和所有の自己株式，3代目社長の由田猛・現社長，創業家，グループ企業の協和化工，従業員持株会などである。従業員は単独で248名，連結で470名である。

　売上高は，2007年86億円，2008年71億円から2009年54億円へと大きく落ち込み，収益性も苦戦が続いた。この間，2008年のリーマン・ショック，

93

第2章　中堅・中小企業のアジア進出事例研究

表2-1　協和のアジア生産拠点と対応機能

	本社・高崎工場	高崎第2工場	協和シンガポール	KYOTECHマレーシア	KYOTECHタイランド	協和東莞代表所
クロムめっき	○		○			○
サテンめっき	○		○			○
ポリカーボネートのめっき	○					
金型設計		○		○	○	○
金型製作		○				
プラスチック成形	○					
2次加工（塗装・シルク）	○	○				
化成処理		○			○	○
機械加工		○			○	○
アルミダイカスト		○			○	○
亜鉛ダイカスト		○			○	○
プレス					○	○

出所：株式会社協和のホームページ「生産拠点」

　その後は中国や欧州の経済情勢の影響を受けて受注が大きく減少，また，東日本大震災により厳しい状況に直面，タイの大洪水などによる自動車産業の減産の影響などを受けた。同社は，その後，若干の回復を見せたものの，2012年の売上高は約36億円に留まり，海外売上高比率は約2分の1である。株式会社協和の主たる事業は，電気めっき，ダイカスト鋳造，プラスチック成形，金型設計製作などである。同社は，社是として，「同汗共苦」，「協調融和」，「共存共栄」を掲げている。

　同社は，主要取引先の海外展開に伴い，アジアに積極的に生産拠点を築いていった。1979年に後掲詳述のシンガポールにKYOWA SINGAPORE PTE. LTD.を設立した。1995年には，中国広東省恵州市に合弁会社の東陽協和（中国）有限公司を，そして同年マレーシアにKYOTECH MALAYSIA SDN.

BHD.（以下，"キョーテックマレーシア"と略す）を相次いで設立した。2001年には，タイのチョンブリ県に KYOTECH THAILAND CO., LTD. を，そして 2010 年に中国広東省東莞市に協和東莞代表所を，翌年には香港事務所として協和香港有限公司を設立した。これらの拠点に加えて，中国国内に 6 カ所の協力工場を有し，プラスチック射出成形，金型設計・製作，プラスチックめっきなどを委託している。

　同社の生産拠点別・業務別対応を示しているのが表 2-1 である。本社のある高崎工場とシンガポール，マレーシア，タイ，中国のアジアの各生産拠点が製品企画から一貫体制で多岐にわたる業種のニーズに対応している。

協和シンガポールの概要 —初の海外拠点—

　KYOWA SINGAPORE PTE. LTD.（以下，"協和シンガポール"と略す）は，1979 年に株式会社協和が 100% 出資する子会社として設立された。2012 年 12 月現在，資本金は，392 万シンガポールドル（約 280 万米ドル），売上高 8 億 4,200 万円，経常利益 2,200 万円である。進出の背景には，パナソニックをはじめとする電機メーカーの海外生産シフトに伴い，それらメーカーから協和にシンガポール進出を強く勧められたことがある。当時，日本の電機メーカーは，シンガポールでラジカセなどのオーディオ機器を大規模に生産していた。協和は，再編した国内工場の売却益を思い切ってシンガポールに直接投資をした。同社にとっては，協和シンガポールが初の海外拠点となった。

　協和シンガポールの主たる事業は，プラスチック上のめっきであり，今日では，主に自動車用内装部品である。同社の売上高は，シンガポールでのオーディオをはじめとするデジタル家電生産の停止や激減により大幅に減少した。2000 年代は，映像系のデジカメ，ビデオカメラ，DVD 向けに売上高が確保できたが，2008 年のリーマン・ショック以降は，さらに厳しい経営に直面した。この苦境を切り抜けるため，同社はシンガポールの労働集約工程を人件費が安いマレーシアに移管し収益性の改善を図った。

シンガポールとマレーシアが連携した一貫生産体制

　キョーテックマレーシアは，シンガポールに隣接するマレーシア ジョホール州ジョホールバル市に協和シンガポールの 100% 子会社として設立された。日本の協和から見ると孫会社となる。払込資本金は，250 万マレーシアリンギット（約 85 万 6,000 ドル）である。敷地面積は 5,100 m^2 で，従業員は 250 名である。従業員の内訳は，マレーシア人の他に 100 名弱がネパール人であり，その他の外国籍従業員はいない。同社は，設立以来，協和シンガポールの樹脂成形部門として生産を開始し，樹脂めっき部品はもとより，めっき仕様以外の樹脂成形品とその組立品の供給を行っている。同社は協和シンガポールとの統一生産システムにより金型設計・製作から樹脂成形，マスキング，樹脂めっき，塗装，印刷，検査，組立まで一貫生産する体制を整えている。

シンガポールとマレーシアにおける協和グループの主戦場

　協和グループの 2011 年度の売上高構成は，自動車関連が 7 割強を占め，残りがカメラ，AV 機器，その他である。しかしながら，主要納入先だった日系のカメラ，AV 機器メーカーが市場での構造的な競争力低下と，生産停止や生産縮小に直面したため，2012 年度では同社売上高の僅か数パーセントを占めるに留まり，その他の用途が拡大している。主戦場の自動車関連は，同年度の売上高の約 3 分の 2 を占め同社の最大の納品先である。

従業員の半分が非シンガポール人

　協和シンガポールの製品は，直接輸出と間接輸出を含めて全量輸出される。従業員数は，リーマン・ショックの深刻な影響が出る前の 2008 年は 320 名と最大であったが，2013 年 11 月現在，130 名と大幅に減少した。これは，めっき以外の工程をマレーシアに移管したためである。従業員の半数がバングラデシュ人，中国人，マレーシア人である。シンガポールにおいては外国籍の従業員の構成比は 50% が限度である。最近は中国国内の賃金が上昇していることもあり，中国人従業員の中には，本国に帰国するものがいる。様々な労働環境

下で忍耐強いと言われるバングラデシュ人の雇用は，造船，建設業では認められているが，リーマン・ショック以降は，シンガポール人の雇用を守るため一般の製造業では，認められていない。

　従業員130名の構成は正社員が4分の3，パートタイマー4分の1，男女別には，男性が4割，女性が6割で，平均勤続年数は約10年である。最近はシンガポールの不動産価格が高騰しているため，シンガポールに隣接するジョホールバルに家を借りて，逆にシンガポール協和に通勤する従業員も増えている。

　従業員の採用方法は，一般公募であるが，マレーシア人を除く外国人は，派遣会社経由で採用する。同社には，労働組合は無いが，従業員一人一人がNTUC（シンガポール全国労働組合会議）傘下の製造業グループの組織に加入している。給与レベルは，基本給ベースで一般ワーカーの700シンガポールドル／月から経営幹部候補の6,000シンガポールドルの間にある。同社は，2009年と2010年に従業員のリストラを行ったが，事前に政府労働省（Ministry of Manpower）を訪問し報告をした。日本人は3名で，協和本社から派遣の工場長職と，シンガポールで採用の技術職，営業職各1名である。

主戦場はAV機器から車載用に転換

　シンガポールの製造業拠点としての課題は，1980年代以降の同国の急速な経済成長の中で，2007年には1人当たりのGDPが3万8,000米ドル超となり，日本を超えアジア最大となったことから人件費が高騰した。とりわけ，労働集約的製造業は，国際競争力を失ったものの，シンガポール政府は，インドネシア領バタム島，ビンタン島との「ツイン・オペレーション政策」で切り抜けた。つまりシンガポールからフェリーで30〜60分の対岸にある両島で，インドネシア人の廉価な人件費を活用した労働集約的工程を行い，それら製品をシンガポールでの高付加価値製品にビルトインして，シンガポールから世界に輸出するといったビジネスモデルである。このビジネスモデルも，1990年代以降の中国の台頭によりコスト的優位性を徐々に失っていった。

　同時にシンガポールにある内外資の製造業は，ハイウェイ1本でつながる隣

第2章　中堅・中小企業のアジア進出事例研究

国マレーシアのジョホール州にある製造拠点との「ツイン・オペレーション」でコスト競争力を強化する策に出た。シンガポールと比べて人件費が2分の1（注：最低賃金が900リンギット，約2万7,000円／月），エネルギーコストの中の電気代が3割安というマレーシアのアドバンテージと組ませることにより，シンガポール・オペレーションの国際競争力を復活，維持させるのが狙いである。協和シンガポールのマレーシア子会社，キョーテックマレーシアとの一体運営もこのスキームの中で編み出されたものである。両社の経営を同一の経営責任者が務めるのは当然の成り行きであろう。

　同社がシンガポール製造会社を設立して既に30年が経過している。アジアの高人件費国で今日でも製造業を続けることができているのはなぜであろうか。2つの要因が考えられる。1つ目は，同じ製造設備で用途転換したことである。当初進出した際に，主たる納品先だったAV（映像・音響）機器メーカーへの生産は，中国への生産シフトなどにより2008年をもってほぼ終息した。同社の生き残りは，主戦場をAV機器から自動車用（車載用）に思い切って乗り換えたことにある。シンガポールでの事業継続には，衰退分野の"デジタル家電"ではなく成長分野である自動車へ挑戦せざるを得なかったからである。自動車用途は，AV・家電とは異なり，品質評価は更に厳しい。各国毎に政府指定の評価機関によるテストを受け工業規格を取得しなければならない。例えば，シンガポールでは，PSB（シンガポール生産性標準庁）が，ドイツのフォルクスワーゲンのスペックをチェックする。当初不良率の高かった同社製品は，改善を続けることによりこの品質基準をクリアしたのである。

　2つ目は，小国へのめっき業参入障壁が比較的高いことである。めっき業は，マレーシアやインドネシアなどにも小規模企業として存在するが，排水基準など厳しい環境基準をクリアすることは技術的にも資金的にも困難である。一方，タイのように"アジアのデトロイト"と言われるぐらい自動車生産規模が大きい国へは大手のめっき会社が参入しても規模の経済が働き，採算を確保できる可能性がある。人口500万人のシンガポールでは自動車は生産されていない。大手のめっき会社にとり，シンガポールの立地は必ずしも魅力的でない。小規模の外資めっき会社としてもシンガポール1カ国向けだと製造ラインの稼

動が上がらない。しかしながら世界市場を相手とする輸出拠点にすれば，シンガポールのアジアのロジスティクスのハブとしての強みを発揮でき，マレーシア子会社のコスト力を活用しながら稼動と採算性の確保が可能である。同社で夕方6時に工場出荷した製品は，同日夜行便でチャンギ空港から欧州の顧客にスピーディに出荷できるのが，同国の強みである。

● みりん、調味料メーカーのアジア戦略拠点

2. キング アルコール インダストリーズ シンガポール株式会社
(King Alcohol Industries (S) Pte. Ltd.)

はじめに

　KING ALCOHOL INDUSTRIES (S) PTE. LTD. は，1987年2月にシンガポールのジュロン工業団地に設立された調味料みりんの製造販売会社である。親会社は，兵庫県加古郡に本社を置く日の出みりん，日の出寿新味料・料理酒製造販売のキング醸造株式会社である。

創業1世紀を超すみりん，調味料メーカー

　キング醸造株式会社（以下，"キング醸造"と略す）は，1900年（明治33年）に大西猪太郎氏が兵庫県加古郡で創業した114年の歴史のあるみりんを中心とした調味料の製造，販売会社である。同社は1927年に資本金1万円の大西合名会社となり，1961年に資本金120万円の株式会社に改組され，現在のキング醸造が設立された。

　キング醸造は，2013年11月現在，資本金9,940万円，従業員数185名，売上高146億円である。主な商品は，日の出寿新味料，料理酒，ブドウを原料としたクッキングワイン，日の出本みりん，清酒，リキュール，焼酎，酢など

で，ブランド名は「日の出」と「日の出寿」である。これらの製品は，三菱食品，旭食品，生協，農協，神戸物産などへ販売されている。キング醸造の社内組織には「国際事業本部」があり，シンガポールをはじめとする海外拠点を管理・統括している。

キングアルコールの会社概要

KING ALCOHOL INDUSTRIES (S) PTE. LTD.（以下，"キングアルコール"と略す）は，1987年2月に，製造会社としてシンガポールのジュロン工業団地に設立された。現在は資本金418万シンガポールドル，キング醸造100%出資として運営している。事業内容は，調味料の製造である。同社には9,000 m^{2}の敷地に建屋が3棟あり，1棟目は4階建の工場・倉庫，2棟目は1階建の工場，3棟目は1階建の倉庫である。従業員数は，男性21名，女性12名の計33名である。

シンガポール進出のきっかけは，当時，神戸市の商社から「同国に建屋面積3,000 m^{2}の古い工場が未使用になっており，リース使用の残存期間が10年」という話がもたらされたことである。建物はそのままで1億円足らずの費用を掛け，工場内の改修を行い入居した。入居当時は本みりん原料である白酒の製造を行った。それらは，日本で最終加工されて，流通大手へのプライベートブランドとしても販売していた。土地はシンガポール政府から借用し，借地代を支払っている。島国の同国政府は，国家的な観点から限られた土地の有効活用を考えており，過去，有効活用のため建屋を建てるよう要望され，また，遊休の土地を政府に返却する旨の指示があり，約3,000 m^{2}の土地を返却した経緯がある。30年ごとに政府と土地使用契約の更改がある。

進出当時シンガポール製品は，自由貿易港のメリットと特恵関税を生かし，100%日本に輸出を行っていた。現在は和風調味料としてASEANや中東に輸出をしている。最近5カ年間，シンガポール品は中国品と競合している。シンガポールの幅広いFTA締結網は，輸出国での関税が無いことが強みである。キングアルコールは，年間4億円をASEANで販売し，利益を計上している。

みりんの材料の米は，タイ，ベトナムから調達可能である。シンガポールは

前掲の近隣国に近く，調達に便利である。製造業は，全般的に「生産拠点としてのシンガポール」の地位が下降しているが，シンガポールのメリットを生かすという発想の転換が求められる。

　シンガポールの人件費は，マネージャークラスはかなり高給になってきており，一般のワーカーもほぼ日本と同等になってきている。結果的に現地人のマネージャーを雇用するよりも日本人の大卒社員をシンガポールに派遣する方が人件費のメリットが出るケースもある。

　味の素など日本の食品メーカーの中には，アジア各国から日本に留学した学生を採用してアジアの現地法人の管理層に派遣するケースもある。キング醸造では，立命館アジア太平洋大学卒業のミャンマー人を採用したり，香川大学卒業のタイ人女性をキング醸造の本社で3年間仕事を経験してもらった後，シンガポールに派遣して，駐在してもらっている。

マレーシアの製造拠点

　キング醸造は，1997年に，マレーシアに，みりんのもろみ状態である白酒と，白酒を搾った液体であるみりんの製造会社である BIGWEST INDUSTRIES SDN. BHD.（以下，"ビッグウエスト"と略す）を設立した。社名の由来は，キング醸造の創業家である「大西」姓を英語化したものである。マレーシアは各州にスルタン（王様）がいるため，同社の社名の一部であるキング（王様）という単語が使えないからである。このマレーシアの現地法人は，マレーシアの南端のジョホール州にあるパシル・グダン工業団地の中にあり，シンガポールから国境を越えて車で1時間の位置にある。

　マレーシアへの進出背景は，シンガポールが日本の特恵関税供与国から外れ，高率の関税が日本で課せられることを理由に，マレーシアのジョホール州に生産シフトしたものである。日本向け製品は，特恵関税が供与されるマレーシア工場から出荷し，米国向けはシンガポールから輸出している。ビッグウエストの敷地面積は，8,094 m^2，延べ床面積は 4,010 m^2 である。なお，同工場は，1999年にISO 9002認証を取得し，2013年11月現在はISO 9001：2000年版で運用している。

第2章　中堅・中小企業のアジア進出事例研究

中国の製造拠点

　キング醸造は，1985年に天津直沽醸酒廠と中国天津直沽味淋醸酒厂（現在の社名は天津直沽醸造）を設立し，みりん原料"もろみ"の委託生産を開始した。その後，同社は1993年12月，天津直沽醸酒廠と合弁会社，天津日之出醸造有限公司（以下，"天津日之出"と略す）を設立し，清酒の製造も開始した。合弁形態というもののキング醸造側の出資は限定的であり，ビジネスモデルとしては補償貿易[注5]である。今日，キング醸造は，天津日之出の経営には直接関与していない。また，天津直沽醸造の製品はすべて日本に輸出されている。

　中国進出のきっかけは，当時同社のみりんの売上高は大きく，既にこの分野には大手メーカーが存在したことである。同社が神戸国際貿易促進協会の会議に出席したことや，神戸市と天津市が姉妹都市であったことから中国に関心を持った。中国は，みりんの原料となる米が良質で価格が安かったので，2年間，同国に通い詰め中国側パートナーと合意した。中国は，人件費の安さよりも，みりん作りの原材料の米とアルコールと水が魅力であった。

　中国の場合，自社検査に加えて中国食品検査局による輸出検査があり，合格した製品のみ輸出される。検査局による検査は，出荷ロットごとに検査項目が変更され，一般生菌数，大腸菌群，アフラトキシン，残留農薬などの項目がある。

タイの製造拠点

　キング醸造には，2006年5月タイに設立し，5年後の2011年10月に工場として操業開始した，みりん原料・料理酒原料の製造会社であるSIAM KING CO., LTD.（以下，"サイアム・キング"と略す）がある。設立認可から製造免許の公布までかなりの時間を要したのは，タイの政治的混乱などがあったためである。このタイの現地法人は，バンコク市内から東へ95kmの「304工業団地パーク2」にあり，この団地内のフリーゾーン（FZ）に位置する。フリーゾーンは，国外同様の扱いを受けることができ，輸入税，国内税などが免除されるだけでなく，税関直轄の地区のため，通関手続きが簡素で迅速な貨物の輸

出入が可能である。

　サイアム・キングは，スワンナプーム国際空港へ80km，レムチャバン港へ100kmに位置し，空港，港湾へのアクセスに容易であると同時に，工業の中心地チョンブリ県やラヨーン県にも近く，原料調達や輸出に優れた場所にある。同社の敷地面積は3万3,040 m^2（約1万坪），工場の建屋面積は1,296 m^2である。

　サイアム・キングの資本金は5,000万バーツで，その出資構成がタイ側51%，日本側49%になっているのは，他国もそうであるようにアルコール類などの製造は国家管理の下にあり，外資の完全出資（100%）やマジョリティ出資では現地法人の設立を許可しないためである。

今後の経営課題

　キング醸造およびキングアルコールには，大きく3つの経営課題がある。

　1つ目は，創業1世紀を超す兵庫県加古郡の地場の醸造調味料メーカーが，少子高齢化・人口減少の日本において，国内に持続的成長性と収益性を確保するには構造的な制約に直面する。さらに，日本のマーケットは大きく変化し流通革命の中にある。流通が，みりんを使わなくても料理ができる食生活を消費者にアピールする逆風の時代である。中小企業は一般的に自らマーケットを作るのは「苦手」である。その解決策は，醸造調味料という主戦場から派生する商品構成の拡大か，中食・介護食など新たな販売ルートの開拓である。

　2つ目は，ASEANのハブ，シンガポールにアジア，中近東地域を対象とする地域統括会社を設立することである。現在の製造会社，キングアルコールに周辺数カ国をカバーする財務，税務，マーケティング，資材調達などの経営機能を付加し，地域統括会社に発展的に拡大することである。

　3つ目は海外生産拠点を中心とした世界への商品提案である。宗教に目を向ければ，イスラム教やユダヤ教，さらにはベジタリアンなど日本とは違った食文化を持つ世界があり，経済発展と共に拡大する日本食との接点を持って，現地に溶け込みながら売上を拡大していけるかどうかが課題である。

第2章　中堅・中小企業のアジア進出事例研究

タイ

●創業者のDNAが継承される同族経営
1. Muramoto Electron (Thailand) Public Co., Ltd.

はじめに

　Muramoto Electron (Thailand) Public Co., Ltd. は，タイのバンコク郊外にある金属プレス部品や樹脂成形部品の製造，メカ製品組立て，金型の設計製造，およびOEMメーカーであり，その親会社は，兵庫県神戸市に本社を置く株式会社村元工作所である。

海外展開をてこに急成長した機械金属加工メーカー

　村元工作所（以下"村元"と略す）は，1935年に兵庫県神戸市で故・村元伊太朗氏により創業され，金属加工業を中心に発展した。1958年に有限会社に改組し，1965年に株式会社に改組している。2010年に創業75周年を迎えている。

　2013年9月現在，同社は，資本金8,000万円，単独売上高235億円（2013年9月期），連結売上高約665億円（2013年9月期）である。同社は，対外的には単独決算を公表しているが，連結決算は公表していない。ただし，グループ企業全体の経営状況を把握するため社内的には簡易の連結決算を行っている。これによるとリーマン・ショック直前の2008年度は連結売上高が約1,000億円である。また，現在の従業員数は，国内150名，連結1万2,000名（2013年9月現在）で，海外生産拠点の従業員の多さが特徴的である。また，日本からの海外出向者が90名を数える。

　同社の海外拠点は，タイ，フィリピン，インドネシア，マレーシア，中国，

ベトナム，シンガポール，チェコ，米国，メキシコの10カ国で合計13の現地法人を有している。海外生産を急拡大していったパナソニック，キヤノン，三菱電機をはじめとする大手電機メーカーへのサプライヤーとして急成長した。主な事業内容は，音響・映像機器用の金属プレス部品，樹脂成形部品，メカ製品組立，プレスおよび樹脂成形金型の設計・製造などである。

円高を背景に短期間にタイ事業を急拡大

　Muramoto Electron (Thailand) Public Co., Ltd.（以下，"METCO"と略す）は，村元の海外拠点の中で，生産高，従業員などにおいて，グループ最大規模を誇る。村元の本社社長がMETCOの社長を兼任しタイに常駐している。2013年9月現在，資本金2億2,000万バーツ，従業員数は6,000名超である。事業内容は，金型の設計製造から金属プレス加工，樹脂成形，基盤実装，塗装印刷，メカ製品の組立と一連のシームレスなモノづくりを行っている。この一気通貫の仕組みを村元グループでは「一貫同期生産」と名づけている。

　具体的な生産品目は，車載用CDチェンジャー，車載用DVDメカ，車載用ETC用部品，各種基板，デジタルビデオカメラ用液晶ユニット，デジタルビデオカメラ用超精密メカ，インクジェットプリンターなどである。

　METCOの創業の歴史を振り返る。1987年にバンコク郊外に借地借家で，従業員60名を採用して生産を開始した。当初の事業目標は，材料消費量が月産300トンで，従業員500名程度の会社であったが，円高基調という追い風があり，僅か1年後にこの目標が達成された。このため急遽，借地借工場および隣接する空き地約2万9,700 m^{2}を購入し，工場を増設した。これが今日のMETCO本社工場（第1工場）である。敷地面積3万1,900 m^2，建屋面積2万1,370 m^2，従業員数250名である。

　その後も事業拡大に伴い，1990年に，第1工場から約40 km離れた第2工場であるバンナートラッド工場を設立した。敷地面積6万3,100 m^2，建屋面積4万9,500 m^{2}で，本社工場の2倍以上であり，従業員数2,400名である。

　1995年には，前述のMETCOの子会社としてSima Technology Co., Ltd.（以下，"STC"と略す）を，資本金3億バーツで設立した。STCでは金属プ

レス加工，めっき，メカ製品の組立を行っている。具体的な生産品目は，VTRデッキメカ，車載用CDチェンジャー，温度ヒューズ，機密端子，プレス部品である。機密端子については，従来はめっき工程を外部で実施していたが，2009年から社内でインライン化して一貫体制を整えた。同社の敷地面積は4万1,129 m^2，建屋面積1万7,400 m^2，従業員数1,700名である。

2005年に，第2工場の近くに第3工場であるサオトンランド工場を設立した。敷地面積3万5,548 m^2，建屋面積1万7,120 m^2，従業員数1,600名である。

翌2007年にMETCOはタイでの創業20周年記念式典を開催した。創業開始年に入社したパイオニアメンバーともいうべき従業員17名が「20年勤続者」として表彰された。

タイ証券取引所に上場して資金調達

1985年9月のプラザ合意を契機に円高が進む中，1990年のMETCO第2工場設立後も事業拡大路線が続き，それ故に資金調達が大きな課題であった。

1990年，METCOは，国際協力銀行（JBIC，当時社名は，日本輸出入銀行）から事業資金の融資を受けるが，それでも急増する注文に追いつかない状況であった。そこで1992年8月，METCOはタイ証券取引所に上場して公募増資による資金調達を実施した。その後もMETCOは成長を継続する。METCO上場時の同社概要は，援権資本2.5億バーツ（約6.25億円），払込資本2.2億バーツ（約5.5億円），上場株式数2,200万株である。また，株主構成は，村元67.76%，投資会社としてのHSBC（シンガポール）7.73%，その他住友商事，双日や地場資本など24.51%である。2009年タイ国内株価が低迷していたことと，その以前より株主総会において配当性向を上げる要望が出されたこともあり，METCOに資金余裕があった時に自社株買い戻しを行い，2012年に買い戻し株の消却を行った。そのため現在の村元の出資比率は71.33%に引き上がった。

1997年，タイに端を発すアジア通貨危機がMETCOを襲うが，同社は一時的に業績が悪化するも配当を継続した。METCOは，ドルベース決済の輸出主体の会社のため，バーツ安のダメージも少なく，また，新製品の大型受注に

成功し，業績が回復した。同社は事業拡大を続けながら経営理念の「従業員を大切する心」のもと，従業員とともに発展する労務政策を行い，労働省より「タイの労使関係優良企業」として毎年表彰を受けている。

2006年，METCOは前述のとおり第3工場を設立したが，この設備投資のためJBICより融資を受けている。JBICはMETCO自身の信用力に依拠した形で与信を決定している。なお，JBICは村元グループに対して，1990年以来，タイ，フィリピン，インドネシアにおける事業資金を融資している。

存亡の危機に直面したタイ事業

上場企業METCOの2007年以降の業績推移は，図2-4の示すとおりである。2008年度のリーマン・ショック発生前のピーク年度の売上高は，213億バーツ（約683億円）と巨額だが，2009年度はリーマン・ショックの深刻な影響で125億バーツ（約399億円）と大きく落ち込んだ。大幅な売上減に見舞われたものの2011年度まで収益性は黒字を維持した。2011年10月に発生した大洪水では，幸いMETCO工場への直接的被災はなかったが，国内部品調

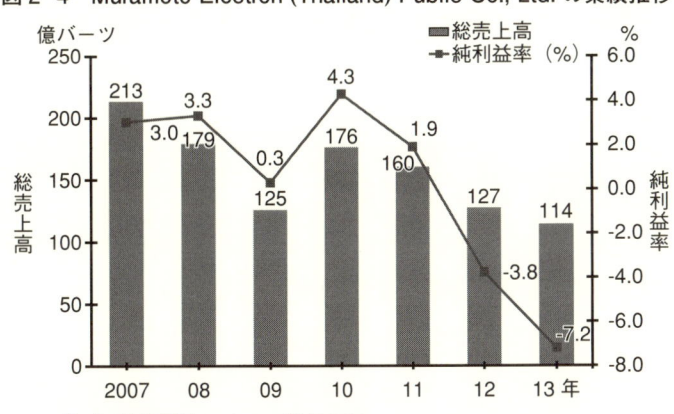

図2-4 Muramoto Electron (Thailand) Public Co., Ltd. の業績推移

年	総売上高（億バーツ）	純利益率（%）
2007	213	3.0
08	179	3.3
09	125	0.3
10	176	4.3
11	160	1.9
12	127	-3.8
13	114	-7.2

注1) 決算期は、10/1～翌年9/30
注2) 為替レートは各年共通の1バーツ＝3.2円で換算
注3) 「総売上高」は、「売上高」に「スクラップ」を加えたもの

出所：The Stock Exchange of Thailand ホームページより筆者作成

達先の多くが被災し，国内サプライチェーンが崩壊，長期間にわたり生産高・売上高が大幅に低下した。加えて，創業当時より主力製品であったテレビ事業が大きく衰退，また，バーツ高も重なり，営業利益・純利益とも赤字に陥った。

創業者のDNAが継承される同族経営

筆者は，村元の海外現地法人3社を訪問した。2011年8月にインドネシアのP.T. Muramoto Electronika Indonesiaとベトナムの Kein Hing Muramoto Vietnam Co., Ltd. を，2013年11月にタイのMETCOを訪問し，いずれも工場見学をさせていただいた上でお話しを聞く機会を得た。

中小企業として創業した村元は，その後，中堅企業となり，今日では，兵庫県の東証一部上場企業であるバンドー化学や三星ベルトなどの連結売上高に匹敵する大手企業の一角に成長した。日本では未上場企業であるが，タイにある製造現地法人が上場企業になるまで力をつけてきた。中堅企業として今日まで着実に成長してきた村元の強みはどこにあるのであろうか。以下4点に整理してみる。

1つ目は，創業者で初代社長の故・村元伊太朗氏の創業理念，「お客さまを大切にする心，技術・品質を第一とする心，従業員を大事にする心」の継承を，第二世代の5男4女の子息の中から2代目（長男），3代目（四男），4代目（三男），5代目（五男）社長として引き継いでいることである。同時にそれらの子息が同社の経営陣を構成し，任命された担当分野を管掌している。さらに，第二世代の子息，つまり第三世代がタイ，フィリピン，チェコなど海外現地法人の経営幹部として派遣され，現地事業経験を長期にわたって積んでいる。同族経営の中に実力・実績主義を貫いている。ちなみに現在の6代目の本社社長は，2代目社長を務めた長男の長男（創業者から見れば孫）である村元陽一氏（56歳）であり，過去，フィリピン，中国，チェコにある村元グループの現地法人に勤務した経験がある。

創業以来，幾多の厳しい経営環境の中にあっても，したたかに成長してきた村元グループにとって，ここ2～3年は存亡の危機ともいうべき業績となっ

た。METCO の 2013 年度は，純利益は大幅な損失となった。同社では，日本と米国の製造事業を縮小し，METCO，連結とも 2014 年度にプラスに転じ，村元グループ全体の事業を軌道に乗せ，2014 年度から再度飛躍を期すというビジョンを描いている。

　METCO の筆頭株主は村元である。METCO の業績が村元の連結の業績を大きく左右する。村元の社長が自らタイに常駐して陣頭指揮をとり METCO の業績回復を図ろうとしている。

　2つ目は，プレスという固有技術への自信とメカへの挑戦をベースに，金型の設計・製造，プレス，樹脂成形，塗装・印刷，めっき，基盤実装，加工・組立に至るつなぎ目のない一気通貫のモノづくりを可能にしてきたことである。つなぎ目のない仕組みが無駄のない効率的な生産体制をつくり，部品単品からメカ完成品まで最小コストでモノづくりを行える体制を作ってきた。この仕組みを村元グループでは，「一貫同期生産」と呼んでいる。

　3つ目は，現地日系企業の要請に応じて複数国に生産拠点を設立する「モノづくりマップ」を持っていることである。この中で「生産国」，「製造工程」，「用途」のマトリックスが整理されている。世界 10 カ国に 13 の現地法人とワールドワイドに張り巡らされたネットワークを築いているため，顧客のそばでモノづくりをするという最適地生産を可能にしている。

　4つ目は，現地従業員の徹底した教育である。村元は今日，国内に 150 名，海外に1万 2,000 名の従業員を有する。同社は 1990 年に入ってアジア各国の現地法人の従業員が急増する中で 1993 年に，兵庫県三木市に自前の研修所を設立した。約 40 名が宿泊できる4つの研修室を有する研修所で，2009 年までに延べ1万名以上の人が受講した。アジアの製造現場では，マネージャー，チーフ，リーダーなどの管理者層を教育しても，自分の修得した技術を部下に教えないため，ワーカー自身を直接日本に連れて教育する必要からであった。ワーカーそのものを教育しなければ絶対に良いものはできない，ワーカーへの教育そのものが現地法人の会社の品質という考え方を持ったからである。上記研修所は，当初の役割を終えて，2009 年に閉鎖された。2013 年に研修施設は売却予定である。

●着実な配当による投資回収，現地上場を実現

2. タイミツワ株式会社
(THAI MITSUWA PUBLIC COMPANY LIMITED)

はじめに

　タイミツワ株式会社は，1987年にタイの首都バンコク市の郊外にあるパトムタニ県に設立されたプラスチック射出成形加工および塗装・印刷・組立てを中心としたメーカーである。親会社は，大阪府羽曳野市に本社を置くミツワ電機工業株式会社である。

社名の由来は「三つの和」を尊ぶ創業者の精神

　ミツワ電機工業株式会社（以下，"ミツワ電機"と略す）は，1959年に大阪市阿倍野区に山田裕三氏により塗装工場の「ミツワ塗工株式会社」として創業され，既に半世紀を超える歴史を持つ。同社は，2007年にミツワ電機工業50年史「半世紀のあゆみ」を発行している。社名のミツワは，株主，従業員，経営者の「三つの和」を尊ぶという創業者の精神に由来する。1964年に現社名に改称し，1969年に大阪府羽曳野市に新工場を建設すると同時に，本社を同地に移転している。

　同社の主たる事業は，独自の特異技術を有する「マグネシウム事業」，電機製品，自動販売機，アクア関連製品の「製品事業」，プラスチック射出成形加工を軸とした「プラスチック事業」の3本柱である。2013年度の単独売上高は，約43億円である。

　2013年10月現在，同社の資本金は，1億円で，主な株主は，創業家，大阪中小企業投資育成株式会社などである。従業員数は派遣労働者を含み280名である。なお，国内の他に海外には2,120名の従業員を有し，ミツワ電機グループとしての従業員数合計は約2,400名である。主な取引先は，歴史的には売上高依存度が高かったシャープだが，今日ではソニー，キヤノン，東芝，三洋電

機，日本電産コパル，京セラなどの電気・電子機器や部品のメーカーの他，ニコン，オリンパス，リコーイメージング，富士フイルム，クボタ，象印マホービンなど広範な業界にわたっている。

　海外への事業展開は，後掲詳述の1987年のタイ，そして2002年の中国がある。いずれの拠点もダイナミックに成長するアジアでの生産拠点の構築が目的である。

　中国の現地法人は，江蘇省無錫市にある国家高新技術産業開発区機電工業園に立地している美滋華精密塑料（無錫）有限公司である。資本金500万ドル，従業員数120名で，主に，自動車用の精密プラスチック成形品の製造および塗装・印刷などの加飾加工を行っている。中国のコスト力を活用したコスト削減が主な進出動機であったが，近年は現地に進出した自動車1次請けメーカー（Tier 1 企業）への売上が大半となっている。

　なお，後掲のタイミツワ株式会社は，前述の中国の現地法人に対して，50%の出資をしており，残りはミツワ電機本社である。投資のリスク分散，リスクヘッジの観点から，日本の親会社と資金が比較的潤沢な海外の主力現地法人であるタイミツワによる共同出資という形態を取っている。

タイミツワの概要

　タイミツワ株式会社（以下，"タイミツワ"と略す）は，1987年にタイのパトムタニ県に設立された。2013年10月現在，資本金1億9,950万バーツ，従業員数1,850名で成形機140台を有する。主な事業は，プラスチック射出成形加工および塗装・印刷・組立，同金型設計・製作・メンテナンス，マグネシウム射出成形加工および表面処理・塗装・印刷・組立である。主要な製品は，家電製品・AV機器・OA機器の部品，二輪車外装品，四輪車内外装品，車載オーディオ部品などである。主要な取引先は，日系企業のタイ現地法人であり，エレクトロニクスでは，キヤノン，ソニー，パナソニックHA，二輪車・四輪車ではホンダ，スズキ，三菱重工業，東洋電装などがある。

　創業当初は，家電製品を中心に従業員約50名，成形機6台でスタートしたが，その後，国内外からの旺盛な需要増，市場ニーズの高度化，多様化が進む

中，積極的に事業を拡大し，今日の業容を築いた。この事業拡大の中で，パトムタニ工場（敷地面積6万0,787 m^2，建屋面積1万8,286 m^2）に加えて，2005年にタイミツワの第2工場としてコラート工場（同3万6,136 m^2，同1万3,324 m^2）を建設，さらに同工場で2011年にマグネシウム事業を開始している。主たる顧客はニコンなどの光学機器，ソニーなどのエレクトロニクス機器メーカーである。なお，この工場は，2008年に日本のJQA（一般社団法人日本品質保証機構）からISO 9001の認証を取得している。

タイ証券取引所に上場 ─着実な配当による投資回収─

　タイのプラスチック業界では，老舗的存在に成長したタイミツワは，2003年10月にタイ証券取引所（略称　SET）の新興市場（Market for Alternative Investment，略称MAI）に上場している。ちなみに，親会社のミツワ電機は，日本では上場していない。SETは，一部市場に該当する「メインボード」と，二部市場に該当する「MAI」から成り立っている。MAIは新興企業の資金調達を支援するため1999年に設立され，2001年に取引を開始した。中小企業育成のための市場であり，当時，タイ政府は上場プロモーションのため「MAI」上場企業に対して7年間の法人税半減の恩典を供与した。上場後の2005年に前掲のコラート工場が建設されている。

　タイミツワ（証券取引所のティッカーシンボル：TMW）の株主数は，2013年6月14日現在，2,020である。最大の株主は，ミツワ電機で，その構成比は56.69%と過半数以上の株式を所有している。次いで同社社長の山田浩氏8.35%などミツワ電機の創業家一族が合計14%を所有している。残りは，日本企業のタイスズキ，地元タイ企業や個人である。なお，同社の株式は，1株当たりの額面5バーツで，普通株による払込資本金は1億9,950万バーツ，上場株式数は3,990万株である。会計年度はミツワ電機と同じ3月31日である。タイミツワの上場直前の2002年度以降の業績推移を表しているのが図2-5である。

　2011年度は，タイの大洪水の発生の影響により3カ月間，同社の操業が停止したため，売上高の伸びは制限されたと同時に収益性が大きく落ち込んだ。2012年度の売上高急増は，前年の大洪水により工場の外壁30cmほどが浸水

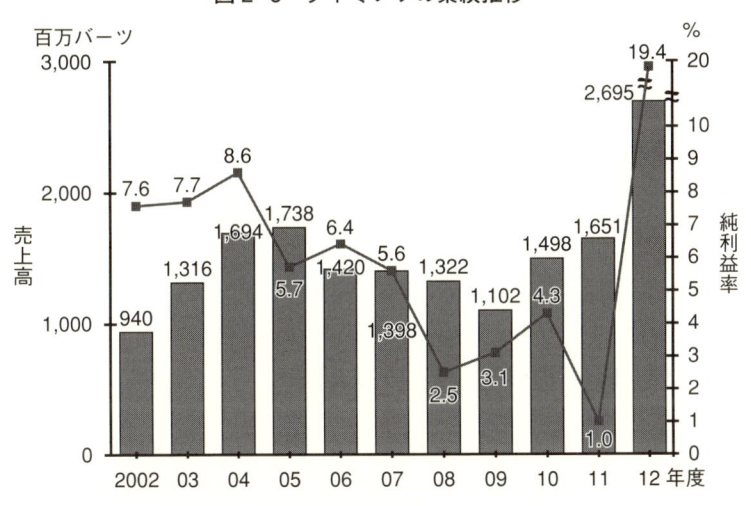

図2-5　タイミツワの業績推移

出所：タイミツワの財務諸表 各年度版より筆者作成

したものの，同社工場内には浸水せず稼動できたため，浸水災害で生産ができなくなった他社からの発注が急増したためである。2011年度の反動としての"特需"現象である。また，保険会社から3億9,600万バーツの洪水に対する保険金が下りたため，損益計算書とキャッシュフローが大幅に良化して，株価が急上昇した。この結果，2012年度はタイミツワの設立後，最高の売上高26億9,500万バーツと純利益率19.43%を記録している。

なお，同社は，売上高をプラスチック事業，マグネシウム事業，金型販売の3つにセグメントし，さらに各々の事業をタイ国内，海外売り別に表示し，それらに対応する営業利益も公開している。例えば，2011年度（2012年3月31日決算）においては，プラスチック事業が全売上高の約4分の3を占め同事業の中でもタイ国内売上高の貢献度が高い。新たに導入したマグネシウム事業は，初年度の営業利益は損失を計上している。

ミツワ電機との技術援助契約

タイミツワは，2000年にミツワ電機と6年間の技術援助契約（Technical

Service Agreement）を締結した。この契約は，2007年3月に，2007年4月から2009年6月までの2年3カ月の間更新された。さらに2009年7月に，本契約は2009年7月から2014年6月までの5年間を対象に更新された。ただし，タイの大洪水の深刻な影響により2011年の10月から3カ月間は，この技術援助料の支払は免除措置が取られている。2012年には，さらにミツワ電機とコラート工場のマグネシウム事業に関し2011年8月から2016年7月の5年間を対象とした技術援助契約を締結した。同社は毎年，ミツワ電機にロイヤルティを送金している。

2つの懸念事項 —株主総会と労組対策—

　タイミツワの経営上の課題は，株主総会対策と労働組合対策である。前者は地元で上場しているため毎年どのように株主総会を乗り切るかという課題である。同社は上場当時，事業拡大のための資金調達に窮していたわけでなく無借金経営下にあった。しかしながら，海外現地法人の上場はまとまった資金調達を可能にし，企業としてのプレステージを高めるという理由から，独立系ベンチャーキャピタルの日本アジア投資株式会社（JAIC）の仲介，支援のもと上場した。しかしながら年間の上場維持費は，約1,500万円かかるため毎年のコスト負担は企業経営上，決して小さくはない。

　後者は，労働組合が結成されていることから給与や賞与に関する労働組合との交渉がある。パトムタニ工場1,200名中，700名が組合員であり，給与水準は1万バーツ（約3万円）／月である。創立25周年を経過している同社にとっては，特に40歳前後の勤続年数の古い従業員と30歳前後の若手の優秀な従業員の給与の差の調整などが難しい。また，従業員にとり，毎年，賞与の月数には敏感である。給与水準はバンコク市内よりも抑えている。しかし，タイの失業率は1％を切っているため，従業員にとっては同社に長期間勤める必要性は必ずしもないという労働市場である。毎年，労働組合から出る大幅な賃上げアップの要求は，必ずしも合理的な根拠があるわけではないため，経営側としては慎重な対応が必要となる。

　同社の賃金水準は，現地人取締役が月額8万バーツ，部長5～6万バーツ，

課長2～3万バーツである。バンコク市内では，同社水準の3～4割高である。

なお，同社は2004年に，現地に上場している企業として従業員退職金制度（employee provident fund scheme）に加わっている。この制度のもとでは従業員は，給与（gross salary）の3%，会社側も同率の3%を拠出する義務がある。2012年3月期および2013年3月期では，同社は損益計算上，各々164万バーツ，246万バーツの退職金経費を計上している。

●進出後，苦労した新規顧客の開拓
3. KOBAYASHI INDUSTRIAL (THAILAND) CO., LTD.

はじめに

KOBAYASHI INDUSTRIAL (THAILAND) CO., LTD. は，2010年にタイのチョンブリ県アマタナコン工業団地に設立された自動車部品，電機部品，その他プレス製品のメーカーである。親会社は，静岡県富士宮市に本社を置き，自動車用部品，プレス金型，治工具などの製造を行っている小林工業株式会社である。

創業半世紀以上の自動車部品メーカー

小林工業株式会社（以下，"小林工業"と略す）は，1960年に金属加工の小林工業所として創業し，半世紀以上の歴史を刻む自動車用部品などの製造会社である。1971年に現社名に改称している。その経営理念は，「創造と進歩」（"Creation & Progress"）であり，新しい価値の創造と絶えず進歩し続ける技術集団を目指すというものである。

同社の技術部門であるテクニカルセンター（敷地面積 2,182 m²，建屋面積 1,117 m²）には，機械設計，電気設計，金型治工具設計からソフト開発，高精

度マシニングセンターによる三次元切削加工，精密形状仕上げ作業，機械組立調整トライまで対応できる設備と技術が集約されている。

同社の資本金は 1,200 万円で，主たる株主は，現社長の小林俊夫氏である。従業員は 85 名，2012 年度の単独売上高は約 19 億円である。主要な取引先は，石川島建材工業，市光工業，臼井国際産業，岡谷鋼機，甲斐エンジニアリング，スタンレー電気，日本軽金属などである。

タイ進出の背景

小林工業は，2002 年当時，海外進出を一度検討している。日本の主要な企業が構造的な海外生産シフトを行う中で，将来の日本の商売の先細りを恐れたからである。進出国の候補として中国とインドネシアを検討し，また，タイでは F/S（企業化調査）も行なったが進出決定には至らなかった。その後，このままでは小林工業の資金力が減っていくだけと危惧した同社の二代目社長，小林俊夫氏は，今が最後の海外進出のチャンスと捉え，2010 年 5 月にタイ進出を決定した。

タイを選んだ理由は，2 つある。1 つ目は，車で 3 時間以内に納品できることである。中国やインドのような広い国では，自社工場からはるか遠く離れた顧客と取引きをすることは，中小企業にとっては大きな負担となって対応できない。現在のタイ現地法人のロケーションは，100 km 圏内に円を描くとほとんどの自動車メーカーと関連部品企業が入る立地であり，1 時間から 1 時間半で行ける。小林工業にとりタイは，一定のインフラが整い，材料調達ができ，サプライチェーン・マネジメントが可能なため，海外初のオペレーションでも何とかやっていけるという自信を持てたことである。

2 つ目は，タイで事業経験があり，タイを熟知した人材を獲得できたことである。タイの社長である加藤幸男社長のもとで副社長を務める増田賢一氏（65 歳）がその人である。増田氏は，小林工業の取引先である自動車部品メーカーに勤務時代に米国に出向し事業立ち上げの経験があり，また，同社のタイ現地法人に 13 年間勤務し，社長を務めた経験がある。このタイ現地法人は小林工業と同じアマタナコン工業団地に入居している。増田氏は定年退職後，一時タ

イのプレス企業に勤務していたが，小林工業が現地法人立ち上げのために増田氏をスカウトした経緯がある。

日本の多くの企業，とりわけ中小企業においては，海外事業の進出を実践的に推進できる人や海外現地法人を経営できる人材は必ずしも多くはない。そのため同じ社内で，同じ人材が複数回海外勤務することは珍しくなくなった。前述の増田賢一副社長のケースは，中小企業にとって，1つのグローバル人材の活用方策であろう。

初の海外拠点としてタイに進出

KOBAYASHI INDUSTRIAL (THAILAND) CO., LTD.（以下，"KITC"と略す）は，小林工業が設立した初めての海外現地法人である。資本金は5,000万バーツ（約1億6,000万円：1 Bt=3.2円）で，全額，小林工業による出資である。工場敷地は1万4,720 m^2（4,460坪），建屋面積3,000 m^2（909坪）である。事業内容は，自動車部品，電機部品，その他プレス製品の製造・販売である。

2011年9月に工場建屋が完成し，機械の据付けを開始したものの，同年10月〜12月のタイの大洪水で一時作業中止を余儀なくされた。2012年1月，日本軽金属とタイ企業の合弁会社のNSA（NIKKEI SIAM ALUMINIUM LTD.）向けに初出荷を行った。品質基準と環境基準については，同年5月と7月には各々ISO 9001：2008とISO 14001：2004の認証をタイのISO認証機関，BVC（Bureau Veritas Certification）より取得した。

2013年10月現在，KITCの従業員は，日本人を含む63名で，今後新しい仕事が増えるため，最終的には80〜90名の陣容となる。男女比は1対2を予定している。勤務体系は午前7：30から午後4：30までの1直であり，従業員用に小さな通勤バスを手配している。日本人は，社長，副社長，製造部長1名の駐在員と現地採用1名の4名体制である。

KITCの目標は，拡大する東南アジア市場の中心地，タイで顧客の信頼を獲得し，自動車メーカー・部品メーカーの1次請け企業（Tier 1企業）になることである。

進出後，苦労した新規顧客の開拓

　小林工業のタイ進出時の事業計画では，「日本本社から依頼された製品をタイで製造して日本に送り返す」というコンセプトであったが，結果としては日本からの依頼品は少なく，KITC が独自で日本からプレス機械を 1 台持ってきて，3 部品を日本に輸出しただけである。この結果，自らタイで新規顧客を開拓せざるを得なくなり，社長と副社長の 2 人が主に自動車，家電，農機具メーカーにアプローチした。NSA やいすゞ自動車（IMCT），スズキ自動車（SMT），自動車部品メーカーの UICT，タイ都筑（TTC），日立金属（AHCL）などに納品できるようになったのは大きな収穫であった。小林工業の場合もそうであるが，中小企業の場合，海外において自社で市場と顧客を開拓する力がないので，工場の立上げのみならず営業の立上げにもかなりの努力をしてきた。資金的には，小林工業から親子ローンで借りており，2014 年春から返済予定である。ロイヤルティは，売上高から材料費と運搬費を差し引いた金額に一定の料率を乗じた金額を日本に支払う計画である。

建設時の注意事項

　KITC の工場立ち上げについて，現場経験から学んだ増田副社長の指摘する主な注意事項 13 点は下記のとおりである。

① 工場建設業者の選定は，発注者の自社にあると思っていたが，今，逆に選択権は業者にある。4 社に見積もり合わせを行ったところ，3 社に断られた。建設ラッシュで仕事をしたいができないという悲鳴が上がっていた。建設会社は売り手市場である。

② タイ業者は，安かろう，悪かろうの傾向がある。土地は 1 年で地盤沈下する。地盤をしっかりと作らないと 10 年後には建屋が傾いている。杭を 17 m，18 m 刺して支持層に到達する。杭をいっぱい埋めて，摩擦力で沈下を防ぐといった工法が必要となる。

③ 図面では，全ての希望はかなわない。真っ暗，風通し無視，窓の位置などがいい加減という事態も起きる。なお，タイは 4 月から 5 月が猛暑

で，風通しが悪いと働きにくいという工場ができる恐れがある。
④ 建設業者の選定は建設時だけではなく，その後のサービスが大切である。例えば，火事，水害の対応，復旧の手伝いをしてくれる信頼できる業者か否かを見極める。
⑤ 山手でなければ，地盤は沈下する。海抜1.5mのこの地では1年で5mmから1cm沈む。
⑥ タイは，日本の1.5倍の広さの土地，工場も事務所も日本より広い。タイにはタイの常識や基準がある。
⑦ 建設時期は，11月から4月までの乾季がベストである。
⑧ 会社設立や工場建設には，オーナーの夢が大切である。望まなければ授からない。どういう工場，会社にしたいのかというメッセージが大切である。
⑨ タイは暑い。夜は蚊が多いので，工場の環境整備が重要である。従業員には2時間残業して，夜勤で稼いでもらうという状態が定常的に起こる。タイでは労働環境整備が良くないとワーカーが来ないため，夜の蚊対策が必要である。
⑩ 雷，交通事故，蛇の出現などで停電する。少なくなったとは言え，年に何回か停電になるので停電に備える。
⑪ 火事の際，工業団地での消火栓は役に立たない。消火栓からの水の勢いは弱い。初期消火，日常の防火訓練が大切。余裕があれば，自社でエンジン付きポンプや防火用水を設置するとよい。
⑫ 工場排水基準をオーバーする従業員食堂の食用油。簡単な浄化槽では油分が取り切れない。タイの工場排水基準は日本並みに厳しい。
⑬ 自社敷地内に従業員駐車場の確保が必要である。年々増える従業員の自家用車通勤。係長級から車を持ち始める。同社では管理職15名全員が車を持っている。

次いで操業時の成功のための留意点と失敗しないための留意点について増田副社長の見解を以下に紹介する。

操業時の成功のための留意点

① 社長のビジョンは何かを明確にする。会社の長期的繁栄，従業員の幸せ，社会貢献の打出し。

② 社員のやる気をいかに引き出すか。この点は，タイ人も日本人も同じである。

③ タイ人は，自分のノウハウは自分のものと考えており，同僚，後輩に教えないという認識を持つこと。

④ 社長の年度方針は，社長自ら作成する。方針を各部署に展開し定期的フォローとやる気を起こす仕掛けが必要。QCサークル，改善提案報奨，5Sコンテスト，QC週間，安全週間，皆勤賞，誕生日プレゼント，Thank You Letter，社会貢献，ラジオ体操，運動会，忘年会，社員旅行，永年勤続，プロビデントファンド（退職積立金），毎日の朝礼，従業員教育などである。一般的にタイの従業員は社長の顔の方しか見ない。

⑤ 会社の目標は高く，タイで一番の品質優良会社になることなど，タイ国工業省の総理大臣賞（品質部門）を狙う。

⑥ 従業員のプライド醸成。トヨタ，デンソーなど大手客先が興味を持って工場見学に来るような会社を目指す。

⑦ タイには日本では感じられなくなった35年から40年前の従業員気質があるので大切にする。

操業時の失敗しないための留意点

① 従業員数50人以上の会社では，福祉委員会の運営で従業員の福祉改善を図る。ただし，外部からの労働組合結成の勧誘がある。タイの労働組合は増えてきており大きな問題となっている。ボーナスは12月，1月支払のところがほとんどであり，支払月数について10月ぐらいから騒ぎはじめる。例えば，自動車メーカーが7カ月分で，部品メーカーが3.5カ月。労働組合が増えているのは，外部からオルグされるからであ

る。
② 労働組合は，発起人数名が労働局に登録すればできてしまう。組合対策で従業員に自宅待機を命ずると刑事事件で訴えられてしまう。罰則には，10万バーツ以下の罰金または，2年以下の懲役という法律がある。
③ 従業員は，社内で問題が起こると労働局にすぐに訴え調査が始まる。例えば，飲酒運転による解雇者にも，退職金を払うことを余儀なくされることがある。かわいそうだから1カ月間の給料をやってくれという話になる。各県毎に労働局があり労働者に優しい。
④ 特恵関税対象品輸出は，現調率60％を満たさなければならないが，増産に伴い条件が変化することがあるので，毎年確認すべきである。対象国からタイ税関に調査依頼がある。
⑤ バンコク港，レムチャバン港など輸入港の違いにより，関税の違いが発生する。担当者レベルで判断するからである。そういう問題がタイにはたくさんある。関税支払が3～4億円程度であれば安い方で，20～30億円と言われて，徹底的に争っている企業もある。
⑥ 金属粉末処理不完全で工場が火災したケースがある。タイ，ヨーロッパの自動車メーカーが生産ラインストップの危機に直面した。こういう時にすぐ手伝ってくれるのが建設会社で，何とかラインをストップせずに済んだケースもある。
⑦ 金属材料の盗難。工場にテレビカメラ設置のため警備会社に工事を依頼したが，工場の天井裏から避雷針用の銅線が約50m盗まれた。ガードマンの仕事も形式的でどこまで信用できるか疑問である。
⑧ 5～15％/月という従業員の高い離職率の対策が必要である。この地区で従業員の離職率は月々10％ぐらい。ひどいところは20％辞める。1～3カ月の試用期間に辞める人は辞めて，さらに良い条件の所に移っていく。100名必要ならば，120名雇っておく必要がある。20％増で雇っておく。また，休む人も多い。100名いたら7名，ひどい時には10～15名休む日がある。特に正月休みや長期休暇明けは休む人が多い。病欠は30日まで有給というタイの法律もある。何かあると腹が痛いと

言って休む。現場労働者の管理は会社運営で大変な部分である。

　タイ人の気質を十分に知りつくし，従業員のやる気を引き起こす仕掛けを社内の経営組織に縦横に巡らした日本的経営の良さを実践する。KITC が，経営目標に「3 E」を掲げた。"Excellent Employee"（優秀な従業員），"Excellent Product"（優秀な製品），"Excellent Company"（優秀な会社）の3つである。

フィリピン

●問われるグループ一体化経営

1. Nikkoshi Electronics Philippines, Inc.

はじめに

　Nikkoshi Electronics Philippines, Inc. は，フィリピンの首都マニラ圏から南へ約 45km にあるラグナ市のラグナテクノパークの特別輸出加工区の中にある。親会社は，東京都荒川区に本社のあった計器の設計製造および販売の紀正電機株式会社である。紀正電機は，2007 年 7 月，ニッコーシ株式会社に買収され，その傘下の企業になったことに伴い，本社をニッコーシ株式会社のある東京都中央区に移転している。

親会社 紀正電機の概要

　紀正電機株式会社（以下，"紀正電機"と略す）は，1959 年東京都荒川区にレベルメーターの設計製造企業として設立された。2012 年末現在，資本金 3,000 万円，売上高約 30 億円，従業員数 6 名である。

　主要な事業は，計器（ミニメーター）の設計・製造・販売，小型プランジャーソレノイドの製造・販売，各種コイルの巻線，モーター用ステータおよび組立て，インジェクションモールド，HDD 用 VCM の巻線および組立て，DY 用補正回路基板組立ておよびコイル組立てである。この中でも同社の看板製品は，HDD 用アームアクチュエーター用コイルであり，厳しい品質基準をクリアして多くの 2.5 インチ，3.5 インチ HDD に採用されている。

　主要な取引先は，国内では，アイワ，サカタインクインターナショナル (SIIX)，長瀬産業，セイコーインスツルメント，ソニー，ソニー福島，東芝

青梅工場，双葉電子工業などである。また，海外の取引先では，前掲国内取引先の海外事業拠点や，データストレージ機器製造の Engtek Philippines や非接触 IC カードおよび機器製造のモトローラ・インダーラ社などがある。これらの内外の取引先は，紀正電機の主戦場が，エレクトロニクス製品に欠かせないアクチュエーター部門への進出から生まれたことを意味している。同社の OA 機器，TV，オーディオ，自動車などに活用されている高精度のコイルアセンブリーや一体成形品は業界で高く評価されてきた。

紀正電機は，得意の巻線技術と小部品の組立てをてこに，積極的な海外展開を図ってきた。1978 年にシンガポール工場を設立，1993 年にフィリピンのマカティにマニラ工場を設立した。

1996 年にはフィリピンのラグナテクノパークに，後掲詳述の紀正サカタ電機フィリピン（後に Nikkoshi Electronics Philippines, Inc. と改称）を設立，翌年，米国カリフォルニア州サニーベール市に長瀬・紀正アメリカを設立した。1997 年にはメキシコのメヒカリ市にメキシコ工場を設立し，主にソニーのトリニトロン TV 用ディフレクションヨーク・コイルを納品したが 2001 年閉鎖した。

紀正電機を買収したニッコーシの概要

ニッコーシ株式会社（以下，"ニッコーシ"と略す）は，1951 年に東京都日本橋に非鉄金属地金の販売を目的に「日本工業資材株式会社」として設立された。1971 年に社名が「ニッコーシ」に変更された。2012 年 12 月期，資本金 4 億円，連結売上高 51 億円，連結従業員数 1,248 名である。

事業は，製造事業と商事事業の 2 本柱であり，前者が売上高の 71%，後者が 29% を占める。また，事業分野別売上高は，コバルト，ニッケル，タングステンなどの金属材料事業 24%，ガス用遮断弁，MR センサー，比例弁，小型ソレノイドなどの電子部品事業 18%，半導体・液晶装置関連事業 27%，HDD 用部品など情報機器関連事業 31% の構成比である。

製造事業では，埼玉県羽生市と福島県白河市に製造・技術開発拠点を，海外では，フィリピン バタンガス州のサントトーマスと中国広東省珠海市に製造

拠点を有している。2007年に前掲の紀正電機を買収した。

Nikkoshi Electronics Philippines, Inc. の概要

紀正サカタ電機フィリピンは，1995年に，紀正電機，紀正電機シンガポール，SIIXの3社による合弁会社として設立された。同年には，この合弁会社は，ラグナ市のラグナテクノパークで工場建設を開始し，さらに翌年に完成し生産を開始した。

2007年，ニッコーシが日本の紀正電機を買収すると同時に，海外現地法人の紀正サカタ電機フィリピンもニッコーシの傘下に入る。これに伴い，2009年に，紀正サカタ電機フィリピンは，社名を Nikkoshi Electronics Philippines, Inc.（以下，"NEPI"と略す）と変更した。NEPIは，品質，健康，環境および社会的責任分野における適合性評価を行う世界最大級の検査・認証機関である Bureau VERITAS から同社のコイル，コイルアセンブリー，一体成形品の製造に対して1999年に品質管理システムの ISO 9001, 2003年に環境管理システムの ISO 14001, 2010年に職場健康・安全管理システムの OHSAS 18001 の認証を受けている。

NEPIの主要な製品は，レベルメーター，Toroidal コイル，コイルおよびコイルアセンブリー，MRSチップである。主要な設備は，洗浄機械，ファンモータやToroidalチューブタイプの巻線機械，HDD巻線機械，成形機，MRセンサー，アライナー，ダイシング機械などである。これらの製品の中で微細加工を伴うものは，ダスト管理されたクリーンルーム内で生産されている。

2013年5月現在，NEPIの概要は以下のとおりである。同社は，1995年にラグナ市のテクノパークに設立。資本金5,000万ペソ，従業員数400名，敷地面積5,500 m^2，建屋面積は2棟合計3,550 m^{2}である。主要な製品は，HDDコイル，ファンモータコイル，レベルメーターおよびMRセンサーである。

NEPIは，フィリピンにおけるサプライヤーとしての貢献により顧客（納品先）から感謝状やベストサプライヤー賞など様々な賞を受賞している。筆者が訪問した同社応接室には，HDD事業を行っている東芝と富士通から受賞した表彰の楯が各4枚ずつ飾ってある。

NEPIとは別に，親会社ニッコーシのフィリピン現地法人 Nikkoshi Philippines Corporation（以下，"NIPHCO"と略す）がある。同社は NEPI 設立4年後の1999年にカビテ・ロザリオに設立され，2003年に工場をバタンガス州のサントトーマスの First Philippines Industrial Park（FPIP）に移転した。

同社は，資本金4,200万ペソ，従業員数250名，敷地面積6,400 m²，建屋面積は2棟合計6,800 m²である。主要な製品は，HDD部品のキャリッジ・スペーサー，比例弁のアクチュエーター・バルブ・アセンブリー（AVA），MRセンサー，小型ソレノイド，ブレーカーコイルなどである。

問われるグループ一体化経営

1990年代，シンガポール，タイ，マレーシアのペナン島などに生産拠点を有していた日米亜の大手HDDメーカーは，熾烈な国際競争の中で生産拠点の再編を迫られた。日本の日立，東芝，富士通の商品も，厳しいコスト競争にさらされた。その結果，フィリピンにHDD組立ての生産拠点が集中すると同時に，完成品を構成する各種HDD関連部品の製造企業もフィリピンに移動した。

一方，日本では，同業種のニッコーシと紀正電機が各々"買収企業"と"売却企業"となりM&A（企業の合併・取得）が起こった。これに伴い国内の事業再編や上場の思惑といったものが同時に，各社の既存の海外現地法人間の再編を引き起こす。NEPIとNIPHCOという設立経緯，歴史，事業規模，操業場所の違うフィリピン現地法人をニッコーシ本社が今後，どのように一体運営し，相乗効果を出し国際競争力を強化していくかが問われている。

従業員の採用，教育訓練，人事制度，生産分業，資金運用，税務対策，資材調達，広報など，各経営機能の標準化，最適化や効率化が注目される。特にラグナのNEPI（従業員450名）とバタンガスのNIPHCO（同250名）の2社間に，各々オペレーターとスタッフの賃金水準に差があるため賃金水準を合わせるための調整に難航した。

グループ一体経営と同時に，今後NEPIとNIPHCOの開発をどこでやるべきかという課題もある。HDDをはじめとするセットメーカーが海外で生産し，海外で部材を調達しているという実態がある。日本でのモノづくりが海外にシ

フトすると，開発もモノづくり現場でないと設計できなくなる。日本で開発すると製品の特性は良いが，生産性が悪いという事態が起こる。フィリピン人の開発者は優秀であり，上位職になると1年単位で日本に行っている。毎回，日本に「技能実習生」として派遣する手続きは面倒であり，派遣者も既に一巡している。両社はフィリピンで開発する時を迎えている。

●日本 IBM の雇用受け皿会社でスタート
2. P. IMES CORPORATION

はじめに

　P. IMES Corporation は，フィリピンのマニラ首都圏から 35km 離れたカビテ市ロザリオのカビテ経済特区（Cavite Economic Zone）の中にある。生産設備・試験装置製造などを行う企業である。親会社は，神奈川県藤沢市に本社を置くハードディスクなど機器関連事業の株式会社アイメスである。なお，カビテ経済特区には，日本企業約 80 社，韓国企業約 120 社をはじめ，台湾企業などを含み合計 250 社が進出している。

日本 IBM の雇用受け皿会社でスタート

　株式会社アイメス（以下，"アイメス"と略す）は，1990 年，日本アイ・ビー・エム（以下，"日本 IBM"と略す）藤沢事業所の製造部門とハードディスク開発部門が母体となって設立された。当時，同社が経営不振に見舞われ，多くの退職者が発生し，雇用の受皿が必要とされた。アイメス設立時の日本 IBM の持株比率は 35% で，残りの 65% を元日本 IBM 社員であった創業者が出資をした。その後，日本 IBM の業務逓減に合わせ出資比率も低くなり，2005 年には日本 IBM の出資は無くなった。2013 年 6 月現在，資本金 4 億 3,527 万円，従業員数は，国内 88 名，海外約 910 名である。社名アイメスの由

来は，英文社名の International Manufacturing & Engineering Services Co., Ltd. の略称「IMES」から来ている。

　主な事業内容は，受託設計・製造と人材派遣である。前者は，FA 関連装置，PCB 事業関連，金属精密プレス，機械加工，プラスチック射出成形，EMS[注6]事業としての製品組立てであり，同社の連結売上高の9割強を占める。主な顧客は，ハードディスクドライブメーカーの米国ウェスタンデジタルとその関連会社，並びに東芝，PC 開発を行っているレノボ・ジャパンなどである。

　アイメスは，1993年当時，アジアへの生産進出を検討した。ベトナム，フィリピン，タイの3カ国にある日系の工業団地を調査，比較の上，最終的にフィリピンを選択した。候補国の中で，各国とも外資へのインセンティブ（恩典）はほとんど変わらず，出資者の日本 IBM の社内コミュニケーション上，英語が通じるフィリピンが便利であった。フィリピンのマニラ首都圏で，カビテ，ラグナ，バギオ，セブの4つの工業団地を比較検討の上，最終的に高速道路が近くマニラ港に近いカビテ経済特区を選んだ。

　アイメスの海外展開は，フィリピンを中心になされている。1993年にフィリピンに設立された後掲詳述の P. IMES Corporation をはじめ，1995年に山水精機有限会社と共同出資で設立された金属部品製造会社 SANKOU SEIKI CO., LTD.（資本金9,400万円）がある。山水精機は後にフィリピンから撤退している。また，1995年に山下電気株式会社と共同出資で設立されたプラスチック部品製造会社 Philippine Advance Molder Corp.（以下，"PAMCO" と略す）がある。なお，PAMCO は，2002年に P. IMES Corporation が全株を取得して吸収合併された。また，2007年には，フィリピン政府から POEA（Philippine Overseas Employment Administration）のライセンスを取得してワールドワイドに人材紹介・派遣を行う IMES GLOBAL INC.（資本金500万円）を設立した。

　フィリピン以外では，1995年にタイに地場企業 Union Ind. Corp. および藤沢市本社のやまと工業株式会社と共同出資で精密機械工具・部品・機械などの製造会社 Precision Technology Co., Ltd.（略称 PTC，資本金1億1,200万円）を設立した。中国には，2003年に HDD 顧客の技術支援などを目的として，深

圳市に駐在員事務所を開設した。また，2005年には，香港に中国との輸出入業務，HDD関連部品販売とHDD技術サポートを行うHK. IMES Co., Ltd.（資本金2,100万円）を設立した。

P. IMES の会社概要

　P. IMES Corporation（以下，"P. IMES"と略す）は，1993年に日本のアイメス100%出資の子会社としてフィリピンに設立された生産拠点である。授権資本金7億ペソ，払込資本金は，4億2,765万ペソ（約12億3,400万円），従業員数580名（2013年5月現在），売上高約24億円（2012年11月期）である。内，日本人出向者は7名おり，日本本社にいるP. IMESの社長が毎月現地を訪れて経営指導に当たる。なお，同社の敷地面積は3万m^2，建屋面積は2万3,000m^{2}である。

　主な事業内容は7分野あり，1つ目は，超微細技術を要求されるハードディスクをはじめ半導体，車載用部品，その他電化製品生産などに必要とされる生産設備・試験装置の設計製造である。P. IMESに前掲SANKOU SEIKI CO., LTD.（出資比率：アイメス92%，P. IMES 8%）の売上高を加えると合計金額の4割強を占める主力事業である。

　2つ目は，クラス10Kのクリーンルームにおける心臓用電極カテーテル超微細加工や血液回路チューブ加工の医療機器製造である。同社は2007年より先端技術医療機器分野への参入を行い，翌年4月，医療機器関連国際品質規格ISO 13485：2003を取得，フィリピン厚生省食品・薬品局の審査に合格している。

　3つ目は，OEM[注7]製品事業で，主な生産品にはレーザーレンジファインダー（測長器），インターネット映像配信機器などがあり，過去にはCD－ROM，LCDモニター，無停電装置，特殊プリンター，煙探知機，AC/DCアダプターなどの生産実績がある。

　4つ目は，基板実装事業で，月産能力は表面実装2,400万ショット，COB実装570万ワイヤである。前掲の生産設備・試験装置に次ぐ売上高を占める。

　5つ目は，ATM部品，自動車ドア・ベゼル，HDDヘッド部品トレイなど

のプラスチック射出成形事業である。

6つ目は，前掲のSANKOU SEIKI CO., LTD. でのメタルプレス事業である。製品には車載ハーネス用各種ターミナル・端子類，エンジン用フィルター，ギアシフトブラケット，HDDカバー，DVDピックアップブラケットなどがある。

7つ目は，オシロスコープ，電流計，電圧計などの計測器校正サービスである。

P. IMESの多様な事業内容は，顧客の多様な顔ぶれにも表れている。HGST，東芝，パナソニック，グローリー，ブラザー工業，ニッタン，SMKなどの日系企業からIBM，エマーソンなどの非日系企業まで広範囲にわたっている。

従業員数は，2013年5月現在，580名で，正社員9割，パートタイマー1割の構成である。また，男女比は，男性37%，女性63%である。平均勤続年数は約9年であり，福利厚生と退職制度がある。採用は，P. IMESが直接雇用するケースと人材派遣会社との契約ベースで雇用するケースがある。社内に労働組合はないが従業員協力会（Employee Cooperative）がある。社内のコミュニケーションは英語を使用している。

従業員の教育や人材育成には，日本の親会社における訓練のため，AOTS（海外技術者研修協会）[注8]，JODC（海外貿易開発協会）のプログラムを活用すると同時に，フィリピンの現地法人間の人材交流により行っている。なお，同社の賃金は毎年3～10%の上昇に直面している。

事業インフラについては，交通渋滞や電気代が高いことが挙げられる。P. IMESの中には，停電に備えて発電機が据え付けられている。現地調達については，原材料は輸入せざるを得ないが，その品質と価格は輸入国によって異なる。

同社の現地経営の中で，情報入手は主に次のものに頼っているが，特に不足はない。それらは，フィリピン日本商工会議所，現地日本語誌「まぶはい」，マニラ日本人会会報（以上，月刊），「The Daily Manila Shinbun」（日刊），インターネット配信によるアジア経済のビジネス情報「NNA. ASIA」（日刊）

などである。

フィリピン事業はアイメスの生命線

　フィリピンでは生産設備・試験装置の設計・製造技術は，依然として顧客の求めるレベルにまでは至っておらず，進出各社は自国からの輸入した設備に頼っている。しかしながら，これでは，修理メンテおよび改造などの必要性があった場合，それを満足させるには，大きなコストを要することになり，この点がフィリピンに進出した製造業のネックとなっていた。このソリューションとして，アイメスはP. IMESに日本の技術を植え付け，現地での設備設計製造を今後伸ばしてゆくことを展望の第1に掲げている。

　また，日本企業の中には中国リスク回避の潮流もあり，フィリピンに生産移管を行っている企業も少なくなく，基板実装，プラスチック成形，金属プレスなどの部品生産に加えて，OEM製品組立の事業拡張も展望の第2に掲げている。

　P. IMESの事業の成否は，日本の親会社アイメスの生命線とも言える。かつて2,000名を擁したP. IMES従業員数が中国との熾烈なコスト競争の中で，今日，600名弱にまで縮小している。日本の親会社，アイメスの屋台骨事業とも言えるフィリピンのP. IMESの今後の事業展開と各事業の国際競争力強化が注目される。

第2章　中堅・中小企業のアジア進出事例研究

マレーシア

●金属表面処理剤で日本をリード
1. DIPSOL (M) SDN. BHD.
（ディップソールマレーシア）

はじめに

　DIPSOL (M) SDN. BHD. は，1982年にマレーシアに設立され，首都クアラルンプールから車で南西に60分のセランゴール州クアラランガットの企業団地にある金属表面処理加工会社である。親会社は，東京都中央区に本社を置く金属表面処理剤を主とする工業薬品の開発・製造・販売を行うディップソール株式会社である。

金属表面処理剤で日本をリード

　ディップソール株式会社（以下，"ディップソール"と略す）は，1953年に，五十嵐敏夫氏が高性能金属洗浄剤の製造・販売会社，東栄化学株式会社を資本金50万円で設立したのがスタートである。1965年にノーシアン亜鉛めっき光沢剤を世界に先駆けて発表し，1969年にASEAN・欧米に輸出を開始する。1968年に社名を現社名に変更し，資本金を2,500万円に増額。1978年には，中性スズおよびスズ・亜鉛合金めっき剤を発表。1984年に研究開発強化のためのテクニカルセンターを建設した。1993年には代替溶剤洗浄剤SC-52シリーズを発表するなど金属表面処理剤では日本の業界をリードしてきた。

　2013年2月末現在，ディップソールの資本金は9,800万円で，代表取締役会長兼社長は，創業者の子息で第2代社長・会長（1984年～2006年）を務めた五十嵐英郷氏の夫人（五十嵐幸子氏）である。株主は，ディップソールの持株会社である東栄産業であり，東栄産業は，創業家が株主である。株主構成から

見るとディップソールは典型的なファミリー企業である。

　売上高は，国内外のグループ全体で約100億円，海外売上高比率は40%台である。従業員数は143名である。主な事業内容は，金属表面処理剤を主とする工業薬品および関連機器の開発・製造・販売であり，具体的な製品には，亜鉛系合金めっき剤，亜鉛めっき・添加剤，電解ニッケルめっき剤，無電解ニッケルめっき剤，スズおよびスズ合金めっき剤，さび止め・変色防止剤，脱脂・洗浄剤などがある。主な用途は，自動車，電化製品，鉄道，航空機，船舶，スペースシャトルに加えて環境負荷軽減車，モバイル電子機器などであり，従来製品から先端技術商品，そして未来技術製品へ広がっている。

積極的な海外事業展開

　ディップソールの業容拡大の背景には，積極的な海外進出がある。創業30周年の1982年には，初の海外進出先としてマレーシアに後掲詳述のDIPSOL (M) SDN. BHD.を設立した。次いで1988年には，自動車産業の集積地であるミシガン州デトロイト市の郊外にアメリカ駐在員事務所を設立し，1992年には販売・技術サポートのため韓国の仁川市郊外に韓国支店を開設した。2005年には，ASEAN第2の現地法人としてタイのSamutprakrn県に製造・販売・技術サポートのためDIPSOL THAILANDを設立すると同時に，中国出張所として広東代表所を佛山市に開設した。急成長する中国の市場開拓のため，2008年には販売，技術サポートを目的に，上海市郊外に迪葡索（上海）貿易有限公司を設立した。翌年には，江蘇省無錫市の金属表面処理科技工業園区に製造会社の無錫泛達表面処理技術有限公司を設立した。2012年には，ASEAN第3の現地法人として，インドネシアの西部ジャワのカラワン県に製造・販売・技術サポートのP. T. DIPSOL INDONESIAを設立し，翌年に工場を建設した。

ディップソールマレーシアの概要

　DIPSOL (M) SDN. BHD.（以下，"ディップソールマレーシア"と略す）は，1982年に当時の社名をDIPSOL CHEMICAL (M) SDN. BHD.として設立され

た。親会社のディップソールは2013年に設立60周年を迎えたが，ディップソールマレーシアも既に設立30周年を経過している。1986年には第1工場（敷地7,900 m^2，建屋2,900 m^2）が完成し電気めっき（electroplating）の生産ラインが設置された。1988年に生産方式は手動式作業から自動化機械へグレードアップした。1990年にバードディスクドライブ（HDD）産業向けに参入，業容が拡大する中で1997年に第2工場（敷地2万 m^2，建屋5,000 m^2）を設立，1999年に ISO 9001，2002年に ISO 14001 を取得した。2004年に現社名に変更した。2006年に第2工場を拡大し無電解ニッケルめっき＋スズめっきの設備などを導入した。2010年に3つ目の排水処理工場を建設した。

　ディップソールマレーシアの払込資本金は570万リンギット（1億7,000万円）であり，株主構成は日本のディップソール72%，トヨタ自動車系部品メーカー，デンソー系の表面処理加工業のサーテックカリヤ株式会社（本社・愛知県刈谷市）21%，ディップソールの持株会社東栄産業7%である。ディップソールマレーシア設立時に，サーテックカリヤから設備を導入したが，ディップソール側の資金が十分でなかったため，サーテックカリヤに設備代金をディプソールマレーシアの株式で支払ったことが，サーテックカリヤの出資比率21%の背景にある。ディップソールマレーシア設立当初，マレーシアの外資法では，ブミプトラ政策により外資100%は認められなかった。2003年に政策変更があり，外資100%が認められた。

　ディップソールがマレーシアに進出した当初は，日本と同じやり方で金属表面処理剤の製造・販売に注力したが，うまくいかなかった。進出後3～5年経過して顧客にめっきそのもののデモンストレーションを行った結果，薬品の供給よりも，それを使っためっきそのものをやって欲しいという現地ニーズが強く，金属表面処理業へ転進した。1990年より HDD 業界の表面処理が主体となっている。当時の売上高構成は，HDD 向け50%，電気機器向け25%，自動車向け他10数%と3つの用途に集中していた。業績は1998年までは良かったが，アジア通貨危機で停滞した。2003年以降は主戦場の HDD 市場が伸びた。2012年はタイの大洪水によるタイ企業の生産遅延を応援するため，大変忙しい年となった。2013年タイの特需が無くなり，また，スマートフォンが

売れ始める一方，HDD業界およびデジタルカメラ業界向けの業績が低迷している。

従業員の採用・給与・訓練

　同社の従業員数は，正社員200名弱で，その他契約社員として，西マレーシアのサバ州，サラワク州出身者が50〜70名，同社の直接雇用の外国人労働者としてのネパール人が50〜70名の計350名である。サバ・サラワク州出身者は，マレーシアの人材派遣会社が同地区から集めてきた社員である。後者のネパール人は，直接雇い入れであるが，住居や勤務時間外の生活などの管理は人材派遣会社に委託している。日本人は4名勤務しており，その内訳は，日本本社から出向している社長1名，技術担当1名，現地採用後，本社採用に切り替った製造担当1名および現地採用1名である。現地に進出している日本企業への営業活動は，どうしても日本人スタッフが必要である。従業員の平均年齢は，近年，若手の正社員の採用がほとんどないため45歳前後と高い。

　給与レベルは，入社時には，最低賃金法の900リンギット／月であるが，試用期間を経て正社員になると1,000リンギット程度となる。マネージャークラスは，6,000〜7,000リンギット／月であり，ジェネラルマネージャーは1万リンギットである。現地人の取締役の給与水準に対して，現地採用の日本人のそれは1,000〜2,000リンギット高く逆転しているため，経営を現地化する上で課題となっている。

　従業員の採用方法は，ジョホール州にある職業訓練校「ITI」にめっき専門の学科があるため，そこから採用する。ディップソールマレーシアの管理職の大半は短大卒のレベルであり，大卒は1〜2名である。工場オペレーターは地元採用なのでなかなか辞めない上，近隣の企業の月給やボーナスの情報は筒抜けである。なお，同国では給与から「levy charge」1%が天引きされ，政府が「HRDファンド」として管理し，従業員の教育，訓練のために使われている。従業員は，退職後年金を受け取るとこができる。本人の在職中の給与天引き分11%，勤務先企業が負担した分12%の計23%がこの年金に充当される。

　年間の教育訓練には管理職を対象としたチームワークのトレーニングを外部

講師のもと受講する。一般従業員は，ISO，消防，5S委員会などに参加する。工場オペレータを年に1〜2名，日本のサーテックカリヤに3年間派遣している。長期間となるので，できるだけ独身者を派遣する。派遣者は累計で30名に上り，日本語も修得してくる。日本の工場では1年目から残業が可能なので，手取給与は月20万円を超え，かなりの蓄えを持って帰国する。

社内には，15年前に労働組合が結成されている。マレーシアでは，社内に1つの労働組合しか認められない。過去，昇給が不十分なことを理由にストライキが起こったことがある。当時，社外の化学業界関係の上部組合団体が組合側の応援に入った。会社側としては表面処理業の同社は「化学産業」に所属していない，と主張して裁判を起こして解決を図った。マレーシアでは各地に労働省管轄の「Labor office」があり，社員は不満があるとそこに駆け込むことが多い。

離職者対策は特に行っていない。若い人は給与や仕事に不満が有ると簡単に離職する。35歳を超えると近所から通勤している便利さもあり辞めなくなる。特にオフィスワーカーとマネージャークラスの離職率は低く，工場オペレータの場合は退職しても外国人労働者の雇用でカバーできる。

給与は，2013年に制定された最低賃金法により，同社が従来支払っていた630リンギットから約1.5倍の900リンギットに上昇した。これにより同社の利益の3〜4%が低下した。なお，同社の勤務体系は，製造プロセスおよび機械設備の稼動上，年間365日の24時間稼動である。従業員は，年休（annual leave）20日，有給の病気休暇（medical leave）20日，有給の入院休暇（hospitalization leave）60日，他に産休60日（maternity leave）の権利を有する。

重いインフラコストの負担

インフラについては，2014年は電気代が15〜20%アップした。これは，電気消費量の多いめっきという業態を反映して売上高の1.0〜1.5%に該当する金額である。また，2015年からGST（付加価値税）6%が導入される。この分を価格転嫁ができないとコストが上昇する。表面処理加工業にとってめっきの検査工程の機械化は難しく検査要員として人手が必要となる。マレーシア

の人件費およびインフラ費用の上昇が急激だと今後，他国へ仕事がシフトする恐れがある。

また，工場の排水処理の基準は日本以上に厳しい面があり，その安全基準も厳格である。同社には小さいボイラー2基があるが，法律ではボイラーの位置から20mの範囲内に専用ガードマンの24時間常駐が義務づけられている。2つの工場で7名のボイラー有資格者が張り付かなければならず，コスト負担も大きい。

販路開拓上，顧客は，マレーシアに進出の日本企業である。日本本社よりの紹介，自社のホームページを見た企業や日本からの紹介などが主要顧客である。今後市場開拓専門の営業マンを育てて行く事が必要となる。

資金については，無借金経営なので，親子ローンなどは設定していない。日本への投資回収について，マレーシアから配当送金を行っているが，技術援助料のロイヤルティは無い。ただし，セールスコミッションとして売上高の一定料率の支払義務があり，これはマレーシア政府に承認されている。また，税金の支払いについては，年末に一連の書類を地場の監査法人のチェックを受けた後，税務所に持っていくだけであり，税務当局とのトラブルは無い。

ディップソールマレーシアの中長期展望

ディップソールマレーシアにとって，今日の事業は岐路に立っている。1つ目は，ディップソールマレーシアの事業モデルは本社のグローバル経営から見て，薬品（金属表面処理剤）の製造販売の"実験工場"であり，薬品単体を売るだけでなく，それらを使った表面処理加工に注力した事業拡大をどのように図るかという課題である。

2つ目は，同社はマレーシアでは表面処理では最大の規模を誇る。同社から表面処理加工品を100〜200km以内で運べるところにユーザーがいる事業である。ディップソールの本社は，自動車関係に強く，自動車生産が拡大するタイとインドネシアに拠点を有する。一方，マレーシアでは，キヤノン，パナソニック，ソニーなどのエレクトロニクス業界は，事業の撤退や縮小で全体的に元気がない。同業種は，中国・韓国などの追い上げで国際競争力を低下させて

いるだけでなく，マレーシアの人件費の上昇などにより生産拠点としてのマレーシアの優位性を喪失している。期待の自動車は，地元に国営のプロトン，プルドアの2社があり，1台150万円クラスの製品を作っているが，人口2,800万人の市場を対象とするため生産規模が小さいだけでなく国営企業には外資がサプライヤーとして入り込むのは難しい。また，自動車のパーツは何千個単位の受注では採算上にのらず，タイ工場からの輸入でカバーした方が効率が良い。主戦場のHDDは将来メモリに置き換るので今後，伸びないと予想される。ディップソールマレーシアの生き残りは，防衛，医療，太陽光発電等の新分野の用途に期待せざるを得ない状況にある。

●最大の従業員数はインド系マレー人とネパール人
2. トーケンマレーシア株式会社
(Tohken (M) Sdn. Bhd.)

はじめに

　トーケンマレーシア株式会社（英文社名：Tohken (M) Sdn. Bhd.）は，マレーシアの首都クアラルンプールから南東へ40kmにあるスンビラン州のアラブ・マレイシアン工業団地にある熱処理加工会社である。親会社は，大阪市東住吉区に本社を置く熱処理加工の株式会社東研サーモテック（英文社名：Tohken Thermo Tech Co., Ltd.）である。

熱処理業界のパイオニア

　株式会社東研サーモテック（以下，"東研サーモテック"と略す）は，1939年に関西熱処理業界の草分けとして大阪市東住吉区に株式会社東洋金属熱処理研究所として創立した。その後，大阪市東住吉区の本社工場に加えて，業容拡大の中で同市生野区，大阪府寝屋川市，三重県名張市，大阪府柏原市，兵庫県小野市，大阪府富田林市，三重県三重郡に工場を次々と新設し関西地域を中心

に計9工場を構える。1991年に社名を現社名に変更する。

　一方，海外には，4工場を有する。1995年に，日本の熱処理加工メーカーとして業界初の海外進出となったタイの合弁会社タイトーケンサーモ株式会社（従業員数1,109名）を設立，次いで翌年，マレーシアに後掲詳述の合弁会社トーケンマレーシア株式会社（同116名）を設立した。なお，タイトーケンサーモは，隣接地に子会社としてトーケンサーモトレーニングセンターを設立し，タイ人スタッフへの熱処理技術教育を行っていると同時に，顧客からの熱処理技術教育の委託も引き受けている。2010年に中国の蘇州市の蘇州経済開発区に独資会社の東研（蘇州）熱処理有限公司（同45名）を，2012年にメキシコのアグアスカリエンテス州にトーケンサーモメヒカーナ（同40名）を設立した。同社の海外進出のきっかけは，いずれも日本国内での最大の顧客からの要請である。自動車メーカーのTier 1サプライヤーが，東研サーモテックの国内売上高130億円のうち2割を占めるため，重要納品先の海外進出に呼応しての進出である。

　東研サーモテックは，2014年3月現在，資本金8,800万円，従業員数759名，2013年度単独売上高130億円である。海外売上高は海外4社合計で約80億円あるが，国内との連結決算は行っていない。株主は，創業家や社内持株会が中心であり，現在の代表取締役社長の川嵜修氏が2代目社長である。同社は創業75年を超すオーナー企業である。主要な事業は，焼入れ，焼戻し，焼ならし，焼なまし，真空熱処理などの一般熱処理，浸炭，浸炭窒化，ガス窒化などの表面硬化熱処理，そして薄膜形成処理，ろう付け，ショットブラスト，ショットピーニング，熱処理設備の製造販売である。

　今日の主たる取引先は，自動車，電機，建設機械，農機具などの産業機械の4業種であり売上高の約7割が自動車関連業種である。同社は，用途が自転車，二輪車，自動車へ広がる中で，成長してきた。同社が認定・指定を受けている主要取引先には，自動車関連ではトヨタ自動車，本田技研工業，三菱自動車工業，ダイハツ工業，いすゞ自動車およびそれらのTier 1企業のデンソー，アイシン精機，ジェイテクトなどがある。また，電機関連ではパナソニック，三洋電機，東芝，日立製作所，三菱電機などがある。建設機械では，コマツ，日

立建機，コベルコクレーン，キャタピラージャパンなど，農機具では，クボタ，井関農機，ヤンマーなどがある。

熱処理技能士集団

東研サーモテックの最大の強みは，同業種の中で最多を誇る国家資格の金属熱処理技能士資格取得者数である。正社員550名に対して，合格者の技能士のレベルは特級15%，一級35%，二級30%，未取得者20%であり合計440名が取得者である。特に，特級は最高レベルの熱処理専門性を問われるだけでなく，試験の半分はマネジメント能力を問われる最難関であるが，累計85名が突破している。また，金属組織試験技能士では，一級14名，二級26名の計40名が合格している。この資格は特級区分がないので一級が最高レベルである。同社では，社員に対してこの金属熱処理技能士の取得を奨励しており，入社後3～5年の間に二級取得を目標にしている。取得者に対しては，等級レベルで資格手当を支給している。東研サーモテックへの顧客からの信頼感は，技術を支える人材づくりから生まれている。また，同社の日本のモノづくりを支えてきた幅広い熱処理技術は過去，大阪府の「大阪ものづくり優良企業賞」の受賞や経済産業省中小企業庁の「元気なモノづくり中小企業300社」，海外ではタイ国内の日本企業では初めて，経済産業省の「ものづくり日本大賞　海外部門優秀賞」の受賞につながっている。なお，タイやマレーシアなど，同社の海外進出先に国家資格としての熱処理技能資格はない。タイでは，現在，同社と地元大学が共同で国家資格制度を作るため活動中である。

トーケンマレーシアの経営概要

トーケンマレーシア株式会社（以下，"トーケンマレーシア"と略す）は，1996年，資本金500万リンギットで設立された。設立当初は，マレーシアの外資法上，外資の完全出資が認められなかったため，出資比率は，東研サーモテック90%，ローカル側10%でスタートしたが，2004年に資本金を700万リンギットに引き上げる際に，ローカル側の持株比率が7.12%となった。その後，東研サーモテックがローカル側の株式全数を譲り受け100%の株式を所有

している。主要な事業は，親会社同様，一般熱処理，表面硬化処理，薄膜形成処理である。売上高の製品構成は，自動車・オートバイ部品関係4割，電気部品関係4割，一般機械部品・半導体部品などその他2割である。

東研サーモテックの他の前掲海外3拠点（タイ・中国・メキシコ）では，自動車関連部品が売上高の8割以上を占めるのに対してマレーシアの地場の自動車生産規模が小さいため，その構成比は4割に留まる。自動車向用途が小さいことを反映して，顧客別売上高構成は，日系企業が約3割，ローカル企業約7割であり，主たるユーザーは地元の企業である。

トーケンマレーシアは，1996年に設立後，翌年，8,000 m^{2}の敷地に第1工場を完成し，連結式焼入焼戻し炉を設置した。しかし，翌年，アジア通貨危機が勃発し，同工場の一時閉鎖が決定されるが，業務を縮小し運営を継続した。その後，業績が回復し，2004年に同敷地に第2工場を建設し，PVDコーティング装置，真空焼入れ炉，ピット型浸硫窒化炉を設置する。同工場では，2006年にISO 9001，2009年にISO 14001の認証を取得した。2011年には自動車（二輪車）産業向け品質マネジメントのISO/TS 16949を，2013年に労働安全衛生のOHSAS 18001を取得した。

最大の従業員数はインド系マレー人とネパール人

トーケンマレーシアの従業員数は2013年12月現在，110名であり，男性6割弱，女性4割強である。業務別には，製造部55名（内，男性44名），品質管理部22名（内，女性20名），品質保証部3名（内，女性2名），その他営業部，業務管理部，設備管理部などである。人種別には，マレー人74％，ネパール人23％，日本人3％である。マレー人の内訳は最大がインド系46％，マレー系17％，中国系11％で，同社の立地する地域がもともとゴムからパームヤシに展開したプランテーションの盛んな地域であったためインド系住民が多く，従業員の人種構成も地域性を反映している。外国人労働者のネパール人は人材派遣会社経由で採用しており，バングラデシュ人，ベトナム人，ミャンマー人と比べると，業務指示をきちんと守るということで評判は高い。ネパール人に対しても政府の定めた最低賃金900リンギット／月以上を支払っている。

組織形態としては，トーケンタイに7年間の勤務経験のある日本人社長，樋口貴行氏の下に，マレー人取締役で日本の熱処理技能士一級取得者の何 啓文氏（2000年福井大学大学院卒，41歳）がおり，経営全般の実務を掌握している。何氏は，日本の東研サーモテックで1年8カ月の勤務経験があり，東研サーモテックの海外4工場の中で初めてのローカル社員取締役就任である。他に日本人出向者2名は技術アドバイザー役としてテクニカルマネージャーを務める。

同社の社内教育訓練には安全教育と日本語教育がある。前者は，年に1回，社外から安全の専門家を呼んで行う。後者は，1週間に1回，外部講師を呼んで行う。同社規模では社内の共通語がグローバルな共有語としての英語になりにくいため，むしろ日本語教育に注力している。日本語能力検定のN4，N5レベルに達している従業員も生まれ，会社として資格手当を支給している。また，日本研修には2003年から2008年まで合計19名が派遣され，1カ月，4カ月，6カ月の各々の研修コースを受講した。2009年のリーマン・ショックで停止をしたが2014年から再開予定である。また，社内活動では，「熱処理勉強会」と月1回開催される「5S・安全パトロール」がある。

なお，同社を取り巻く経営の中で，インフラでは，同社の入居している工業団地にはLNG（液化天然ガス）が敷設されており，ガスや電気代は日本と比べると廉価である。また，マレーシアの給与レベルは2013年の最低賃金の設定などにより上昇しているが，中国，タイ，インドネシアなどの急激な上昇率と比べれば低い。同社内には労働組合はなく，賃上げはローカルスタッフの意見を取り入れながら平和裡に決定されている。

資金調達とロイヤルティ

トーケンマレーシアの資金調達は，東研サーモテックからの親子ローンによる借入れである。トーケンマレーシアから毎月金利を日本に支払い，キャッシュフロー上，余裕が出た場合に，ローンの一部を返済する。1996年に進出後，アジア通貨危機に直面するなど深刻な経営危機も経験したが，6〜7年間は累損の解消に努め一掃した。2010年に損益分岐点に達したが，キャッシュ

フローが十分に健全になってから配当をする計画である。2013年現在では未配当である。同社のビジネスモデルでは，機械設備は親会社からの親子ローンで借り入れた資金で購入し，毎年減価償却をするが，一般メーカーと異なり，材料はユーザーからの買入れでなく無償支給であり，同社には熱処理加工賃が実質的な収入（売上高）となる。

一方，ロイヤルティ（技術援助料）は，同社と親会社間で技術援助契約が締結されており，グロスセールスへ一定の料率を乗じた金額が，年に一括で親会社に送金されている。

将来展望 —輸出拡大と経営の現地化—

トーケンマレーシアは，2013年に，8,000 m^2 の現有敷地の隣接地に約2万 m^2 の敷地を購入した。2015年には第3工場を新設する計画で，日本本社から親子ローンで借入れ，数億円の設備投資をする予定である。タイやインドネシアなどと比較して，自動車産業規模の小さいマレーシア国内市場だけを対象としていては必ずしも持続的成長性を確保できないところから，マレーシア国内ユーザーのタイ，インドネシア向輸出品の熱処理加工を積極的に受注する計画である。同時に，日本人出向者がいない経営の現地化を進めようとしている。東研サーモテックとしては，グローバル経営のもと，中国，メキシコでの売上拡大も図りながら海外4事業拠点の拡大により，2020年までには，国内，海外の売上高比率を半々の構成にすることが目標である。

第2章　中堅・中小企業のアジア進出事例研究

ベトナム

● ハイフォン市進出のパイオニア企業
1. WITCO VIETNAM LTD.

はじめに

　WITCO VIETNAM LTD. は，ベトナム北部のハイフォン市（人口190万人）にあるアパレルメーカーであり，親会社は兵庫県神戸市に本社を置くスポーツウェア・皮革バッグ・アパレル製造販売のウイトコ株式会社（英文社名 WITCO LTD.）である。ハイフォン市は，人口ではホーチミン市，首都ハノイ市に次ぐベトナム第3の都市であり，中央政府の直轄都市でもある。同市は，ハノイ市の東部約100 kmの沿岸部に位置する。

スポーツウェアなど有名メーカーのOEM生産

　ウイトコ株式会社（以下，"ウイトコ"と略す）は，1世紀以上前の1887年に創立された会社である。社名の由来はポーランド人の名前「ウイトコスキー」である。このポーランド駐日大使が妻を亡くし後妻に日本人女性を迎えた。この大使が退役後，日本に留まり貿易会社を横浜と神戸に設立した。戦前・戦中・戦後に，この貿易会社の総支配人を務め，後に神戸の会社を買収したのが現在のウイトコの中田晴久社長（58歳）の祖父である。

　ウイトコの設立年は，1989年であり，今日の主たる事業は，スポーツウェア・皮革バッグの製造，卸売，小売，およびベトナム ハイフォン市への進出企業支援コンサルタントである。前者の事業では，アシックス，ミズノ，デサントをはじめとする国内および海外の有名スポーツ企業のOEM生産を数多く手掛けている。また，自社ブランド品としてフィギュアスケーター用ウェアの

2．東南アジア編

「マリーナアイス」を持っている。氷上の子供からプロのスケーターに至るまで水に濡れない生地のウェアを生産・販売している。ニッチ市場であるが，この分野ではオリンピック選手からその候補選手までのウェアを手掛けている。ウイトコの資本金は 1,200 万円で，3 代目の現社長が株式の 60% を所有している。従業員数は国内が 7 名，海外が約 250 名である。売上高の約 7 割が海外向け，約 3 割が国内向けであり，海外売上高比率は高い。輸出先は，米国，カナダ，そしてドイツ，フランス，スウェーデンなどの欧州および中国などである。日本国内に生産拠点はない。

ハイフォン市進出のパイオニア企業

　WITCO VIETNAM LTD.（以下，"ウイトコベトナム" と略す）は，1993 年にウイトコ 100% 出資の資本金 5 万ドルでハイフォン市内レ・チャン地区に設立された。設立当時はハイフォン市には工業団地が全くなかった。ハイフォン市初の工業団地である野村ハイフォン工業団地ができたのが 1996 年である。

　ハイフォン市に進出する前は，中国広東省東莞市にある，香港企業が所有する中国地場企業にミシン，裁断機などの設備投資のみ行い，技術指導の上，生産を委託していた。この委託生産方式は 1982 年から 1995 年まで続いた。しかしながらコスト低減，品質向上，納期厳守を追求する必要性に迫られ，自社工場設立を決意し東莞市から新たな移転先を求めた。その検討過程で，候補地として出てきたのが遼寧省，吉林省などの中国北部，タイ，マレーシア，フィリピン，インドネシア，ベトナムなどであった。当時の判断は，インドネシアはイスラム国家であり，日本からの距離の遠さを懸念，マレーシアは人口が少なく将来の労働力不足を懸念，フィリピンは政情不安への心配，タイは船で物資を運ぶロジスティクス上の困難さなどがあった。

　最終的には，投資国をベトナムに決定した。具体的な場所選定で考えたのは，ホーチミン市であったが，賃金上昇を懸念，次に勤勉で良く働くと聞いた北部のハノイ市を検討した。しかし，出荷港をハイフォン港とするには，当時ハノイ市とハイフォン市の距離 100 km の国道が全線続いておらず，途中大きな河を渡る必要性があったため状況次第では運送ストップや遅れが発生するこ

145

とを懸念した。最終的には，ハノイ市を断念し，輸出入に便利な貿易港を抱えるハイフォン市に決定した。

きめ細かい福利厚生

　ウイトコベトナムは，スポーツウェアと皮革バッグの製造を行っている。月産能力は，スポーツウェアが約5万着，皮革バッグが約1,000個である。従業員数は，全員フルタイムの約250名であり従業員の多くがミシンの縫製工という理由から，男女比が，8％対92％と圧倒的に女子社員が多い。平均勤続年数が約13年と同業他社と較べて長いのは，常に最低賃金を上回る金額を支給していることや，昼食援助金，皆勤手当，ボーナスの支給，医療保険・社会保険・失業保険の完備などが挙げられる。ちなみに，同社が進出した1993年当時の月額平均給与は，約40ドル（当時の為替レートで約30万ベトナムドン）であった。2013年時点では，平均約230ドル（約460万ドン）である。雇用を確保し，高い水準の給与を提供することにより，従業員の士気を高く保ち，品質や生産性の向上を目指す経営を志向している。

　同社の従業員の採用は，新聞求人広告で行うが，圧倒的に多いのが，従業員の口コミによる縁故入社である。結果として定着率は極めて高く，半数近くが設立当初より20年間勤続している。採用後は，3カ月間，有給での実習制度があり，各部署の主任が責任を持って実習させる。縫製技術の習得のため日本研修を過去2回行っている。

　労働組合は，中央政府の外資企業に対するガイドラインに沿って1993年に結成された。法律上は，採用後3カ月の実習を終えたものは，すべて会社の労働組合に入る。会社の労働組合は，ハイフォン市労働組合に所属し，ハイフォン市労働組合は，全国組織の労働組合に属する。ただし，雇い主の企業が労働者への規則を守り不利益になるようなことがなければ問題は起こらない。労働組合自身も特にハイフォン市や全国組織の労働組合とつながっているという意識はない。労働組合には，日本人のボードメンバー以外は，工場長も管理職も全員が加盟している。同社に限らず，ハイフォン市の企業においては，労働組合の年数回の会合は懇親会であり，社内で日帰り旅行や遠足などを行ったり，

従業員の子女にノートや事務用品を配布するなど親睦団体としての要素が強い。

社内の使用言語は英語である。約10名の幹部社員には，会社が授業料を負担して英語を習得させた。日本とのコミュニケーションは，会話，電子メールとも英語が基本である。

日本人は駐在せずベトナム人女性が工場長

ウイトコベトナムの経営には日本人出向者は常駐していない。同社設立後8年間は，技術担当の日本人が常駐していたが，その後は設立時のパイオニアメンバーの一人である元縫製工のベトナム人女性が工場長として製造を管理している。中田社長が自ら毎月3日～3週間現地に滞在し，経営指導に当たっている。また，日本の社員も頻繁に現地に出張している。中田社長出張時には，生産管理，給与や各種経費支払などの経理のチェックや幹部社員との交流を行っている。また，社外活動として太い人脈を持つハイフォン市人民委員会の各部署や，進出日系企業や日本・ベトナム双方のメディアとの交流を行うことにより，いち早く自社を取り巻く経営情報の入手に努めている。

ウイトコベトナムの製品は，日本と欧米に100％輸出され，その販売はすべて日本本社が担当している。これに対応する資金の流れは，輸入される製品代金として日本本社から邦銀の神戸三宮支店経由でVIETCOMBANKハイフォン支店へインターネットバンキングで送金される。ウイトコベトナムは，VIETCOMBANKハイフォン支店にてインターネットバンキングでドルの送金を受け，ベトナムドンに交換されて自社の銀行口座に入金し，従業員の給与支払等に使われる。

インフラについては，進出して以来，交通と港湾施設のインフラが著しく改善している。停電は現在のところほとんどなく，生産に影響が出ることはない。ただし，電圧は不安定であるが，安定器を使用しているため生産上，特に大きな影響はない。万が一を考え，事務所用に小型のジェネレータを1台設置しているだけである。

また現地調達できる原材料は少ない。縫い糸，抜き型，刺繍，バックルなど

のプラスチック製品，マジックテープ，カートンボックスなどは現地調達ができるが，品質は中程度で価格は意外に高く，納期も一定しないという難点がある。

長期にわたり現地に根差した経営

　ウイトコベトナムは，2013年に創業20周年を迎えた。ハイフォン市へ進出した日系企業としては，サッカーボールを生産するモルテン（本社広島市）とともに老舗のパイオニア企業である。日系の工業団地に入居していない同社の強みは，良好な関係を築いているハイフォン市人民委員会，税関，警察署，消防署，病院から有形無形の優遇措置を享受していることが挙げられる。

　人民委員会とは，毎月幹部と会合・会食することにより密接な人間関係を構築し，また，定期的にメディアに取り上げてもらい，社員の士気やモラルを高める。税関とは，同社にコンテナを引き，出張ベースで輸出入の通関をする。警察署からは会社周辺の警備の強化をしてもらう。消防署とは，年3回の火災・避難訓練を実施する。病院とは，仕事中に具合の悪くなった社員を同社看護士付き添いで優先的に診察してもらう。また，ハイフォン市人民委員会が日本を訪問する時には，関西圏での視察・訪問先を提言・アドバイスすると同時に，兵庫県庁，神戸市役所，在神戸企業とのアポイントメントを取り，便宜を図る。

　こうした地元密着型の経営の中で，ウイトコ本社は，2014年春にハイフォン市のチャンヅエ工業団地に従業員1,000名規模の第2工場を建設予定である。年々上昇するベトナムの賃金に対抗するため，スケールメリットを享受できる大規模工場を設立することによりコストダウンを図ろうとしている。同時に，経済特区に認定されている同工業団地で法人税の優遇措置を活用する意向である。現在の第1工場は，高付加価値製品を，第2工場は量産品を生産する分業体制を取る。自社の経営資源の身の丈に合わせて小さく生んで堅実に育て，大きく飛躍するウイトコ社の今後の経営が注目される。

2. 東南アジア編

●レンタル工場活用による中小企業進出支援
2. ザ・サポートベトナム有限会社
(The Support Vietnam Co., Ltd.)

はじめに

　ザ・サポートベトナム有限会社は，ベトナムのホーチミン市から東へ約40kmにあるドンナイ省 ロンタン郡のロンドウック工業団地にある中小企業の進出を支援する会社である。親会社は，大阪府豊中市に本社を置く包装機械メーカーの富士インパルス株式会社であり，ザ・サポートベトナム有限会社設立に先行すること16年前に，富士インパルスベトナム株式会社をホーチミン市に設立している。

インパルスシーラーの国内トップメーカー

　富士インパルス株式会社（以下，"富士インパルス"と略す）は，1956年に山田哲三氏により大阪府豊中市に設立された包装機械メーカーである。2013年9月現在，資本金1,400万円，従業員100名，2012年度の連結売上高16億円である。2006年には創業50周年を迎えている。1985年に社長に就任した現社長 山田和邦氏（63歳）は，創業家の2代目社長である。主な事業は，インパルスシーラー，プリンター，塩ビ溶接機の製造販売であり，特にインパルスシーラーは，日本国内でトップメーカーの位置にある。「インパルス」とは，衝撃・推進力・瞬間力，衝動の意であり，「シーラー」とは加圧状態で加熱・冷却を行う方式名である。主な用途は，食品，医療・医薬品，精密機器，電気・半導体関連業界である。

　同社の製造拠点は，国内には大阪府豊中市の本社工場，徳島県三好郡東みよし町に三好工場，愛知県岩倉市に名古屋工場がある。海外には，中国に1995年設立の北京富士音派路思机電有限公司と2002年設立の連雲港富士包装機械有限公司があり，両社ともインパルスシーラーを生産，販売している。その

149

後，連雲港事業は閉鎖し青島に移転している。進出動機は，いずれも中国市場を対象とした生産コスト削減による製品の価格競争力の強化である。中国に設立当時，山田社長が考えたのは，「中国の市場は大きいので，将来中国に自社の最大の競争相手ができるであろう。市場規模と企業規模が比例すると考えれば，同じ土俵に上がっておく必要があり，中国で作って中国で売るために両社を設立した」ということである。

ベトナム人社長による日本的経営

　富士インパルスベトナム株式会社（以下，"ベトナム富士"と略す）は，1996年12月に富士インパルスによりホーチミン市のリンチュン輸出加工区（EPZ）に設立された。資本金は，200万ドルで富士インパルスが100%出資している。敷地は8,190 m^2（約2,500坪）で25年レンタルの契約である。その後，土地使用権50年間の残りの期間も取得している。

　会社設立の背景は，1990年当時，日本の業績が毎年10%程度順調に伸び，生産力増強の必要性があった。国内工場を増設するという選択肢もあったが，最終的にはベトナムの輸出加工区に工場を作ることを決断した。事業内容は，包装機のインパルスシーラーの製造および，板金加工，粉体塗装，ダイキャスト加工などである。製品の90%は日本向けに輸出されている。ベトナムでは汎用製品と安定した製品を作り，日本では特注品，小ロット品，開発商品を作るという分業体制を敷いている。

　1997年の設立時に，核となる人材として名門，ホーチミン工科大学の卒業生5名を採用した。同社は会社立上げ当時は，日本からの出向者が社長を務めたが，2009年11月より上記の5名のパイオニアメンバーの一人であるヒュン・キム・コア氏（39歳）が社長となり，他の1名が副社長を務めている。今日，日本人がゼロのすべてベトナム人による経営を行っている。2010年の売上高は約150万ドルであり，1997年12月の操業開始3年後から2013年の今日まで2桁の経常利益率を計上している。同社の従業員数は75名であり，平均勤続年数は6〜7年である。最近では，若い社員は少しでも給与の高い会社に転職する傾向があり，定着率を維持する努力が必要となっている。

ベトナムでは，法律上，従業員が10名以上になると労働組合を組織化しなければならないので，同社内にも結成されている。労働組合員は，社長以外の全従業員であり，社長の右腕の部長職が委員長を務めている。結成以来，ストライキなどのトラブルは起ったことがなく，従業員には自分達が長年勤務している会社を良くしたいという意識が強く働いている。日々の経営の中で従業員の顔をしっかり見ていれば労働組合側から経営側に文句は出ないという。

　従業員の採用は，工場の前の掲示板に募集広告を貼り出すこともあるが，基本的にはローカルの人材紹介会社を経由して採用している。従業員の教育では，ローカルの日本語学校の「HIKARIアカデミー」を活用して班長などを対象に日本語教育を行う。また，日本のHIDA（一般財団法人　海外産業人材育成協会）の制度を活用して社員を日本に派遣し大阪市にある関西研修センターで受講させている。また，日本の3カ月の短期ビザを取得し，2週間ないし1カ月間，日本に出張ベースで富士インパルスやダイキャスト会社で技能研修を受講させている。

　社内は，若い経営者であるコア社長以下，元気が良く改善意識が強い。その例の1つが5S（整理，整頓，清掃，清潔，躾）の実践で日本以上に徹底しており，逆に日本の同社徳島工場からベトナムに5Sの見学に行ったほどである。初代日本人社長の心を受けついだ経営が2代目のベトナム人のコア社長により実践されており，ベトナムに日本の工場が再現されている。

　停電はホーチミン市内では起こるが，同社の入居している輸出加工区では電気が確保されているため停電はない。現地の情報入手については，コア社長がベトナム人ではあるが，ホーチミンの日本人会のメンバーになっているため，他の日系企業の人事・労務情報の交換はできている。社内組織に「営業部門」があり，ベトナム国内市場向けにインパルスシーラーの販売を開始した。ただし，ベトナムのGDP（国内総生産）は，約18兆円で，日本の福岡県のGDP規模であり，同社製品にとって対象市場はまだ小さい。資金調達に関しては，会社設立初期は，銀行から親子ローンで資金を借りたが，現在ではある程度社内に内部留保ができているため，その範囲内での投資を行っている。決算報告書をヘプザ（HEPZA：ホーチミン市工業団地管理委員会）に見てもらった後，

日本へは配当送金を行っている。日本へのロイヤルティ支払はないが，今後，検討予定である。

　現地税務当局への対応については特に問題はない。同社の経理部門はしっかりしており，決算時にローカルの監査法人から監査を受け，決算報告書を作成している。ただし，不透明な行政手続きの中で，就業規則を関係当局へ届け出る場合，届出先や担当者によって対応が異なる。ベトナムは法体系が必ずしも完備されていないので，やり方や書類の体系が異なることがある。

　工業団地に入っているメリットは，EPZなので保税区になっていることである。工業団地の外の一般土地に入居すると土地代は安いが，当局との各種手続きが面倒なことや工場に泥棒が入るなどセキュリティ上の問題が発生する。

　人材確保には，良い現地コンサルティング会社を使うべきである。大学の新卒採用であれば，直接大学に募集をかけることができる。ホーチミン市には，高等職業訓練短期大学があり，その中の機械加工コースに，川崎市の「川崎マイスター」が支援する日本コースがあって，そこの卒業生を紹介してもらう。来年はそこから100名を超す卒業生がでるが，後述の「ザ・サポート」プロジェクトの仲間企業へ紹介予定である。ホーチミン工科大学の卒業生は優秀だが，今日，日本の中小企業のベトナム工場にはなかなか来てくれない。従業員には，個人としての夢と会社の目指す方向・目標の両方が共有化されることが必要であり，ここに従業員のプライドやチャレンジ精神が生まれる。

ロンドウック工業団地のレンタル工場

　ザ・サポートベトナム有限会社（以下，"ザ・サポートベトナム"と略す）は，2013年4月にドンナイ省工業団地管理委員会（DIZA）の認可のもと，同年7月にベトナム政府より法人設立のライセンスを取得し，ロンドウック工業団地に設立された。同社は，富士インパルスが100％出資で日本に設立したザ・サポート株式会社の子会社である。

　ロンドウック工業団地は，日本側出資88％（双日50.2％，大和ハウス工業39.9％，神鋼環境ソリューション9.9％），ベトナム側出資12％（国営食糧公社ドナフード1社）の合弁で設立されたロンドウック投資会社により開発され

た。総開発面積 270 ha（約 82 万坪），分譲面積 200 ha（約 61 万坪）でレンタル標準工場総面積は第一期 9,644 m² というものである。レンタル工場は，第1棟 5,056 m² と第2棟 4,608 m² の2棟から成り立っている。

レンタル工場 9,644 m² の内訳は，敷地面積により4タイプに分かれている。Aタイプ（512 m²）6区画，Bタイプ（768 m²）2区画，Cタイプ（960 m²）1区画，Dタイプ（1,024 m²）4区画であり，4,594 m² の配送センター（倉庫）が隣接している。ザ・サポートベトナムは，この中のDタイプ1区画を活用して中小モノづくり企業の共同進出と集積を推進することを目論んでいる。そのためには，中小企業にとっては煩雑な進出手続きや通訳，オペレータの採用，雇用契約などの作成，決算や通関，材料調達先の確保などを入居企業から委託されて行う。

なお，2013年9月時点でレンタル工場の月額コストは，1,000 m² の区画で 5.5 ドル / m²，750 m² で 5.7 ドル，500 m² で 5.9 ドルである。2013年現在，土地使用権は 44 年間の残存期間があるが，これ以降は，現行法では定められておらず，国会で審議もされていない。

中小企業による中小企業の共同進出を支援する会社

ザ・サポートベトナムの事業計画は，同社の山田和邦社長によればロンドウック工業団地のレンタル工場に，「日本の中小モノづくり企業を集結し，日本仕様のモノづくりを実現していく」というものである。具体的には鍛造，プレス加工，鋳造，ダイカスト，機械・切削加工，熱処理，表面処理，金型，プラスチック・ゴム加工，板金，鋼材加工などの部品製造業を中心とした企業集積を目指している。

そのためには，1）ベトナムに進出したモノづくり企業の業務支援，2）100 m² からの小規模区画レンタル工場の運営，3）日本企業向け人材育成の3つの事業を行いながら「モノづくりネットワーク」に参画する中小企業に支援をするというものである。特に，100 m² の小区画へのこだわりは，日本から中小の町工場がベトナムに進出しやすくするには，レンタル料，電気 ガス，水道，給与支払などの事業経費を年間数百万円に押える必要があると判断して

いるからである。一種の「インキュベーションファクトリー」である。

　2013年9月現在，この「モノづくりネットワーク」の第1陣として，関西各地から14社が加盟している。それらは，富士インパルスの100％出資会社である富士インパルスロンドウック有限会社（本社大阪府豊中市，包装機械製造業），太陽刷子ベトナム有限会社（兵庫県神戸市，歯ブラシ・歯間ブラシ製造業），キムラシール（兵庫県宝塚市，包装機器製造業），辻鐵工（大阪府泉南郡，精密部品機械加工），上原精工（大阪府豊中市，機械加工・部品製造業），八木金属（大阪府大阪市，金属プレス部品製造業），アサノ建材（兵庫県尼崎市，建材加工業），丸平精研（大阪府東大阪市，金属研削加工業），香川ダイカスト工業所（兵庫県尼崎市，アルミニウム・同合金ダイカスト製造業），進功ブラスト（大阪府東大阪市，表面処理業）などである。その後，フクオカラシ（福井県鯖江市，金属加工業など），日成化学鍍金（兵庫県尼崎市，鍍金・表面処理業）が加盟している。2014年3月現在，上記の中で5社がロンドウック工業団地に進出を決定，2社が進出を準備中，その他の企業は継続して進出を検討中である。

　なお，同レンタル工場でザ・サポートベトナムが運営する対象は，建屋面積1,024 m^2（32 m × 32 m）に入居する約100 m^{2}区画の工場6つと同社の事務所である。同事務所にはN2レベルの日本語を話せる大卒スタッフ2名（男女各1名）が常駐し入居希望企業への説明や入居済企業への各種サポートを行う。ザ・サポートベトナムは，前掲のベトナム富士とは資本的に直接関係はないが，日本の親会社が同じであることから，ベトナムでの操業16年の歴史を持つ兄弟会社のベトナム富士から各種応援を受けている。

　ザ・サポートベトナムの目指す中小モノづくり企業の集積は，日本においては存続が難しくなっているモノづくりをベトナムで継承・発展させていくと同時に，図2-6が示すとおり，ベトナムにおける裾野産業の育成にも大いに貢献できるとしている。

2. 東南アジア編

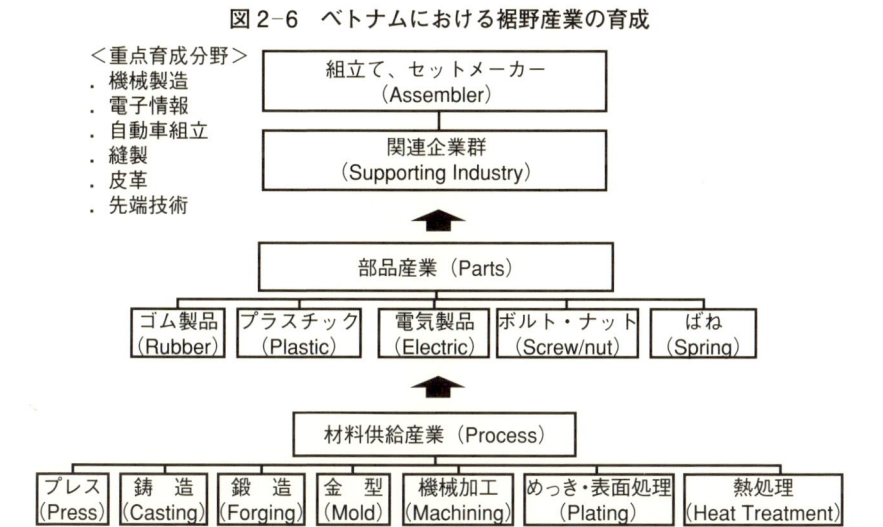

図2-6　ベトナムにおける裾野産業の育成

<重点育成分野>
． 機械製造
． 電子情報
． 自動車組立
． 縫製
． 皮革
． 先端技術

```
                組立て、セットメーカー
                    （Assembler）
                         ↑
                    関連企業群
                （Supporting Industry）
                         ↑
                    部品産業（Parts）
    ┌──────┬──────┬──────┬──────┬──────┐
 ゴム製品  プラスチック  電気製品  ボルト・ナット  ばね
 (Rubber)  (Plastic)   (Electric) (Screw/nut)  (Spring)
                         ↑
                材料供給産業（Process）
 ┌─────┬─────┬─────┬─────┬─────┬──────────┬──────────┐
 プレス   鋳造    鍛造    金型    機械加工   めっき・表面処理   熱処理
 (Press) (Casting)(Forging)(Mold) (Machining) (Plating)    (Heat Treatment)
```

出所：ザ・サポートベトナム有限会社

155

第2章　中堅・中小企業のアジア進出事例研究

ミャンマー

●インドシナ3カ国で医療用縫合針を分業

1. マニーヤンゴン株式会社
(MANI YANGON LIMITED)

はじめに

　マニーヤンゴン株式会社（MANI YANGON LIMITED）は，1999年10月にミャンマーの首都ヤンゴン市（当時）郊外に設立された手術用縫合針や歯科用根管治療機器のメーカーである。親会社は，栃木県宇都宮市に本社を置き世界の医療機関にハイテクの医療機器を供給するメーカー，マニー株式会社（MANI INC.）のベトナム子会社，MANI HANOI CO., LTD. である。

創業半世紀を超える医療用縫合針の老舗

　マニー株式会社（以下，"マニー"と略す）は，1956年に松谷正雄氏が個人でアイド縫合針（surgical eyed needles）を研究し，三松精機の協力を得て製造販売を開始した。1959年，資本金100万円の株式会社に改組して設立された。1961年，世界で初めて18－8ステンレス縫合針の製造に成功している。

　2013年8月末現在，資本金9億8,800万円，連結売上高93億4,200万円，連結営業利益は32億2,000万円，従業員数は単独324名，連結2,621名である。事業内容は，手術用縫合針，各種手術機器，歯科治療機器および眼科治療機器の開発・製造・販売である。本社並びに本社工場は栃木県宇都宮市の清原工業団地にあり，さらにもう1つの工場は同県の塩谷郡高根沢町にある。

　同社は，図2-7が示すとおり，高成長・高収益事業のもと着実な事業発展を遂げ，2001年に株式をジャスダック証券取引所に店頭公開し，その10年後の2011年には東京証券取引所第二部に，そして2012年8月に第一部に上場し

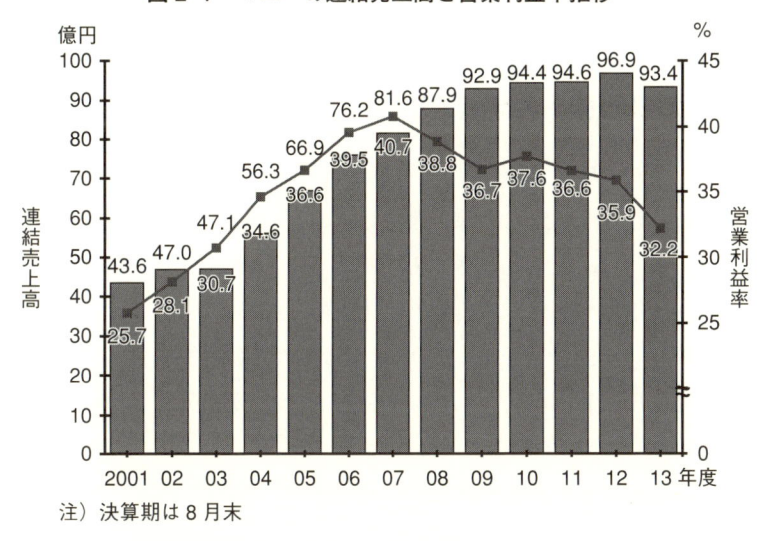

図 2-7 マニーの連結売上高と営業利益率推移

注）決算期は 8 月末

出所：マニーの有価証券報告書 各年度版より筆者作成

た。

マニーは設立後 50 年を超える先端技術の研究開発と業容拡大の中で，中小企業庁長官賞，科学技術庁長官賞，特許庁長官賞，中小企業研究センター賞など数多くの賞を受賞している。2008 年には製品，プロセス，経営手法においてイノベーションを起こす卓越した企業に与えられる第 8 回ポーター賞を中堅・中小企業の部で受賞している。

同社は，毎年，売上高の 6 ～ 8% を研究開発費に投入し，多数の特許を保有している。そして独創的微細加工技術や独自の管理システムを生み出している。

また，同社の事業は国内に留まらず，1980 年には輸出部門を新設し，歯科用リーマ・ファイルの輸出を開始した。2011 年現在，マニーの手術用縫合針は，日本の生産量の 72% 以上，日本からの輸出の 90% 以上のシェアを占めている。また，歯科用リーマ・ファイルでは，世界市場の 35% 以上を占めている。同社の製品は世界 120 カ国以上の医療現場で使用されている。ちなみに，同社の 2013 年 8 月期の連結売上高 93 億 4,200 万円の地域別構成比は，日本

37.7%，アジア25.9%，欧州19.5%，北米8.3%，その他地域8.6%であり，海外市場が主戦場となっている。

インドシナ3カ国への事業進出経緯

　マニーは，ベトナム，ミャンマー，ラオスのインドシナ半島3カ国に生産進出を果たしている。いずれの海外現地法人も経営のやり易さから最終的には100%出資の完全子会社として運営している。

　まず，1996年にベトナムの首都ハノイ市に政府系企業との合弁会社MANI-MEINFA CO., LTD.を設立し，2003年，同社の工場増築を完了している。このベトナム進出の背景には，同社の海外売上高比率が上昇している中で，品質の確保と製造コストの低減を目的としたことが挙げられる。

　1999年にミャンマーの首都ヤンゴン市（当時）に，カントリーリスクの分散と品質の確保，製造コストの低減を目的として，ベトナム現地法人の子会社として後述のMANI YANGON LTD.（現MANI HANOI CO., LTD.の100%子会社）を設立した。

　また，2003年，同じくハノイ市にMANI HANOI CO., LTD.（日本のマニー100%出資）を設立し，翌2004年，工場が完成し稼動を開始した。同社は，資本金3,999万米ドル，従業員数1,899名（2013年8月末現在）でサージカル製品，アイレス縫合針，デジタル製品の加工を行っている。2009年に前述の合弁会社MANI-MEINFA CO., LTD.を新規投資などの決断のスピードを上げるためMANI HANOI CO., LTD.に吸収合併した。したがって，同社は現在，旧MANI-MEINFA CO., LTD.のフーエン工場とソンコン工場の2カ所を有する。

　2009年，ラオスの首都ヴィエンチャンにMANI VIENTIANE CO., LTD.（MANI HANOI CO., LTD.の100%子会社，現MANI VIENTIANE SOLE CO., LTD.）を設立した。資本金300万ドル，従業員数60名（2013年8月末現在）で歯科用根管治療機器（リーマ・ファイル）の加工を行っている。ラオス進出の背景には，ミャンマー進出当時，社会不安が付きまとい，不測の事態が起こった時にはミャンマーから出荷がストップするといった懸念があり，も

う1つの生産拠点の確保が必要であった。

　2010年，ハノイ市に販売会社のMANI MEDICAL HANOI CO., LTD.（日本のマニー100%出資）を設立した。資本金30万ドル，従業員数4名（2013年8月末現在）で，ベトナムを含むインドシナ3カ国などでのマニー製品の販売を行っている。

　さらに2012年9月にはインドシナ半島から中国に進出した。首都北京市にMANI MEDICAL BEIJING CO., LTD.（中国名：馬尼（北京）貿易有限公司，日本のマニー100%出資）を設立した。資本金700万元，従業員5名で，主たる業務は，中国でのマニー製品のマーケティング支援およびその他の同社の業務請負である。

マニーヤンゴンの会社設立経緯

　マニーヤンゴン株式会社（以下"マニーヤンゴン"と略す）は，1999年10月にミャンマー市郊外のモービイタウン（Hmawbi Township）に設立された。資本金200万ドル，従業員数323名（2013年8月末現在）で，アイド縫合針，針糸付縫合針，歯科用根管治療機器の加工を行っている。ミャンマー進出した日系企業としては，創業13年の歴史を持つパイオニア企業の1つである。同社の工場稼動までの経緯は次のとおりである。

　1998年9月に，日本のマニー本社からミャンマー投資委員会（MIC）を訪問し，進出を検討した。翌年8月，投資委員会に会社設立を申請した。同年9月に国家計画・経済開発省から設立許可を取得し，同10月に工業省から土地リース契約および100%外資による投資契約を締結すると同時に，貿易省から輸出・輸入登録証の発行を受けた。同11月，工場建設に着工した。2000年5月，外資評価委員会（FCEC）に対して機械輸入の申請を行った。同10月，日本に派遣していたミャンマー人研修生が帰国後，日本のマニー本社から同社に機械が到着し，同12月機械のテストが完了し，事業開始となった。

労務問題と勤務体系

　マニーヤンゴンの従業員数は，スタート時は60名で，その後，労務問題な

どにより生産立ち上げに苦労したが，2012年8月末現在，344名の業容となった。日本とミャンマーでは文化，生活習慣，宗教観などが異なることから労務問題が起きる。例えば，ミャンマーの習慣では，工場で最初に機械を稼動させる時には，自分たちが安全に作業できるように塩を機械の上に盛るが，日本人から見ると機械がさびて将来壊れる原因となることを恐れる。また，ミャンマーでは仏教の儀式を重要視する。同社の食堂の中に仏教の祭壇があり，食事後そこで瞑想できる場所がある。必ず年に一度，雨期明けにお坊さんを呼んでお祈りをささげてもらう儀式があり，その後，全社員がお坊さんの説教を聞くというのも会社の行事の1つである。

工場の稼動は土曜日もあるが割増し手当はない。ただし，休日出勤の場合は手当が出る。国の祝日・休日はベトナムと比べて多く，また，仏教行事と軍隊関係の祭日が多いのもミャンマーの特徴である。

勤務体系は3交代制を取っており，朝7時から午後3時，午後3時から午後11時，午後11時から翌朝7時 で回している。交代制勤務のローテーションは，現場のリーダーたちが割り振りを調整しながら決定する。日本からの出向者は社長一人で，月・水・金の週3日は会社に泊まり，緊急時にすぐに対応できる態勢で臨んでいる。

従業員の有給休暇は，アーンドリーブ（一般の有給休暇）10日，キャジュアルリーブ（冠婚葬祭などの特別休暇）6日，メディカルリーブ（長期病気治療のための病気休暇）30日の3種類がある。

従業員の採用と人材育成

同社の従業員の新規採用では，手先の器用さを見る実技テストを行わず，一般常識，数学といった試験問題を課す。このテストを通過した候補者を各リーダーが，あらかじめ，採用予定者数を頭に入れながら面接をして判断する。その上で健康診断を受けてもらい，その結果をもって入社の合否を最終決定する。同社では人事の専門家（女性）を置いている。

社内での会話は，日本人社長とリーダーたちの間は日本語で行っている。日本語ができない人には，週2回日本語のできるミャンマー人の先生に会社に来

てもらい，文法から基礎会話まで教えてもらっている。

　従業員の人材育成は，日本語研修の他に，5S（整理・整頓・清掃・清潔・躾），各階層別研修を行い，こうした研修の際に会社の考え方や会社の方向について伝えている。また，事務所を含むリーダー12名から成るリーダーミーティングやマネジメント委員会を月1回実施している。

CMPビジネスモデル

　マニーヤンゴンのビジネスモデルは，ミャンマーで通常CMP（Cutting, Making, Packing）と呼ばれる委託加工貿易である。原材料は無税で輸入される。消耗品などについては，輸入申請を出して許可を受け，LC（Letter of Credit：信用状）を指定銀行で開設し円建てで決済する。同社で半完成品まで仕上げ，その7～8割をベトナムへ，2～3割を日本へ輸出して仕上げ加工を行い完成品とし，そこからエンドユーザーに輸出する。

　このCMPというビジネスモデルでは，同社が対価としてドル建てで委託加工賃（CMP Charge）を受け取る。具体的には，同社が毎月の売上高の2カ月分を前受金として日本から送金してもらい，その精算を四半期ごとに行って，会計報告をする。会計監査は，地元ヤンゴン市の会計事務所に依頼をする。

　政府のレベニューオフィス（税務署）に対しては，毎年6月に決算報告書を提出する。日本からの送金額が，例えば，100万ドルあれば，送金時に10%が税金相当分（CMP税）として徴収され，同社の銀行口座に90万ドル入金される。実際の売上高や決算報告書をレベニューオフィスに報告し，それを確認してもらい，過払いや過不足を調整して精算をする。

ミャンマー・ラオス・ベトナム拠点の新たな役割

　縫製業では，タイ・ミャンマー・ラオス間の分業やミャンマー・ラオス・カンボジア間の分業などインドシナ半島諸国間の国際分業を行っているケースがあるが，手術用縫合針でミャンマー，ラオス，ベトナムに各々生産拠点を持って分業するケースは珍しい。

　特に，マニーの事例では，ミャンマー（人口6,000万人）とラオス（同600

万人）間は，ハイエンド，ローエンド製品という垂直的な分業ではなく，生産計画上の割り振りの中での水平的な分業である。両国の賃金水準と従業員の確保の容易さなどが各々の生産割振りの鍵となっている。マニーヤンゴンが当時，工業団地に入居せずに，独自の調査の結果，敢えて郊外の土地を選んだのは労働者の取り合いやそれに伴う賃金上昇を避けるためである。同社は，ラオスでも同様のコンセプトで郊外に現地法人を設立している。なお，マニーヤンゴンでは5,000 m^{2}の現有土地内での増設や，将来の事業拡大のための新たな土地を確保する計画を持っている。

　ミャンマーでは，労働集約型業種の縫製や製靴の進出が多いが，ハイテクの針である手術用の縫合針という金属加工を行っている外資系企業は少ない。同社近くにドイツ系のシリンジ（注射針）メーカーが政府系企業と合弁で事業を行っている。縫合針の加工では全数検査をするが，機械ではうまくチェックできないことから，人手を掛けてチェックする。しかも多品種少量生産となるため，どうしても人海戦術とならざるを得ない。

　マニーは日本からの生産工程移管による生産規模の拡大，並びに品質の向上と原価低減を狙ってハノイ工場を増設してきた。マニーの2013年8月期の連結の有形固定資産72億円の半分以上をアジアの生産拠点が占め，アジアの9割強がベトナムに集中している。同社は，ミャンマーの民主化の進展を確認したことから，ベトナム生産拠点の一極集中を回避するためマニーヤンゴンの増築と生産能力増強を計画してきた。また，ラオスでは生産品目の追加と従業員の定着化と品質の安定化に注力してきた。国内工場の既存製品の海外への工程移管と新製品の量産準備の中でインドシナの3工場は新たな役割を担うことになる。

2. 東南アジア編

● IT 業界初のミャンマー進出に挑戦

2. 株式会社ミャンマー DCR
(Myanmar DCR Co., Ltd.)

はじめに

　株式会社ミャンマー DCR は，ミャンマー最大の経済都市ヤンゴン市に 2008 年 7 月に設立されたミャンマー唯一（2012 年 2 月現在）の日系独資 100％ の IT 企業である。親会社は愛知県名古屋市に本社を置く中堅 IT 企業である株式会社第一コンピュータリソースである。

独立系の中堅 IT 企業

　株式会社第一コンピュータリソース（以下，"DCR"と略す）は，国内子会社 4 社，海外子会社 3 社を持ち，グループ全体の社員数 1,400 名を有する独立系の中堅 IT 企業である。1969 年（昭和 44 年）に名古屋市に第一計算株式会社として設立され，設立後 40 周年の歴史を刻んでいる。1974 年に現社名に商号が変更された。1983 年に名古屋中小企業投資育成会社より出資を受け入れ，以降も業容を拡大した。1989 年に資本金を 1 億円に，さらに 1997 年に現在の 2 億 7,900 万円に増資をした。

　主たる事業は，コンサルティングサービス，ソリューション事業，システムインテグレーション，運用保守，オラクル Database サービス，オラクル運用保守，オラクル研修サービス，自社オリジナルソフト製品開発，ハード / ソフト販売である。

　主要取引先は，トヨタ自動車，豊田織機，トヨタ車体，デンソー，アイシン精機などのトヨタグループを筆頭に，日立製作所グループ，神戸製鋼，日本 IBM，日本オラクルなど製造業から娯楽産業まで広範な業種をカバーしている。

　2000 年代に入ると国内での業容拡大に加えて，海外への事業展開を図って

いる。2002年には中国 北京市にオフショア開発拠点として北京迪禧瑞計算机科技有限公司を，2008年にミャンマー ヤンゴン市にMyanmar DCRを，2010年にタイ バンコク市にTHAI DCRをそれぞれ設立した。

ミャンマーDCRの会社概要

株式会社ミャンマーDCR（以下，"ミャンマーDCR"と略す）は，2008年7月にヤンゴン市（2010年当時，人口434万人）に設立され，そのオフィスを同市内のユザナタワーの中に構える。資本金5万6,000ドルで，従業員は2013年12月現在，日本人5名，現地人193名の計198名である。2013年8月に同市内中心部のボーソーンパットコンドに新社屋を設けて，2拠点体制で営業している。

主な事業は，一般的な"オフショア開発"（グローバルデリバリー），特定の企業向けの専任の開発要員として社員を確保する"ラボラトリー開発"，日本へのシステムエンジニア・プログラマーの派遣，主に日系企業向けのウェブサイト構築などのウェブ関連ビジネス，データエントリーや間取図作成などの大量生産が必要な業務の代行BTO（Business Transformation Outsourcing）などである。

日本人マネージャー4名，ミャンマー人マネージャー5名のもとに，各Projectチームが構成され，それぞれのチームにリーダー，サブリーダーが配置されているが，このチーム構成はProject単位で柔軟に構成変更され，会社全体で1チームとして動けるように組織されている。

また，日本へのミャンマー人従業員の派遣に関しては，2013年12月現在，名古屋に13名，東京に15名，大阪に3名の計31名を派遣中であるが，人材派遣業務を主としているわけではなくProjectベースでの短期派遣を主として行っている。日本とミャンマー間を行き来することにより，派遣された社員のスキルアップだけでなく，ミャンマーに戻った際にリーダーとしてスキルの横展開・情報共有を実施することで，ミャンマーにいる社員へのレベルアップを行うことを大きな目的としている。

ミャンマーへの進出動機

　日本のDCR本社で，アジアにおける新たな開発拠点を計画する際に，アジア各国を調査し比較検討を行った。特に中国一辺倒という開発拠点ではなく「チャイナ プラス ワン」という観点からASEAN各国を対象に調べたが，一番重要視したのは日本に対する国民感情，日本語熱，人口の多さであった。優秀な開発メンバーをそろえるには，6,000万人という人口のパイが大きい国の方が集めやすい。日本に敵愾心のある国では中長期的に事業がうまくいかないため，日本および日本人を信用しており，日本製品や日本そのものに好印象を持ち，日本に対して憧れが強い国という視点から選ぶと選択肢にミャンマーが残った。ベトナムも有力候補国ではあったが，既に多くの大企業が進出しており，後発の中堅中小企業が進出してもアドバンテージを確保することが難しいと判断して，ミャンマーを選んだ。

　ミャンマーは，縫製業などが主たる製造業で，ミャンマー人は細かい作業が非常に得意でかつ地味な仕事をコツコツ行う。社内検討段階では，IT産業でもこの国民性を期待したものの，参入するにはミャンマーという国の経済発展状況から時期尚早ではないかという意見や，電気，ネット環境などのインフラは他国と比べて劣位にあるという意見もあった。しかし，競合他社がおらず先行するメリットの大きさを優先して，最終的にミャンマー進出を決断した。

業界初のミャンマー進出のアドバンテージ

　ミャンマーDCRは，ミャンマーに一番早く進出した日系独資のIT企業である。ミャンマーの急速な経済発展と外資への開放政策の中で，今後は日本から同業他社の参入が予想される。同社の早期進出のアドバンテージは4点ある。

　1つ目は，競合他社がいないために非常に優秀な人材が採用できることである。ミャンマーではIT関係を学んだ大学卒の就職先が不足していることと，IT産業が新卒学生の人気業種になっていることである。ミャンマー全土のコンピュータ系大学13校の在籍学生数は6,000人と推定され，その約半分がヤ

ンゴン市内にいる。就職率は約30%で，しかも既存のIT企業は業界経験者の採用が主体で，大学新卒の多くはIT以外の職種に就職せざるを得ないのが実情である。

2つ目は，ASEAN各国と比べても人件費が安いことから開発費の面で圧倒的な価格競争力を見込めることである。

3つ目は，英語と日本語の対応を可能にするミャンマー人の語学能力である。同社では就業体験の無い大学生を新入社員として採用している。語学能力で言えば，大学卒のミャンマー人は非常に英語が得意である。英国が長期にわたりミャンマーの旧宗主国であったことも歴史的な背景にある。さらに日本語とミャンマー語の文法が同じことから，比較的短期間に日本語を習得できることが挙げられる。学生たちは入社内定後，同社の費用で卒業までの3～6カ月間，日本語学校に通学し，入社までに日本語の基礎を学ぶ。

日本語を母語としない人を対象とする日本語能力試験は，日本やアジア各国では年2回実施されるが，ミャンマーでは年1回である。資格は1級（N1）から5級（N5）まで5ランクある。ミャンマーDCRでは入社直後の新入社員を除くと，日本の高校生レベルと言われるN2以上の取得者が55%，日本の大学受験も可能な最上位レベルのN1取得者も7%おり，ほぼ全員がN3レベルまで取得している。同社の場合，朝礼，会議などの社内用語はすべて日本語でなされる。その理由として，同社の仕事は日本からの仕事がほぼすべてであり，日本語の仕様書が読め，顧客とコミュニケーションが取れないと仕事にならない。顧客との間の電子メールやスカイプ会話もすべて日本語であり，社内共通語は日本語である。

4つ目のアドバンテージは，日本，北京，タイのDCRグループの経営資源を生かしてシナジー効果（相乗効果）を発揮できることである。

顧客はほぼ100%日本企業

ミャンマーDCRが受注する顧客は，ほとんどが日本企業である。日本の他に中国やタイなどからも受注はあるが，いずれも発注元は日本企業であり，商流としてはすべて日本の親会社を経由している。顧客である日本企業との商流

を結ぶのは，あくまでも親会社である DCR であり，DCR からミャンマー DCR へ開発依頼（発注）が行われる形となる。

　オフショア開発を行う際によくデメリットに挙げられるケースして，スキル不足が理由で要求品質を満たせないとか，納期を守れないいわゆる「お手上げ」という，顧客が最も問題視する点を解消するのが，親会社経由の商流である。たとえ，どのようなトラブルが発生したとしても，必ず商流締結元である DCR が品質・納期を担保するという戦略を取っている。このため，顧客にとっては日本企業に出す感覚で開発依頼を行うことができる点，なおかつ，オフショア開発の利点である低価格を実現できる点，という通常相反する事象を両立できるという大きなメリットを享受でき，それが大きな満足感・信頼感につながっている。

　ミャンマー DCR は，日本の開発プロジェクトの中で，上流工程は日本で，製造工程はミャンマーで行うといった国際開発分業の中に位置付けられる。日本の開発部隊の一部が場所は違うものの，ミャンマーという土地で開発しているというやり方である。したがって，日本の DCR の経営視点から見れば，製造工程の開発経費をミャンマーの廉価で優秀な若い人材でいかに抑えられるかが重要となる。また，ミャンマー DCR の仕事がすべて日本語でなされるというのは，一連の社内の業務プロセスや顧客対応上も自然の流れであろう。

ミャンマー DCR の経営概況

　ミャンマー DCR の稼動日は，月曜日から金曜日までであり，土曜日，日曜日は完全休日である。勤務時間は午前 8 時から午後 5 時までで昼休み休憩が 1 時間あるので実働 8 時間である。日本とミャンマーの時差が 2 時間半あるので，同社の始業開始時刻の午前 8 時は日本では午前 10 時半である。

　顧客の納期は絶対的な遵守事項なので，時と場合によっては夜遅くまでの残業が発生する。ただし，同社の従業員の約 9 割が女性であることと，ミャンマーの一般家庭の認識は，若い女性の深夜労働には抵抗があるため，基本的には残業を夜 8 時までとしている。

　ミャンマーのローカルの IT 企業は，開発経験者を中途採用するのが基本で

ある。一方，ミャンマーDCRは全員，IT開発の未経験新卒者を採用，育成しながら開発の経験を積んでいく。したがって，両社の給与水準や給与体系は異なる。ローカルIT企業の場合，2012年初めの時点で，一般開発エンジニアは月額200～300ドル／月，マネージャークラスは1,000ドル／月程度と推定されるが，労働需給によっては今後，大きく変動する。

懸念される経営課題と対応策

　ミャンマーDCRの懸念される経営課題とその対応策は3点考えられる。
　1つ目は，安定的な電気と電圧の確保であり，IT開発では必須条件である。ソフト開発中の停電や瞬間停電は致命的となる。停電が発生するヤンゴン市内にあるミャンマーDCRでは，その対策のためにジェネレーター（自家発電装置）を導入している。設立間もない頃は，小さな手動式のジェネレーターしかなく，開発のパソコンに回す電気は確保できても，エアコンの電気まで回らなかったため，当時は停電すると汗だくの作業を余儀なくされた。現在では，停電が起こるとジェネレーターのエンジンが自動作動し10秒程で復旧するようになっている。開発に利用するのはノートPCであるためその間は内蔵バッテリーで対応でき，サーバールームにはUPS（無停電装置）が設置してあるため，停電・瞬間停電対策も万全であり，ミャンマーにいると思えないほど日本と変わらない快適な環境で業務を行うことができている。
　2つ目は，IT開発上，開発ソフトの内容をはじめとする顧客の機密をどう確保するかというセキュリティー対策である。ミャンマーDCRでは，金融関係の顧客の開発ケースでは専用の独立したプロジェクトルームを作り，専任の開発メンバーの入退室管理をカードで厳しく行っている。そして実際に発注企業にセキュリティー対策をした現場を見てもらうことにより納得，安心していただいている。
　3つ目は，通信スピードである。ミャンマーのインターネットのスピードは，日本などの先進国と比べると確かに遅い。ミャンマーでも日本同様，Wi-Fi，ADSL，FTTH（光）などのメニューは存在する。日本の場合，光なら100メガは当たり前であるが，ミャンマーの場合，一般的に利用できるのは早い回線

2. 東南アジア編

でも4メガであり，実効速度としてはその4分の1から5分の1程度しか出ない。ただし，メールの送付やスカイプによる会話では特に支障がなく，顧客に迷惑をかけるという事態には至っていない。また，開発後の納品物を日本へ送付する際にも，分割して送付したり，送付時間のためにスケジュールを考慮するなど，インフラのハンディをカバーする工夫を実践している。

ミャンマーDCRは2008年に設立されて5年が経過した。IT企業としてはリスクが高いとされたミャンマーに参入したパイオニア企業である。今後，先行者としてのメリットを経営の業績面でどこまで出せるのか，また，外資系や日系のライバルIT企業の参入や地場のIT企業も力を付けてくると予想される中で，どのように差別化し優位性を発揮していくのかが問われている。

カンボジア

●海外生産展開に生き残りを賭ける

1. マルニックス・カンボジア株式会社
(MARUNIX (CAMBODIA) Co., Ltd.)

はじめに

　マルニックス・カンボジア株式会社は，2011年5月，カンボジアの首都プノンペン市の郊外にある工業団地，プノンペン特別経済特区（略称PPSEZ：Phnom Penh Special Economic Zone）に設立されたワイヤーハーネス組立会社である。ワイヤーハーネスとは，電源供給や信号通信に用いられる複数の電線を束にして集合部品としたものである。親会社は，埼玉県越谷市に本社を置く株式会社マルニックスである。

ワイヤーハーネスの老舗

　株式会社マルニックスは，1973年，ワイヤーハーネス加工業を創業し，1976年に丸仁ハーネス工業株式会社として設立された。2012年2月現在，資本金は3,000万円で，株主は創業者で同社の代表取締役社長である平野武志氏はじめ平野家親族が占めている。従業員数は，国内80名に対して海外は2,700名を超す。1994年に社名を現社名の「株式会社マルニックス」（以下，"マルニックス"と略す）に変更している。

　主たる事業は，OA機器・パソコン・家電製品・医療・遊技機分野・産業機器分野向けワイヤーハーネスおよび機構部品の製造販売である。同社の主な製品には，細線同軸ハーネス，一般ケーブルハーネス，ワイヤーハーネス，組ハーネスがある。

　売上高は2013年6月期，単独（日本本社）で約30億円，グループ全体で約

170億円，海外売上高比率は約70%である。上海，香港などにおける売上高は，中国国内で操業している日系企業向けである。同社は，2012年2月現在，未上場企業である。上場のメリット，デメリットを比較検討したが，上場すると経営の自由度を失う恐れから，将来も上場を志向しないとしている。

海外生産展開に生き残りを賭ける

　同社は創業から40年の歴史を刻む中で，1991年のバブル経済の崩壊，急激な円高，それに伴うエレクトロニクス分野を中心としたセットメーカーの構造的な海外生産シフト，2001年のITバブルの崩壊，2008年のリーマン・ショックなど様々な経営環境の変化の中で，生き残り，勝ち残りを賭けて挑戦してきた。同社の最大の挑戦が中国にフォーカスした海外への積極的な事業展開であり，顧客ニーズにリアルタイムで応える生産・販売体制の構築である。

　同社は，資本金1,000万円の1987年当時，海外生産拠点として中国深圳市に中国で1つ目の工場として「美丸接挿件有限公司」を設立した。翌年に，香港に営業活動と資材調達の拠点として「丸仁香港有限公司」（以下，"香港マルニックス"と略す）を設立した。

　1994年に香港マルニックスの中国での2つ目の工場として，広東省東莞市に「東莞厚街涌口丸仁電子廠」を設立した。1995年に操業し，従業員1,000名，建物面積1万0,200 m^{2}である。マルニックスの4つある中国工場の中で生産実績が最大である。主要製品は，複写機など事務機やアミューズメント機器用一般ハーネス，PC用LCDハーネス，車・バイク用ハーネスである。同工場では2004年にISO 9001，ISO 14001の認証を取得している。主要設備には，全自動，半自動の圧着機および圧接機がある。

　1999年に中国に3つ目の工場として広東省韶関市に独資会社「韶関丸仁電子有限公司」を設立した。2000年に操業し，従業員1,000名，建物面積7,300 m^{2}である。PC用LCDハーネス，携帯用細線同軸ハーネス，USBハーネスを生産している。

　2001年に中国に4つ目の工場として，華東地区の顧客を対象に，江蘇省南京市に独資会社「丸仁電子（南京）有限公司」を設立した。2002年に操業し，

従業員600名，建物面積1万9,000 m^{2}である。一般ハーネス，PC用LCDハーネスなどを生産している。

　2009年5月，東南アジアの顧客を対象に，タイに独資会社「マルニックスタイランド」を設立し，同年末に工場の竣工式を行い，工場の稼動を開始した。従業員数は120名，建物面積1,600 m^{2}でOA機器用ハーネスを生産している。

　次いで2011年にカンボジアに後掲詳述の「マルニックス・カンボジア」を設立した。なお，マルニックスはアジア以外では，かつてメキシコにも生産進出したが，その後，閉鎖し，現在は販売部門だけを残している。

中国一極集中からリスク分散

　マルニックス・カンボジアは，2011年5月に設立登記し，2012年1月に生産を開始した。資本金400万ドルで最初の利益が出た年から3年間は法人税が免税となる恩典を得ている。最初の免税期間中に，実際に設備投資がいくら行われたかを3年経過の時点で評価され，資本金が500万ドルを超えている場合，免税期間は更に1年から最大3年まで延長される。これまでの恩典実績では，大型投資以外，延長はほぼ1年のみである。

　同社の出資者は，マルニックス香港100%で，日本のマルニックス本社から見るとマルニックス・カンボジアは孫会社に当たる。マルニックス・カンボジアの設立に際しては，日本より香港の方が，金利が安いことから資金を香港の邦銀から借り入れた。

　マルニックスのカンボジア進出の背景には，同社のこれまでの中国中心の生産展開を振り返る時，先行きに懸念が生じたことが挙げられる。中国の人件費の上昇や，それに伴う中国のコスト優位性の喪失，同社の納入先（顧客）のASEAN生産拠点の見直しやASEANへの新たな生産シフトの動きである。進出検討に当たってはタイの近隣諸国を考えた。当時，ミャンマーは政治的に安定していなかったため対象から外し，カンボジアとラオスを比較検討した。物流面と労働者の採用パイの大きさを考えて最終的にカンボジアを選択した。

　マルニックス・カンボジアの生産品目は，中国の工場と同じものであるが，

中国で大きいものや細いものすべてを入れて3,000種の品種を生産するのに対して，筆者が訪問した2012年2月末の時点では，カンボジアではまだ生産開始して間もないため50種を生産するのみで，カンボジアの生産能力は月産500万本である。同社製品は，日本，中国，韓国向けに全量輸出される。将来は，タイを含む東南アジア市場にも輸出される計画である。また，現在中国からマレーシア向けに輸出されている製品をカンボジアが肩代わりをする計画もある。

採用活動と教育訓練

マルニックス・カンボジアの従業員数は2012年2月現在，正社員100名であり，女性対男性は4：1であるが，理想的な比率は，工場オペレーターの仕事内容を反映すると9：1であるとしている。募集活動は，同社のスタッフ1名が国境近くの村にまで行って"電気部品の組立の仕事"という業務内容で行っている。衣料関連の業種であれば女性が集まりやすいが，電気部品の組立てということになると男性が多数応募してくる。同社はPPSEZの採用支援チームのサポートを受けている。村には2，3回通って信頼を得ないと村人は応募してくれない。募集が稲刈りの季節とぶつかると応募状況は必ずしも良くない。農家がわざわざお金を出してまで人を雇って仕事をしてもらうためである。なお，同社の試用期間は3カ月であるが，既に10〜15％/月の離職率が発生している。経済特区の外に同社が借り上げた寮があり，約20名の従業員が住んでいる。

工場オペレーターの採用に当たっては，読み書きの水準は必ずしも高くないので，ペーパーテストは実施しない。そのため入社後の訓練プログラムを作成している。3日間にわたる教育と作業訓練の後，生産現場に配置し，その後はOJTベースでスキルを向上させる計画である。一方，事務スタッフの中には大卒者も採用しているが，挨拶の仕方や仕事の基本を教育する必要がある。教育を受けた従業員は，指示されたことはしっかりやるが，自分たちで独自に工夫する力は不十分という傾向がある。

同社は工場立ち上げ準備のため，従業員13名を中国へ製造研修に派遣した。

2カ月コースと3カ月コースの2グループに分かれた。これら研修生は英語ができ、そのうち、3分の1ぐらいは中国語ができたので、現地に行っても言葉の問題はあまりなかった。

賃金と福利厚生

マルニックス・カンボジアでは、採用直後は同国の最低賃金法を適用している。それに加えて、食堂では従業員に食事を無償提供している。通勤手当については、従業員が工業団地（PPSEZ）のゲートまで近隣の自宅から徒歩や家族の乗り物で送ってもらい、そこから同社玄関まで会社が費用負担し提供する通勤用トラックに乗ってもらう。皆勤手当は1カ月1ドル、2カ月2ドル、3カ月3ドルと労働のモチベーションが上がる制度にしているが上限を設けている。また、残業手当がつくが、残業時間は毎日2時間程度が限度で、それ以上になると高い離職率につながり、また、労働者側からのクレーム対象となる恐れがある。残業時間に制限があるのは、勤務後、工業団地の外に出ると街灯がなく真っ暗なので怖い、危ないという理由も1つである。有給休暇は、法律上は採用1年後に年間18日取得できるということになっているが、同社では採用直後から1カ月1.5日で、3カ月働いたら4.5日取れる制度を採用している。

社内のコミュニケーションでは、ワーカー同士はクメール語でなされる。スタッフレベルでは英語と中国語がわかる人もいる。日本語を理解できるスタッフも5名いる。全社的に社内コミュニケーションをどのように図るか使用言語も含めて検討の余地がある。コミュニケーションが円滑にいかないと、予期しない労働争議のきっかけとなる恐れがある。

工場立ち上げとその後の運営

マルニックス・カンボジアの工場立ち上げのために、中国のマルニックスから若手の独身者5名の支援部隊が来た。生産ラインに2名、技術に2名、資材に1名を配置している。滞在期間は長期を嫌うので半年に限定している。中国人にとって、華僑が多いプノンペン市内は中国語が通じやすいのでカンボジアに来やすい。しかしタイへの赴任は食事が合わないことと相性が合わないため

か拒否する。中国人支援部隊用にプノンペン市内に1軒の家を借り，日本人派遣者同様，社宅見合いの寮として提供している。

　一方，同社の立ち上げ期間中は，日本人4名が出向して来ており，その役割は工場長，技術，総務・資材，製造・品質担当が各々1名である。ただし，立ち上げ後はコスト面を考え1～2名で工場を運営し，経営全般については香港マルニックスから出張ベースで対応する計画である。日本本社の従業員数が限られる中，人材育成を意図して若手社員を海外に派遣しようとしても，必ずしも海外勤務は望まず，結果としてはベテランの中高年層が現地に赴任するという結果になっている。

材料調達と製品出荷

　マルニックス・カンボジアは，材料を香港マルニックスから調達する。カンボジアではビス1本現地調達することさえ難しい状況にある。同社で加工した製品を2週間に1回コンテナで出荷するが生産量が増えれば週1回の出荷を予定している。コストと所要日数の両面からプノンペンからベトナムのホーチミン経由，あるいはプノンペンから207km離れ車で約3時間半かかるシアヌークヴィル港経由で香港に出荷するルートを模索している。2012年2月現在，生産開始間もない同社にとって，最適な出荷ルートを検討している最中である。商流としては，LCを使わず同社と香港マルニックス間で電信為替（T/T）送金によるドルでの支払い（資材購入）とドルでの受け取り（組立品の販売）を行っている。ちなみに，従業員に支払う給与は，ドル払いで，1ドル以下のみ現地通貨のリエル払いである。なお，同社の入居している工業団地では電気，水道，ガスといったインフラはすべてPPSEZが管理しているため操業上，問題は生じていない。

第2章　中堅・中小企業のアジア進出事例研究

ラオス

●ヴィエンチャン郊外に独自進出
1. ラオ ミドリ セフティ シューズ株式会社
(LAO MIDORI SAFETY SHOES CO., LTD.)

はじめに

　ラオ ミドリ セフティ シューズ株式会社は，2007年3月に，ラオス人民民主共和国の首都ヴィエンチャン市より国道13号を北へ30kmのナイサイトン郡ホインナムエン村に設立された安全靴のメーカーである。同社の道路向かいには，同地区に先行して進出した大阪のアパレルメーカー山喜のラオス子会社であるラオ山喜（2005年6月設立，従業員約300名）がある。親会社は，東京都渋谷区に本社を置く安全保護具大手のミドリ安全株式会社である。

創業60周年の安全靴メーカー

　親会社のミドリ安全株式会社（以下，"ミドリ安全"と略す）は，東京都渋谷区広尾に本社を置く安全靴などのメーカーである。1952年に設立され，創業60年の歴史を持つ。2012年5月現在，資本金14億5,432万円，従業員数1,432名，単独売上高908億円である。主な事業は，働く人の安全・健康・快適をトータルに考える総合メーカーとして，安全靴の他にヘルメットなどの安全衛生保護具，オフィスユニフォーム，ワーキングウェア産業用保護服，空気清浄器，喫煙所システム，エアフィルターなどの環境改善機器などを生産販売している。

　海外事業展開は，米州，アジアへ製造・販売拠点を設立している。米州ではアメリカ，メキシコの他に，1973年にブラジル サンパウロ市に皮革鞣製会社のアトランティカ皮革工業株式会社を設立，ブラジル国内での皮革鞣製および

皮革製品の製造・販売・輸出入を行っている。

　中国では1988年に広東省広州市にユニフォーム工場として，合弁会社，広東東方友誼服飾有限公司を，1995年には浙江省海塩県に合弁会社，嘉興緑安制衣有限公司を設立した。また，販売会社として1990年に香港に緑安全（香港）有限公司を，1997年には，緑安全グループ製品の中国国内販売と中国国内調達品の輸出を担当する上海緑安全貿易有限公司を設立した。一方，中国での皮革製品分野では，子会社のミドリ・ホクヨー株式会社が2000年に広州緑北洋皮革製品有限公司を，2003年に嘉興緑北洋皮革有限公司を設立している。

　ASEANには，2007年にラオスに後掲詳述のラオ ミドリ セフティ シューズ株式会社を，2009年にベトナム ハノイ市にMIDORI APPAREL VIETNAMを，2011年にタイにMidori Anzen THAILAND Co., Ltd.を設立している。

5つの進出動機

　ラオ ミドリ セフティ シューズ株式会社（以下，"ラオミドリ安全靴"と略す）の資本金は650万米ドルで，出資比率はミドリ安全90%，ミドリ安全グループ企業の1つで，1986年に設立され同グループの製品・原材料の輸出入を担っているヴェルデトレイディング10%である。実質的にはミドリ安全の完全子会社である。主たる事業は靴および皮革製品の製造であり，生産能力は安全靴が年60万足，作業靴が年20万足，製甲（裁断された革を縫い合わせて靴の甲の部分を作ること）が年90万足である。敷地面積は，3万2,000 m^{2}で，その中に第1工場3,520 m^2，第2工場2,966 m^{2}の2棟を有する。日本人出向者は，経営全体を見る取締役工場長，第1製造部長，第2製造部長の計3名である。従業員数は，2012年2月現在，340名である。

　2008年9月に工場建設が完了し，インジェクションマシンの設置を終え，皮革製品製造・販売を開始した。2009年6月に安全靴（JIS T 8101）のJIS認証工場となり革製安全靴の生産を開始した。2011年7月に第2工場の操業を開始した。開所式には駐ラオス日本大使の横田順子大使やラオス商工業省大臣，計画投資省副大臣らも参列した。

同年8月，ISO 9001：2008認証登録工場となった。

同社がラオスに進出を決めた動機は次の5つである。1つ目は，政情・治安が安定していること，2つ目は，人件費が安いこと，3つ目はメコン川流域を利用した水力発電により電力が豊富なこと，4つ目は，同国からの輸出品に対して一般特恵関税（GSP：Generalized System Preferences）が享受できること，5つ目は，日本と投資保護協定を結んでいることである。

ビジネスモデルは賃加工貿易

ラオミドリ安全靴のビジネスモデルは賃加工貿易である。原材料を日本，中国，台湾，インド，タイの5カ国・地域から無税でラオスに輸入し，完成品に加工し輸出する。輸出先は大半が日本であるが，一部タイ向けもある。タイには2011年に営業所を開設している。同社での加工に対して，日本から加工代金がラオスにあるバンコク銀行経由でドルで送金され，この金額が同社の売上高となる。ただし，輸出する際には，日本での免税処理のため，書類上は製品自体の価格として輸出することになる。なお，ラオミドリ安全靴の工場は保税加工工場扱いとなっているため，輸入した原材料と輸出した製品とその在庫を社内で厳しく管理している。

時々起きる停電と無停電装置の導入

ラオスは豊富な水力発電により電力が豊富で，電気が1kWh当たり75セントと安いはずであるが，現実の工場の生産ラインでは時折，停電が発生する。電力当局に問い合わせても原因が不明であり，また，復旧のめどがいつ立つのかわからないことが多い。ダム工事のための送電線工事で停電することもある。特に雨期に多い。停電の時間は5分間だったり2時間かかったりとまちまちである。また，電圧が不安定なこともある。

停電が起きると，ミシン，打抜き，裁断の工程は仕事ができなくなるだけである。しかし靴製造の機械にはインジェクションマシンがあり，コンピュータ作動による操作のためストップしてしまう。この機械には化学反応する材料を使っているため，反応が始まって機械の中で材料が固まってしまう。停電のた

びにいちいち機械を分解してきれいにする必要がある。材料を廃棄せざるを得ない問題以上に機械が壊れる恐れがある。この停電の問題を解決するため，同社では無停電装置（UPS 装置）の導入を決めている。ジェネレーター（自家発電装置）は導入していない。

従業員の定着率向上が労務課題

　農業国家ラオスが1975年にラオス人民民主共和国になって以来，まだ30数年の歳月しか経っていない。国民が工場や企業という組織で労働をして生活の糧を得るという歴史は，タイ，マレーシアなど他の ASEAN 諸国と比べて短い。従業員の親の世代は，工場での労働で収入を得たという経験がほとんどないため，従業員となった若者の労働観，職業観，就労観も親の考え方の延長線上にあり，その他の工業国とは大きく異なる。その結果，工場勤務の離職率（定着率）に大きな影響を与えている。

　ラオミドリ安全靴の320名の従業員は，3カ月の見習い期間を経て正社員となる。毎月10%程度の従業員が離職する。同社では生産開始をして3年が経過するが，事務所スタッフの勤続年数は長いものの，工場オペレーターは，見習い期間の3カ月以内での退職者が多い。また，操業開始前に管理職候補として日本の工場に研修のため派遣し，日本語も勉強してもらっても，帰国後の定着率は必ずしも高いとは言えない。日本で研修した知識を生かし，さらに高収入を得ることができる他社への転職チャンスがあることが原因である。

上昇する賃金水準

　ラオスの最低賃金法では，2011年12月までに，基本給34万8,000キップで，さらに1日8,500キップの手当を付けなければならず（1カ月26日×8,500キップ／日＝22万1,000キップ），合計で56万9,000キップであった。2012年からは基本給が62万6,000キップに上昇したが同年2月現在，手当部分が不透明のままである。同社のボーナスは，ラオスで正月の月に当たる4月と10月の2回支給しており，合わせて1カ月分である。また，従業員の定着率を高め，長期勤務を促進するために勤続表彰を導入している。1年経過者には

36万キップ，3年経過者に50万キップ，5年経過者に200万キップを支給している。

ラオスにおいては，個人所得税は月収100万キップ以下には発生しないが，100万キップ以上には最初5%が課税され，所得の大きさに合わせて課税率も増えていく。2012年1月に施行された新法律では，年収3,000ドル以上は25%課税されることになり，従来の20%から増税となった。

頻繁な従業員の補充と新人教育という悪循環

従業員の募集は，従業員の口コミで行う。かつては多数の応募者があったが，周辺への日本企業の進出もあり，労働の需給が変化してきた。採用試験は，簡単な筆記テストで，四則演算と簡単な応用問題を出す。その上，日本人の部長とラオス人のスタッフが面談して最終的に採用を決定する。ラオスの学校は小学校5年，中学校4年，高校3年で，義務教育は小学校までである。

採用人数確保のため，最近では近隣の地域にも募集を広げているが，労働経験のない人が入社しても見習い期間中に退職するものが多いのが悩みである。採用された従業員の通勤に会社としてバスを提供しておらず，各自自分の足で通勤してくる。ただし，遠方から採用した従業員のために，工場敷地内に250名程度が生活できる寮を持っている。

同社の課題は，従業員1人当たり月給1万円程度という廉価な人件費に強みを発揮する労働集約的な賃加工業であるが，一方では月間10%という高い離職率に直面している。今後は定着率を上げ，習熟度を向上させ，いかに生産性と生産の安定性を向上させるかが同社の中長期の経営課題である。

●特恵関税を活用する婦人靴製造
2. ラオシューズ株式会社
(LAO SHOES CO., LTD.)

はじめに

　ラオシューズ株式会社（LAO SHOES CO., LTD.）は，2004年3月にラオスの首都ヴィエンチャン市郊外に設立された婦人靴メーカーである。親会社は，大阪市生野区に本社を置く靴の製造販売の大阪マルニ株式会社である。

創業半世紀を超す婦人靴メーカー

　大阪マルニ株式会社（以下，"大阪マルニ"と略す）は，1960年（昭和35年）に創立され，創業半世紀を超す婦人靴製造・販売の老舗企業の1つである。所属組合は，大阪サンダル工業協同組合および日本シューズ産業協同組合である。同社は，資本金1,000万円，従業員16名，海外の自社工場従業員約500名（委託生産先含まず）である。2010年代に入っての単独売上高は7億円前後である。同社は，生産拠点をタイ，ラオス，中国にシフトし，事業拡大を図ってきたパイオニア的な靴メーカーである。日本での生産は，1995年前後に全面的に停止している。

　同社の海外展開は，1980年代に日本の靴メーカーの海外生産のパイオニアとして韓国釜山市に進出したが，その後，ソウルオリンピックによる急激なインフレで撤退している。1990年代に入り，1993年にタイのチェンライのメーサイに婦人靴製造の大阪マルニタイランド（OSAKA MARUNI THAILAND CO., LTD.）を設立した。メーサイはタイとミャンマーとの国境の町である。従業員数150名で，年間の生産足数は，完成品24万足，半製品20万足である。

　当初は婦人靴のノックダウン，半製品の生産を行い，日本で完成品としたが，15年ほど前から現地で完成品を手掛け始めた。続いて2004年にタイの製

造経験を生かしてラオスにラオシューズを設立した。

大阪マルニは,海外に自社工場の他に生産委託工場を有している。中国には生産委託工場が3カ所あり,各々江蘇省丹陽市と呉江市,浙江省台州市にある。丹陽工場では,細かい作業や小ロット対応が得意である。呉江工場では量販向けの大型ロット対応を行っており,例えば,1デザイン3,000足というまとまったオーダーに対応している。台州工場にはあまり人手を掛けない長靴など一体成型タイプの生産を委託している。

ラオシューズの会社概要

ラオシューズは,ヴィエンチャン市内から南東へ車で30分の所に位置する。その先には1994年にラオスとタイの国境メコン川に初めて架けられたタイ・ラオス友好橋がある。同社は2004年3月に創業し,操業開始は2005年2月である。事業は外国人投資法に基づく靴製造と輸出である。主な生産品目は,婦人革靴,婦人革サンダル,ポリウレタン靴底である。革靴の材料は,牛革,山羊革,綿羊革がある。

同社の資本金は50万ドルで,最大の株主は大阪マルニタイランドの75%である。また総投資額は100万ドルである。生産数量は月産1万5,000足で,サンダルなら日産800足から最大1,000足,靴なら600足,ブーツなら400足で平均500足である。

従業員は約200名で男女比は1対4である。事務所スタッフの2名は設立時から在籍しているパイオニアメンバーである。従業員は3カ月間の試用期間の後,正社員に登用されるが平均勤続年数は,班長,オペレータークラスで2～3年である。短い人は3～4カ月で辞める。

中国人が核となる工場運営

従業員の中には中国人7名が勤務しており,全員,中国江蘇省南通市近郊出身で製靴業の経験者である。子供連れの家族ぐるみで来ており,源泉工程では夫婦で従事しているケースもある。南通市とのつながりは,当初雇用した従業員の人脈からできたものである。中国人従業員は,各製造部門の班長やリー

ダーの職にある。また，日本人の出向者はなく，出張ベースで経営対応している。今後はラオス人の幹部づくりが人材育成上の課題である。日本人が不在の時に経営を任せられる右腕のラオス人材が求められている。

　従業員の8割は近隣から通勤してくる。同工場の敷地内には4棟の寮があり，実家が遠いラオス人や短大卒のラオス人と，中国人とがそれぞれ別の棟に住んでいる。海外で稼ぐというハングリー精神が旺盛な中国人と，農業国ラオスでのんびり育った従業員とでは労働意欲が大きく異なる。

　従業員の給与レベルは，ラオス人の工場オペレーターで70ドル/月，事務スタッフ200ドルに対して中国人は日本円で平均8万円で，別途，年間1,000ドルのボーナスを支給される。貨幣経済としてのラオスが発展している中で，ラオス人にとって消費が増えていることから現金収入が必要となり，また，借金するケースもある。給料日には，工場の前に即席の市場ができると同時に借金取りのおばさんが出口で待っているという光景も見られる。

　ラオスではかつて給与が30ドル/月レベルだったが，最近の5年間で70ドルに上昇してきた。靴製造原価の中で労務費が30%超を占めるため，日本の販売状況と製品開発状況にもよるが，現状の商品のままでは120～150ドルが給与上昇の限界とみている。

　社内のコミュニケーションは，日本から同社の社長（兼・大阪マルニ会長）が経営指導に来る場合には，本人が言語的にラオス語に近いタイ語ができるため問題がないが，他の日本人が来る場合はラオス語の日常会話ができても専門用語がうまく話せないため不自由さがある。

特恵関税を活用するビジネスモデル

　ラオシューズのビジネスモデルは，発展途上国ラオスに供与される特恵関税を活用して無税で原材料を輸入し，そこで賃加工した完成品を先進国市場に関税なしで輸出するというものである。この制度では原材料を輸入しラオスで加工するか，加工品をラオス国内で調達することが条件である。

　製靴業の場合，ラオス内での靴底加工が特恵供与の条件である。靴の半製品輸入は禁止されている。同社の場合，普通のポリウレタン靴底は併設している

自社の工場内でできる。しかし，TPR（サーモ・プラスチック・ラバー）という材料で靴底を樹脂成型で作る製法がある。軽くて滑りにくい靴底ができるが同社では自社内でこの製法に対応できない。ラオスに進出している台湾系企業がこの製法の設備を有していることから，ラオシューズは，金型を中国で作りこの会社に原料と一緒に渡し，生産委託をしている。これによりラオスで加工した製品となる。

材料調達と製品出荷

同社の靴の生地皮はインド，中国，バングラデシュなどから輸入している。インドからは調達ロットの大きいもの，中国からは同じ品種でも色がちょっと変わっている小ロットのもの，バングラデシュからは山羊皮を調達している。靴底の原材料は，韓国，ベトナムから，ベルトや装飾用の金物部分や接着剤関係は中国から調達している。

これらの国とのビジネスは前金を電信為替（T/T）送金で行っている。出荷条件はC&F（運賃込条件）で，ラオシューズ側が海上保険を手配し，保険料も負担する。

同社の敷地内には"離れの工房"として金型製作棟がある。中国製の金型を見ながら自前で製作している。また，工場内の一角には金型置き場があり，青色の金型に白文字で管理番号を付けて管理している。

ラオスから革製品は大阪港に送るが，その他の製品は名古屋港に送る。出荷する婦人靴の70%は桑名の流通拠点に入れる。日本の大阪マルニは，今日，メーカーの卸・輸入代理店の役割で，海外での製品を右から左へ流すフィルター的な役割を担っている。

インフラ

停電は週1回程度，突発的に発生する。インターネットは回線のスピードが遅い上，1カ月の費用も高い。製品出荷は，週1回，20フィートのコンテナで同社工場から陸送でタイに運び日本に出荷する。この支払はタイバーツである。

社内で保有する通貨はドル，タイバーツ，従業員の給与支払いに充てるラオスの通貨キップの3種となるが，支払目的に合わせた通貨の種類と通貨間の交換のタイミングや金額をバランスよく持つことが難しい。ドルはたくさんあるが支払うタイバーツが足りないなどといった問題が起こることがある。

今後の事業展開 —第2工場の建設—

敷地内に第2工場を建設予定で既に整地済みであり，2013年に完成予定である。第1工場と同じ工場を作らず，完成後は，源泉から完成品組立て，梱包・出荷までの15工程を2つの工場で分業する体制にする。具体的には，第1工場をミシンの縫製作業など靴の上の部分（甲）の生産に，第2工場を靴底，中敷き，金物部分の生産や検品・出荷用に使用する計画である。

現在，同社の製品は全量，日本向けに輸出されているが，第2工場の建設を契機に，今後は製品企画力と販路開拓の強化を視野に入れながら日本以外の国へ販路を広げることを狙っている。日本はあくまでもアジア市場の1つという捉え方である。

今後の経営課題 —SCMの高度化—

ラオシューズには今後3つの経営課題がある。1つ目は，婦人靴は季節商品でかつファッショントレンドに影響されることである。生産，販売，在庫の一連の流れが企業の売上高や収益性を大きく左右する。的確な日本市場の需要予測，受注生産の生産スピード，生産拠点から日本までの納期の長短などによっては売り損や逆に過剰在庫ひいては不良在庫を抱えることになる。すなわちサプライチェーン・マネジメント（SCM）が重要となる。同社の最終市場が今後日本から欧州，米国に拡大するとすれば，大阪マルニと海外生産拠点の間の情報システムの構築によるSCMの巧拙が問われる。

2つ目は，これまで同社は小規模多機種生産に対応してきたが，今後どのように生産効率を上げるかである。一番コストが掛かるのは，靴の上の部分（甲）で，裁断して，穴をあけて，ミシンをかける。デザインによっては穴あけ，革の紐通しはすべて手作業になり，一日の生産量が上がらず，また，複雑な模様

工程では生産効率が上がらない。

　3つ目は，今後ラオスの人件費が高騰し，コストの優位性を失えば，ミャンマーなど他国への生産シフトを考えざるを得なくなることである。ミャンマーの投資環境をラオスと比較してどのような判断をすべきかが問われる。

第2章　中堅・中小企業のアジア進出事例研究
◆ 3. 南アジア編

> スリランカ

●スリランカに進出して30年
1. トロピカル ファインディングス リミテッド
(Tropical Findings (Pvt) Ltd.)

はじめに

　トロピカル ファインディングス リミテッド（英文社名：Tropical Findings (Pvt) Ltd.）は，1980年7月，スリランカに設立されたLanka Metal Industriesが再編されて，現社名となった企業で，ファッションジュエリー用金属チェーンなどを生産している。所在地は，コロンボ市内から北へ約30kmのバンダラナイケ国際空港に隣接するカトナヤケ輸出加工区（Katunayake Export Processing Zone）である。親会社は，東京都台東区柳橋に本社を置く中川装身具工業株式会社である。

装身具のリーディング カンパニー

　中川装身具工業株式会社（以下，"中川装身具"と略す）は，1930年に装身具雑貨の製造および卸業として創業し，1949年に株式会社中川製作所として設立された。1987年に現社名に改称している。事業内容は，ジュエリー・アクセサリー用チェーン，関連製品の製造・販売および製品企画立案などである。同社は，資本金は5億5,000万円で従業員210名，年間売上高は2012年12月現在，42億円である。

第2章　中堅・中小企業のアジア進出事例研究

　国内には，販売拠点として東京都の御徒町支店，大阪支店，甲府支店の他に名古屋市と三重県伊勢市に営業所を有する。製造拠点としては，岩手県北上市の北上工場と茨城県の筑波工場を有する。一方，海外には，米国，ドイツ，香港に販売拠点を，スリランカに製造拠点を有している。製造拠点は国内2工場，海外1工場の計3工場である。

スリランカに進出して30年

　トロピカル ファインディングス リミテッド（以下，"トロピカル"と略す）の前身は，1980年に中川装身具51%，柿沼金属工業（本社：茨城県土浦市）49%の出資比率で設立されたLanka Metal Industriesである。1990年には，中川装身具が100%出資でトロピカルを設立した。その後，両方の現地法人が合併し，2005年に中川装身具と柿沼金属工業が各々増資をして現在のトロピカルの出資比率は，中川装身具85%，柿沼金属工業15%となっている。ただし，経営は100%中川装身具の傘下で行われている。

　同社は，カトナヤケ輸出加工区の一角に約9,500 m^{2}の土地を有し，ファッションジュエリー用金属チェーン，金属パーツ，およびネックレス，イアリング，ティアラ（王冠）といった完成品ジュエリーの製造を行っている。ジュエリーには貴金属ジュエリーとファッションジュエリーの2種類があり，両者は似て非なるものである。前者の貴金属ジュエリーには金，プラチナ，ダイヤモンドが入る。後者のファッションジュエリーはカジュアルな感じで，一番安いところでは100円ショップでも並ぶような商品が入ってくる。その最高品はスワロフスキーと言われる。例えば，スリランカ航空の機内で販売しているスワロフスキーのチェーン（鎖）はトロピカル製である。また，製造方法は，機械化によるものと，手作り（hand-made）の2種類がある。

　生産量は，金属チェーンで月産100万m，年間1,200万mであり，その長さは東京・ニューヨーク間の距離に匹敵する。使用金属は，銅と亜鉛との合金である真鍮，丹銅，ステンレス，シルバーである。ちなみに，日本では金（ゴールド）も使用している。なお，生産量では，日本2工場，スリランカ1工場の3カ所の中でトロピカルが一番多い。また，原材料調達はトロピカルが

自分で行っており，日本本社の仲介などはない。

　生産工程は，鎖の場合は，金属ワイヤーを適当な太さまで引き落とす「伸線」，加工硬化で硬くなったワイヤーに熱を加えて柔軟にする「焼鈍」，自動製鎖機により鎖を編み上げる「製鎖（素編み）」，つなぎ目を溶接し必要な強度を確保する「ろう付」，鎖の表面を削ったり叩いたりして特徴をつける「加工」，研磨機を使用し表面の最終処理をする「仕上げ」，顧客の要望に応じて各種めっき処理を行う「めっき」へと流れる。

　従業員数は，約460名で，うち女性が85％を占める。女性の構成比が高いのは，女性向けの製品を製造していることと女性の方が，手先が器用だからである。この他に日本人出向者4名，内職が約150名いる。2012年には560名の従業員がいたが，生産量の減少により人員調整を行った。毎月20～30名が退職するため募集をしなければ自動的に自然減となる。従業員はスリランカ中から採用し，boarding houseと呼ばれる寄宿舎に住んでいる。通勤は近隣の町，村から1～1.5時間かけてEPZ（輸出加工区）の中まで来るバスに乗って出勤する。EPZ敷地内はEPZが管理する無料のトランスポートがあり，それに乗って工場に出勤する。勤務体制は，シフト体制は取らず1交替制で，勤務時間は，午前8時から午後5時までで，1日2時間の残業が定常的にある。

　製品の主な輸出先は，日本，アメリカ，香港，中国，台湾，タイの他に，ドイツ，オーストラリア，ニュージーランドなどである。輸出品は，例えば50mのリール巻き（長尺）の状態で出荷される。顧客は，完成品ジュエリーのメーカーであり，顧客によってはトロピカルの工場でめっきをして出荷するケースと，しないケースがある。

スリランカへの進出動機

　中川装身具の先代の社長が1980年代に入る前に投資ミッションのツアーでスリランカを訪問し，「積極的に海外進出を行う」という方針のもと同国への進出を決めた。その背景には，当時，台湾に主力工場があったが人件費が上昇していたため，その代替地としてスリランカを選んだことがある。当時，カンボジアやミャンマーは政治的に安定していなかったので，進出候補地にはなら

なかった。一方，スリランカは1978年に外資の進出を認め，EPZを設立した。インドにEPZのなかった時代である。なお同社の台湾工場はその機能をスリランカに移行し，その後，閉鎖した。また，かつて中米のプエルトリコにも工場があったが，操業後2～3年で閉鎖している。

　スリランカ政府はEPZおよびそれに関わるインセンティブ供与について，シンガポールのEPZの事例から学んだ。今日，スリランカには13のEPZがあり，トロピカルの入居しているカトナヤケEPZが一番古くて一番大きなEPZである。トロピカルは同EPZの初代入居8社の中の1社で老舗中の老舗である。EPZに入居している企業のピーク時の従業員数は約6万人，今日では4万人である。ちなみに，トロピカルに26年間勤務しているダミカ・フェルナンド部長は，カトナヤケEPZの入居企業の85%が加盟している自由貿易区製造業者協会（FTZMA）の会長を務めている。

難しくなる従業員の採用

　同社は従来より従業員の紹介で採用してきたが，最近ではEPZ内での採用が難しくなっており募集のビラを撒いて採用活動を行っている。従業員は賃金差が少しあるだけで他社に転職する傾向にある。この問題についてはEPZ内の日系企業の集まりで日本商工会やJETROも参加して対策を話し合う。

　トロピカルには労働組合はなく，過去労働問題は起こっていない。かつて「社員会」に当たる「Workers' Council」結成の要望が出て，形式的に存在したが機能はしなかった。今日では，「Employee Welfare Committee」（従業員福祉委員会）が月1回開催される。従業員側は各部門より代表者1名が出席し計8名で構成される。毎月様々な問題を持ち寄って来るが非常に穏やかな雰囲気の中で話し合いがなされる。

　停電の問題は，最近の1～2年間ではほとんど起こっていない。トロピカルにジェネレーター（発電機）はあるが時々使う程度である。また，電圧の変動もかつては不安定だったが，今日では問題はない。停電があったらジェネレーターが即時作動する。

●現地のドイツ企業を買収した筆専業メーカー

2. ウスイランカ株式会社
(USUI LANKA (PVT) LTD.)

はじめに

　ウスイランカ株式会社（USUI LANKA（PVT）LTD.）は，1986年にコロンボ郊外のカトナヤケ輸出加工区に設立された画筆製造の現地法人である。親会社は，兵庫県神戸市に本社を置く画筆・化粧筆の製造・販売の薄井興産株式会社である。

創業60年を超える筆専業メーカー

　薄井興産株式会社（以下，"薄井"と略す）は，1946年に故・先代会長の薄井一美氏が薄井商店を創業したのが始まりである。1956年に兵庫県尼崎市の三星株式会社より画筆の製造輸出業務を引き継ぐ。1964年には通産大臣より輸出貢献企業の認定を受けた。その後，同社は業容を拡大し，1980年にはアメリカ現地法人USUI NEW YORK INC.を設立する。米国企業と取引を行う営業拠点として，また，カナダ，中南米，欧米など海外の最新の情報収集の拠点として活動している。1986年にはスリランカに製造進出を果たしている。2013年3月現在，同社の資本金は4,895万円，従業員数90名，年商約7億6,000万円（単体）である。事業内容は，油絵・水彩・アクリル絵画用画筆および化粧筆の製造販売である。

現地のドイツ企業を買収してスリランカ進出

　ウスイランカ株式会社（以下，"ウスイランカ"と略す）は，薄井が1986年7月，スリランカのドイツ系画筆製造工場WERU LANKAを買収したのが始まりである。同年9月，この工場をスリランカ現地法人USUI LANKA（PVT）LTD.として設立した。このドイツ系工場で働いた経験があり，この工場で通

算30年働いている現ウスイランカの工場長アドルファス・マチャド氏によると，薄井が買収する前のこのドイツ系工場は，1986年まで，小規模ながら操業を続けていた。薄井の買収の背景には，既に土地，建屋があり，生産設備などの生産インフラがある程度残っていたことから，このドイツ系工場は好都合であった。薄井にとって，初の海外製造進出先がスリランカとなる。

2013年3月現在，ウスイランカの資本金は765万スリランカルピーで，薄井本社の100％出資である。敷地面積は約1万2,000 m^{2}で工場は数棟の建屋から構成されている。売上高は4億6,725万スリランカルピー（2009年3月期）である。

ウスイランカで生産している筆の用途は広い。製品の80％は絵画用であり，残りの20％は，クリーンルームなどで使用される工業用，墨を使う書画用，一般に普及されている化粧筆，そしてネイルサロンなどで使われるネイル筆である。なお，薄井本社では，2004年にメイクアップブラシ自社ブランド「b-r-s（ブルーシュ）」を発売。2013年12月には自社ブランド「usui（ウスイ）」が生まれた。

多様な材料調達

筆の材料となるのは，毛，ハンドル（筆を手で握る軸），金具の3点である。毛の種類も用途により様々である。同社の油絵用の豚の毛やヤギ（goat）の毛は中国から輸入しており，合成ナイロン（高級化繊　TAKLON）の毛は日本から輸入している。以下，リス，イタチ，馬，犬，雄牛の毛も調達している。筆の腰のあるなしは，毛や化繊の種類や，混毛率による。毛の調達は，同じ種類でも年によっても品質にばらつきがあるため，良いものが取れる年の毛は2年分ほど在庫が持てるように購入している。

次に，ハンドル（軸）の木は白樺材を使い，リトアニアから輸入している。コストが安いこと，加工しやすいことが理由である。かつてラミンという木材を輸入していたが，ワシントン条約「輸入規制」の影響から，スリランカでの輸入が難しくなった。きめが細かい白樺材は他の材質より軽く，なめらかな使用感が実現できる。しかし，白樺材はラミン材と比べ軟らかく，製造ラインで

は作業員の爪や材料の移動による傷を防止するために，対策が取られている。

　同社の月産能力は，80〜90万本であるが，過去のピーク時の生産は100万本であった。2013年4月現在の従業員数は250名であるが，過去のピーク時は370名を擁した。中国品との熾烈な競争が減産の背景にある。製品の主な輸出先は，フランス，ドイツなどの欧州，米国，カナダ，シンガポール，韓国，日本などである。

経営概要 ―採用・給与・研修―

　ウスイランカの勤務体系は，1シフトで勤務時間は朝8時から夕方5時まで，休憩時間を除いた8時間である。休憩時間は12時〜12時50分の50分間と午後3時〜3時10分の10分間である。

　従業員は，コロンボ市内を含む周辺地域からローカルバスに乗って通勤する。このバスはEPZ（輸出加工区）の中まで入って来る。このバスの時刻に合わせて通勤，退勤する。同社の社内には労働組合はなく，また，過去，労働争議も発生していない。

　給与は，新入社員は月額9,500ルピー（約7,000円）で1カ月の試用期間を経て正社員となる。正社員となった一般ワーカーは平均月額1万3,000ルピーである。賞与は年2回支給される。採用後，毛の束に触れる器用さが無い場合は，研修期間中に辞める人もいる。半年間，仕事を続けることができた社員は，その後の勤務が継続するが，中にはEPZの中で給与の高い他社に転職する社員もいる。

　社内の職制は，入社後の研修を経て，worker（労働者），sub leader（サブリーダー），leader（リーダー），assistant supervisor（管理者），supervisor（セクションの最高位）と昇格していく。

　研修制度では，1989年から2006年まで「日本研修」を取り入れていた。2年に1回，5〜6人を日本に派遣し，日本語を使って半年間研修を行う。研修は兵庫県丹波市にある薄井の賀茂工場で行った。穂先製造のセクションごと，研修応募をかけて選抜する。その準備のために，週に1回，午後4時から5時まで社内での日本語研修に充てた。帰国後は，現場の管理職として現在も工場

スリランカ人の気質と複数言語

　1つ目は，スリランカ人の従業員は，言われたこと，指示された内容は，ひたむきに行うが，それ以上の発展性，創造性を持ち，仕事を作り出していこうとする人は比較的少ない。これは多くの従業員の学歴が低いからではなく，のんびりとしたスリランカの文化の違いに起因していることと推察される。

　2つ目は，スリランカの民族はシンハラ人（全人口の73%），タミル人（18%），スリランカ・ムーア人（8%）その他（1%）で構成されている。また，言語は，公用語としてのシンハラ語とタミル語があり，これらの違う言語の連結語として英語がある。ウスイランカでは，シンハラ人，タミル人がそれぞれ働いているが，基本的にシンハラ語を使い，外国人には英語で話す。日本研修で学んだ従業員は，月日が経っても日本の文化に近い考え方で仕事を遂行している。

●スリランカ人留学生の熱意が生んだIT企業

3. メタテクノランカ株式会社
（Metatechno Lanka Company (Pvt) Ltd.）

はじめに

　メタテクノランカ株式会社（Metatechno Lanka Company (Pvt) Ltd.）は，スリランカの旧首都コロンボ市（人口75万人）に設立されたソフトウェア開発会社である。親会社は，神奈川県川崎市に本社を置くコンピュータソフトウェアの受託開発の株式会社メタテクノである。

中堅IT企業

　株式会社メタテクノ（以下，"メタテクノ"と略す）は，1984年3月，東京

都渋谷区を本社所在地として資本金2,000万円で設立されたソフトウェア開発企業である。同年10月，キヤノンが資本参加した。2012年7月現在，資本金4,000万円で，株主は同社役員持株会および社員持株会で株式の半分以上を占め，少数株式としてキヤノンも名を連ねている。従業員数は，契約・派遣社員を除く正社員数273名である。本社は，2010年に神奈川県川崎市に移転している。事業内容は，コンピュータソフトウェアの受託開発，ソフトウェア製品の販売，FAX・ネットワークカメラシステムの販売，その他ソフトウェアエンジニアリングサービスである。

　売上高は，2010年度（決算期12月31日）27億5,200万円，2011年度27億4,800万円，2012年度26億1,200万円である。主な取引先は，キヤノングループ，NECグループ，オリンパスグループ，ソニーグループ，NTTグループ，富士通グループ，日立グループ，小田原機器，京葉ユーティリティ，根本杏林堂，SCSK，富士ゼロックスシステムサービス，日本テレネットなどである。

　開発拠点として，国内は，川崎市の本社，同市武蔵小杉の小杉技術センター，静岡県駿東郡の静岡技術センターの3カ所がある。海外は，オフショア開発のためスリランカ コロンボ市に2001年3月に設立したメタテクノランカがある。なお，メタテクノは，2007年に，組込システム事業部のプロダクト技術開発部とイメージング技術開発部を対象に，開発のための能力成熟度モデル「CMMI」レベル2を達成している。

スリランカ進出の背景

　メタテクノのスリランカ進出の背景に，スリランカ人留学生との出会いがあった。その経緯については以下，2013年3月，筆者が参加した「スリランカビジネスフォーラム」（東京の帝国ホテルで開催）において，メタテクノ取締役 大和靖博氏が講演された内容からの引用である。「1997年，同社社長 古賀道夫氏の友人である武蔵工業大学（現　東京都市大学）教授から一人の外国人学生をアルバイトに使って欲しいと依頼され，同社でソフトウェアの評価を1年程やってもらった。武蔵工業大学を卒業する時，彼がスリランカに支店を出さないかと提案。提案理由は，スリランカではその年，同国で最も優秀と言

われるモルトゥワ大学，コロンボ大学のコンピュータサイエンスの学生が初めて卒業するという情報を得たからである。当時，日本国内は慢性的なソフトウェアエンジニアの不足で優秀な学生を採用できない状況だった。2000年，同社役員会でスリランカ進出を決定すると同時に，中国 大連市への進出をも決定した。同年，スリランカ視察と採用試験・面接を実施し3名の内定を出した。同時にスリランカ政府BOI（投資委員会）認定の申請書を提出し，翌年1月に認定を受けた。」

メタテクノランカの会社概要

メタテクノランカ株式会社（以下，"メタテクノランカ"と略す）は，2000年12月に資本金700万ルピーで設立，翌年1月にBOI認定を受け，事務所を開設したのは，同6月である。オフィスをスリランカで最高のビジネスロケーションと言われるワールドトレードセンター（WTC）・ウエストタワーの28階に構える。WTCには多くの世界的な外資系企業が入居している。シンガポール系企業が所有する同ビルは，スリランカ政府との契約のもと停電はない。

メタテクノランカの従業員数は63名で，うち技術者は59名である。勤務地別には日本に30名，スリランカに33名である。日本人の出向者はなく，本社役員が出張ベースで経営を行っている。主要な顧客は，日本の親会社メタテクノ，キヤノン，NECインフロンティア，TDI・PS，スリランカのJICA（国際協力機構），スリランカ政府労働省などである。

平均的なスリランカ人は家族を大事にすると同時に自分の勤める会社も大事にすると言われる。個人主義の人は少なく，会社への帰属意識が総じて強い。メタテクノランカの技術者の離職率の低さも他の国のIT技術者のそれと比べると圧倒的である。同社の2001年～2012年の12年間における採用技術者総数68名，2012年現在の技術者数59名，離職率は年平均1.1%である。

日本の顧客から日本語で受注

同社のビジネスモデルは以下の5つより構成されている。

1つ目は，日本本社へ技術者を派遣・提供するオンサイトモデルである。社員の採用は同国でトップクラスの大学生を募集する。IQテスト，情報処理技術試験上位者が対象である。採用後1年間は，スリランカで徹底した日本語教育とプログラミングの研修を行うと同時に日本のビジネス習慣，文化の教育を行う。そして全社員が，3～5年間，日本での実務経験をして帰国する。日本人と一緒に日本の顧客からの受託業務，あるいは派遣業務を経験することになる。したがって同社のエンジニアは，全員が日本語を普通に話すことができ，仕様書などの翻訳の必要がない。日本の顧客は，国内への委託とほとんど変わりなく発注できるというメリットがある。

　2つ目は，日本本社からの業務の受託をする社内オフショアモデルである。プリンターエンジン検査治具やプリンター言語解釈モジュールなどの委託開発である。

　3つ目は，日本の他社からの直接受託という社外オフショアモデルである。半導体加工レーザー機器の座標計算やFFT演算ソフトなどの開発案件である。SE受注単価は日本の30～40%程度であり，一定の高い技術水準のもとローコストで受託できる。

　4つ目は，地元スリランカ企業への製品販売およびカスタマイズという現地製品販売モデルである。具体的には，専門学校の管理システムをはじめ，ホテル，出退勤，在庫などの管理システムやレストラン用POSシステムなどがある。

　5つ目は，スリランカに進出している現地日本法人へのITシステムサポートやコンサルティングサービスといったIT支援事業である。なお，同社が公表している初任給の推移を見ると，2005年までは月額3万ルピー台であったが，2006年以降は4万ルピーを超え，2012年には5万ルピー近くまで上昇している。しかしながら，円に対するスリランカルピーの継続的な下落により，円ベースでの支払は逆に減っている。

　メタテクノランカにとって経営上の悩みもある。同社では，顧客（キヤノン）のプリンタードライバーのプログラミングを受託し，プログラムを組んでも，スリランカに検査用・動作確認用のサンプル基盤や完成品の輸入ができな

い。せっかく開発しても自社で動作確認などができず，不具合修正も日本にプログラムを送って日本で動作確認し，その情報をスリランカにフィードバックするとか，ちょっとしたニュアンスでの指示でも時間が掛かるという煩わしさがある。この背景には，メタテクノの知的財産権保護対策や日本の顧客企業の機密保持といった社内事情が横たわっている。

　今後，メタテクノランカが目指すのは，ローコストで受託できることだけを強みとするのではなく，技術力で市場に働きかけることである。そして，スリランカという地理的有利さを利用して，インド，バングラデシュ，パキスタン，ミャンマーなどの南アジアの新興国市場でのビジネスチャンスを先取りすることである。

ネパール

●頭を悩ます IT 企業の離職率の高さ

1. ネパール KC コンサルティング株式会社
(Nepal KC Consulting Pvt. Ltd.)

はじめに

ネパール KC コンサルティング株式会社は，ネパール（人口 約 2,650 万人）の首都カトマンズ（人口 約 250 万人）に 2008 年 11 月に設立されたソフトウェア開発のオフショアビジネスの企業である。設立時の親会社は，東京都品川区に本社を置くソフトウェア開発の KC コンサルティング株式会社である。

親会社の概要

KC コンサルティング株式会社（以下，"KCC"と略す）は，1976 年，KCC の前身である株式会社 ブレーンサービスを設立し，IBM 中小型機市場のソフトウェア開発業務を主力として，日本 IBM 協力会社として事業を開始した。1989 年に株式会社 日本マネジメント アドバイザーズに社名を変更し，本社を東京都目黒区に移転する。

1990 年に，IBM AS/400 をプラットフォームとする「リースビジネスパッケージ；Tula-I」を開発し，発売を開始する。1995 年に，第 1 期のオフショアビジネスとして，韓国ソウル市に IBM AS/400 ビジネスを担当するプログラミング会社「韓明情報システム社（HMIS）」を設立し，KCC100％ の受託サービス会社とした。

2007 年 7 月に，社名を現社名の KC コンサルティング株式会社に変更した。2008 年 11 月，第 2 期のオフショア戦略として，ネパール カトマンズ市に後掲詳述の「ネパール KC コンサルティング株式会社」を設立した。

ネパール KCC の概要

　ネパール KC コンサルティング株式会社（以下，"ネパール KCC"と略す）は，2008年11月にカトマンズ市ゴルフタール地区にソフト開発を目的に設立された。2013年3月現在，資本金2,000万円で，KCC 100%出資である。従業員数は，プログラマー13名を含む15名である。進出検討時に，設立場所は，ネパール政府がソフト開発の拠点に建設した IT パークなど様々な調査を行ったが，最終的にはバンスバリ地区にある3階建の一軒屋を借りてスタートした。目の前にはタイの大使館がある。なお，近くにカトマンズ大学がある IT パークは，2004年に設立され，当初6社が入居したがいずれもその後，撤退している。カトマンズ市内から車で1時間掛かる遠さとインターネットがつながりにくいなどが理由である。ネパール KCC の社長は KCC 門脇正明社長夫人の門脇まや氏である。

　同社のネパール進出のきっかけは，門脇まや氏が20年前に初めてネパールに行ってエベレストに魅せられ，10数年前からエベレストのトレッキングを開始したことにある。その後，インドとの国境にある小学校の設立に協力するなど，ネパールとの関わりを深めた。一方，日本の KCC にはネパール人が入社して成長していく姿も目にし，門脇夫妻が，ネパールに現地法人を設立して，そのビジネスを通じて現地に納税という形で貢献したいという考えに至った。また，1995年にオフショアビジネスとして設立した韓国の現地法人は，人件費が高くなりビジネスメリットがなくなってきたことも背景にあり，次のオフショアビジネスとしてネパールに注目した。

　ネパール KCC では，ビジネスアプリケーションの開発が主流であり，上流・中流設計は日本で開発し，下流設計を担当している。ネパール人は素直で，小さい時から数字を扱うのが得意であり優秀であるという。同社では JAVA に限定して下流設計およびプログラミングの開発と拡張を行い，その完成品を100% 日本に輸出している。

　同社の業績は，設立当初の2年間は赤字であったが2013年7月決算の3年目に単年度黒字化となり，累損が解消される見込みである。同社には日本人出

向者はおらず，ネパール人によって日々運営されているが，社長の門脇まや氏が毎年2月と7月の2回，現地訪問し各1カ月滞在し，経営指導に当たっている。

　従業員の採用は，当初インターネット上のサイト「Jobs' Nepal」で募集広告を出したが，効果が不十分につき，新聞に募集広告を出すようになった。応募者はネパールKCCのホームページ上にある応募用紙に記入して提出する。採用テストは，まずJAVA言語の常識的レベルをチェックする筆記テストを行う。次に具体的に課題を与えて1～2時間掛けて，プログラムを組んでもらう実地テストを行う。その後，JAVAの専門用語に関する突発的な質問を行ったり，本人の将来への抱負や本人の求める働きやすい環境など定着率を上げるための人柄確認のための口頭テストを行う。採用後は，開発の現場で1カ月のトレーニングを行うが，その間，日本語の基礎教育，JAVAを使っての開発などを試してみる。さらに1～2カ月間OJTを続け，6カ月間の試用期間の後，本採用か否かを判断する。ネパールの試用期間は原則6カ月であるが，法律上は，最大1年までを認めている。応募者は，トリブバン大学などのIT，エンジニアリングなどの工学部卒である。初任給は月額2万ルピー（約2万円）で，2年目に3～4万ルピーとなり，6万ルピーの社員も誕生している。

頭を悩ます離職率の高さ

　折角採用し訓練した従業員がスキルを習得すると，海外留学やシンガポールなどへの海外勤務という理由で辞める。海外留学して現地で修士課程を終えると帰国せずに現地で就職する。ネパール人の大学卒業者の夢は，米国から進出しているIT系やアウトソーシングなどの大企業への就職である。このような企業への流出もある。さらにオフィスで調理した昼食を毎日提供し全員で和やかに会話することや日本語教育，年1回の1泊2日の社内旅行の実施など，社内に家族的雰囲気を維持するという日本的なやり方を取り入れ，日本を好きになってもらう努力をしている。また，複数の社員が日本への業務出張も行って，お客様を直接訪問する。ネパールでは企業によっては，就職のパスポートと言われる卒業証書を2年間，会社が預かるという離職防止策を取っている。

ネパールKCCも同様の対策を取り始めた。

進出検討時および現地経営上，直面する課題

　IT産業のKCCが実際に経験したネパール投資に関わる数多くの諸問題は，下記のとおりである。
1. 2008年初めの進出検討時には，ネパールには国情を調べる依頼先がなく，また，外国投資に関するガイドブックもなく手探りでの調査を余儀なくされた。2012年夏以降に日本大使館にやっとIT産業関連情報が掲載されたが，筆者訪問時の2013年3月現在，カトマンズにジェトロ（日本貿易振興機構）のオフィスはない。
2. 外資の現地法人を設立あるいは，それを請負う専門家が不在，または乏しい。さらにネパールの産業省外為局，登記所，税務所，産業省など政府に設立受付窓口が一本化されていないので申請手続が複雑で時間が掛かる。
3. 会社設立には資本金の払込みが必要であるが，このための銀行口座開設に手間取る。

また，実際に事業がスタートしてから起きた問題は，以下の9点である。
① 同社は設立時よりインターネットバンキングを活用しているが，1日当たりの最大送金額が50万ルピーと制限があることや，普通預金口座に常にある一定金額を残額として維持する義務がある。
② 2011年度に政府より突然，「企業の最低賃金」の引き上げを求められ，ガードマンの契約見直し，仕入れ先との価格再設定など経営に大きな影響が出た。
③ インターネットの速度は最大「2MB」と極端に低レベルにあり，ITビジネスのインフラとしては貧弱である。ちなみに，日本は「光100MB」である。
④ 住宅地にオフィスを構えるネパールKCCにとっては，電力不足から起こる停電への対策として発電機の設置を余儀なくされた。その発電機を動かすディーゼル燃料不足になることもある。カトマンズ市内は1日10時間

停電する。
⑤ 「カンパニーセクレタリー」の任命制度が法制化されているが，この目的が理解しにくい。これとは別にもともと監査役が任命されている。
⑥ 「賞与」は法制化されており，「業績賞与」の他に，業績とは関係のない「ダサイン賞与」1カ月支給義務がある。ダサインとは日本のお盆に当たる祭りである。
⑦ ネパールでは，会計期間は会社法で定められており，ネパール歴に準拠しなければならない。ただし，ネパール歴によると毎年決算の日が異なることになる。
⑧ ネパールのIT産業に起こる特有の問題として，「ソフトウェア会社の売上高の算出」は本数ベースに基づいており，通常使用される工数（スタッフ別作業時間）による基準は認められない。その結果，売上高を架空プログラム本数に換算する煩雑さが出る。
⑨ 政府の与党と野党の対立から起こる「バンダ」（banda）と呼ばれるストライキの発生が多く，前日または当日にならないとわからない。事業の稼動への不透明さや不安定さが生じる。

なお，ネパールKCCは，日本資本100％のIT企業として5年間ソフトウェア開発を行ってきたが，日本の親会社KCCが2013年末に事業閉鎖したことに伴い，同社が3年間ERP（Enterprise Resource Planning）を共同開発してきた韓国のトップクラスのERP企業，株式会社永林院（Younglimwon Soft Lab., 本社ソウル市）からマジョリティ出資を受け入れ，新たな外資系企業として出発することになった。

●国際村おこしとネパール進出
2. 株式会社かんぽうネパール
(Kanpou Nepal)

はじめに

　株式会社かんぽうネパール（Kanpou Nepal）は，ネパールの首都カトマンズ市に1997年に設立された和紙原料「みつまた（三椏）」[注9]および和紙製品の製造販売会社である。親会社は，大阪市に1948年に設立された政府刊行物サービス・ステーションである大阪府官報販売所の株式会社かんぽうである。

大阪府官報販売所としてスタート

　株式会社かんぽう（以下，"かんぽう"と略す）は，1921年（大正10年），大阪府官報販売所として創業，1948年に法人に改組されて設立された「官報」「政府刊行物」を販売する会社である。大正，昭和，平成という時代の変遷の中で90年の歴史を刻んでいる。具体的な事業内容は，国の広報紙・国民への公報紙である「官報」の販売，官報への公告掲載の取次ぎ業務，各省庁の白書・有価証券報告書・統計書／法律書などの「政府刊行物」の販売である。さらに，和紙原料「みつまた（三椏）」の販売や「みつまた」を使用した2次製品の販売がある。

　2013年3月現在，かんぽうは資本金2,200万円，従業員数40名（パートタイマーを含む）である。主な仕入先は，独立行政法人 国立印刷局，全国官報販売協同組合，ぎょうせい，中央法規，第一法規，日本統計協会，大蔵財務協会，日本貿易振興会などである。一方，主な販売先は，大阪府，大阪市，近畿地方整備局，日本郵政株式会社，独立行政法人 造幣局，大阪府立大学，大阪府立中央図書館，紀伊國屋書店，ジュンク堂書店などである。

国際村おこしとネパール進出

　かんぽうは，1990年，ネパールのヒマラヤを原産地とした「みつまた」を求めて国際村おこしも考慮しながら進出し，1997年，株式会社かんぽうネパール（以下，"かんぽうネパール"と略す）を設立した。「みつまた」は「こうぞ（楮）」[注9]とともに代表的な和紙の原料で，日本では紙幣にも使われている。「みつまた」は，ヒマラヤの標高1,800～2,600mの山にたくさん自生している。

　かんぽうは，産業の少ないネパールの村おこしのため，ネパールの「みつまた」の開発を始めた。ネパールに雇用の機会を作り，日本に不足している「みつまた」を輸入できるという双方にとってメリットのあるプロジェクトであった。その後，この村おこし活動の「みつまた」は，初期の手探り状態を脱し，エベレストの麓から東に200kmに位置し車で約5～6時間のJIRI地方での生産も軌道に乗り，日本に輸出できるまでになった。

　日本において，紙幣の原料として使われる「みつまた」は，日本産は随意契約であるが，外国産は入札制度のもとにある。外国産は日本産の5分の1程度の価格であり，ネパール産は中国産との競争下にある。日本の「みつまた」は西日本で少量生産されるが，日本の若者が林業に従事しなくなった今日，先行きが懸念されている。

　かんぽうネパールのみつまた紙製品は多様なものがある。それらは和紙カレンダー，大阪の住吉大社に納められるおみくじ（written oracle），手すき和紙，擬革紙・皮革に似た加工紙，包装紙，手提げ和紙紙袋，名刺，便箋セット，手帳，グリーティングカードなどである。和紙カレンダーは，一部売りは1,000円で100冊から名前入りで受注している。

「かんぽうネパール」の会社概要

　2013年3月，筆者が現地インタビューした かんぽうネパールの社長 ハリ・シュレスタ氏および兄でマーケティング マネージャーのラム・ゴパル・シュレスタ氏から同社の概要および経営課題を聞いた。後者のラム・ゴパル・シュレスタ氏は，1990年，日本のかんぽうで研修を終え，その修了証書をかんぽ

うネパールの事務所に飾っている。

　かんぽうネパールは，かんぽうの田中久雄社長（現会長）の肝煎りで1990年に村おこし活動としてスタートし，1997年に「かんぽうネパール」が設立された。かんぽうネパールのハリ・シュレスタ社長は1995年に同社に入社した。同社の資本金は30万ルピー（約30万円）で全額かんぽう出資である。従業員数は12名（男性7名，女性5名）で，うち，「みつまた」の検品・梱包6名，日系企業へのカレンダー売り込みなどの営業，事務など6名である。給与は月給プラス賞与1カ月である。決算・会計監査は会計事務所経由で行い納税し，厳しいネパールの税務所に対応している。ビジネスモデルは，日本から前受金をもらって，ネパールでの経費を差引いた分が現地側利益となる。

　「みつまた」は全数，日本向け輸出であり，カトマンズからコンテナでインドとの国境の町ビルガンジへ運び，そこから鉄道でインドのコルカタまで運び，船で横浜に輸出される。一方，おみくじ，カレンダーなどの「みつまた」の2次製品は，飛行機でタイのバンコク，香港，韓国経由で日本に輸出される。

　かんぽうネパールとしては，今後，「みつまた」の現地生産を拡大し，「がんぴ（雁皮）」[注9]と似ている「ロクタ」とともに欧米への輸出にも注力する。

生産現場に影落とすマオイスト系労働組合

　シュレスタ社長は，かんぽうネパールの一部として従業員19名の製造会社を擁したが，ネパールでは10名以上になると労働組合を結成しなければならない。マオイスト系労働組合団体の過激な賃上げ要求と怠業により2010年頃に会社の閉鎖を余儀なくされ，大きな退職金の支払いを行わざるを得なかった。工場閉鎖以降は，自宅で内職的に仕事をしてもらう下請を活用し，出来高払いの形態を採用している。従業員数を見掛け上，少なくする効果があり，1つの労働組合対策となる。

　最近のネパール工場では，マオイスト系労働組合団体の影響を受け，工場のオーナーを工場内に監禁したり，オーナーに対して暴力を振うという事件も発生している。

なお,「みつまた」生産のための山の作業費（日当）は，2013年に至る過去10年間で，女性は1日50ルピーから350ルピーに，男性は70～80ルピーから500ルピーへ約7倍上昇している。

●日本の"山岳民族"とも言われる立山芦峅寺が発祥地
3. 丸新志鷹建設株式会社　ネパール支店
(Marushin Shitaka Construction Co., Ltd.　Nepal Office)

はじめに

丸新志鷹建設株式会社のネパール支店は，ネパールの首都カトマンズ（標高1,350 m）にあり，同社のネパール，ブータン両国の受注工事の指揮を取っている。

日本の"山岳民族"とも言われる立山芦峅寺が発祥地

丸新志鷹建設株式会社（以下，"丸新志鷹"と略す）は1952年に富山県中新川郡立山町芦峅寺（あしくらじ）に志鷹組として創業し，1964年に現社名の丸新志鷹建設株式会社として資本金600万円で設立された建設会社である。立山の芦峅寺の住民は，「佐伯姓」8割，「志鷹姓」2割と言われる。この2つの姓名に集中した芦峅寺は，北アルプスの雄山（標高3,015 m），浄土山（同2,831 m），別山（同2,880 m）の立山三山や剱岳（同2,998 m）の麓にある山岳関連事業で生計を立ててきた地域である。日本の"山岳民族"ともいうべき芦峅寺が丸新志鷹の発祥地である。後に，同じ"山岳民族"のネパールのシェルパ村住民を助ける交流につながっていった。

丸新志鷹は，1981年に資本金を4,800万円に増資し，2013年現在，そのまま同社の資本金となっている。1990年に一級建築士事務所登録を行った。1992年にカトマンズ市にネパール支店を開設し，同社事業はネパールで大きく拡大していった。1994年からJAVADA（中央職業能力開発協会）ネパール

研修生の受入れを開始し，2004年に受入れを終了した。その間の受入研修生は，合計88名に上っている。この研修制度は，当初はAOTS（財団法人 海外技術者研修協会）のスキーム，その後は独自の制度で毎年5〜6名を日本に派遣してきたものである。2013年1月現在，同社の従業員数は53名である。

業務内容は，土木工事，建築工事，木質ペレット販売である。具体的には，土木，建築，大工，造園，とび・木工，石，水道施設，管，舗装，防水，鋼構造物，塗装，内装仕上工事と広範な事業にわたっている。また，主要取引先は，地元富山県の鉄道，電力会社や立山黒部貫光株式会社や立山劔岳周辺山荘などである。

現地の建設現場を熟知したネパール支店

筆者がネパール支店訪問の際，インタビューに対応していただいたのは，次の3名である。1人目は支店長のハクパ・ギャル・シェルパ氏で，エベレスト山の麓，クンブー地方のクンデ村（標高3,850m）出身である。2人目の取締役のダヤラン・タパ氏は，ネパールの名門トリブバン大学出身で灌漑工事に手腕を発揮している。そして，3人目が丸新志鷹本社の顧問 兼 同ネパール支店顧問（常駐）の石黒 久氏である。石黒氏は元大成建設のアジア・中東の建設プロジェクトの所長を歴任し，発展途上国の建設現場に詳しい。また，同氏は冒険家の故・植村直巳氏に次いで，1973年にエベレストに登頂した2番目の日本人である。当時登頂をシェルパとして支援したのが，前掲のハクパ支店長である。

現地の建設プロジェクトの落札や工事には，現地化が一番重要である。現場を知り，現地で労働者を雇い，現地で設備，資材の調達および人員確保ができてはじめてコスト力が付き国際競争力が出る。そして受注の確率が高くなる。一方，日本の大手建設会社の場合，現地の情報不足や日本本社からの英語コミュニケーション能力の不足，現地化の遅れなどからコスト高になり，採算の取れない建設現場が増えがちである。

ネパールのラニ ジャマラ クラリア灌漑工事では，中国企業2社，インド企業1社，丸新志鷹ネパール支店が応札したが，コスト的に勝ったネパール支店

が受注した。中国企業は，建設現場に中国から労働者を連れてくるので総じて労務費は安い。

ブータン道路工事を相次いで落札

2011年，ブータン王国（人口70.8万人）の道路工事の国際入札（International Tender）があり，3件を落札した。発注者は，いずれもブータン王国政府 労働人間定住省道路局である。

1件目は，ツェバール・ミクリ・ドゥルングリ支線道路第2区工事（33.9 km）で，受注金額は，4億1,500万円，工期は2012年2月〜2014年10月の32カ月である。2件目は，幹線国道として計画されているパングナン・ナングラム国道第3工区工事（25.0 km）で，受注金額は，5億2,800万円，工期は2012年4月〜2014年12月の32カ月である。3件目は，2件目と同じく，パングナン・ナングラム国道の第4工区工事（30.6 km）で，受注金額は，5億2,800万円，工期は，2012年5月〜2014年12月の32カ月である。以上3案件とも工事資金はアジア開発銀行（ADB）より融資を受けている。資金はアジア開発銀行が68.8%，ブータン政府が31.2%負担するプロジェクトである。このプロジェクトにはインド，タイの建設会社，丸新志鷹ネパール支店が応札したが，丸新志鷹の入札価格が他社の半分であったため落札できた。ブータンには1960年代に多数のネパール人が入ったため，ブータン国民の3〜4割は元ネパール人と言われるほどである。

また，ネパールの落札案件としては，前述のラニ ジャマラ クラリア灌漑工事がある。ネパールの3大河川の中で最も長いカルナリ川流域の灌漑用取水施設とその周辺護岸を施行する工事である。発注者は，ネパール政府灌漑局で，受注した3件の受注総額52億6,000万円，工期は2011年2月〜2016年8月の66カ月である。

さらに同社は，日本国際協力システム（JICS）が発注者の「ネパールの学校改善支援プロジェクト」を受注している。これは日本の無償援助によりネパール全土にある350校の教室を各2室ずつ建設するための建設資材および教室備品の調達を行うことを目的とする。受注金額は6億8,100万円である。

丸新志鷹のネパール支店は今後，ネパールとブータンの工事に特化し，他国へは進出しない計画である。ネパールは，今後，道路拡張や立体交差の工事，自然との闘いとなる灌漑工事などインフラ工事が増えていく。

苦労する資金調達

ネパール支店が挑むネパール国内の建設工事は，国際入札である。この工事を落札するためには，まず入札保証書（tender bond, bid bond）が必要で，工事金額の2～3%を調達しなければならない。次いで，履行保証書（performed bond）が必要で，工事金額の5～10%，さらに前渡金保証書（advanced bond）を同15%調達しなければならない。ネパール銀行が上記の保証書を出すためには，日本の丸新志鷹本社の同額の保証（counter guarantee）が必要となる。

しかしながら，日本の銀行が丸新志鷹本社が要求する保証を出すとなれば，丸新志鷹に抵当権の設定を求めることになる。例えば，総額50億円の国際工事を落札しようとすれば7億5,000万円の資金調達が必要となり，中堅中小の建設会社にとっては，厳しい綱渡り的な資金繰りを余儀なくされる。前述の前途金保証では，工事の出来高に応じて返済してくれるが，工事が完了しても1年間はメンテナンスなどのフォローのため，5%の保留金（retention money）が設定される。

なお，日本政府のODA（政府開発援助）の中で，ネパール，ブータンでの日本政府による無償援助（40～50億円規模）では，前掲の保証書の条件は緩い。日本側で前途金保証は不要である。ただし，落札企業は，ネパールでは，安藤建設・間組，日本工営，ブータンでは大日本土木といった大手企業である。ODA案件は，資金繰りが苦しい中堅中小の建設会社にとり海外進出の足掛かりとなる。丸新志鷹の本社にとっては，ネパール支店に本社の保証を入れれば，キャッシュフローの制約から逆に日本国内事業活動が制約される。ネパール支店がネパール国内で自ら保証金（Counter guarantee）を積むことができるという自活の道が求められている。

インド

●縫製品から生活雑貨品までの第三者検品のプロ
1. インドフルシマ検品センター株式会社
(Furushima India Inspection Center Pvt. Ltd.)

はじめに

　インドフルシマ検品センター株式会社は，インドのハリヤナ州グルガオン県のマネサール工業団地の中にある縫製品（アパレル）の検品会社である。親会社は，埼玉県羽生市に本社を置く株式会社ファッションクロスフルシマで，繊維製品の加工や検品業務を主要業務とする。

アジア一帯に縫製品検品業務を展開

　株式会社ファッションクロスフルシマ（以下，"フルシマ"と略す）は，1906年（明治39年）に古島染工として創業し，1979年に古島プレスセンターとして設立された。1990年に現社名に改称している。2013年8月現在，払込資本金3,000万円，年商9億5,000万円であり，従業員数は，国内120名，海外3,000名の計3,120名である。海外売上高比率は約65%である。

　主要取引先は，イトーヨーカ堂，オンワード樫山，良品計画，ユニクロ，しまむらなど大手企業をはじめ多くの衣料品小売業に広がっている。主要事業は，既成服仕上げプレス，バーコード札・値札・洗濯表示ネーム札などの印字作成，海外商品品質検査などである。

　社内組織は，国内事業本部，海外事業本部，総務部の3部門から成り立っている。国内事業本部は，検品・仕上げプレス・物流・運輸の業務別に構成，海外事業本部は，中国の上海，青島，常洲，珠海，南京，南通，ASEAN地域のベトナム，カンボジア，インドネシア，ミャンマー，そして南アジアのイン

ド，バングラデシュの国別に構成されている。これらの国の他に業務提携先がタイにある。

インドフルシマの概要

インドフルシマ検品センター株式会社（以下，"インドフルシマ"と略す）は，フルシマ本社の海外商品品質検査事業の1つとして2005年にグルガオン県のウディヨグヴィハール工業団地に設立された。グルガオン県は，首都デリー南の国際空港から約15分の立地に新興開発地域として近年オフィスビルや高層アパート，ショッピングモールが開発され，日系企業の進出も盛んな地域である。同地区はその地域開発に伴い，3年で家賃が3倍ほどに高騰したため，2008年にさらに南郊外のマネサール工業団地の現在地に移転している。デリー地域に検品センターを設けたのは，日本からの直行便を利用できる物流面での利便性があり，デリー周辺（デリー・グルガオン・ノイダー）に日本向けに生産を行う工場が多く，主要取引先の生産が数社で始まったことが大きな理由である。

同社の主な業務形態は，自社センター内で行う持込み検品と，センターへ持込みができない南インドなどの遠方地域の生産工場内にて行う出張検品の2形態がある。主な業務内容は，生産開始時に初回ロットを検品する先上げ検品，本生産後の抜取検品や全量検品，製品内の折針の有無を調べる検針があり，近年は生産工場と一緒に品質向上を目指して行こうと工場内インライン検品，検品指導にも新たな取り組みとして力を入れている。検品以外には製品への下げ札付や補修業務も一部扱っている。

インドフルシマは，従業員80名で，検品能力は取扱い商品によっても異なるが，平均1日約1万枚，検針能力は約2万枚である。その内，繁忙期に検品以外の作業で雇用しているパートタイマーが約10名である。勤務体制は，土曜日を含む週6日制で，1日8時間の1直制である。ただし，1日2時間程度の残業があり，繁忙期は日曜日も総出で仕事をする。

インドフルシマの業務の中には出張検品がある。南部のケララ州のカンナノール市やカルナータカ州バンガロール市やタミル・ナド州のチェンナイ市に

3．南アジア編

　ある縫製品メーカーに行って検品を行う。出張検品に出るスタッフは，100%が男性で，インドフルシマで数年の経験をし，訓練された社員である。また，出張検品には複数名でチームを組み，そのスタッフのリーダーは6年以上の経験を有した者でないと務まらない。インドの中でも北インドの縫製業に従事するのはほぼ男性であり，逆に縫い子も検品スタッフもほぼ女性という南インドとは異なる。2008年に現在地に移転した当時は，仕事量はインドフルシマへの持込検品80%，出張検品20%という比率であったが，2013年には50%，50%の割合となっている。2012年には，南インドに日本の大口マーケット向け検品対応のため，出張検品に延べ30人程派遣している。出張検品の対象製品には，縫製品だけでなく革製品の財布やバッグ，革製品の原材料となる革シートや靴も取り扱っている。

　近年検品取扱い商材も多様化しており，進出当初は衣料品が主流であったが，近年寝装品やマットなどの生活雑貨やバッグなどの割合も増えており，現状衣料品が50%，生活雑貨他が50%という割合となっている。

　インドフルシマでは2名の日本人スタッフが駐在しており，繁忙期は本社からの応援も含め4名体制にて対応している。各取引先の商材や売り先に沿って検品業務を行い，現地スタッフの指導を含め工場を経営管理している。2014年3月現在1名をジャイプール地域に，1名を南インド ティルプールに，マネサール自社センターに1名，繁忙期は応援1名にて対応している。

　駐在員の経歴も様々で，1名はインドネシアフルシマから社内異動でインドに来た海外滞在30年の経歴の者，もう1名は大学時代に国際開発学を専攻，第2外国語としてヒンディー語を学び，インド留学後にフルシマに入社，インドフルシマの立上げスタッフとして活躍し，8年目のインド勤務となっている。また，別の1名は大学時代ウルドゥー語を専攻，パキスタン，インドの留学経験を持ち，インドネシアフルシマにも駐在経験あり，数カ国語喋れる。近年外国人の雇用も増やしており，日本滞在7年のネパール人のある女性は本社研修後インドに駐在，現在はカンボジアフルシマにて近年活発化するカンボジア生産の検品業務に当たっている。

第2章　中堅・中小企業のアジア進出事例研究

第三者検品

　縫製品メーカーの生産プロセスは，製糸，染色，裁断，縫製，検品，包装という一連の流れがある。発注者である大手メーカーは，縫製委託先工場での自主検査を課しているものの，基本的には，第三者検品を必須とし，検査に通ったもののみ出荷をするよう，市場への不良品流出を防ぐルールを設けている。この流れの中にフルシマの検品事業がある。例えば，アパレルメーカー自身がインドで生産したものや，インドで委託生産したものが日本に輸入された後，日本で検品され，さらにその結果不良が多数出た場合，日本で補修しなければならない。人件費が高い日本では，そのコストが莫大になるため，生産国に検品会社が進出して，輸出前に現地で不良処理をする必要性が生じる。ここにフルシマの海外拠点が活躍する余地がある。図2-8のファッション クロス フルシマのアジア拠点は，中国の12拠点，インドのデリー，バングラデシュのダッカ，ベトナムのハノイ，ホーチミン，カンボジアのプノンペン，インドネ

図2-8　ファッション クロス フルシマのアジア拠点

出所：ファッション クロス フルシマのホームページ

シアのジャカルタなど中国と合わせて合計18拠点を示している。

　日本の縫製業は，中国の生産コストが上昇している中で，生産国を東南アジアや南アジアにシフトしている。その流れの中でフルシマの検品拠点も，ここ5年の間で東南アジアや南アジアに広がっている。

　検品に並んで，検針は，対象となる衣料品やマットなどの商品に生産時に誤って折れ針などの危険物が混入していないかを検針機で調べることである。衣料品の場合は，検針機に1.0 mmの鉄球に対する感度設定がなされ，針の方向性による見逃しを軽減するため，商品を縦と横と方向性を変え2台の検針機を連結し，2回通し確認を行っている。それに対して反応したものが止まるシステムであり，反応品は危険物混入の恐れが大いにあり，反応品は厳重に保管され，別途ハンド検針機にて反応物特定を行うなどして，反応原因を特定する。インド国内の生産工場は検針機を完備していない工場も多く，インドフルシマでの検針反応数は日本本社作業に比べ数十倍という。衣料品の中でも肌着といった衣料品の検針感度は0.9 mm，マット類など不純物を多く含む商材には1.2 mmの感度が設定されるなど，商材に応じた感度調整が行われ，作業が行われている。商品の検品代は，各アイテムの作業時間にどの位の時間が掛かるかというタイム換算で決めている。

　なお，日本のフルシマ本社での検品は，日本生産品ではなく，中国・インド・東南アジアなどで生産したものが対象で，現地に検品センターがない所のものを行っている。また，日本に輸入してから問題があって処理した製品の検品，最終のプレス仕上げといった日本でしかできない作業を行っている。また，以前は商品が店頭・客先に届く前の検品・補修が主流であったが，近年は大手メーカーなどが1年間保証を謳い，客先から戻った商品の再検や補修作業などの業務が増えてきている。

物流・商流

　インドフルシマで検品後は，当該製品の生産工場の手配にて商品が引き取られ，空港，港まで輸送される。インドフルシマ自身は，輸出業務はせず，あくまでもインド国内の取引き形態となる。同社の検品事業の一連の流れは，顧客

がフルシマ海外事業部の営業窓口である東京営業所に注文書を出し，東京営業所がインドフルシマに検品依頼を連絡。インドフルシマは，依頼先のファッションクロスフルシマに請求書を発行，フルシマ東京営業所より顧客宛に請求書を発行。インド国内の出張検品に掛かる実費は，ルピーで発生するが月末レートを適用して円換算し日本に請求する。業務の中で，一部インド国内の現地の会社から検品依頼を受けたものは，ルピーで現地決済を行っている。

なお，インドにおける繊維製品の検品業者としては，インドフルシマの他に，アサヒ・リンク（本社岐阜県安八郡），ベラ通商（本社大阪市），ジーエフ（本社岐阜県揖斐郡），i.i.i.（本社大阪市）があり，検品を取り扱っている。i.i.i.は日系の縫製工場でもある。

インドフルシマの従業員の平均勤続年数は，立ち上げ当初のスタッフから新人も入れて6年程度である。給与はワーカーレベルで8,000ルピー（約1万6,000円）/月，品質管理チームのメンバーは1万ルピー（約2万円）以上である。賃金は近年の物価の高騰もあり，立ち上げ時の倍近くになってきている。従業員の採用は，口コミ，人づてで連れてくるケースが多い。社内に労働組合はない。

難しい年間の安定稼動

インドでの日本向け縫製品は，春物と夏物が多く，稼動が1月から5月に偏るため年間を通しての安定経営が難しい。インドでは日本向けの冬物などは作らないので，その時期に検品の注文を確保することは困難である。その対策として，雑貨，ベッドシーツ，クッションカバー，マット類，靴，かばんなどの縫製品以外の検品作業を受注して稼動の季節変動を平準化する。工場は停電があるので発電機（ジェネレーター）を設置している。ただし，停電の際，発電機を動かす重油代が高く，工場やアパート代の家賃の高さを入れるとトータルの経費は，中国よりもインドの方が高い面がある。

インドの縫製品は欧州向けと米国向けが多い中，インドの地場企業は，日本の注文量は少なくしかも品質にうるさいというイメージを持っている。その背景には，欧米企業は工場から直接出荷できるのに日本企業には第三者検品とい

うルールがある。地場企業にとり厳格な日本の検品会社は敵みたいな面があるが，品質を更に向上すれば注文がついてくるという考えの地場企業は，着実に受注することができる。検品会社にとって縫製工場との良好な関係づくりが重要となる。出張検品チーム派遣の本検品前に工場に出向いて先上げ検品を行い，バルク製品が上がる前に生産現場で不良を食い止める取り組みをしている。未然に不良発生を食い止めることができれば，不良率を下げることができ，工場にとってもプラスとなる。

　インドへの進出検討時には気がつかなかったことで，現地に来て新たにわかった点にカースト制度の根強い社会環境がある。インドでは，カーストの階級社会の中で分業し仕事をする。例えば，不浄となるトイレ・床掃除は基本的に一般工員とは別に掃除人を雇用し対応している。工場ワーカーとオフィスのスタッフが一緒に食事を取ることは余りないというのがインドの自然な社会である。一緒に仕事をする仲間ではあるが，ある程度の距離感が必要な社会である。

　そうした状況下で，日本人出向者がフルシマの事業目的などを従業員全員で共有して，日本人が率先して工場の仕事も手伝い垣根をなくす努力を行ってきた。その結果，数年経過すると現場に出なかったオフィススタッフも現場で手伝える仕事は手伝い，現場で自分の目で確認し，現場スタッフと一緒にコミュニケーションを取りながら進めるようになった。現場を見ずして事務作業もできず，少しずつであるが，日本方式を現地化できつつある。

第2章 中堅・中小企業のアジア進出事例研究

バングラデシュ

●従業員 2,000 名,原材料調達から製品までの一貫生産
1. 丸久パシフィック株式会社
(Maruhisa Pacific Co., Ltd.)

はじめに

　丸久パシフィック株式会社（Maruhisa Pacific Co., Ltd.）は，2009 年 4 月にバングラデシュの首都ダッカ市郊外の輸出加工区に設立されたアパレルメーカーである。親会社は，徳島県鳴門市に本社を置く子供服・婦人服・紳士服・肌着などの企画・製造・販売会社の丸久株式会社である。

創業半世紀を超えるアパレルメーカー

　丸久株式会社（以下，"丸久"と略す）は，1959 年の創業以来，自社ブランドの確立を目指してきたアパレルメーカーである。2012 年 3 月現在，同社は資本金 4,500 万円，国内従業員 160 名，売上高 57.9 億円である。主要取引先は，イオン，イトーヨーカ堂，しまむら，赤ちゃん本舗，ダイエー，東急ストア，オンワード樫山，ワールドなど日本有数の小売業である。売上高の構成比は，8 割強を子供服が占め，残りが肌着と婦人服である。

　丸久の創業以来，半世紀を超える歴史の中で，特筆されるのは以下の 3 点である。

　1 つ目は，社員教育・訓練の充実である。その歴史は 1983 年に企業内短大の丸久鳴門学院の開校から始まり，1985 年に丸久高等職業訓練校を開校，1987 年に職業訓練法人，丸久職業訓練協会を設立するに至る。そして 1996 年には，丸久グループの社員がアパレルやファッションの知識・技能を学ぶことのできる教育施設である丸久ファッションアカデミー短期大学校を開校してい

る。ここでは，「ファッションビジネス」，「パターンメイキング」，「コンピューターグラフィック」，「品質管理」の各講座の他に繊維素材や加工技術の知識，海外における繊維製品生産の現状の問題点を学習し，実際に裁断機やミシンを使って衣料品を生産するための各工程の実習を行う「アパレル生産」の講座が組まれている。

　2つ目は，積極的な海外生産展開である。同社は1993年にタイのアユタヤ地区ロジャナ工業団地に現地法人丸久インターナショナルを設立，2年後の1995年に中国の山東省青島市に丸久（青島）時装有限公司を設立，翌年に，同市に合弁会社，青島新東亜精錬有限公司を設立した。2009年には海外3拠点目としてバングラデシュのダッカ市郊外に後掲詳述の丸久パシフィック株式会社を設立するに至った。

　丸久の生産拠点別構成比は，2009年当時で，中国70％，タイ25％，日本国内5％と言われている。その時点での"今後の生産構成比"は，中国45％，バングラデシュ30％，タイ25％と報じられている。人件費の高騰する中国への一極集中を避け，より高いコスト競争力を実現できるバングラデシュを次の生産拠点の柱にする計画である。日本は，超特急品，やり直し品，高級品など量産品以外の生産対応の拠点という位置づけである。2014年1月現在，丸久の生産は，ほぼ100％海外である。

　3つ目は，自社ブランド確立による小売業への進出である。丸久は，自社で長年培ってきた企画力を生かすため，成長著しい中国にてSPA（アパレル製造小売業）を目指している。同社直営店の出店は，イトーヨーカ堂の北京店と四川省の成都店である。

従業員2,000名，原材料調達から製品までの一貫生産

　丸久パシフィック株式会社（以下，"丸久パシフィック"と略す）は，2009年4月にダッカ市郊外にあるアダムジー輸出加工区（AEPZ：Adamjee Export Processing Zone）に丸久100％資本の子会社として設立された。資本金250万ドルで，工場敷地1万6,350 m^2，従業員数2,000名，月産能力80万枚という大規模工場である。同社は，2009年に縫製工場を設立後，2011年に糸か

ら生地を作る編立工程と出来上がった生地に色を付ける染色工程を持つ一貫工場を新たにスタートさせた。

　丸久のバングラデシュ進出の背景には，廉価な人件費を生かした労働集約的なアパレル生産に対して特恵関税（Preferential Duty）を活用することがある。世界140カ国の発展途上国がGSP（Generalized System of Preference 特恵関税制度）の対象国となっている中で，バングラデシュは更に最貧国に与えられる特別特恵関税の供与対象国となっている。この制度のもとでは日本がバングラデシュのニット製品を輸入する際に関税が免除される。（2012年度の税制改正で，現在，同国内で製造された生地製造と縫製の2工程の製品が対象。）

　この結果，既存の中国工場と比較すれば，バングラデシュで生産された繊維製品の日本輸入価格は大きなアドバンテージがある。日本の縫製業は従来，中国への依存度が高かったが，急速な経済発展を遂げる中国の「人件費の上昇」と，政治外交問題を経済分野や民間企業の現地オペレーションにまで打撃を与える「中国政府のチャイナリスク」を分散・回避することが不可欠となっている。バングラデシュはこの2つの課題に対処する注目国である。

　同社の大規模工場には，編み機14台，裁断機18台，オーバーロック，本縫い，平二本のミシン計860台強，プリント台40台（1回転1,600枚分），アイロンセット41台など大きな設備投資がなされている。筆者が2013年2月に工場見学をさせていただいた折には，ペガサス，JUKI，ブラザー，YAMATO（ヤマト）などの日本ブランドのミシンが所狭しと並んでいる中で，多くの女性ワーカーが縫製作業に集中している姿は圧巻であった。

　丸久パシフィックで生産された子供服のニット製品は，イトーヨーカ堂やイオンなどにプライベートブランド（PB＝自主企画）商品として販売されている。丸久パシフィックの生産リードタイムは最長約110日である。その内訳は，糸在庫のない新規注文では，紡績（30日），編立て（15日），染色（15日），縫製（20日），QC・出荷（7日），海上輸送期間（23日）である。また，糸在庫がある場合のリードタイムは80日，生バタ在庫がある場合は65日となる。

　同社の一連の製品と生地が工場内のサンプルルームに展示されている。一種

のショールームともいうべきものである。筆者訪問時に見せていただいたが，日本のみならず欧州にも輸出されているだけに，各製品の企画力，デザイン力，品質は製品価格からは到底想像できない高度なレベルであることを実感させられる。

バングラデシュの経済と社会を歴史的に振り返る時，この国は"繊維立国"である（同社　山本周治社長談）。政府組織に「外務省」などと並んで「ジュート省」が独立した省として存在していることがその証左であろう。そのため政府組織や社会インフラが，繊維産業への理解度，親和度を高くし，同国進出の外資アパレル企業にとってはアドバンテージの1つである。

日本流経営と工場管理ノウハウをバングラデシュに持ち込み，原材料調達から製品までの一貫生産を行う丸久の現地オペレーションが，今後バングラデシュ参入を計画している多くの日本企業の関心を集めている。

●チャイナプラスワンを意識した縫製副資材メーカー
2. 横浜印刷（バングラデシュ）有限会社
（Yokohama Labels & Printing (Bangladesh) Co., Ltd.）

はじめに

横浜印刷（バングラデシュ）有限会社は，バングラデシュの首都ダッカ郊外にあるアダムジー輸出加工区（AEPZ：Adamjee Export Processing Zone）に2010年春に設立された企業である。親会社は，東京都文京区に本社を置くプリントネームなどの総合副資材メーカーの横浜テープ工業株式会社である。

日本で初めてプリントネームの生産を開始

横浜テープ工業株式会社（以下，"横浜テープ"と略す）は，1960年に資本金600万円で，横浜に設立され，翌年，日本で初めてプリントネームの生産を始めた企業である。1963年にフランスのヘリオテキスタイル社と提携，プリ

ントネーム製造設備を導入し，＜ヘリオ＞の商品名で生産を開始する。創業以来，海外の先進的な技術を導入し，独自の創意工夫を重ねて成長してきた総合副資材メーカーである。

同社は，2013年3月期現在，資本金7,500万円，単独売上高5億円（グループ全体30億円），従業員数45名（グループ全体380名）である。

同社の主たる事業は，下着からジャケット，背広に至る衣料品などのプリントネーム・織りネーム，洗濯ネームの他に，コンピュータ印字（ネーム・下札），下札・ヘッダー・パッケージ，各種粘着シール，ジーンズ用紙パッチ，印刷用テープ・印字用テープ，インクリボン（ネーム・下札用）などの製造・販売である。

必要な商品を必要な時に必要な場所へ

横浜テープは，日本のアパレル産業の海外展開に呼応して，積極的な海外展開を図ってきた。まず1984年に香港に合弁で横浜絲帯印製有限公司を資本金100万香港ドルで設立した。1993年に社名を横浜印刷（香港）有限公司に変更し，資本金は500万香港ドルに増資された。その後，独資企業となり資本金は2007年に1,250万香港ドルに増資している。下札やヘッダーの紙製品を主体に生産を開始し，欧米の有力アパレル，小売が顧客である。

次いで1988年に北京に合弁で北京横浜絲帯制品有限公司を資本金135万人民元で設立した。この事業は2004年に合弁期間満了により清算をした。

1994年に中国の上海嘉定区に隣接する江蘇省太倉市に独資で横浜絲帯（太倉）有限公司を資本金9,000万円で設立した。敷地1万m²，床面積4,000m²の工場である。今日では，資本金が3億5,000万円に増資されている。オフセット，凸版，コンピュータ印字といった印刷部門とは別に，2004年に染色設備を導入し，これまで現地調達が難しかった日本規格の印刷用生地の開発や各種コーティングを行っている。

次いで1996年に香港現地法人の100％子会社として，広東省東莞市に東莞横浜商標印刷有限公司を設立した。同社は2000年に設備増強を図り，資本金1,900万元に，さらに2004年に3,650万元，2010年に3,850万元に増資した。

同社の印刷部門ではグループ最大の設備と生産量を誇っている。CCM（自動調色機）をはじめ，最新の機器を駆使し，トータルとしての品質保証体制を確立している。米国のファストファッションの雄 GAP 社からアジア No.1 工場の評価を得ている。

　2010 年に，バングラデシュに次節に詳述される横浜印刷（バングラデシュ）有限会社を設立した。

横浜印刷（バングラデシュ）の会社概要

　横浜テープは，2010 年 4 月，バングラデシュの首都ダッカ市の郊外にあるナラヤンゴンジ区にあるアダムジー輸出加工区（AEPZ）に進出した。現地法人名は横浜印刷（バングラデシュ）有限会社（英文社名：Yokohama Labels & Printing (Bangladesh) Co., Ltd.）で，資本金 500 万ドル，設立形態は独資である。中国の生産コストの上昇や事業リスクを踏まえた"チャイナ プラス ワン"対策と欧米市場を見据えた戦略が進出の背景にある。

　設立当初は，同輸出加工区の一角にある賃借工場のフロアーで生産開始をしたが，その後，敷地内の隣接地に 4 階建ての自社工場を建設し，2012 年 12 月に移転した。新工場は 1 フロアー 4,100 m^2 の建屋で総面積 1 万 6,400 m^2 であり，横浜テープ工業グループ工場の中で最大規模である。工期は計画より 1 年遅れである。筆者が訪問した 2013 年 2 月時点で，建屋周辺や建屋の一部のフロアーの内装や工事を行っていたが，既にオフセット印刷と凸版印刷の操業を開始していた。納入先はバングラデシュ周辺が 55 〜 60%，ドバイ，インド向け輸出もある。

　横浜テープ前会長の海外展開方針は，中国事業は小さく，香港事業は現状維持で，バングラデシュには将来性を見込んで思い切って投資というものであった。横浜，香港で受注し，広東省東莞で生産し，再度横浜，香港に戻すという商流と物流は手間と日数が掛かる。納入先の 55 〜 60% がバングラデシュであったことから同国で製造し納入することを決断した。

　工場立上げ時には，香港から応援のため一時期 6 名が出向し，機械操作の指導に当たった。2 〜 3 名が 3 カ月交替で応援した。横浜太倉工場からはテープ

223

のカッティングのため1名が応援に来たこともある。

　現在の製品の納入先はバングラデシュ国内にある欧米や日本の取引先のガーメント会社が90%，他10%は海外輸出になっている。同じAEPZ内にあるアパレルの丸久パシフィックにも製品を納入し，工業団地内での助け合いとなっている。最近，日本から「ギャバンス」も進出してきたが，許認可が遅れているため工場建設も遅れている。下着などのラベルやタグの単価の中には1円を割って銭単位のものもある。せいぜい高くても5円止まりであり，1ダース1円という商品もある。

上昇する人件費，口コミベースの採用，低い離職率

　同社の人件費は，操業当初は他社より少し高めの60ドル／月でスタートした。縫製のワーカーは60～70ドルである。現在は，90ドルに上昇している。AEPZの当局からは最低賃金は55ドルで毎年10%の賃上げを指導されている。2013年1月時点の従業員数は，約100名である。

　従業員に応募してくるワーカーは中学卒の人が多い。バングラデシュの義務教育は小学校の5年間だけであり，その上に中学校5年間，高校2年間の計12年間である。学校へ行かない子供も多い。同社の採用テストでは，作業上，視力テストと色盲テストを行うと同時にコミュニケーション能力も見る。新工場立上げ直後でもあり従業員の採用数はまだ少ないので，AEPZからの紹介や従業員自身からの紹介もあり，口コミベースである。従業員は田舎からAEPZ近くに引越してきて，共同で借家に住んでいる。社内にはAEPZが許可する労働組合（workers' welfare association）がある。同社のケースではないが，過去，AEPZ内で労働者のデモがあったがAEPZの外の団体が指導した。当日は建物外から同社の従業員に対してデモに参加するようにという強い勧誘があった。

　従業員の離職率は，周辺に仕事がないことから低く，2～3名が辞めた程度である。AEPZ内の給与水準は周辺地域と較べて高い。従業員はお互いに給与を見せ合うのでAEPZ内の従業員の給与に関する情報は筒抜けであり，引き抜きもある。労働時間は午前9時から午後6時までで，1シフト体制である。

将来的には2シフト体制にして24時間稼動も考えているが，AEPZ内の深夜労働は認められていない。従業員の教育訓練では，コンピュータのサーバー管理のために同社の香港現地法人に一人出張させたことがある。

AEPZ内でもある停電，AEPZの外では厳しい交通渋滞

　電気の供給に関しては，入居前に受けた説明ではAEPZ内はインフラがしっかりして停電がないということであったが，実際はお昼に1時間とか午後1時から2時までといった停電がある。毎週停電があるので，同社としても電気の確保のために発電機（ジェネレーター）を設置している。また，電圧は380〜440Vであり，不安定さがあるので，機械が故障しないよう安定電圧装置を付けて電圧を一定としている。無停電電源装置（UPS）も入れている。筆者訪問時点（2月）では，停電は暑い時期には日によって一度あるが1月，2月時は，AEPZ内の平日の停電はないとのことであった。

　同社では，材料を香港の現地法人横浜印刷（香港）有限公司（YLP）から調達している。たとえバングラデシュの国内で調達できても，もともと輸入品である。純粋に国内調達できるのはカートンボックス程度である。

　事業や事業を取り巻く経営情報についてAEPZ当局からはあまり入ってこない。ハルタル（野党側勢力が行う政治活動の1つとして行われるゼネストやデモ）については日本大使館から情報があった。

　同社のあるAEPZからダッカ市内にある同社のセールスオフィス（4名在籍）までは，交通渋滞が激しく，車で2時間から4時間掛かることもあったが，現在は新しい道路もでき1時間から2時間くらいに短縮された。

　商売の形態は，保税倉庫（bonded warehouse）扱いになるAEPZで作る同社製品の中で，米国，欧州，日本向けのラベルをバングラデシュ国内で売っても「輸出扱い」となる。船積書類は作らないが輸出証明書を作成して当局に提出する義務がある。実際に海外に輸出するケースでは貿易決済は信用状（L/C）の開設によるものよりも電信為替（T/T）送金によるものが多い。

　バングラデシュの銀行から資金を借りると金利が高い。日本から融資された資金をバングラデシュの銀行に預金する際にドルの場合は金利が低いが，現地

企業や現地人が預金すると高利子となる。

　日本本社に支払うロイヤルティの取決めについては，現時点ではっきりしていない。ただし，同社から香港の現地法人に対して"handling charge"の名目のコミッションとして生産高のある一定料率を支払うことになっている。

バングラデシュでの仕事の留意点 —郷に入っては郷に従え—

　インタビュー最後に，M. イクバル・H 最高執行責任者に日本企業がバングラデシュで事業を行う際の重要な留意点を尋ねた。同氏は 1991 年に日本のコンピュータ専門学校に留学してすぐに日本で働き始めて 25 年間，日本とバングラデシュの両国で日本人，日本企業と一緒に仕事をやってきたと同時に両国の間のビジネスを取りもつ仕事も経験している。極めて流暢でこなれた日本語を駆使できるビジネスマンである。現職の前はチッタゴンの EPZ で 14 年間働いた経験もある。

　同氏曰く，日本人はバングラデシュでの仕事にすぐにイライラするが，バングラデシュのビジネスのやり方やスピードに合わせるべきである。"郷に入っては郷に従え"が重要である。また，日本人出向者は，日本からバングラデシュにお客様が来るとバングラデシュの悪口を言いがちである。しかしながら，バングラデシュと日本のワーカーの間には大きな学歴差や給与差があり，日本を標準に日本と比較して嘆いても目の前の問題は解決しない。また，バングラデシュ人の離職率の高さは，もっと給与をもらって生活を豊かにしたいという願望の現れである。それを前提に経営をしなければならない。また，バングラデシュの政府機関や民間部門に対して不合理なお金のやり取り（money under the table）が多々発生するが，仕事を効率的に前に進めるための一種の社会潤滑油である。日本人の出向者が一人息巻いて孤軍奮闘し，現地法人を立ち上げようとしてもバングラデシュ国内の様々な社会の壁にぶつかるだけである。

●停電頻発国に停電時にも点灯するLED電球で生産進出

3. KAMI ELECTRONICS INTERNATIONAL BANGLADESH LTD.
（バングラデシュ加美電機）

はじめに

　KAMI ELECTRONICS INTERNATIONAL BANGLADESH LTD. は，バングラデシュの首都ダッカ市中心部から南へ24km離れたムンシゴンジ地区（Munshiganj）に設立されたLED電球の製造販売会社である。同地では日本企業専用のサウスダッカ工業団地が立ち上げ中である。親会社は，兵庫県多可郡多可町加美区に本社を置く電子回路板組立てを専門とする加美電機株式会社である。社名の由来は同社のある土地名の「加美町」(当時) である。

基板実装組立・検査メーカー

　加美電機株式会社（以下，"加美電機"と略す）は，1983年に現代表取締役社長　池田一一（かずいち）氏によって創立されたプリント基板実装・組立てなどの製造販売会社である。2013年3月末現在，同社の資本金は4,600万円で，売上高約24億円，従業員数150名（男性70名，女性80名）である。
　主たる事業は，基板実装組立および組立基板検査，電子回路設計，国内外からの電子部品調達，LED照明の設計・製造・販売などである。製造拠点は兵庫県多可郡の本社工場と京都府福知山市の京都工場の2カ所である。本社工場の敷地面積1万5,600 m^2，建屋面積7,180 m^{2}である。主要取引先には，兵庫県姫路市本社の貨幣処理機大手のグローリーをはじめ，四国の徳島県阿南市本社の日亜化学工業，ネッツエスアイ東洋，タッチパネル・システムズ，富士通周辺機，三菱電機などがある。

初の海外進出先にバングラデシュを選択

　加美電機の自社ブランド商品に 2006 年に開発された「レス球」（Rescue Bulb，"Rescue" は英語で "救出" の意）がある。LED（Light Emitting Diode：発光ダイオード）を光源とした充電池（ニッケル水素電池，単四 3 本入り）内蔵の電球である。商品開発のきっかけは，1995 年 1 月に発生した阪神・淡路大震災で，自社の技術を活用して停電時でも点灯し続ける非常時の照明を作れないかという池田一一社長の強い思いであった。当時，日亜化学工業が青色発光ダイオードから白色を可能にしたので，LED 電球への応用をいち早く考えてみた。この LED 電球は，普段は常夜灯として使用するが，停電時には 1～3 時間点灯を持続できるため非常照明としても使えるものである。しかも停電時には取り外して懐中電灯にも使えるという 1 台で 3 役の機能を持っている。

　日本での「レス球」の顧客に，大型の冷凍倉庫を有する水産会社がある。冷凍倉庫は，基本的に窓はなく，庫内に蛍光灯を設置すれば発熱をする。発熱量が少なく，ワット数が少なく，明るく，しかも，停電しても点灯時と変らずドアのところまで行けるメリットがあるからである。大きな庫内で停電時にドアが閉められていれば真っ暗になるため庫内作業者の安全対策上，必要なものである。

　加美電機のバングラデシュ進出のきっかけは，2011 年の 1 本の電話から始まった。バングラデシュの大臣が偶然，加美電機の英文ホームページで「レス球」を見つけ，知り合いの在日バングラデシュ人 M. M. ラジャ氏（M. M. Raja）に電話で「中国製品は不良が多くて使えない。日本にも面白いものがある」という連絡を入れた。自社のホームページに英文を記載しており，海外にも情報を発信していたことが功を奏した。同社は，米国の取引先が来日の折に，プレゼンテーションが英語だったため，それを契機に会社のホームページを日本語と英語の併記にしていた。なお，前述の M. M. ラジャ氏は，在日 30 年のバングラデシュ人のビジネスマンであり，ラジャグループの代表を務める。ダッカ市と神戸市に事務所を構え，主にバングラデシュの不動産，商業施

設，工業団地投資，ホテルコンサルティングなどを行っている。

　この「レス球」が関心を持たれた背景には，バングラデシュの深刻な電力不足がある。同国では1日に3～6回の停電があり，停電は日常茶飯事である。場合によっては1時間以上停電する。安価で高品質の充電型の照明が需要として期待されていた。

スピーディな進出アクション

　2011年11月，同社の池田一一社長がバングラデシュを初めて訪問，現地法人の設立について具体的な内容を決め，翌月にKAMI ELECTRONICS INTERNATIONAL BANGLADESH LTD.（以下，"バングラデシュ加美電機"と略す）が設立された。2012年3月には，同国でLED電球の「RESCUE」の商標登録を行った。

　2012年5月に，バングラデシュ加美電機の起工式が盛大に行われ，バングラデシュ側からは，ムハマッド・エネマル・フック　電力・エネルギー・鉱物資源省担当国務大臣はじめ地元市長，職員，経済界の有力者，銀行幹部，地元市民・小中学生・高校生が出席した。また，日本側からは，佐渡島志郎　在バングラデシュ日本国大使や，JETRO，JICAの責任者が出席した。雇用機会が極めて限られる地元社会にとっては外資による工場進出は，地元経済の発展にも大きく貢献することが期待されている。バングラデシュ政府から進出要請の話があってから3カ月後に現地に会社を設立し，現地建設会社との契約を経て，8カ月後には起工式を開催，その後，工場着工となり異例のスピードで現地進出が進んだ。

　工場建設と併行して2012年10月には，バングラデシュより5名の女性研修生を日本側で受け入れ，加美電機本社工場などで3カ月間実習し帰国した。バングラデシュ加美電機の製造ラインを班長として牽引する基幹人材である。彼女らは雪の降る寒い日本のひと冬を過ごし，見るもの聞くものすべて刺激的だったという。筆者が建設中の同社を訪問した2013年2月現在では，5名の元研修生は士気も高く，既に同社のユニフォームを着て，別棟で試作の準備に多忙な日々を送っていた。5名とも英語によるコミュニケーションが可能であ

る。

バングラデシュ加美電機の会社概要

　加美電機にとって初めての海外進出先がバングラデシュという発展途上国である。同国は，人口約1億5,000万人のイスラム国で，国土面積は，日本の約4割で，日本の3.3倍という人口密度である。GDPは1,156億ドルで，1人当たりのGDPは766ドルである。その現地法人，バングラデシュ加美電機の概要は下記のとおりである。

　バングラデシュ加美電機の資本金は1億3,000万円で，出資者は加美電機が50％，パートナーのM.M.ラジャ氏が50％である。生産能力は，年産20万個のLEDを使用した照明器具で，従業員数は，最終的には200名規模を計画している。

　従業員は，工場周辺の町や村から徒歩で通勤して来ることを想定している。同社の第一次採用面接会には200〜300名の女性が応募してきたが，遠方からでなく近隣の町や村からやってきた。したがって，同社では従業員用の寮を建てる計画は無い。同社での昼食時には，（会社負担で）昼食を提供する計画である。敷地面積は，約9,900 m^2，建屋面積は，約1,120 m^{2}で，建設費は総額，約1億3,000万円である。工場敷地は，同社パートナーのM. M.ラジャ氏の所有物である。

　同社の事業インフラの中で，一番重要なものは，電気である。バングラデシュ加美電機の事業に対しては国より電気の優先供給の特別指示が出ており，専用のコンクリート電柱が道路添いに建てられ電線が敷設される予定である。同国の電圧は230Vであるが電圧変動は激しく不安定である。

　バングラデシュ加美電機は，異例の速さで進出が検討された。工場は2階建ての第1棟が完成，第2棟は当初計画では3階建で2013年8月に操業予定だったが，建設途中に5階建に変更され，2014年1月現在，4階部分を建設中である。建設期間が多くの発展途上国に見られるように当初計画より大幅に遅れるとはいえ，2014年6月に竣工予定である。

横たわる4つの経営課題

　2013年現在，バングラデシュに進出する主な日本企業は，アパレル関連企業，とりわけ縫製業であるが，エレクトロニクス分野への進出では，バングラデシュ加美電機はパイオニア企業である。縫製業は輸出型業種であるが，バングラデシュ加美電機は，「地産地消型」企業である。同社の前に横たわる課題を筆者の視点で4点を取り上げてみる。

　1つ目は，価格である。1人当たりのGDP（国内総生産）4万ドルの日本で定価5,000円～8,000円で売っている「レス球」を，1人当たりのGDPが766ドルのバングラデシュで「Rescue Bulb」として売る際，どのような値付けにすると停電が頻発する同国で法人および家庭の実需に結びつくのか。複数の懐中電灯を常備しておくだけでは不都合なのか。一種の価格弾力性（price elasticity）を見る視点が必要である。潜在需要が顕在需要となる価格とはいくらなのか。

　2つ目は，日本の数分の1の価格で売り出す「Rescue Bulb」の材料調達とモノづくりのあり方である。バングラデシュは，確かに人件費は4,000円/月とアジアの発展途上国の中では廉価ではある。しかし電球という製品の原価構成では圧倒的に部材のコストが大きな比重を占める。例えば，アルミニウム素材や金型など同国内での部材調達が難しいとなれば，中国や東南アジア諸国からの輸入を余儀なくされる。アジアでの部材調達能力が問われる。

　3つ目は，量産体制に入る前の販売体制の構築である。進出動機から判断すれば，バングラデシュ国内市場が対象であるが，将来的には，停電が頻発する南アジアの周辺国への輸出も視野に入ってくる。販売を代理店契約などで地場の建設会社やパソコンショップといった外部機関，組織への委託をすれば，市場で製品の価格競争がない場合，そのままモノづくりの同社へのコスト削減要望という姿で100%転嫁されてくる恐れはないか。また，販売代金の回収スキームをどのように打ち立てるかも問われる。

　4つ目は，投資回収の問題である。日本への製品輸出が想定されていない中で，加美電機本社への投資回収は，国際ビジネススキームの「配当」という姿

でなされるが1億3,000万円という初期投資に対して何年で回収されるのか。また,現地への技術援助に対しては,親子間とはいえ国際契約上,対価としてのロイヤルティの収入を見込んでいるのか。

●最大の売上高を誇るバングラデシュ・インド市場
4. ペガサスミシン シンガポール バングラデシュ・リエゾンオフィス
(Pegasus Sewing Machine Pte. Ltd., Bangladesh Liaison Office)

はじめに

　ペガサスミシンのバングラデシュ・リエゾンオフィスは,中国を除くアジアの販売事業を統括するペガサスミシン シンガポール社（Pegasus Sewing Machine Pte. Ltd.）のバングラデシュの販売拠点である。現地法人の形態を取らずリエゾンオフィスとしている。ペガサスミシン シンガポール社の傘下には,インドの4都市（ニューデリー,ティルプール,ルディアナ,バンガロール）にある販売拠点も現地法人ではなくリエゾンオフィスの姿で事業運営がなされている。

　なお,ペガサスミシン シンガポール社は,日本の親会社,ペガサスミシン製造株式会社の100％出資の子会社で,連結対象会社である。ペガサスミシン製造株式会社は2006年に東京証券取引所の市場第二部に株式を上場し,翌年には同市場第一部に指定替えされている。

工業用ミシンを主戦場にアジア展開で成長

　ペガサスミシン製造株式会社（以下"ペガサスミシン"と略す）は,1947年に工業用ミシンおよび付属品,その他の縫製関連機器の製造・販売ならびに修理を目的として,大阪市福島区に株式会社美馬ミシン工業所として設立され

た。1959年に現社名に変更されている。

　2013年3月現在，同社は資本金19億円，連結売上高102億円（単独61億円），従業員数1,193名（単独228名），海外売上高比率85.3%である。主たる事業は，縫製工場においてアパレル生産に使用される工業用ミシンと自動車用安全ベルトのリトラクター（巻き取り装置）部品などのダイカスト部品の製造販売である。連結売上高の8割以上を前者の工業用ミシンが占めている。

　ペガサスミシンの事業は，海外市場，とりわけアジア市場の開拓とともに発展してきた。アジアの生産販売拠点の設立状況を以下に時系列で追ってみる。1972年に香港およびその近隣諸国地域の販売強化のため，香港に美馬（香港）有限公司を設立した（2004年に清算）。次いで翌年，韓国での生産および販売強化のため韓国ソウル市に合弁で韓国美馬株式会社を設立した（2003年合弁解消）。1981年には，東南アジア市場販売強化のためシンガポールに資本金40万シンガポールドルの100%出資子会社，ペガサスミシン シンガポールを設立した。1985年には中国での生産販売強化を図るべく天津市に天馬ミシン製造有限公司を合弁で設立した。1994年には同じく天津市にペガサス（天津）ミシン有限公司を設立した。

　次いで1997年に，香港およびその近隣諸国地域の販売強化を狙ってペガサスミシン香港を設立（2010年に精算）。2001年には中国での部品生産の強化のため天津市に福馬（天津）縫製機械有限公司を設立した。また，2008年には全面的に中国天津市依存の生産拠点をカントリーリスクの観点からベトナムに分散し，資本金350万ドルの100%子会社ペガサスミシン ベトナムをハイズン省に設立した。同時に前掲の天馬ミシン製造有限公司は，2008年，中国での生産販売の強化並びに効率化のため，また，2010年には前掲の福馬（天津）縫製機械有限公司も生産一元化による効率化のため，それぞれペガサス（天津）ミシン有限公司（現 資本金2,136万ドル）に合併された。

最大の売上高を誇るバングラデシュ・インド市場

　ペガサスミシンの連結ベースの地域別売上高と海外売上高比率の推移を示したのが図2-9である。同社は2003年度より連結財務諸表を作成開始し，その

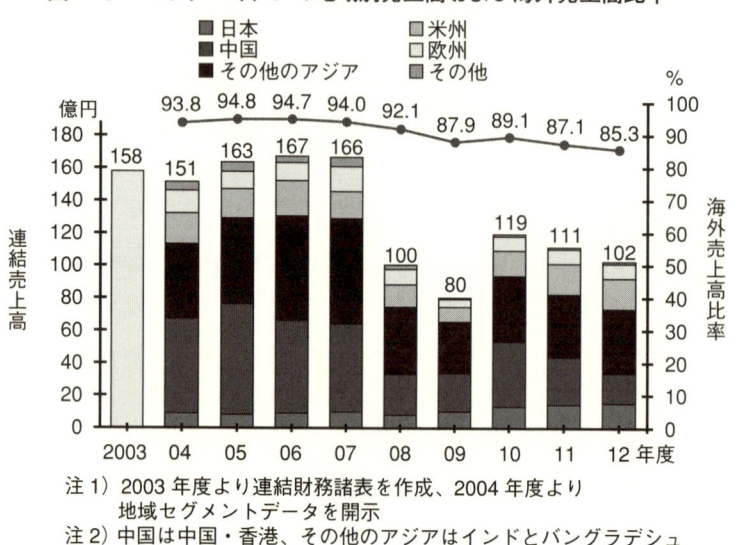

第2章　中堅・中小企業のアジア進出事例研究

図2-9　ペガサスミシンの地域別売上高および海外売上高比率

注1）2003年度より連結財務諸表を作成、2004年度より地域セグメントデータを開示。
注2）中国は中国・香港、その他のアジアはインドとバングラデシュ

出所：ペガサスミシンの有価証券報告書　各年度版より筆者作成

翌年から有価証券報告書に地域別セグメントデータを開示している。日本の縫製産業が海外にシフトして以来，同社の主戦場はアジアであり，海外売上高比率は80％台後半から90％台前半で推移している。

　2003年度以降，同社の売上高のピークは2006年度の167億円である。売上高推移を年度別に見てみる。2005年度は，年初からの欧米の繊維製品の輸入割当制度（クォータ）の撤廃後，中国からの輸出が驚異的に増加し，同社の中国向け工業用ミシンの売上高も前年度を大きく上回る68億円と過去最高を記録した。その後，欧米のセーフガード発動に伴い中国からの繊維製品の輸出は急激に減少，中国側の自主規制で決着した。

　同社の6区分された地域セグメントの中で，「その他のアジア」は，主要国としてバングラデシュとインドの2カ国を示している。欧米による輸入割当制度の撤廃と中国の輸出自主規制により，上記2カ国からの欧米向けをはじめとした衣料品の輸出が脅威的に増加した。それに伴うバングラデシュとインドの

234

縫製工場の設備投資をシンガポールの販売子会社が着実に捕捉したことにより大幅な売上増となった。

2006年度は，中国は繊維製品の輸出自主規制により，中国国内でのミシンの販売が低迷した。一方，「その他のアジア」はインド，バングラデシュなどで繊維産業が急成長し，それに伴いミシンの販売が好調に推移した。

2007年度は，サブプライムローン問題による米国経済の減速や金融引締めの影響により中国国内でのミシン販売が低迷した。一方，「その他のアジア」は，主要市場のインド，バングラデシュが堅調に推移した。

2008年度は，世界的な景気悪化の影響を大きく受け，衣料品の消費冷え込みにより，主要市場である中国やその他のアジアにおける縫製メーカーの設備投資意欲の減退が続き，前年度比4割減の売上高に落ち込んだ。

2009年度は，中国，インドなどの新興国経済の持ち直しが明確になり，続いて欧米主要国の経済も回復傾向に転じた。しかしながら衣料品の消費冷え込みは変わらず工業用ミシン業界は中国でも「その他のアジア」でも縫製メーカーの設備投資意欲は盛り上がらず売上高は低迷した。

2010年度は，欧米における緩やかな景気回復基調が持続し，アジアを中心とする新興国経済が堅調に推移したことにより，各国における縫製メーカーの設備投資意欲が回復した。

2011年度は，中国の景気減速の影響があり，欧州債務問題が小康状態に向かったものの，方向感の見えない景気動向を反映して工業ミシンの需要は低調に推移し，このため売上高は前年度比マイナスという結果になった。

2012年度も，前年度同様，世界経済の動向を反映し，工業用ミシン業界では中国での設備投資需要が低調に推移し，その他の市場での設備投資も盛り上がりを欠き，売上高は前年度比で大幅なマイナスとなった。

以上の地域別売上高推移の中で，繊維立国のバングラデシュ，インドを主体とする「その他のアジア」の売上高が2006年度以降，中国の売上高と逆転した。ちなみに2007年度は中国57億円に対して「その他のアジア」64億円，2011年度は前者30億円に対して後者は38億円である。また，同社が地域セグメントデータを開示した2004年度から2012年度までの9年間を対象とする

累計売上高は，中国が376億円に対して「その他のアジア」は416億円と中国を上回っている。

また，2012年度の連結売上高の中で，バングラデシュ一国の構成比は20%弱で中国の18.7%を上回っている。バングラデシュにもう1つの繊維王国インドを加え，中国・日本を除く「その他のアジア」を合計すると37.8%を占め，中国の2倍強となっている。ペガサスミシンにとって，労働集約型産業の典型である繊維産業を抱えるバングラデシュとインドでのミシン売上高が，今後の同社の連結ベースの持続的な成長性と収益性を担う市場である。

ダッカ・リエゾンオフィスの概要

ペガサスミシンのダッカ・リエゾンオフィスは，1999年8月に創設され，ダッカ市の北部のウッタラモデルタウンに事務所を構えている。14名の所員がおり，社内共通語は英語である。リエゾンオフィスは，バングラデシュの外資法では直接代理店，ディーラー，個人の顧客に販売することはできず，その主たる役割はバングラデシュ国内8つの代理店の販売サポート，技術サポート，販売推進のための展示会開催，社内やホテル内でのセミナー開催などである。商流は，これら代理店がペガサスミシン シンガポールに信用状（L/C）を開設して製品を輸入する。

ダッカ・リエゾンオフィスの他に，人口約370万人を有し同国第2の都市で最大の港湾都市であるチッタゴン市とナラヤンゴンジ県に支店があり，各々営業1名，技術1名から成るセールス／テクニカルセンターを有する。チッタゴン市とナラヤンゴンジ県の両支店はダッカ・リエゾンオフィスの経営傘下にある。

このダッカ・リエゾンオフィスは組織上，ペガサス シンガポール社の傘下にあり，日本人出向者はいない。合計14名の所員は，新聞広告で募集か面談で入社後，OJT教育を受けた。筆者がインタビューをした2013年2月時点で，平均勤続年数は7年である。入社後の人材教育は，社内教育，自宅研修，ペガサスミシン シンガポールで行われる。リエゾンオフィスの運営で問題となるのは，停電と規格を超える電圧変動である。特に夏期には停電が頻発する。

リエゾンオフィスでは運営費が発生するが，ペガサスミシン シンガポールからダッカ・リエゾンオフィスへの送金は電信為替（T/T）で行う。

今後の展望

今後のバングラデシュ・ビジネスの展望としては，現地法人設立も視野に入ってくる。今日まではペガサス シンガポールとバングラデシュ輸出縫製業者間の取引が中心で，これら顧客企業の持つ免税枠で設備を輸入してドル決済する。したがって，現地の在庫商売が少ないため，営業サポートと技術サポートを中心とするリエゾンオフィスがむしろ適していた。これは同社のインドのビジネスも同様でリエゾンオフィス・スタイルである。しかしながら，今後，バングラデシュの高い経済成長の中で在庫商売が増えていくと推定され，現地法人での素早い顧客対応と商品供給が求められる時代が来る。

第2章 中堅・中小企業のアジア進出事例研究

| パキスタン |

●合弁パートナーの工場の一角に合弁工場を設立
1. パキスタン リークレス インダストリーズ株式会社
(Pakistan Leakless Industries (Pvt.) Ltd.)

はじめに

　パキスタン リークレス インダストリーズ株式会社は、パキスタンの最大の都市であるカラチ市にあるエンジン用ガスケットの合弁メーカーである。パキスタンの首都は人口115万人のイスラマバード市（パンジャーブ州）であるが、カラチ市はシンド（Sind）州の州都であり、人口1,500万人で、アラビア海に面したパキスタン随一の貿易港、カラチ港を有している。同社はカラチのジンナー国際空港より車で約30分のカラチ市スーパーハイウェイ地区にある。親会社は、東京都に本社を置く日本リークレス工業株式会社である。

日本リークレスの会社概要 ―海外展開は合弁から独資に切り替え―

　日本リークレス工業株式会社（以下、"日本リークレス"と略す）は、1955年に東京都港区に創立された自動車用ガスケットおよび一般工業用パッキングの製造・販売会社であり、既に半世紀を超す事業歴史を有する。ガスケットとは、金属のケースやカバー類を締結する時に使われる固定用シール材である。2012年12月現在、同社の資本金は2億1,000万円、売上高約75億円、従業員170名である。主要な納入先は、本田技研工業株式会社（以下、"ホンダ"と略す）と断熱材や自動車部品を扱うニチアス株式会社である。

　同社の国内の事業所は埼玉県、福岡県、栃木県の3カ所にある。一方、海外への展開は、9カ国10工場である。1989年に進出したインドネシアをはじめ、1992年の米国アラバマ州、1995年のタイ、1997年のマレーシア、1998年のベ

238

トナムとパキスタン，1999年の中国広州市，2001年のブラジル，2005年のインド ハリヤナ州マネサール（その後バワルに移転），さらに翌年にこのインド現地法人の隣の敷地にもう1社を展開している。

ブラジルおよびインドのLeakless Gasket India（軟質ガスケット原版製造）以外はすべて合弁による進出である。進出当時は，外資による完全出資が認められないケースや進出国のユーザー確保には合弁パートナーと組んだ方が有利などの理由があったからである。2013年2月現在，前述の10社のうち，米国，タイ，ベトナム，中国，インドネシアが合弁から完全出資子会社に切り替り，設立当初より完全出資のブラジル，前掲インド1社と合わせて計7社が日本リークレスの完全コントロール会社である。同社は合弁設立後，事業が軌道に乗ったら，独資化に向けた動きを取っている。マレーシアとパキスタンには日本人の出向者は派遣しておらず，現地の日々の経営は合弁パートナーに事実上，委ねている。

同社の海外展開は，歴史的に見ると主要取引先のホンダの二輪車・四輪車の海外展開に呼応している。ホンダの現調率アップやコスト削減，為替変動対応などの要請に応えるように行なっている。進出国，進出時期，納入を考えた工場のロケーションなどホンダの海外進出にリンクしている。日本は1970年代，80年代に大手企業が海外進出する際，主要サプライヤーにも進出を促し，サプライヤーは現地生産品の大半を，進出を促した大手企業に納入するというやり方が取られてきた。日本リークレスのケースでも現地生産品を主要客先に納入することが海外展開の主な動機であった。

合弁パートナーの工場の一角に合弁工場を設立

パキスタン リークレス インダストリーズ社（以下，"パキスタンリークレス"と略す）は，1998年4月，日本リークレスと複数のパキスタン側出資者との合弁会社として設立された。資本金は，1,200万パキスタンルピー（PKR），出資比率は日本リークレス45%，パキスタン側合計55%である。後に現地の自動車部品メーカーであるミレニアム エンジニアリング社（Millennium Engineering (Pvt.) Ltd.，以下，"ミレニアム"と略す）が出資をしている。パキ

スタンリークレスは，このミレニアムの工場建屋1階の一角で，日本リークレスより材料，半完成品の供給を受け，二輪車，四輪車のエンジン用ガスケットの組立生産を行っている。合弁会社が新たな敷地に新たな建屋を作るというグリーンフィールド・スタイルの展開ではない。

日本人の出向者はいない。日本リークレスで原材料の加工の工程が変わった時などに日本からパキスタンリークレスに訪問指導する。経営的業務としては，パキスタンリークレスより日本リークレスへの定期の経理報告がある。

パキスタンリークレスの主たる納入先は，同地に二輪車生産で進出したホンダの子会社，アトラス ホンダ（Atlas Honda Limited）と四輪車のホンダ アトラス カーズ パキスタン（Honda Atlas Cars Pakistan）である。パキスタンリークレスの売上高の約9割が二輪車向け，約1割が四輪車向けである。

主要納品先の会社概況は以下のとおりである。まずアトラス ホンダは，1962年にアトラスグループとホンダの合弁で設立され二輪車の生産・販売を行っている。払込資本金は8.3億ルピーである。カラチ工場など2カ所で，2013年4月～2014年3月の計画ベースで年間70万台を生産している。一部はバングラデシュに輸出されている。

ホンダ アトラス カーズ パキスタンは，1992年に設立され，第1号車は1994年に出荷されている。2013年4月～2014年3月の計画ベースで年間約2.5万台を生産している。カラチ，ラホール，イスラマバードに6社のディーラーを持ち，パキスタン全土に64の販売，サービス，補修部品販売店などのネットワークを持つ。2012年7月に累計20万台を生産販売した。

ミレニアムのプロフィール

ミレニアムは，1979年にカラチ市スーパーハイウェイ地区に設立された二輪車および四輪車用部品メーカーである。ミレニアムの創業者は，現社長のサイド・アビッド・ラザ氏（Syed Abid Raza）（51歳）である。パキスタンにて機械工学の学士を取得後，1991年に自動車産業が集積している米国デトロイト市のデトロイトマーシー大学機械工学部修士課程を卒業している。米国のGEの子会社やクライスラーベンダーデベロップメント社での勤務経験もある。

同社の従業員数は500名強で，内，パキスタンリークレスにはスタッフ8名，ワーカー18名の計26名（男性15名，女性11名）を送っている。ミレニアムの従業員は工場周辺2kmの町や村から通勤してくる。パキスタンでは通常，製造現場で働く女性の数は極端に少ないが，アビッド社長は自社工場に女性労働力を積極的に活用することに注力している。ミレニアムの敷地面積は約9,000 m^2，3階建工場の建屋面積合計9,000 m^{2}である。売上高は，2004～05年の3.9億パキスタンルピー（PKR），2009～10年6.5億PKR，2010～2011年度8.5億PKR，2011～2012年度12.3億PKR，2012～13年度12.4億PKR（約12.4億円）と高い成長率を示している。

　主な製品は，点火コイル，電気・電子部品，ワイヤーハーネス，コントロールケーブルなどである。これらの製品とは別に，ガスケットは日本リークレスとの合弁事業として独立して運営されている。

　主な納品先は，パキスタンで操業している二輪車のアトラス ホンダ，四輪車のホンダアトラス カーズ パキスタン，アトラス バッテリー，エクサイド パキスタン，DYLモーターサイクルである。ミレニアムは，ホンダの現地法人への納入品とともに成長している。

　ミレニアムは，同社製品の性能，品質，納期の優秀さに対して，ホンダの現地法人から数々の表彰を受けている。2009年にはホンダ アトラス カーズ パキスタンのベンダー会議では貢献賞，2011年にはアトラス ホンダの第2回ベンダー会議では優秀賞，2011～12年度のアトラス ホンダの100 cc二輪車の部品ではベストベンダー優秀賞などを受賞している。

治安と停電対策が鍵

　2013年2月，筆者訪問時に前述のアビット社長の案内で3階建の工場を詳細に見せていただいた。訪問前に予想していた発展途上国にありがちな工場と異なり，工場内はゴミひとつない5S（整理，整頓，清掃，清潔，躾）が行き届いていることと，ワーカーの動きに無駄がなく各自が持場の仕事に集中していることが印象的である。アビット社長が，かつて日本を訪問した際にホンダ，日本リークレスの工場から学んだ工場管理の手法から独自に生み出してい

る。

　また，洗練されたオフィスは，明るい雰囲気でありスピーディな経営判断ができるようコンピュータ化が進んでいる。経営，財務活動の目標達成と進捗管理のため ERP（Enterprise Resource Planning）のデータベースなどが導入されている。

　一方，訪問前に予想していたとおり，パキスタンでの工場運営には治安対策と停電対策が重要であることを再認識させられた。同社の正門の扉は防弾上，分厚い鉄板でできた重厚な扉であり，3階建の屋根の上と正面扉の内側の櫓の上には，敷地内外を見渡す銃を構えた歩哨が立っていて，外部からの不審者やテロ行為にはいつでも防御体制が取られている。工場敷地や工場内部にはCCTVのカメラが設置されており，不測の事態を素早く発見できる仕組みになっている。さらに納入業者などの訪問者が敷地に入る場合，工場建屋の通用口と納品対応スペースを限定していて，万が一の場合，工場内部への被害を最小限にする工夫がなされている。工場内には，不測の事態に備えて，原材料と完成品のバッファー在庫を十分に持っている。

　次に，電力不足を背景とした停電に対して3台のジェネレーター（発電機）を導入していることである。頻繁な停電・瞬停や電圧変動が発生することを前提としたオペレーションが行われている。この二重三重の治安対策と停電対策に対しては，ミレニアムのようなパキスタン生え抜きの地場企業であっても大きな追加コストを余儀なくされている。

注　釈

1）オフショア開発は，システムインテグレータが発注元となりソフトウェア開発を海外のソフトウェアベンダーや自社の海外子会社に委託すること。オフショア開発のメリットは，海外の廉価な労働力を活用できることである。委託先は，インドや中国が多い。

2）工会は，日本語の「労働組合」に該当し，1992 年に規定された「中国工会法」で労働者が工会を組織し，参加する権利などの内容が定められている。2001 年に新工会法が公布され，外資系企業にも工会の設置が義務づけられている。

3）来料加工貿易は，1970 年代末から香港と広東省間で始まった委託加工形態の 1 つである。外国の委託企業が原材料や部品を中国の受託企業に無償で支給し，受託企業がこれら原材料や部品を完成品に加工して委託会社に無償で引き渡した後，委託企業が受託企業に加工賃を支払う。ただし，広東省の来料加工事業の大半は，委託側の外国企業と受託側の地元企業の契約によって，来料加工実施のために設立された法人格を持たない工場であり，実質的な運営管理は外国企業が行っている。2006 年以降，広東省政府は，外資系企業に対して来料加工形態から独資企業への切り換えを押し進めてきた。東莞市では，日系企業の約 7 割が独資化したと言われるが，2013 年 10 月現在，明興産業は，来料加工方式を継続中である。

4）転廠は，中国内で操業する加工貿易工場・企業の間で，保税貨物を中国国内で転送する制度。転出企業，転入企業とも，税関の許可取得が必要であり，輸出・輸入通関手続きがなされる。転出企業で加工された 1 次加工品を輸出せずに直接，転入企業へ国内で転売し，転入企業は 2 次加工の後に再輸出することができる。

5）補償貿易は，外国側が中国側に設備機械を提供し，中国側は製品を製造する。設備機械の輸入代金と製品の輸出代金が相殺される貿易形態。

6）EMS は，Electronics Manufacturing Service の略で，電子機器の受託生産を行うサービスを意味する。一種の製造アウトソーシングである。

7）OEM は，Original Equipment Manufacturer の略で，他社ブランドの製品を製造する

第2章　中堅・中小企業のアジア進出事例研究

ことを意味する。「相手先ブランド名製造」，「納入先ブランドによる受託製造」と訳されることが多い。家電業界などで利用されてきた。

8）AOTS（Association for Overseas Technical Scholarship）とJODC（Japan Overseas Development Corporation）は，2012年3月に合併し，HIDA（The Overseas Human Resources and Industry Development Association，一般財団法人海外産業人材育成協会）となった。

9）みつまた（三椏）は，ジンチョウゲ科の落葉低木。ヒマラヤ原産。高さ約2m。枝はみな3本に分かれる。靭皮は和紙の原料。こうぞ（楮）は，クワ科の落葉低木。葉・実ともクワに似る。靭皮は日本紙の原料。がんぴ（雁皮）は，ジンチョウゲ科の落葉低木。初夏，黄色の小花が枝の先に咲く。皮の繊維から上質の和紙をつくる。（以上，小学館「新選　国語辞典」より。）

第3章

中堅・中小企業のアジア進出の20大留意点

第3章　中堅・中小企業のアジア進出の 20 大留意点

アジア進出の留意点を，進出前，進出後，撤退時の3段階に分けて以下 20 点述べる。第3段階の撤退時の留意点については，当該現地法人へのインタビューに加えて，今日，既に現地法人は清算し日本事業にのみ特化している企業の本社へのインタビューも行った。

3.1　進出前の留意点

3.1.1　安易な合弁設立

　中堅・中小企業のアジア進出においては，業種を問わず合弁形態による事業進出が多く見られるがなぜであろうか。製造業の合弁進出の歴史を振り返ってみる。日本の製造業においては，1960 年代後半から 1970 年代の ASEAN 進出では，インドネシア，マレーシア，フィリピン，タイなどの現地政府から合弁進出を義務づけられる，または強く推奨された結果として合弁進出となった。1980 年代の中国への進出では，電機や自動車業界に典型的に見られたように現地政府から合弁を義務づけられ，政府の定点工場（重点工場）を対象とした合弁のパートナーまで指定された。中国は 2001 年に WTO（世界貿易機関）に加盟した以降であっても外資の自動車産業への進出には，基本的に合弁の事業形態しか認めていない。

　合弁事業が日本企業に示唆していることは以下の3つである。1つ目は，中国，インドを含めてアジア進出の事業形態の検討と選択が安易になっていないかということである。完全出資の自前進出，合弁，企業提携，企業買収（M&A）という選択肢がある中で，合弁の義務づけがないのにもかかわらず敢えて合弁を選択することは，将来にわたって合弁のメリットがあることが確信できる場合である。中堅・中小企業におけるアジア，中近東，中南米など発展途上国における合弁解消のための長期にわたるトラブルは，その解決に人材をはじめとする経営資源に制約があるだけに，合弁設立以降の次代の経営者に

途方に暮れるような経営課題を突き付けることが多いものである。

　2つ目は，新興国への事業進出では，力のない企業ほど合弁を選択しがちである。自社の人材欠如，現地での商流・物流への知識の無さ，商権の無さ，現地政府や市政府との交渉力の欠如，経営力への不安を感じる企業ほど，合弁パートナーがカバーしてくれるという甘い期待と幻想を持つ。中国，インド，ロシアといった社会主義的要素を持つ新興国と欧米での合弁ではその意味と意図が異なる。同床異夢の中で，双方とも"信頼と忍耐"が要求される。

　3つ目は，合弁は期間限定事業であることである。合弁開始時に途中解約または期間満了による別れのシナリオと条件を明確にしておく必要がある。意気投合した合弁開始時の両社の立役者は，合弁解消時には退任，退職や異動で存在しないことが多い。合弁解消交渉の"最後の砦"は合弁契約書だけである。合弁契約締結時にどこまで解消時の条件を盛り込めるかが合弁事業の成功要因の1つである。合弁形態を選ぶ以上，合弁への確固たる経営理念が必要である。

　安易な合弁設立で起こる問題は，日本側企業が合弁を解消して撤退するパターンに対して，逆にパートナーから相手の持分を買い取らされて独資企業になるケースもある。持分の買取り評価額も厳しい交渉結果となりがちである。合弁設立の義務が無い中，なぜ合弁進出したのかを深く反省させられる場面でもある。思い返せば当時，"うまく口車に乗せられた"となりがちである。特に，タイ，インドネシア，インドなどでは基本的には合弁形態は避け，設立当初は苦しくとも独資で進出すべきである。

3.1.2　ロイヤルティの確保

　海外への直接投資による本国・親会社への配当による回収と同様，技術支援・技術援助の対価としてのロイヤルティ（Royalty）の確保は，親会社の研究開発投資への回収と今後の研究開発への原資確保という意味で極めて重要である。今回の中小企業100社強へのインタビューの結果，ロイヤルティ取得状況は下記のように分類される。

(1) 本社と海外現地法人の間で技術援助契約を締結のもと，海外現地法人を設立以来，今日まで20年近く，配当とロイヤルティの本国送金を実施している。両方を途切れることなく実現している背景には，「海外事業の果実は本国で確実に摘む」という経営方針である。中堅の未上場企業のケースである。

(2) ロイヤルティは取るには取っているが，料率，期間，算出基準の工場生産高を乗じた金額は毎年，魅力的な収入にはなっていない。

(3) 本社と現地法人間に技術援助契約があり，ロイヤルティの日本送金は過去可能であったが，近年，当該国政府は，ロイヤルティの損金算入は認めておらず，ロイヤルティを全否定しているので送金していない。また，ロイヤルティに関連して工場出し値や製品価格に対して税務当局から厳しいチェックが入る傾向にある。

(4) 現地税務当局とのロイヤルティの議論は煩わしいので，販売仲介料やマーケティング代として「セールスコミッション」という名目で送金している。

(5) 現地法人設立の際，日本への配当やロイヤルティ送金は不要なので，まず現地事業をしっかり立ち上げ，内部留保を厚くして現地事業を大きくするようにとの本社の指示があった。

(6) そもそも海外現地法人を設立する際に社内でロイヤルティを取るという概念も検討もなかったので，今日，技術援助契約はなく，したがってロイヤルティの送金は発生しない。

(7) 現地法人の売上高も収益性も高まり，親会社へロイヤルティ支払で貢献することを求められているが，生産開始5年経過後に事業実態が変らない状態で親会社と技術援助契約を締結しようとしても，現地の税務当局がロイヤルティを認めてくれない。移転価格の嫌疑が掛かる恐れがある。"孝行息子"になりたくても，今までの無契約状態が日本の税務当局と現地政府の両方に対して事態を難しくしそうである。

以上の取得状況から，進出検討前にロイヤルティに関する考え方を全社共通

3.1 進出前の留意点

のテーマとして真正面から捉えて議論し，日本側で研究開発の果実として回収しなければならない。ロイヤルティは，配当と異なり，現地法人の収益性の増減で回収が決まるものではなく，収益性とは直接関係なく生産額の発生に対して対価が発生するものである。

アジア20カ国・地域に進出した100社強の中堅・中小企業を訪問，インタビューした中で，筆者が痛切に感じる点として大企業，とりわけ大手上場企業と中小企業の海外進出事業の大きな差の1つに技術援助料（ロイヤルティ）の確保の考え方がある。

大企業の事例では，海外進出形態が自社出資100%の完全出資（中国的な言い方では"独資"）であるか，マジョリティまたはマイノリティ出資の合弁であるかにかかわらず，技術援助料を海外子会社から取るという概念があり，取得条件の巧拙は別としても"回収するのは当然"という考え方がある。例えば，トヨタ自動車とパナソニックの2013年度（2014年3月期）の連結ベースの研究開発費は，各々9,105億円，4,788億円であり，その売上高比率は，各々3.5%，6.2%である。自社の研究開発活動の成果の一部を連結子会社か非連結子会社かにかかわらず，海外現地法人に技術移転する以上，それにより発生する対価（Consideration）を回収しなければならないと考える。回収義務は，自社の株主に対してのみならず，自国の税務当局に対しても発生する。正当な国際契約に基づく技術援助契約に対して正当な技術援助料を確保しなければ，株主に対しては，自社経営資源の棄損となり，また，税務当局に対しては，"贈与"という疑念を想起させることになる。したがって，大企業のケースでは，"無償"の技術援助や"ボランティア型"の技術援助，親子間の"仲間内"の技術援助というのは基本的に発生しない。万が一，発生すれば，税務当局による翌年または数年に1回は確実に訪れる外部監査において，この点を鋭く指摘され，追徴課税の対象となる恐れがあるからである。

一方，中堅・中小企業の事例では，最初の進出検討時点で，自社の虎の子の技術を持って海外進出するにもかかわらず「ロイヤルティを取得する」という

基本的な進出ガイドラインが無いか，または希薄である。海外進出に当たっては，直接投資に対する回収は「配当」，本国からの技術援助に対する回収は「ロイヤルティ」という2本の基本柱をしっかりと打ち立てている企業は極めて少ない。

次に，前述の配当とロイヤルティ回収の必要性は十分認識できても，我社にはロイヤルティをもらう"権利"が無いと考える中堅・中小企業の多さである。特許や意匠といった知的財産権を，進出国や世界各国に申請・登録していないのでロイヤルティ発生の根拠がないと考えがちである。ロイヤルティとは，自社の開発した製品開発技術や生産技術やマーケティングのノウハウなどに対して自社が対価を設定するものであり，公的根拠をもとに発生する，しないというものではない。米国や欧州の大手の多国籍企業や中小のハイテクベンチャーが，中国，ロシア，ベトナムなどの社会主義国やアジアの発展途上国では自社の重要な技術を，機密保持のために，特許化による公開情報としないで，自社の海外子会社やライセンス先から高額の技術援助料を取得している事例を見ても明らかであろう。公的な権利ではないからロイヤルティが自社には発生しない，という一方的な思い込みは排除すべきである。ただし，ロイヤルティの3つの基本条件（料率，算出ベースの生産高または売上高，対象期間）については，その妥当性が進出国の許認可当局の意向や，合弁事業の際には合弁パートナーとの交渉の中で検討されるものである。

インタビューした中堅・中小企業の中には，前述のように海外進出後，立ち上げの困難な時期を乗り越えてから，やっと親会社と海外現地法人間でロイヤルティの設定を話し合うケースも多く見られる。本来，ロイヤルティという課題は，進出前に十分検討され，進出時の事業目論見で確定されるべきものであるが，事業目論見の上では実は収益計画が不確かなことから，「営業費用」として計上されていないケースが多い。また，取引銀行への融資依頼の際にも，税引前利益率を高く見せようとすれば，例えば，3％という料率のロイヤルティを設定しない方が見掛け上は，3％分"高収益事業"となるからである。

事業立上げ後，事業計画以上の収益性を上げている海外子会社がある場合や，海外子会社の業績は事業計画未満であっても日本の親会社の単独の業績が

悪い場合，海外子会社間とのロイヤルティ設定を本社から指示してくる場合が見られる。現地政府に子会社の設立許認可を求める際に，当該企業の事業計画書には「ロイヤルティ」の記載項目に何も書かれていなかったが，進出後，改めて「親子間のロイヤルティの設定」を申請する場合，現地政府の複雑で不透明な許認可プロセスを経験することになる。また，ロイヤルティの許認可がない状態で「ロイヤルティ送金」を申請したり，実施をすれば，不認可になったり，進出国の外国為替法上の法律違反となる。つまり，ロイヤルティは，進出後の業績の好不調を見て，親会社への利益還元手段のツールとして活用すべき性格のものではない。これは，親会社から，親会社の業績を底上げするための"孝行息子"として半ば強制されている海外子会社の中に見られるケースである。

海外事業の原則に戻れば，海外直接投資の回収は，税引後利益（純利益）の利益処分としての「配当」であり，受取側の日本の親会社にとっては会計上は営業外収益として計上され，税務的には95%免税となる。一方，海外子会社のロイヤルティ支払は，会計上，営業費用として税引前利益から控除され，税務上は，通常は損金算入として扱われる。受取側の親会社から見れば，会計上は営業収益として計上し，税務的には益金算入として35%の課税対象となる。したがって，海外子会社から日本の親会社への資金還流として見た場合，「配当送金」に対して「ロイヤルティ送金」は，日本で大幅な課税がなされるため，親会社が最終的に受け取るキャッシュフローは約3分の2となり利益還元手段の補助ツールとしての合理性には欠けることになる。

以上のように配当については，海外子会社が健全な収益性を計上し，事業立上げ時からの累損を解消し，配当可能利益の範囲内で配当性向などの配当基準を自由に決定できる状態が前提である。一方，ロイヤルティは，対象技術のレベルを精査されながら料率，算出基準，期間などについて現地許認可当局の厳しいチェックを受け，移転価格の嫌疑をクリアすることが前提である。

インタビューした企業の中では，現地法人を設立以来，配当とロイヤルティを，20年以上継続している企業も珍しくないが，海外進出後5～8年の企業

にあっては，累損解消は困難という企業も多い。後者では，日本の親会社に対して配当送金は不可能である以上，何らかの国際スキームで日本に送金するとなれば，親会社の業績を底上げするためにロイヤルティ・スキームが浮上するといった状況が推察される。

3.1.3 販路の確保

　中堅・中小製造企業のアジア進出の成功要因の1つは，現地でのモノづくりであるが，このモノづくりが製品の性能，品質，コスト，デリバリーなどの面で事業計画と大きく異なり深刻な経営危機に陥ったというケースは非常に少ない。一方，販売計画が当初計画どおりに進まず，その結果として工場の稼動率が落ち収支が赤字となったケースは多い。

　進出を検討する企業化調査（F/S）の結果，進出のための事業目論見書100頁のうち生産計画と資材調達計画が80頁を占め，販売計画が僅か10頁未満で，残りの頁が人事計画や費用計画他で埋められているといったケースがよく見られる。

　現地で生産したものを100%日本の親会社が買い取るビジネスモデルや，日本の主要取引先が現地に進出して，それに伴い自社もサプライヤーとして進出し現地製品の大半を主要取引先が買い取ってくれる場合は，販路がほぼ決まっているため販売計画は立案しやすい。

　しかしながら，本書の事例にもあるように進出後，経営環境の変化で親会社が現地から買い取れなくなったケース（Kobayashi Industrial (Thailand) Co., Ltd.）や，進出した主要取引先の事業が縮小したり，現地から撤退したため，期待の納品先がなくなったというケース（明興産業（香港））もある。計画上は，売上高依存度の高い納入先が安定的販路だったはずであるが，事態が急変すれば逆にサプライヤー企業の工場稼動に深刻なダメージを与える。販売計画には第2，第3の販路開拓というリスク対策を折り込む必要がある。

　南アジアに進出した企業のケースでは，現地法人開設前に現地のパートナーや設立準備のために雇用した従業員に市場調査やマーケティングを任せっきりにしたことにより，現地進出後に初めて，日本人出向責任者が現地側調査結果

と市場実態が大きく乖離していることに気がついたという事例がある。巨大な潜在需要はあっても顕在化するための価格設定が杜撰だったためである。その結果，売上高を大きく上回る月次の経費により大幅な赤字経営を余儀なくされている。海外事業進出の成否を分けるのは販売計画であるはずだが，不透明な市場把握のまま事業がスタートしたことが原因である。日本から出向予定の経営責任者が自らの眼で現地の市場実態を見て競争力のある価格を設定できる自信が持てた時にはじめて，事業目論見の中に確信の持てる販売計画を折り込めるのである。この企業では損益分岐点の売上高を確保するため，現地進出後になって予定外の製品や事業を展開しようと努力している。

3.1.4 現地調査が杜撰な事業計画

　国内に支店や分工場を出す感覚で海外進出を検討しているケースが見られる。現地進出後，日本での事業との違いの大きさに対処できず，出向責任者がノイローゼに陥るという事態すら出てくる。

　筆者はシンガポール勤務時代に同地の日本人会が運営する日本診療所担当理事を2年間勤めた。その際に診療所の内科ではなく心療内科に受診に来るビジネスマンの多さに驚いたことがある。本人が自ら来るケースや上司が部下の異変に気がついて連れて来るケースがあった。また，受診後，即日本に帰国するケースもあった。ビジネスの最前線で毎期の事業計画を守り切るという責任感からプレッシャーを感じる，初めて海外赴任した駐在員や経営責任者が多い。シンガポールに限らず，海外はどこの国で事業展開をするとしても，熾烈な国際競争の中に置かれる。進出時の事業計画立案が甘ければ甘いほどその結果との乖離は大きい。社内で衆知を集めて完璧に仕上げて役員会で決裁された事業計画であっても，現地で経営を取り巻く環境変化によって大きな影響を受ける。まして現地に行けば何とかなるという杜撰な事業計画で進出した企業は，現地で長期間存続することは困難となる。

　中小企業の海外進出動機の中で"他社が出たから当社も出た"スタイルの進出も見受けられた。この種の動機は，同業種内の大企業間でも見られないこと

ではない．ただし，中小企業の場合，どうしても自社の経営資源に制約があるので，横並び型の進出には慎重さが必要である．市場性，採算性，投資回収の見込みが重要となる．特に経営トップや創業家が海外進出に比較的関心が薄い場合には，進出後，継続的な経営資源の投入が困難となり現地での事業閉鎖という事態も生じる．

3.1.5 資材調達

今回の一連のインタビューでは，主要製品の原材料や副資材といった資材調達をどこから行っているのかを尋ねている．例えば，インドネシアの製造会社では，1) 日本本国から輸入，2) ASEAN 域内から調達，3) 中国はじめ第三国から輸入，4) 進出国内で現地調達の4つの方法で調達している．そして，ドル，日本円，ルピアなどの通貨を介して輸入している．同様に中国の製造会社では，1) 日本本国から輸入，2) 中国以外からの輸入，3) 中国国内で現地調達を行っている．

経営課題として現れるのが，主たる原材料を産出する中国国内で調達し，製品を中国国内の地場のユーザーに販売するケースである．国営，私営の中国企業への原材料割当が優先され，外資系企業には少ないといった第1のハードルがある．さらに品質の低下した原材料を上位のグレードに紛れ込ませ，価格アップと購入代金の早期支払という第2のハードルがある．一方，出来上がった製品は日系の商社を使い中国国内に拡販するが，地場の購入企業はなかなか支払わないという第3のハードルもある．購買担当者の能力は，支払いを遅らせる人ほど能力ありとする中国の風土では，売掛金の回収に問題が出る．

結果として買掛金の支払と売掛金の回収は日ごとに乖離が大きくなり，企業経営上のキャッシュフローがピンチに陥る．ショートした資金を日本から親子ローンで借り入れるか，あるいは，中国進出の邦銀から借り入れても金利支払が増え自転車操業となる．このパターンは食料品製造など多くの製造業で頭の痛い問題として捉えられている．L/C（信用状）開設による原材料の輸入と完成品の輸出という一般の貿易においては，為替の差益・差損や輸出入間の一定のタイムラグは生じるが，中国国内調達・国内販売のように日ごとにキャッ

シュフローのショートが増大し続けることはない。

3.1.6 仲介人の見極め

　中小企業の海外進出検討時，現地展開後，事業撤退時の3つの段階でいずれも"親切な"仲介人が登場する。取引銀行，資材購入先，納品先などに人脈が限定され，社内の人材に制約がある中小企業にとって仲介人は有難い存在である。仲介人には，同胞日本人，進出候補国の現地人，いずれの国でもない第三国の人であるが進出候補国に豊富な人脈を「自称」持っている，などのケースがある。

　"親切な"仲介人は，依頼人からの市場調査と称したコンサルティング料，工場建設のための土地探し，店舗探し，建築業者の紹介，政府の許認可窓口に知り合いがいるという紹介など様々な"支援"をしてくれる。したがって，どうしても無契約の状態でズルズルと親切にしてもらいがちである。だがある日，突然の口きき料を請求され，拒絶すれば入居する家賃や依頼する建築代金が高騰し，ピンハネ料が仲介人の懐に入る。

　結果としてタダほど高いものはなく，仲介人に無契約下で不透明な金額を直接支払わされるか，依頼人が建築代金などに上乗せされた金額を間接的に支払うかの違いはあっても，結果的には高いコストを負担することになる。

　今回訪問した20カ国・地域のインタビュー中で，モンゴル，中国，インドをはじめとする半分以上の国で，"親切な"仲介人にひっかかった事例や，ひっかかった企業を身近に見てきた事例が報告されている。

　"親切な"仲介人や"胡散臭い"口きき屋が，どこからともなく噂を聞いてタイミング良く"支援"にかけつけてくれた時は，本人の略歴や噂，業界情報，金融機関情報，興信所，地元地域情報など三重，四重に確認することが必須であろう。大手企業では，この手の仲介人には，社内組織にチェック機構が二重三重にあるため，詐欺に会うといった基本的な事故は防げるが，中小企業の事例では，会長，社長が自ら直接"親切な"仲介人とやり取りすることが多い。さらにこの外国人の仲介人が元日本留学生だったり，日本に実習に行ったことがあり日本語ができるといったことになると，さらに"親切さ"が身にし

みて，この種の笑えない事故に巻き込まれることが多い。

3.1.7　入居先の決定

中小製造企業の入居先（進出先）は二通りである。既存の工業団地に入るか，工業団地外の一般土地に入るかである。前者は，外資を誘致するために電気・水道・ガスといったインフラやセキュリティ体制が当該国としては一番充実しているというのが一般的である。ただし，高い共益費が発生するなどのデメリットがあり，原価計算上，コストアップ要因となる。

一方，後者の一般土地に入居する場合には，土地の購入代金が安い，あるいは購入が許可されない場合，平方メートル当たりの借地代が安いというメリットは大きい。また，近隣地区から安い賃金で多くの従業員を雇用でき，他社との採用上の競争が少ない。ただし，購入後，地権者ともめる，騙されて買った土地が使えない，土地の造成が不十分で使いにくい，電気・水道・ガスなどのユーティリティが十分に行き渡らないといったリスクが発生する。国によっては，所有権，使用権，地上権が錯綜しているとか，成文法と植民地時代の慣習法が錯綜していて長期にわたり使用できないケースがある。

初の海外進出を行う中小企業にとっては，工場立ち上げに注力できるよう工業団地に入居して本業にまず注力できることが重要である。入居後，当該国での事業環境に慣れ視界良好となった後，次の事業拡大の際に一般土地への入居を考えることも必要である。

3.1.8　派遣人材の質

出向にせよ，駐在にせよ海外現地法人に派遣される人材は，製造業の場合，モノづくり職人タイプの親方が派遣されてくる場合が多い。インタビューの際に，日本にいては気がつかず進出後に気づいたことや困ったことを挙げてもらうと，モノづくり以外の仕事の幅が広すぎて，かつて日本で経験したことがない業務に翻弄されているという答えが見られる。

もちろん，この仕事の広がりと変化に挑戦することを現地でのやりがいや楽しみとして捉えている経営幹部も少なからずいる。ただし，海外勤務が海外初

渡航であったり，海外初渡航でなくても異国での初めての勤務の場合，多くの人は日々，戸惑いの中で経営を切り回している。特に現地人をうまく使えないとか，経営全体を見渡せないとか，中長期で現地の業界や政府の動向が見えないといった悩みが多い。日本では，ある特定の専門分野で実力を発揮した人や，日本的根回しで仕事をやり実績を上げてきた人にとって，海外現地法人の経営トップの仕事はかなりハードルが高いというのが実態である。

海外派遣の人材は，未知の分野の仕事に面白みを感じ，挑戦意欲を持ち，その達成にやりがいを感じられるタイプの人が望ましい。本書の企業紹介事例で取り上げた村元工作所（本社神戸市，資本金8,000万円）では，海外10カ国に13の現地法人を有し日本からの海外出向者数が90名を数える。海外出向者の選抜は，海外現地法人で必要とされる専門性，即戦力性，人材育成の3つの視点を基準に選抜する。赴任に当たっては，生活環境を中心に座学で学ぶ。

3.1.9　国際契約の重要性

中堅・中小企業の場合，創業家を中心とした経営陣となり，ワンマン型，オーナー型経営になりがちである。社内や国内事業においては，このスタイルは通じるが，一旦，海外進出すると国際契約が極めて重要となる。トラブルから訴訟になれば，最後，自社を守ってくれるのは，入念に練られて作成された国際契約書だけである。国際契約書があったとしても，中国，インドネシアをはじめ各国政府の司法解釈では外資に対して極めて恣意的に不利な結果となることがある。しかし，例えそうであっても，しっかりした国際契約書がなければ裁判も和解もなく，泣き寝入りだけの結果となる。多くのインタビューの中で，交渉相手がいる案件では，交渉結果を毎回議事録（Minutes）で確認し合うといった基本動作が欠除しているなど国際契約概念の薄さが気になった。

いかなる国際契約であれ，締結後は，基本的に自社都合で一方的に変更はできない。契約草案を親会社の本社で事前にしっかり見てもらうとか，大手の主要納品先の本社法務部門でインフォーマルに勉強をさせてもらうといった手立てが必要である。国際契約上の失敗は"恥"と後向きに捉えず，将来に向けた"授業料"であると理解すべきである。そして二度と同種の間違いが起こらな

いよう，社内の関係部門にチェックできるメカニズムをビルトインすることが重要である。社内でチェックができない場合には，費用は掛かるが社外の弁護士などにしっかりと見てもらう方が，後々には大きな損失にならない。

　筆者はかつて米国の小さなベンチャー企業とライセンス契約の交渉を多数行った経験がある。その際，若い創業者が契約概念と契約の基礎知識があることに驚かされたことがある。「多民族で構成される契約社会の米国だから当然」と言えばそのとおりであるが，逆に日本国内では，事業を興すとか合弁，企業間提携，技術援助，ライセンス供与に対して，将来のリスク対策を折り込んだ予防的な契約概念が希薄である。アジア事業の実務を知らない，あるいはアジア各国の現場での実務経験の少ない日本の公的支援機関や弁護士，公認会計士，コンサルタントにとって手薄で苦手な分野が国際契約の分野である。

3.2　進出後の留意点

3.2.1　出向者の異文化経営対応とコミュニケーション能力

　アジアには，世界最大のイスラム教徒の人口を持つインドネシア，世界最大のヒンズー教徒の人口を持つインド，世界有数の仏教国のタイなど様々な宗教国家がある。民族構成，人種構成も多様である。

　ミャンマー，ラオス，カンボジア，ベトナム，タイの仏教国5カ国には工場敷地や工場内に，お祈り，瞑想，安全祈願の祭壇が設置されている。従業員の信仰心に対する尊重，敬意が必要である。同時に古くからあるショッピングセンターや伝統的大市場の中にも祭壇がある。日本でも古くから，東京都心の本社ビル社屋の屋上や地方工場の敷地内に「杜」があり，年初などに経営幹部や従業員が安全祈願をするのと同じである。

　異文化経営の中で重要なものは，イスラム教の戒律に則った「ハラル」対応である。食材，「ハラル認証」を受けた工場での生産，ハラル認証のレストラ

ンなどが対象である．また，インドネシア，バングラデシュなどイスラム圏から外国人労働者を多数採用している企業では，モスクへの礼拝時間の確保への配慮が必要である．

中小企業において，日本人出向者の英語能力または現地語修得能力はどれほどであろうか．多くの企業で現地人（ナショナルスタッフ）に日本語習得を奨励して日本語で日常のコミュニケーションや会議を行っている．果たして，十分な意思疎通ができているのであろうか．

海外現地法人を経営するためには，日本人出向者に高い語学能力が必要である．"何となく通じる"，"ある程度通じる"レベルでは経営効率は悪い．国は違っても企業内のコミュニケーションで"報連相"（報告・連絡・相談）の重要性は変わらない．中途半端な指示や伝達は，工場内の災害，事故にもつながる恐れがあり，また，コミュニケーション上の誤解からストライキなどの労働組合の問題も起こす．さらには，日本人出向者が社内通訳に依存しすぎ，通訳者が意向を独自に解釈して，従業員に通訳，翻訳していた事例もある．出向責任者のひどい語学能力の影響で，依頼もしないのに通訳者が社長に代って自ら社内に指示を出すようになったという笑い話も聞かれる．例えば，事例研究で取り上げたインドフルシマ検品センター（本社 ファッションクロスフルシマ，埼玉県羽生市，資本金3,000万円）のケースを見ると，出向者女性はインドのヒンディー語の専攻者である．大学出身のオフィスワーカーであれば，英語は堪能である．しかし，英語が片言しかできず，普段ヒンディー語で会話をする工場のワーカーに的確な指示を出そうと思えば，ヒンディー語が必要である．インドでは，どこでも誰でも英語が通じるわけではない．

3.2.2 労働争議への対応

アジア100社強のインタビューの結果，各国の現地法人は，規模の大小，事の深刻さの程度を別にすれば，労働争議を経験している．低賃金労働や過酷な労働などに起因して韓国企業や中国企業のアジア現地法人が引き起こしてきた労働争議と比較すれば，頻度は少なく規模は小さいと言われる．インタビューで訪れた企業の隣で労働組合ともめている他の国の企業の現場にも偶然出くわ

した。アジアの労働争議の増加は労働者の権利意識の高揚や政府による頻繁な最低賃金の引き上げ、労働組合の上部団体の示威行動などが背景にある。

　ストライキを打たれた，あるいは一部生産ラインが停止したといった争議にならなくても従業員との何らかのもめ事を経験している日系の中堅・中小企業は少なくない。インタビューでは，「10年程前に経験したが思い出したくない」，「前の総経理時代に会社として経験したが当時，自分（現総経理）は出向していたわけでないので詳細は不明」などの回答がある。インドのマルチスズキのように死亡者まで出る大規模かつ長期間にわたるストライキの事例や，同じインドのトヨタ自動車のトヨタキルロスカ・モーターの複数回にわたるロックアウト（会社側が工場を一時封鎖して従業員を閉め出すこと）の事例のように，大企業の労働争議は大々的に日本の新聞に取り上げられる。一方，中堅・中小企業のケースでは取り上げられることが非常に少ないため，日本では現地の労働争議の実態がわかりにくい。

　今回訪問したタイの村元工作所（METCO）の従業員数は第1，第2，第3工場の合計で4,600名に上る。第2工場の従業員数だけでも2,400名を有する。労務管理の基本は，全工場統一であるが，工場立地場所により福利厚生面では差異がある。各工場にCP&H会という従業員による福利厚生委員会があり，月に一度，全工場の委員会メンバーと会社側で福利厚生を含め多様な労働問題を協議し，良好な労使関係を保っている。

　また，インドシナ諸国にある企業の事例では，労働組合は，スタッフのみを対象に作られている。労働省の役人が労働組合結成の指導に頻繁に来るため組合を結成したが，組合結成による生産上のトラブルを避けるため，筆者訪問時点では工場のオペレーターは組合員に入っていない。

3.2.3　親子ローンによる資金調達

　現地に進出する中小企業にとって資金調達は切実な問題である。現地法人の資本金は，日本の親会社の自己資金または，取引銀行からの一部または全部の借入金を原資に海外現地法人に出資するのが一般的である。また，現地法人の設備投資を払込み資本金で賄うことができても，運転資金は第三者から借り入

れるというパターンが圧倒的に多い。アジアの新興国はいずれも高金利国であり，具体的に言えば，バングラデシュ年13%，インド同10.6%，タイ同7.1%といったところである。単に高金利というだけでなく，それまで取引のなかった地場銀行や当該国に進出した邦銀からは日本本社の与信があっても借入れは難しい。現実的な資金調達は，日本の親会社に対する「親子ローン」の設定による借入が圧倒的に多い。

親会社からの借入れに対しては，海外子会社は利息を支払うが，会計上は，営業外費用として計上し，税務上は，通常は損金算入となる。一方，海外子会社に貸付けて利息を受取る日本の親会社から見れば，利息収入は，会計上は，営業外収益となり税務上は益金算入で課税対象となる。

上記の親子ローンの税務インパクトを考えてみる。実効税率35%の日本の親会社が実効税率25%の海外子会社へ貸付け，その結果，海外子会社が利息100を日本の親会社に支払うと仮定する。日本の親会社は海外子会社貸付金による受取利息に対して税金35が発生する。一方，海外子会社は親会社借入金に対して支払利息マイナス25が発生する。親子間で100の資金を動かしただけで，ネットで10（日本の親会社の税率35% － 海外子会社の税率25%）の税務コストが発生している。もし，日本の親会社で，利子源泉税に外国税額控除が取れない場合は，35以上の税務コストが発生する可能性もある。また，海外子会社で支払利息が損金不算入となるケースでは，さらに税務コストは上昇する。つまり，親子ローンは，借り入れやすい資金調達方法ではあるが，日本の親会社と海外子会社の両方で税金が掛かる税務インパクトの大きい資金調達と言える。

3.2.4 強まる移転価格調査

中堅・中小企業の海外現地法人の設立形態や出資形態に大きな変化が起きている。20～30年前に，大企業では海外直接投資を行う際に，誰がどこから投資して，どこで投資回収をするのが連結決算上，資金効率や実効税率上，最も効率的かという議論が各社で行われた。

今回の対象となった100社強の出資者を横並びにすると，会社の設立形態，

出資形態は大きく分けて下記のパターンになる。
(1) 日本本社が100％出資
(2) 日本本社と，法人所得税が10％台の国である香港・シンガポールの現地法人が共同で出資
(3) 日本本社と，取引企業（例：金型企業）が現地での事業の相互補完や相乗効果を狙って共同出資
(4) 日本本社100％出資の海外現地法人（子会社）の傘下に100％出資の現地法人（孫会社）を設立

　(1)の日本本社が完全出資の場合と(3)の取引企業との共同出資のケースは，その主旨と法人所得税の支払いは，移転価格税法上，日本側，現地側から見ても比較的シンプルである。(2)と(4)のケースでは，資金の流れ，経費の流れ，最終の売上高と利益の計上される場所，赤字企業と黒字企業の国境を越えた相殺が複数カ国にまたがるため複雑で不透明になる可能性がある。特に主たる利益計上国を法人所得税が高い日本本国とすることを意図的に避けているとみられる恐れがある。
　大手上場企業は，連結決算を義務づけられ，事業と地域のセグメントデータの開示も求められる。連結売上高の10％以上を占める海外現地法人は，その売上高，経常利益，純利益などを有価証券報告書に開示する義務を負う。今回，本書の第2章で企業事例として取り上げたペガサスミシンのケースでは，シンガポールにある子会社の業績が記載されていることから，第三者の目で見ても全社連結の中でのシンガポール子会社の重要性が明白である。一方，未上場の中堅・中小企業の場合，資本が大きいとか，近々，株式上場を視野に入れている例外的企業を除けば，公式の連結決算は実施しておらずグループ企業の単純合計に留まっている。内部取引の相殺や利益の移転は社外からは見えない。資金を借りに行く銀行に対してはミニマム，単純合計の数字が必要となる。

　以上を日本，現地の税務当局サイドから見ると企業の税務会計上の不透明さが残り，自国の徴税機会が失われているという判断になりかねない。従来は，

大企業に対して移転価格税制への抵触という疑念から毎年厳しく税務監査がなされたが，中小企業に対しては比較的緩く，あるいは国によっては全くないという状態で推移した。例えば，親会社から海外の子会社に技術指導に行くコスト（航空券代，宿泊費，日当）は，人数，期間にかかわらず親会社が全額負担しても必ずしも移転価格として追求されることはなかった。また，親会社と海外子会社間で本来，技術援助契約を結ぶべきところを無契約状態で親会社から虎の子の技術を移転して，ロイヤルティを受け取らなくとも移転価格としてみなされることはなかった。

しかしながら，中堅・中小企業のアジア進出が大企業と並んで主役を迎える時代になると，コンピュータを駆使した現地側の徴税能力の向上と，アジア各国の国家税収に占める外資系企業からの税収額の大きさから中堅・中小企業も移転価格違反の取締りネットの中に入ってくる。企業規模が小さいからという理由で目こぼしや見逃しのままにはならない。海外初進出や海外事業の拡大を機に，自社の税務点検が喫緊の課題となる。現地税務当局との持ちつ持たれつの良好な関係で，時として利不尽な納税の問題をその都度クリアしてきた日本企業にとって，税務問題を再考する機会である。

3.2.5 完全出資を認められない時代の合弁会社の独資化

アジアにおける多くの国は，外資を誘致する初期の段階は，外資100％を認めていない。1970年代からインドネシア，タイ，マレーシア，フィリピンなどでは会社設立形態は合弁にせざるを得ず，外資のマジョリティを認めるものの，必ず現地資本を入れなければならなかった。国によっては，設立15年後に，現地資本にマジョリティを渡すといった外資法が打ち出された。中国も同様に，エレクトロニクス，自動車をはじめとする主な産業は合弁形態の設立をほぼ義務づけていた。

上記のASEAN諸国への進出では，100％の完全出資を望んでも外資法上，認められないため，事業を一緒に行う合弁パートナーまたは事業に参画はしないが出資者になる企業や個人を見つけざるを得なかった。

そのためには，形式上の合弁会社に資本参加する企業や個人を現地側から見

つける必要があり，現地政府や日本の商社などからパートナーとなる人物を紹介してもらうのが一般的であった。ただし，このパートナーとなる人物が出資する資金を持っていない場合は，日本側が本人に出資金見合いを貸し付けて出資をさせるケースも多く見られた。したがって，この合弁会社は実質的には日本側企業の100％出資と同じであるが，形式上は，例えば，外資側資本90％，現地資本10％が入った会社ということになる。

　このような形式的な合弁会社を義務づけたものの，各国政府が途中から外資100％出資も認めるようになると，形式的なローカルパートナーは不要となった。形式的なパートナーは，例えば，勤務先企業の取締役として，政府との許認可手続き，資材調達先や販売先の紹介などにも従事する。不要になった時点で当該企業からすんなり退任，退社をすれば問題はないが，10％の株式を所有する"主要株主"としての権利を主張することになりがちである。さらにその時点まで企業が順調に発展してくると，設立時とは異なり企業価値も高まってくる。ここから形式的なローカルパートナーを排除したい外資側と，"株主"としての権利を主張する形式的なローカルパートナーとの闘争が始まるのが一般的である。

　信用した人物が突如自社へ敵対行動を取り，"飼い犬に手を噛まれた"心境になる日本企業と，折角のビジネスチャンスや所得チャンスを失いたくない形式的なローカルパートナーの間で話し合いがつかず，法廷闘争に入って行くパターンとなる。法廷闘争は長期にわたるため，時間とお金が掛かるだけでなく，外資側にとり大切な本業に割く時間が取れなくなる。ローカルパートナーは訴訟に掛ける資金が不足していても，地元の強みで，"弱小の地場資本が外資に不当にいじめられている"と，自国政府や裁判所に対してナショナリズムに訴えることも可能である。また，ローカルパートナーは当該外資の日本本社や主要納入先の本社に"現地での不当な取り扱いを受けている窮状"を訴える手段に出る。一般的に法廷闘争やもめ事が嫌いで，その解決能力に欠ける日本企業は，事態の是非よりもまず自社の現地法人に早期解決を指示する。

　このようにして日本の中小企業は，妥協や和解により当該企業の純資産の10％相当の支払いと解決金，および相手方の法廷闘争に要した一連の経費の

支払いを余儀なくされる。ローカルパートナーは，結果として当該企業に一銭の資金も投入せずに膨大なお金を手にして10%の株式を売却する。

中小企業がインドネシア，タイ，マレーシアなどで形式的な合弁企業を設立して以上のような経緯をたどり，海外事業に大きな"授業料"を支払うという共通のパターンである。そして，"恩を仇で返された"という苦い思い出だけが残る。こういった事例は，信用のある人から紹介された人物を性善説で100%善い人と考える人の良さ，相手への善意の貸付金による出資の際のリスクヘッジの無さ（企業によっては白紙委任状を取り付けている），契約書作成時の合弁"解消"の際の詳細な条件設定の不備などに起因している。自社内に進出国政府への許認可申請業務をこなせる人材や国際契約，国際交渉のできる人材がいない場合，むしろ外部の専門家を使いこなしていく方が賢明である。目先の経費削減と事業の根幹にかかわる中長期のリスク軽減のバランスが重要である。

3.2.6 遵法精神

100社強のインタビューの中で，気になる項目の1つが法律への抵触の恐れである。1つは，受資国政府（host country）の外資法，労働法などへの抵触であり，もう1つは投資国（home country），日本の法律への抵触である。具体的には法人税，関税，消費税，販売税，移転価格などの税金面と，配当送金，労働基準法など様々な側面がある。本来，日本人出向責任者はもとより，優秀な現地スタッフを採用して地場の法律事務所や会計事務所を活用しながら外資系企業として正しく経営していけるはずである。大企業の場合，日本本社のチェック機構が過剰と言えるほどのCSR（企業の社会的責任）により自社の海外現地法人に牽制が効く。しかし中堅・中小企業では日本本社の経営トップのリーダーシップが強いだけに，逆に社内の相互チェックや牽制が効きにくい面もあり，海外現地法人が無意識，無自覚のうち日本と受資国の法律に抵触する恐れも出てくる。

2014年2月，インドシナ半島の国の1つに進出した日本企業が，原産地を偽り，関税を逃れた容疑で日本の地検に摘発されたことが報じられた。筆者が

過去，訪問した企業の1つである。発展途上国を原産地とする輸入品の関税がゼロになる特恵関税制度を利用して関税の支払いを免れた容疑である。日本の法律はもとより現地の法令は，企業規模にかかわらず厳しく遵守されなければならない。

3.2.7　情報収集と情報管理

情報収集について，進出前に必要な情報の中で，全体の6割から7割を占める当該国のマクロ的な情報や投資情報，法制・法規の情報などは，外務省，JETRO，銀行などの金融機関，各国にある日本大使館のホームページ，駐日大使館・総領事館，各種セミナーなどから不自由することなく入手可能である。むしろ，それら情報は取捨選択や組合せに困るぐらいの量であろう。残りの3割から4割が自社の属する現地業界や市場動向に関する情報である。

一方，情報管理について，日本の中堅・中小企業の情報管理の脇の甘さが指摘される。従業員の雇用に当たって雇用契約書はあっても機密保持契約がない企業が多いと推察される。雇用契約書の中に就労規則があって就労時間や年間の休日や福利厚生が記載されている程度である。その中に，"会社の機密保持は守らなければならない"という簡単な一文があるだけである。特に管理職はもとより間接部門のスタッフに対しても，雇用契約書と一体になった機密保持契約書への押印が求められるべきである。

3.2.8　日本本社の内なる国際化

アジア100社強の現地インタビューを通して現地経営責任者の中から出てくる悩みに，"本社は何もわかってくれない"，"なかなかわかってくれない"という発言が多い。「進出前の留意点」ではなく「進出後の日本側の留意点」の1点目である。現地に出向し，不慣れな現場の経営に日々格闘している現地経営責任者にとり，日本側から押し付けてくる日本流のやり方に，じっと我慢しながら対応するとか，辟易するといった状況がある。国内事業しかやってこなかった本社，あるいは国内事業プラス輸出事業しかやってこなかった本社にとって，海外直接投資による現地生産進出は未経験の分野である。それだけ

3.2 進出後の留意点

に，現地生産事業に対しては本社の管理部門や製造部門が逐一こまかい状況説明を求めて許可を出すとか，日本側の従来のやり方を理不尽に押し付けてくるといったことになりがちである。現地経営責任者にとり，闘う相手は，現地経営そのものや競合他社だけでなく，現地をサポートしてくれるはずの日本本社の両方となる。現地への権限委譲が小さいことに加えて，日本流のやり方が現地でも通じることを前提に指示，命令が来ると，現地経営責任者は板挟み状態となりストレスの日々となる。

こうした状況も，現地経営を4～5年経験した人が帰国し，代わりに日本本社で現地オペレーションの窓口をしていた管理職が2代目として現地に出向するというローテーションを組めるようになると海外経営管理のレベルが上がるようになる。ピッチャー（本社側）とキャッチャー（現地側）が交代することになり，立場は違えども，相互理解が深まった上での現地経営を進めることができるようになる。しかしながら，帰国者が日本の本社部門ではなく，ローテーション上，単に地方の工場へ戻って勤務するだけとか，海外とは全く関係の無い部署への異動となると，国際化ができていない本社と現地のストレスあるやりとりは低レベルで再現されながら代を重ねて続くことになる。海外での経営ノウハウの社内伝承も実務を通してなされない。ここに日本本社の「内なる国際化」が喫緊の課題となる。

かつて筆者がアドバイザーを務めた関西の専門大学校（自動車，建設，土木）で，少子高齢化で減少傾向にある学生数を，アジアの留学生の入学推進で補うというプロジェクトを推進していた。その際，理事長が年末の学期末に，教員を含めて全職員に「なぜ我が校の国際化が必要なのか」，「どのように国際化すべきなのか」，「職員一人一人が何が変わらなければならないのか」という終日研修をグループ別討議で実践していた。外国人留学生を初めて，多数受け入れるという自校の国際化は，理事長，校長，担当者の努力だけでできるわけでなく，全職員の意識変革と具体的行動が変わる必要があるというのが，研修の目的であった。

2点目の「内なる国際化」の遅れは，複数の海外現地法人の横断的な経営管理手法の疎さである。初の海外進出では，日本本社から1つの現地法人を結ぶ

単線による「点の経営」であるが，その後，アジア各地で各々役割の異なる5社（例）の現地法人を設立したとすると，日本本社から放射状に海外拠点を経営する「線の経営」となる。さらに現地法人が10社（例）となると役割の違う海外拠点間の国際分業も起こり「面の経営」を志向するようになる。日本本社が，現地法人を設立するたびに場当たり的に経営管理をするのではなく，出向者の派遣条件の標準化，現地経営幹部の一元的な把握，現地スタッフの給与アップ，資金調達，節税など横断的な経営管理手法が必要となる。海外現地法人数が増える，海外の業績への依存度が増す，海外の従業員が増える，といった中で，日本本社自身の国際化が進まないと，逆にアジア事業を推進するどころかブレーキとなり減速要因となる。ここでも日本本社の「内なる国際化」が求められるわけがある。

3.3 事業撤退時の留意点

3.3.1 成功・失敗の具体的イメージ

中小企業の海外進出は，創業家出身の会長，社長の鶴の一声で決まることが少なくない。そこに全社員の求心力も働き，全社一丸となって取り組む強みがある。ただし，裏側から見れば，会長・社長の勇気とリーダーシップに依存し，時として身の程知らずの進出も起きる。そこには直感的な成功と失敗の確率の検討もなく，危険予知能力に欠けた進出も見られる。確かに海外事業も国内事業同様，"やってみなければわからない"という勇気ある発言は理解できるものであろう。今回のアジア各社長インタビュー中に，「苦戦している」，「コスト的に厳しい」，「赤字が続いている」，「売りが上がらない」，「創業以来，儲かったことがない」といった話が出る。謙遜もあるが，業績を数字で聞く限り大概は実態であろう。

そうした中で，貴社はどのような経営状態になった時に「成功」と言い，ど

のような経営状態に陥った時に「失敗」となるのかという質問への回答は明確でない。例えば，「累損が資本金をオーバーして債務超過になり，増資をして切り抜け，これを2回やったら失敗です」，「投資回収を事業計画どおり5年以内にできたら成功です」，「収支トントンでも納品先に安定的サプライヤーとして喜んでもらえればグループ企業の全体の連結決算上，成功です」といったような具体的な答えは出てこず，曖昧で抽象的な答えが圧倒的である。あるいは，成功することを前提に出ているので「失敗」を考えたことが無いという答えもある。

リスクの無い海外事業は無い。その潜在的なリスクを現場で地道に一つずつ，潰していく作業がトータルの経営リスクを小さくする。危険予知能力を持ち，それを不慣れながらも経営の現場で最小限化していく努力が成功につながるはずである。さもないと，ある日突然，地雷を踏んで大きな負債を残して撤退ということになりかねない。勢いだけで進出した事例によく見られるケースである。現地企業と合弁で事業を行い，合弁解消後，現地から元パートナー企業により日本向けに同種で安価な競合製品が洪水のように輸出され，日本の親会社の屋台骨がつぶれたという事例も起きている。また，日本から技術指導に行った技術援助先企業が日本向け輸出を快調に伸ばし，結果としてブーメラン効果を引き起こし日本の技術援助元が瀕死の重傷を負ったケースもある。親会社，現地法人とも成功・失敗の具体的イメージを共有化し，その要因を1つずつ認識できれば上記のような事例は果たして起きたであろうか。

3.3.2 撤退時の企業売却

中堅・中小企業が一般書籍，新聞，論文などで取り上げられる時は，大半が「成功事例」や「ユニークな事例」として脚光を浴びる。大手上場の公開企業の場合と異なり中堅・中小企業の「失敗事例」や「撤退事例」が詳しく解説されることはほとんどない。中堅・中小企業の場合，上場していない限り企業自身が社内の従業員持株会や取引銀行に経営状況を説明することはあっても，対外的に公表する義務はないからである。

中堅・中小企業のアジアの現地法人の撤退事例を見ると4つのパターンがあ

る。1つ目は，日本の親会社が，事業が立ち行かなくなり経営困難に陥り，倒産し，その結果，せっかく育て上げてきた海外現地法人を事業閉鎖せざるを得なくなるというケースである。

具体的な事例としては，水道施設診断コンサルタントの株式会社メイケン（本社・神戸市）の破産に伴うネパール カトマンズ市のソフト開発会社の事業閉鎖である。メイケン（英文社名：MEIKEN CONSULTANTS CO., LTD.）は1965年創業，資本金7,500万円で，工学博士，技術士，測量士，一級建築士など30数名の有資格者を持つ技術力の高い企業であった。メイケンおよびその関連の不動産事業の株式会社ミヤテック・インターナショナル（本社兵庫県明石市）は，2012年6月，事業停止をして自己破産を申立て，同年8月28日に神戸地裁において破産手続開始決定を受けている。破産の原因は，水道事業も含めた公共工事の減少による売上不振であった。負債総額は，両社で約7億5,000万円である。筆者がカトマンズを訪問した際には，メイケンのネパール現地法人が過去存在したことは確かめることはできたが，既に清算されていたようで，日本の本社もネパールの現地も連絡がつかなかった。

2つ目は，日本の親会社は従来どおり事業を何とか存続しているが，海外現地法人のみが経営環境の変化や国際競争力の喪失により事業困難となり閉鎖するケースである。今回訪問した企業の中にもベトナム，タイ，マレーシアで見られた。決死の思いで大手納入先の近くに設立した海外現地法人が，大手納入先の生産拠点の再編のあおりで最大の売り先がなくなり，設立後数年しか経過していないにもかかわらず大きな赤字を抱えて，事業閉鎖を余儀なくされている。

3つ目は，当該海外現地法人が現地の最低賃金の急上昇や，近隣地区への外資の進出が急増し十分な労働者の確保が困難になるなどの理由で，生産拠点を変更するため，事業閉鎖をするケースがある。コスト面での国際競争力の維持・強化を図るため，最適生産地を求めて一種の"渡り鳥的生産"を行う企業であり，工場を中国からインドネシアへ，タイからラオスへ移転するといった事例がある。

4つ目は，製造合弁会社からの事業撤退である。事業拡大，製品導入，販売

戦略，投資回収などの経営方針の対立に起因して，日本側が撤退する。収益が継続的に出て，累損もなく経営が推移している会社の場合，別れのシナリオでは大きくもめない。しかし，膨大な累損を抱えているケースでは一連の撤退の意思決定と撤退のプロセスではもめることが多い。中国の事例では，名目的に董事長を出している中国側には経営責任はないが，総経理や工場長を出向させている日本側が全責任を取るべきだといった董事会の議論が延々と続く。最終的には日本側が累損をすべて負担し，合弁設立時に日本側の現金出資により購入した設備一式もすべて元合弁会社に無償で置いていくことを余儀なくされて撤退が決着という，最悪の事態になる撤退パターンである。

　事業撤退で起こる経営課題は，資産売却，従業員の解雇，納税の3点であろう。1点目の資産売却は，工場をまるごと第三者に売却する際の評価額の算定である。撤退する日本企業が新たに参入する日本企業に従業員の継続雇用付きで売却譲渡する時は，その交渉は比較的わかりやすい。しかし実際に日本の中小企業がベトナムの工業団地に設立した工場を韓国企業に売却した事例では，日本側，韓国側の双方がそれぞれ自国の公認会計士に依頼して修正簿価方式で評価したものの，できるだけ高く売りたい日本企業とできるだけ有利な条件で安く買いたい韓国企業との間の溝が埋まらない。日本企業の早く撤退したいという意向と，韓国企業以外に買手が現われないと恐れていることに対して足元を見られ，二足三文で韓国企業に売却することを余儀なくされている。

　2点目は，経営困難が長期にわたり続き，従業員数をその都度減らしながら最終的に事業清算により残った従業員全員を解雇するケースである。近隣に再就職先として，多くの工場がある場合，解雇に伴う企業の負担は比較的軽い。その際，従業員への事業閉鎖の発表と解雇通告が短期間に行われる場合は，社内の労働組合，工会，労使協議会といった組織への丁寧な背景説明と解雇手当などの納得いく説明に配慮が必要である。このような場合，それまでの経営責任者と従業員の間の普段のコミュニケーションの良否が問われる。

　3点目は，納税面で，設立以来，事業閉鎖までルールどおり正しく納税してきたつもりでも，事業閉鎖が決定した途端，当該地区の税務当局からかつて聞

いたことのない種類の税金が，過去に遡って大金で請求されて驚くといった事態である。この場合，撤退直前に巨額の追徴納税を求められた中小企業にとっては撤退ができない，日本人出向者が出国できないという事態が起こる。

3.3.3　日本の親会社の第三国企業への売却

　今回，アジア20カ国・地域にある日本の中堅・中小企業100社強を訪問した中で，インタビュー中に「日本企業」ではないことに気がついたケースがある。現地法人名，事業内容，日本人経営トップも日本企業時代と基本的には変わらないが，既に所有者が中国人に代わり法律的には「中国地場企業」となっている。外資系企業の海外現地法人から地場企業の一子会社に変身しているケースである。この背景には，多くの日本の技術力のある中小企業が，経営困難に陥り，中国系企業や台湾，香港，シンガポールなどの華人経営企業に売却しているという実態がある。大手上場企業の売却，買収には，日本，欧米の企業買収の有力コンサルティング会社がその仲介にビジネスチャンスを広げてきた。今日では，資金面などで経営困難に陥った地方のハイテク企業の売買を専門的に仲介するブティック型のアジアのコンサルタント会社が日本で活躍している。

　特に2008年のリーマン・ショック以来，顧客からの受注減により経営状態が悪化し，事業の単独継続が不可能となりメインバンクの指導によりアジアの企業に売却，譲渡したという中小企業の事例が増えている。この結果，海外に持っていた1社または複数の現地法人も自動的に買収企業に所有権が移っていった。例えば，中国企業の傘下に入ったアジアの現地法人は，日本の高度な生産技術力と品質管理技術を駆使しながら各国の最低賃金ぎりぎりの人件費でコスト競争力をさらに増し，従来の日系企業の顧客への継続的販売と自国企業への販路開拓に挑んでいる。この結果，「規模の経済」の実現によりコスト力を更に強化している。

　一方，品質，性能，デリバリーに厳しい日本の顧客企業の信頼を引き留めるためには，当座，引き続き日本人経営トップや工場責任者に日本人を据えおくことがあるが，こうした場合，中国企業に売却した日本の中堅・中小企業の既

存の知的財産権は，今後どのように扱われるのであろうか。社名，ブランド，特許，意匠，経営ノウハウ，顧客リスト，原価構成など取り扱い次第では，日本の顧客からの信用を大きく左右する。さらに買収された日本の中堅・中小企業で今後開発される技術や製品は，当該企業が単独でできるものとは限らない。納入先企業や関連企業の様々なノウハウとの擦り合わせの中で実現されてきたものも多い。買収企業のグループ企業内で様々な類似品が作られ，当該市場で販売されるだけでなく輸出されることも出てくる。日本の中堅・中小企業の売却は，どのような国際契約のもとなされるのか。特に知的財産権の面で不安が残る。かつて，日本や海外で高い評価を得た音響メーカーにトリオ，パイオニア，サンスイがあった。サンスイは香港企業に売却された。今日，高級オーディオメーカー，サンスイブランドのアイロン，ジューサー，ミキサーがアジアの発展途上国で，多数，"日本製品"として売られている。企業の売却，ブランドの移転というものが，その後の業界や競合企業に想像以上のインパクトを与える。日本の中小企業のアジア企業への売却が"売ればすべてが終り，買えば何をしても良い"という世界で進展するようだと意外な波紋が広がる可能性が高い。

第4章

中堅・中小企業の
アジア活用戦略

第 4 章　中堅・中小企業のアジア活用戦略

4.1　地域戦略の視点

　ダイナミックに成長を遂げるアジア，特に中国，インド，ASEAN 主要国については，無数の新聞・雑誌，テレビ報道などの各種メディア，そして外務省，経済産業省，ジェトロなどの公的機関，民間研究機関，シンクタンク，銀行，証券会社，コンサルティング会社などが同質性の高い一次資料や二次資料を提供している。いずれの資料も公開 1 年以内に内容が収斂しており，大きな差は見受けられない。したがって，中堅・中小企業にとり基本的なアジア進出の資料には事欠かないため本書では省略する。

　本章では，激動するアジア 20 カ国・地域の経営の現場と市場を訪問し，それらを俯瞰して，アジアを活用するために，日本の中堅・中小企業が中長期的に視野に入れておくべき国，地域を地域戦略の視点から 7 拠点取り上げる。東アジアではモンゴルと台湾，東南アジアではシンガポール・インドネシア，インドシナ諸国，東ティモールなど，そして南アジアではパキスタンを取り上げる。

4.1.1　急成長するモンゴル，挑戦する日本の中小企業

　人口 280 万人のモンゴルは，1 人当たりの GDP（国内総生産）が 2005 年には後発開発途上国レベルの 1,000 ドル未満であったが，金・銅・ウラニウム・モリブデン・石炭などの豊富な地下資源をてこに経済が急速に伸びており，2012 年には 3,600 ドルに達し，さらに 5 年後の 2017 年には中進国が視野に入る 5,000 ドルに迫ることが予測されている。このモンゴルへの海外からの訪問者数は 37.1 万人（2010 年）で，その内訳は，旧社会主義国モンゴルの歴史とロシア・中国に挟まれた内陸国という地政学を反映して，中国人 16.0 万人，ロシア人 7.7 万人，韓国人 3.8 万人，米国人 1.3 万人，そして日本人 1.3 万人などである。　このダイナミックな成長を遂げるモンゴルへの日本の進出企業数は，筆者訪問時点で 400 社弱であり，その内訳は完全出資の現地法人 119 社，

合弁企業 254 社，駐在員事務所 25 社である。これらの大半は中小企業であり，少子高齢化・人口減少の日本では今後，自社の持続的成長性の確保が困難と認識し，海外展開を検討してきた企業である。鉱物資源をてこにした高度経済成長への期待，日本の円借款による新ウランバートル国際空港建設プロジェクトの稼動，市内に 25 階以上の高層建築が多数見込めるビジネスチャンス，新たな製造拠点の設立模索などが背景にある。これらの進出に伴い，日本の中小の証券会社，法律事務所，歯医者，レストラン，カラオケバー，ラウンジ，サウナ，ビューティサロン，旅行会社などのサービス産業の進出も積極的である。

今回筆者が訪問した首都ウランバートル市（人口 120 万人）にある中堅・中小企業 6 社の中には，厳冬期マイナス 30℃になるモンゴルで事業を展開できるノウハウを持つ北海道の生コンクリート会社や LP ガス会社，300 社を超す上場企業が登録されているモンゴル証券取引所の成長を見込んで"モンゴル初の外資系総合証券会社"のキャッチフレーズで進出した中小証券会社，中古車修理・販売で合弁進出した企業などがある。

さらに，"予想外"ではあったが，アルミ切削加工会社が，日本人不在の中で現地人の社長，工場長のもと見事に 100% 出資の製造現地法人を経営している。この会社は，数値制御機械や最新の CAM を複数台，モンゴルに搬入し精密加工を行い，全数検品の上，日本に航空便で輸出するビジネスモデルを生み出している。まさに日本の中小企業の現場発の知恵である。モンゴルで製造業などできるはずがないという"できない理由"を並べ立てる大企業に対して，このアルミ切削加工会社は，日本本社の経営方針を日本語・モンゴル語併記で事務所に掲げ，工場長が日本語で復唱でき，また，性能・品質・コスト・納期面で内陸国であることによる物流面での制約や物流コストの上昇をしたたかに解決するという経営を行っている。"できない理由"を見つけるのではなく，日本の本社工場（従業員 60 名）と子会社のモンゴル工場（同 20 名）間の国際分業を実現するため，"可能にする方策"を試行錯誤している。ここには中小企業経営者のモンゴル事業に賭ける熱い思いがある。

急成長するモンゴルに対して日本の大手企業の取り組みの遅さが気になるところである。日本政府による ODA（政府開発援助）案件など確実に売上げ回

第4章　中堅・中小企業のアジア活用戦略

収ができるプロジェクトには大手商社をはじめ大手建設・鉱山機械メーカーなどが積極的である。リスクがなく，あるいは小さく，"安全牌"が見込める案件には業種を問わず大手企業は顔を見せるが，それ以外の案件には手をこまねいているのではないかという懸念がある。

　2012年2月に筆者が訪れたミャンマー，カンボジア，ラオス同様，モンゴルでも日本の中堅・中小企業が果敢に現地事業に挑戦している。そのあとで雪崩を打つように大手企業が調査団を派遣して帰国後，本社の机で勉強会を開いている。アジアがダイナミックに発展する中で，大手企業のスピード感の無さと過剰なリスク管理が気になるところである。ウランバートル市滞在中に日本大使館を訪問し，インタビューする機会を得た。「日本の大企業にはもう期待しない。様々な経営上のハンディがある中，挑戦する中小企業に期待したい。」というコメントが返ってきた。

4.1.2　台湾から中国市場を攻略

　台湾は1960年代～70年代前半まで，日本企業のアジア事業展開において最大の投資先であり，電機などの大手企業にとってアジアで最大の生産・販売の現地法人は，台湾にあったというのは珍しいことではない。その後，台湾に設立した現地法人が台湾内需だけでなく，日本や欧米への輸出拠点としても大きな地位を占めるようにもなった。また，中国の福建省など沿岸地域への投資を直接日本からではなく，台湾から台湾現地法人の子会社として中国へ迂回投資をした時代もあった。

　その後，台湾は，長年にわたるOEM/ODMで多くの製造工程革新のノウハウを蓄積し，半導体，液晶，パソコン用PCBなどハイテク電子部品の生産を中心に急成長を遂げた。台湾の地政学的な強み，中国大陸との民族，言語，文化の同質性から台湾の拠点から中国市場を攻める日本企業は少なくない。東証一部上場企業のワタベウェディング（本社京都市）は，日本から直接中国本土のブライダル市場を狙って進出したが，十分な成果を得ることができず，戦略を転換，台湾のブライダル企業を買収して，その企業を橋頭堡に中国市場を攻

めている．同様に本書で事例研究として取り上げた台湾曽田香料も，日本本社の戦略のもと，日本本社から直接中国投資をすることなく，台湾から中国に投資をして現地法人を設立している．2010年6月，台湾と中国大陸の両岸が両岸経済協力枠組協議（ECFA）を結んで以来，双方の経済貿易関係は更に密接になっている．2010年代の中国投資の1つの形態として，台湾経由の中国投資は，リスクマネジメントの観点からも，そして台湾の優秀な人材の中国本土での活用面から，また，ロジスティクス面からも有効な手段である．

台湾の財団法人商業発展研究院の発表によると，台湾に設立された外国企業で域外の親会社を代表して台湾以外の地域の拠点にも管理権を有する在台地域統括本部には2012年現在，150社が選ばれている．その国籍は，日本30社，米国22社，欧州18社，ケイマン諸島やヴァージン諸島などタックスヘイブン7%，香港6%である．上記地域統括本部の内訳は，地域ロジスティクス統括本部，研究開発・設計・ブランドなどの地域知識統括本部，受注・為替両替・融資・決済などの地域金融統括本部である．また，上記150社の管轄エリアは，中国102社，日本47社，香港46社，シンガポール35社，マレーシア34社，ベトナム32社，韓国30社と続く．台湾にある外資の中国ビジネスとの結びつきを窺い知ることができる．

4.1.3 岐路に立つシンガポール・バタムの　　　ツイン・オペレーション

1970年代にシンガポールに生産進出した多くの日本企業は，シンガポールの経済成長の中で，人件費の上昇に伴い徐々にコスト競争力を失いマレーシア，フィリピン，インドネシア，タイなどの周辺国に生産をシフトした．その後，シンガポール政府は，コスト競争力強化のためインドネシア政府と協力し，対岸のインドネシア領であるバタム島とビンタン島を開発した．バタム島で労働集約的な製品や部品を組立て，シンガポールで高付加価値に組み込んで完成品（最終製品）としてシンガポール港から全世界に輸出するビジネスモデル「シンガポール・バタムのツイン・オペレーション」である．多くの企業は，シンガポールの現地法人の傘下にバタム島の現地法人を設立して親子関係

のオペレーションを行った。

　2000年代に入ると中国が廉価な人件費と巨大な国内市場をてこに生産拠点として大きく浮上した。このためシンガポール・バタムのツイン・オペレーションは，コスト的に大きな影響を受け事業の縮小や生産品目の転換で打解を図ろうとした。しかしながら撤退する企業が増え，かつて外資の工場が所狭しと賑わったバタム島内12カ所の工業団地には空き工場が目立つ。例えば，筆者が2012年2月に訪問したバタム島バタミンド工業団地の日伸工業バタム（本社：滋賀県大津市，資本金9,000万円）はブラウン管の電子銃などを生産していたが，現在では金属プレス技術を生かして自動車部品やボタン電池などの金属加工品へ生産品目転換を図っている。ピーク時の従業員数は約1,000名であったが，訪問時点では270名と激減している。バタム島の生産拠点としての再構築が喫緊の課題となっている。

4.1.4　イスカンダルプロジェクト
　　　　　―シンガポール・マレーシアのツイン・オペレーション

　シンガポールに進出した日本企業は，同国での人件費の上昇の中でシンガポールとマレーシアのツイン・オペレーションを志向した。シンガポールから国境を越えて車で1時間程度のマレーシア最南端のジョホール州に生産拠点を設け，マレーシアの廉価な人件費や電気代を活用した国際分業である。シンガポールは，1人当たりのGDPが2007年に3万8,000ドルとなり日本を追い越し，世界有数の高所得国となった。隣国インドネシアとマレーシアを活用して第二次産業（製造業）の国際競争力を守り続けてきたシンガポールだが，1つの岐路に立っている。かつては，労働集約的産業から半導体や液晶の前工程やHDDのような技術集約的または資本集約的産業にシフトし，成功を収めたかに見えたが，その国際競争力は試練の中にある。バイオテクノロジーのような知識集約型の製造業へ高度化するのか，今日までのGDPに占める製造業の構成比20〜25%を縮小して一挙に第三次産業（サービス業）の構成比を増やすのかという岐路に差し掛かっている。

　マレーシアのジョホール州では，マレーシア政府によりイスカンダルプロ

ジェクト（2006〜2025年）がスタートとしている。開発面積はシンガポールの国土面積の3倍に当たる2,200 km²と巨大である。この区域は先端技術研究・開発，工場地区，教育機関・病院，テーマパーク，金融他の5つのゾーンに分けられている。周辺には，大型商業施設，高級コンドミニアム，戸建住宅が作られる。総開発費用は約10兆円と言われる。かつて人手不足のシンガポールから労働者の確保と安い人件費を求めてマレーシアとのツイン・オペレーションを行ってきた日本企業は，イスカンダルプロジェクトの発展次第では大きな影響を受ける。同地区にある日系の工場では外国人労働者の採用により労働力とコスト競争力を確保してきたが，新たな局面の展開で，ジョホール州を生産拠点，販売拠点，開発拠点としてどのように再活用するかが問われている。

4.1.5　インドシナ半島の国際分業
　　　　　—ミャンマー・ラオス・カンボジア・ベトナム—

2000年代に入って，中国の人件費の急上昇や政治リスクを考えて，日本企

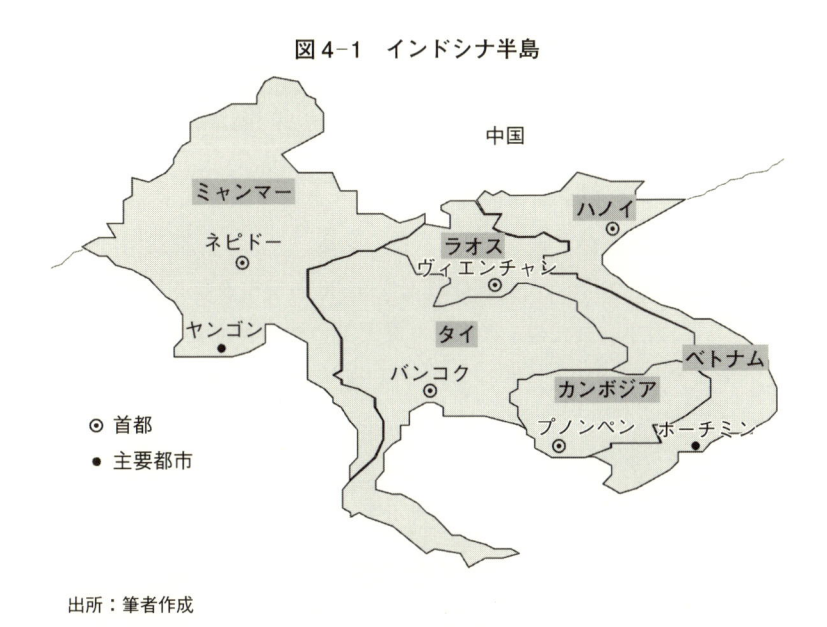

図4-1　インドシナ半島

出所：筆者作成

第4章 中堅・中小企業のアジア活用戦略

業のベトナム進出が急拡大している。さらに2010年代に入ると大企業が従来，関心を示さなかったミャンマー，ラオス，カンボジアといったインドシナ諸国への関心も増大し，これらの国への直接投資件数も増加している。そうした流れの中で，図4-1が示すインドシナ半島に新たな3つの分業が見られ，今後の活用策を検討する余地は大きい。

1つ目はタイを頂点とした分業である。2000年代は，シンガポールの外資優遇策で大きなインセンティブとなった地域統括会社（RHQ）の税務上の恩典策が，マレーシア，タイ，フィリピン，中国に伝播・拡大した。その中で，タイのBOI（投資委員会）が打ち出したRHQコンセプトは複数カ国の生産，販売，ファイナンス，人材管理などの経営機能をタイから統括する場合，外資に法人税の減免などの恩典を供与するというものである。タイの現地法人を頂点にミャンマー，ラオス，カンボジアなどの"バーツ経済圏"にある現地オペレーションを傘下に組み入れたオペレーション[注1]はこの一例である。世界的な多国籍企業がタイのこのRHQ恩典をどの程度活用したかは別途調査の必要があるが，制度的に外資に対して，タイ・プラス・複数カ国事業という形で打ち出されている。

上記RHQ恩典のスキームと別に，タイとカンボジア，タイとラオスの分業がある[注2]。例えば，ミネベアは従来，タイに大きな拠点を有していたが，カンボジアのプノンペン経済特区（PPSEZ）にも新たに生産進出した。2011年10月にフン・セン首相や関係閣僚の出席のもと開所式を開催。全長400m，幅70mの巨大な工場が完成し，OA機器や家電，デジタル機器向けの中小型のモーターを組み立てる。従業員は最大で5,000名規模となる予定である。コスト面での国際競争力強化の最後の切り札ともいうべき同国への進出である。

また，トヨタ自動車のグループ企業のトヨタ紡織は，2014年4月にラオス南部のサワンナケート県への生産進出を発表している。タイで車用のシートカバーを生産しているが，カバーの生産工程の一部をラオスに移し，年20万台を生産する。タイと隣国ラオス間の国際分業の一例である。人件費は，タイのワーカーが366ドル/月に対してラオスは137ドル/月である。

タイとラオスの分業を歴史的に遡れば，大阪市本社の紳士用・婦人用ドレス

シャツメーカーの山喜は，1989年にタイ山喜を設立し，2005年にラオスの首都ヴィエンチャン郊外にラオ山喜を設立している。タイもラオスも紳士用ドレスシャツの製造販売（輸出）を行っている。ラオスへの進出動機は，タイ山喜で培った技術をラオスに移転できるという確信を持てたことと，タイ語とラオ語の類似性である。技術移転には何よりもコミュニケーション能力が重要であるという認識がある。ラオ語はタイ北東部方言と非常に似ており，ラオス人はタイ標準語がわかる。したがって，ラオ山喜工場の立ち上げのために，ラオス人従業員のタイ山喜工場での研修やタイ人リーダーによる指導に支障がない。さらに，タイからの横展開でラオス進出を決めたのはラオスの持つ比較的豊富な電力，治安の良さ，温和な国民性，政治的安定，親日的という要素があったためである。

　2つ目は，ベトナム・ラオス・ミャンマー間の分業である。第2章の東南アジア編で取り上げた栃木県宇都宮市に本社のある縫合針メーカーのマニーの事例が挙げられる。同社は主力のベトナム事業の傘下に，コスト力強化と生産リスクの分散のため，ラオスとミャンマーに現地法人を設立して製品間の水平分業を行っている。

　3つ目は，中国人を活用した人材面での分業である。カンボジアやラオスなどの製造現地法人では，工場管理や製造工程の管理に中国本土から呼び寄せた人材を配置し，工場内に家族も住める中国人専用の社宅を準備している。工場での昼食時には，現地従業員とは別の棟で食事を取る配慮がなされている。現地人の人件費が安いことは魅力的であるが，労働人口が少ない上に田植えの時期になると出社して来ないという事態も起こり，労働力の確保が一番の悩みの種である。こうした労働意識の中で工場経営をするための現地人材が十分にいないことが背景にある。日本人・中国人・現地人の組み合わせで，最小のコストで高品質高性能の製品を作るというパターンである。

　今後は，インドシナ半島における交通インフラの整備が同地域での国際分業を加速化させる可能性が出てくる。道路インフラの1つであるベトナムとタイ間の東西経済第1回廊[注3]の開通と，それに続く第2回廊の開通などが，かつて国ごとに分断されていた物流や商流を拡大させ，また，輸出拠点の選択肢を

広げ，域内・域外へのサプライチェーン・マネジメントの比較優位を作り出す。

4.1.6 東ティモール

東ティモールは，正式国名を東ティモール民主共和国（The Democratic Republic of Timor-Leste）と言い，2002年5月に悲惨な内戦を経てインドネシアから独立した。人口120万人，首都はディリ（人口約15万人）であり，国連軍，国連機関の存在のもと2012年5月，独立10周年を迎えた。通貨は実質的にドルである。将来のASEAN加盟の可能性が議論されている。筆者が中小企業の進出可能性を探るために同国を訪問したのは2012年3月である。成長市場として，生産拠点として，さらには開発拠点として将来どの程度の可能性を秘めているかを現場から判断しようとしたものである。

東ティモール政府は2011年，232頁からなる戦略開発計画（Strategic Development Plan）を発表している。「第1章」では，概観・背景・戦略開発計画を，「第2章」では，教育と訓練といった社会資本，「第3章」では，道路と橋，水と衛生，電力，港，空港などのインフラ開発，「第4章」では農村開発，石油・ガス，観光，経済特区を意識した民間部門投資の経済開発，「第5章」では，治安・防衛・外交の制度のフレームワーク，「第6章」では，2030年までに上位中所得国グループ入りを目指して経済目標達成のための10の戦略を掲げるマクロ経済の概況と目標，そして「第7章」では結論と戦略的開発計画の段階を記している。

国の発展の基礎は産業人の育成という考え方のもと，JICAが東ティモール大学工学部支援プロジェクト（2006年～10年）と同学部の能力向上プロジェクト（2011年～）を推進している。同大学は2001年，東ティモール暫定行政統治機構が開校したもので，母体はインドネシア時代の旧東ティモール　ポリテクニックである。同大学では国づくりを担うべき技術系人材育成の観点から工学部に，電気電子工学科，機械工学科，土木工学科を設置，2012年現在では情報工学科と鉱山工学科を加えて5学科を構成している。同国では唯一の公的高等技術教育機関で国内最高の工学系教育機関である。学生数は3学部で

1,500 名，教員数 65 名，使用言語は英語とポルトガル語である。

同国から天然ガスを輸入している大阪ガスは，2013 年から 4 年間，同大学に対して工学部学生（毎年 20 名）を対象に奨学金を支給すると同時に，同学部教員（毎年 2 名）を対象に日本での短期研修の受け入れを計画している。そして，大阪ガスが保有するエネルギー分野の技術の紹介や指導を行うと同時に日本の大学との学術交流を行う。

東ティモールへの進出および進出可能性のある企業とその進出動機や背景を以下に並べてみる。日本，韓国，中国，インドネシア，シンガポール，オーストラリア，米国，ポルトガルなど各国の企業である。その動機は，資源確保，海洋権益，ASEAN 加盟可能性，国連の投票権，地政学上の近接さ，旧宗主国，言語的優位性，製造業やサービス業にとっての将来のビジネスチャンス，NPO，BOP，ODA，Fair Trade など様々である。商流・物流の例としては，インドネシア ジャワ島第 2 の都市スラバヤから華商系インドネシア人がディリ市内に大型の電器店を複数構えている。また，市中を歩くとインターネットカフェが複数あり，ショッピングモール内では冷凍食品や観賞用熱帯魚が売られ，エステティックサロンがある。

筆者が現地で在東ティモール日本国大使館の花田吉隆大使（当時）にインタビューした結果としては，同国のメリットは，1) インドネシアとのつながり，2) EU とのフリートレード，3) 旧宗主国であるポルトガル語圏諸国共同体の一員，4) 中韓米の関税恩典である。一方，デメリットとしては，1) 教育水準の低さ，2) ドル経済による高い人件費，3) オーストラリアとの共同採掘による石油産業への依存度の高さから，雇用機会が少なく，マクロの GDP は上がっても，1 人当たりの実質 GDP は増えにくいという格差拡大である。また，4) 教育が最重要であるはずだがインフラ整備拡大中心の政策を取っていることなどが上げられる。

4.1.7 アジアと中東の結節点，パキスタン

パキスタンは独立年の 1947 年から 2012 年まで，リーマン・ショックが発生した 2008 年も含めて経済成長がマイナスになったのは 1952 年の 1 回だけであ

り，これだけ長期間持続的な成長性を確保している珍しい国である。人口は1億8,000万人で世界第6位，その人口ピラミッドは35歳以下の若年層が支える。海外出稼ぎ労働者の本国送金額は年々増え，2010～11年度は月間10億ドルに上っており，パキスタン経済を底支えしている。

　1947年のパキスタン独立後，今日までの歴史や政治状況を反映して，国民の外国への感情は，親日，親中，嫌米というのが大きな流れである。2013年2月，筆者が訪問したカラチ市内で見たコンクリート塀に落書きされている「USA Dog」といった言葉，ファストフードのKFCの店が爆破された過去，アジアの他の国と比べると米国ブランドの商品，宣伝広告の看板やサービス業の少なさなどを考えると，このイスラム国家，パキスタンでは，筆者のような一時訪問者であっても米国への国民感情が推し量られる。

　パキスタンへの外資の進出は，欧州，米国，韓国，中国，日本企業があるが，総じて欧米企業は慎重である。一方，韓国，中国企業は自動車，家電などの消費財市場への参入に積極的である。

　パキスタンには日本人商工会がカラチ，イスラマバード，ラホールの3カ所にあり加盟企業数はそれぞれ18社，6社，6社，合計30社である。加盟企業は大手の商社，二輪・四輪のメーカー，銀行が中心である。この他に日本人駐在員のいない日系企業数は69社ある。中堅・中小企業の進出数は少ない。

　外資がパキスタンに投資するに当たって，大きく立ちはだかる壁は治安の悪さである。タリバンなどの無差別テロ，政党間抗争や宗教間抗争，金銭強盗といった一般犯罪の発生である。電気，水道，ガスなどのインフラの不十分さや交通渋滞といった問題は，個々の企業にとって対応策を講ずることができる。例えば，停電に対して発電機を導入すれば追加のコストは発生するものの解決ができる。外資の中でも大手企業は治安の悪さに対する自衛手段を講ずるセキュリティコストは負担できるが，その負担額の大きさから，中堅・中小企業にとっては賄うことは極めて困難であろう。

　バングラデシュ同様，宗教に厳格なイスラム国家，パキスタンでの事業は，非モスリムの日本人出向者・駐在者にとっては，ハラルによる食材，食品の購

4.1 地域戦略の視点

入制限やレストランなどでアルコール飲料の販売がないこと，単身赴任者の夜のカラオケなどアミューズメントに欠けることなどの不便さがある。世界最大のイスラム人口を誇るインドネシアと比べると，パキスタンでは，会社内の行動と個人生活の両面で，さらに配慮と緊張を強いられるであろう。

そのような環境において，外資の経営視点から見たパキスタンのアドバンテージは次の3点である。

1つ目は人件費の安さである。「パキスタンのワーカーのスキルとIQはタイやベトナムより高くインドと同等である」というパキスタン人の発言は身びいきだとしても，工場勤務の多くのワーカーの礼儀正しさや従順さが指摘されるところである。そうしたワーカーの給与は120～125ドル/月であり，中国の最低人件費1,500人民元（240ドル）と比べると半分である。

2つ目は，パキスタン政府の内外資の輸出事業に対する支援制度である。例えば，2011年7月から2016年6月までに新たに製造業を設立した企業には5年間の税額控除が適用されるといった恩典がある。インド政府以上に輸出にプロアクティブなのは，12億人の大きな国内市場を有するインドに対して，その8分の1の人口のパキスタンが経済規模のハンディを補うとすれば，積極的な輸出振興は欠かせないからである。

3つ目は，パキスタンがアジアと中東の結節点という地政学上，将来，中東・アフリカ・中央アジアへの輸出拠点となる可能性である。2014年4月，味の素のパキスタン進出が報じられている。2015年に現地法人を設立して，人口2億人に近い国内市場を狙うのと並行して，中東・アフリカに広がるイスラム教徒向けの「ハラル」食品市場の攻略拠点として活用する。

中堅・中小企業のパキスタンへの参入では，信頼のできるしっかりしたローカルパートナーの確保が不可欠である。許認可のための対政府への渉外，ロジスティクスや通関，関税にまつわる港，空港との交渉，セキュリティ対策などはローカルパートナーが担い，技術とマネジメントは日本側が担うという役割分担が必要である。マーケティングや販売分野に出向してくる日本人の駐在費は，多額に上るため，この領域ではローカルパートナーが役割を担うのが望ましいであろう。

第4章 中堅・中小企業のアジア活用戦略

4.2 生産拠点の視点

4.2.1 新たな生産拠点と輸出拠点の構築

　上場大手企業のアジア生産拠点の歴史的な変遷は興味深い。1960年代後半に台湾，タイに生産進出し，その後，生産・販売・研究開発・ロジスティクス・ファイナンス会社など，中国に60社，ASEANに70社などアジア合計150社を数えたパナソニックの事例がある。また，最小の生産コストを求めてアジア各地を転々としたミネベア，マブチモーター，船井電機などの生産拠点の事例研究は，大企業のみならず今後，中堅・中小企業が海外生産拠点を構築するに当たって示唆するところが大きい。図4-2は，1960年代から90年代におけるマブチモーターのアジア子会社の生産拠点のシフトを示している。自

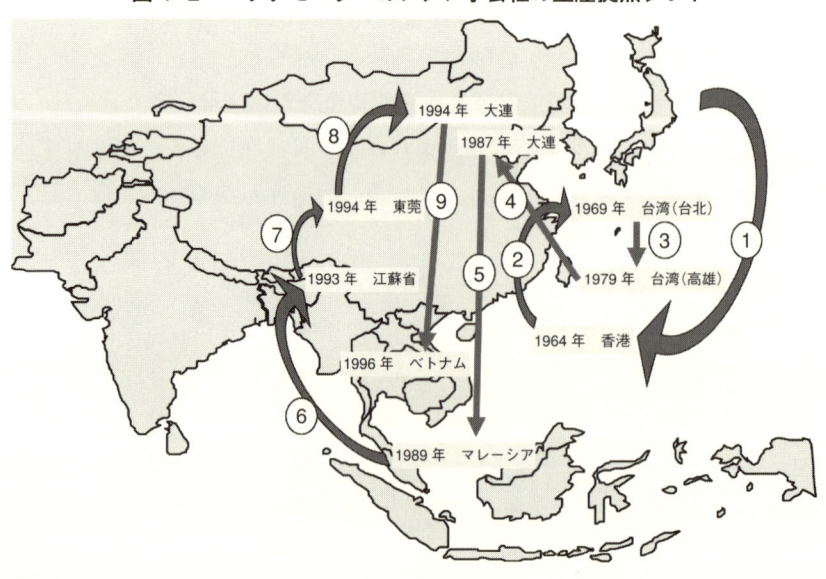

図4-2　マブチモーターのアジア子会社の生産拠点シフト

出所：拙稿「日系企業のアジアの収益性と今後の戦略的課題」，『アジア経営研究』，pp. 3-26, 2007年

社の国際競争力の変化やカントリーリスクを厳しく見ながら経済合理性に基づいて拠点展開を図っている。

　中堅・中小企業の海外生産進出には大きく2つのパターンが見られる。1つ目は，アジア進出を図った大企業による進出要請である。この要請には1970年代や80年代のように現地に生産進出すれば製品の大半を現地で購入するといった明示的な要請と，生産進出しないと，日本でも現地でも商売が先細りするかもしれないという恐れから大企業の意を汲んでの非明示的な要請がある。2つ目は，技術力のある中堅・中小企業の独自の生産進出であり，進出国の地場需要（地産地消型）とアジア域内の需要を狙って独自に進出するケースである。ビジネスチャンスとビジネスリスクを自分でコントロールするやり方である。このタイプの進出では，中小企業の進出スピードはむしろ大企業よりも早く，海外生産進出の先行指標（Leading Indicator）となると言ってよいだろう。

　2000年代に入ってから中堅・中小企業のアジアの生産拠点を覆っている大きな変化は，2つある。1つ目は，生産進出を図った際の納品先（顧客）で最大ともいうべき日系エレクトロニクス企業の国際競争力の凋落である。特にデジタルAVのような民生用電子機器や，パソコン，携帯電話に代表されるような情報通信機器の急激な後退である。日本企業がサムスン，LGといった韓国勢や中国勢に押され，相次ぐ生産縮小や撤退に見舞われている。この結果，アジアに進出した中堅・中小企業は，製造している部品を民生用エレクトロニクスから成長している車載用に用途変更を余儀なくされている。"AV機器から車へ"構造的なアプリケーションの変更と顧客の開拓が求められる。

　2つ目は，中国，ASEAN各国とも急上昇する賃金である。タイ，マレーシア，インドネシアなどでは最低賃金が毎年2桁の伸びで上昇し，人件費の増大から製品のコスト力に大きな陰りが出ている。例えば，2013年に訪問したインドネシアのメイワインドネシア（従業員数2,000名，親会社　明和グラビア，本社大阪府東大阪市，資本金3億2,000万円）では，"最近の10年間で賃金は4倍に上昇した"という。

以上の2つの大きな変化は，中国からベトナムへ，タイからラオスへというように既存の生産国の変更を求める。同一国内にあっても，中国の上海市周辺から安徽省や四川省へ，インドネシアにあってはジャカルタ周辺の工業団地から中部ジャワや東部ジャワへと安い人件費を求めてのシフトを余儀なくされる。

4.2.2 きめ細かな事業拠点の選択
―西マレーシアと東マレーシアの事例―

かつて人件費が安かったマレーシアにおける生産拠点の選択に関する事例は，太陽誘電などの事例が示すとおり，マレーシアを進出国として選ぶに当たって，西マレーシア（"Peninsula"）を選ぶか，東マレーシア（"Borneo"）を選ぶかということになる。外資の主な進出先として，西マレーシアにはセランゴール州，ペナン，マラッカ，ジョホールバルなどがある。一方，東マレーシアにはサバ州，サラワク州がある。同じマレーシアの中にあって，生産インフラ上は西マレーシアと比べて東マレーシアは有利とは言えない。

しかしながら，サラワク州（例：クチン市）の強みは，雇用機会がかなり限られる地場産業の中で，州政府の外資への強い誘致意欲とサポート体制，西マレーシアには無い長期間の免税措置，ワーカーの人件費の安さ，柔軟な労働組合，首都クアラルンプールへの頻繁な航空便などである。すなわち，同一国の中にありながら地方や州や都市によって進出上の比較優位は大きく異なるのが現実である。

同様にインドネシアにおいては，ジャワ島に進出するか，シンガポールとのツイン・オペレーションの一角を担うバタム島やビンタン島（例：日本電産が進出）に進出するかでは，コスト競争力や生産インフラや免税恩典が大きく異なり，ひいては収益性も異なってくる。また，同じジャワ島にあっても首都ジャカルタ近郊と西ジャワ（例：バンドン市），中部ジャワ（例：スマラン市），東部ジャワ（例：スラバヤ市）でも異なってくる。

また，東西南北にわたり広大な中国においても，内需主体か輸出主体かという当該事業の特性に合わせて，地方別，省別，都市別に詳細に進出先や事業拠

点が検討されている。したがって，高収益企業の高収益拠点は，企業化調査（F/S：Feasibility Study）の段階において，事業拠点の選択が「国単位」から「州（または省）単位」，そして「都市（または郡）単位」でそれぞれの比較優位が細かく検討されている。

4.2.3　外国人労働者の活用 ―海外および日本での活用事例―

　アジア20カ国・地域の100社強の企業訪問では，経営トップや経営幹部へのインタビューと並行して，工場はもとより研究室，実験室，オフィス，倉庫，ショールームなどの事業場も極力時間をかけて見せていただいた。「多民族国家マレーシア」と言われるように，もともと国民がマレー系（67％），中国系（25％），インド系（7％），その他（1％）のように異なる人種構成の国がある。同様にシンガポールも多民族国家である。しかしながら，「多民族国家」か「単一民族国家」かにかかわらずアジアの多くの国の工場の現場には，多くの外国人労働者の働く姿が目立つ。

　例えば，筆者が訪問したマレーシアのジョホール州にあるKee Fatt Industries（神戸市本社のバンドー化学のマレーシア合弁会社）では，産業用ベルトを生産しており，250名の工場の半数がバングラデシュ人とネパール人である。1人当たりGDPが1万ドル（2012年）に上昇して中進国入りし，2020年までに先進国入りを国家目標（"ビジョン2020"）としているマレーシアにおいては，マレー人は3K（きつい，汚い，危険）のイメージの強い製造現場を敬遠する傾向が強い。そのモノづくりの現場での人手を埋めるのが，出稼ぎ労働者のバングラデシュ人とネパール人であり，外国人雇用上限の50％まで採用されている。また，シンガポールにおいても建設現場は滞在期間限定のインド人やパキスタン人が多く占める。他の業種でもバングラデシュ人，マレー人，中国人労働者を期間限定で活用している事例がある。日本においても，外国人の「技能実習生」が3年間の期限つきで外国人労働者として就労している。

　また，カンボジアのタイガーウィング（親会社ラガーコーポレーション，本社神戸市，資本金3,000万円）やラオスのラオシューズ（親会社大阪マルニ，

本社大阪市，資本金1,000万円）の工場では，リーダー（職長，班長）を隣国からのタイ人や中国人が務めているという現実がある。一般ワーカーは現地人が占めるが，監督業務は現地人材では難しく外国人に依存せざるを得ないからである。人材不足や創造性の欠除を嘆くことなく，周辺国から人材をスカウトして来ている。したがって，ミャンマー，カンボジア，ラオスなどの工場敷地には，一般ワーカーの寮の他に，外国人用の社宅が存在することも珍しくない。

ただし，マレーシアもシンガポールも日本も自国内の雇用環境の悪化によっては，自国労働者の雇用を優先するため外国人労働者の新規雇用を停止，凍結する政策を取る。日本では2014年4月現在，労働力不足から建設労働者など外国人技能者の滞在期限を現在の最長3年から5年に延長する政策が検討されている。各国政府が認めた外国人労働者の活用は，労働力不足を補いコスト競争力の維持強化という意味で重要である。各国の無機質な統計に出てくる階層別労働者の平均賃金表の裏では，個別企業によるコストダウンに向けたぎりぎりの知恵と工夫が現場でなされ，外国人労働者の活用が行われている。各国政府の自国労働者の保護政策と外国人労働者の導入政策の推移をきめ細かく見ながら活用を図る必要がある。

4.2.4　賃貸工場の活用

タイ，ベトナム，インドネシアを中心にASEANの日系工業団地には中小企業向けの賃貸工場（レンタル工場）が増えている。その背景には，日本の自動車，電機，機械などの大手企業の現地進出や既存工場の事業拡大に伴い，二次，三次下請の金属加工や樹脂成型の中堅・中小企業の現地進出が急拡大していることがある。

具体的なレンタル工場の事例としては，2011年8月に筆者が訪問したタイのアマタナコン工業団地があり，団地内の一角にレンタル工場群の太田テクノパークがある。また，2013年9月に訪問したベトナム　ドンナイ省にはロンドウック工業団地があり，そこには大阪市の冨士インパルスのベトナム子会社「ザ・サポートベトナム」がある。これに関しては第2章のアジア進出事例の

中に詳述されている「ザ・サポートベトナム」は，同工業団地にあるレンタル工場の一部を借り上げ，それを細分化してミニレンタル工場を作ることで，中小企業の早期の生産立上げと初期投資を抑えた進出を可能にしている。

　中小企業にとり，初めての海外生産進出には懸念事項が大きく分けて3点ある。1つ目は，進出規模である。販売先が十分に確保できない状態で，あるいは生産立上げに不安な状況下で規模の大きな生産投資はできず，比較的小規模な事業でスタートしたいことである。2つ目は，進出後の月間の操業費支払に限度があるため，事業の先行きが不透明な段階では，工業団地の中に広い敷地や建屋の借用ができないということである。3つ目は，不慣れな海外進出に，会社の設立登記や従業員の募集や採用，就業規則の作成など事務手続きが自社ですべてスムーズにできるか不安なことである。

　以上の3つの懸念事項を基本的に解決できるのが，水道，電気，ガスなどのインフラがそろった工業団地の中にある新築のレンタル工場や，レンタル工場内の"ミニレンタル工場"（200〜1,000 m^2）である。小さな初期投資とミニマムの月間操業費で事業の先行きを見極めることができ，確信が持てれば，さらに大きなレンタル工場（1,000〜2,000 m^2）に入居し，さらに事業拡大を見込めれば，工業団地の中に独立した敷地，一区画分（2,000 m^2〜）を確保するといったステップを踏めることである。中小企業においては，初めての海外進出のハードルを低くし，事業リスクを最小限化し，短期間で進出検討に結論を出せるレンタル工場の活用は有効な手段である。

4.2.5　ポストアジアの生産拠点，アフリカの検討

　アジアの生産拠点では，各国の高度成長のもと労働者数の逼迫と，各国政府が頻繁に打ち出す最低賃金の設定により人件費が上昇している。この上昇は，単に最終製品としての消費財のみならず，資本財，中間財のコストをも同時に押し上げる。

　近年，ミャンマー，ラオス，カンボジアといったインドシナ3カ国の低人件費国への生産投資が集中している。並行してインド，バングラデシュといった南アジアの低人件費国も注目され，投資件数も増加している。縫製業や製靴業

293

のような労働集約的なモノづくり企業が，廉価な人件費を狙って進出したインドシナ3カ国にエレクトロニクス，二輪車，機械などの組立業種が進出し，人件費を押し上げている。その対策として，交替制勤務の導入により工場の稼動率を上げたり，生産性を上げることにより人件費の上昇を食い止めながら事業継続を図るが，将来的には国際競争上，コスト的に限界が来ると考えられる。

モンゴルを含む東アジア，東ティモール，ブルネイなどを含む東南アジア，ネパール，スリランカ，パキスタンなどを含む南アジアというアジア地域全体を俯瞰するとき，新たな生産拠点としてアフリカが浮上する。今や，シンガポールの有力紙ストレイトタイムスが北アフリカのチュニジアにある女性用下着（ブラジャー）の縫製工場をカラー写真入りで紹介する時代を迎えている。同国には1997年，日本のYKKがファスナー工場を設立している。スウェーデンのH&M，スペインのインデティクス（ZARA）のような世界のファストファッション業界は，アジア途上国や中東欧，中南米と並行してアフリカに生産拠点を築いている。低廉な人件費の活用，港湾，空港，鉄道などの社会インフラ，運送コスト，SCMの便利さ，先進国が供与する特恵関税の活用などを検討した結果，モロッコ，チュニジア，エジプトの北アフリカやケニヤ，タンザニア，ウガンダなどの東アフリカが生産拠点の対象となってくる。業種によって適否は異なるが，ポストアジアの生産拠点に，新たにアフリカが加わるのか，やはりアジアのまま留まるのかに注目すべきである。縫製業のアフリカシフトが起これば，関連する工業用ミシンや縫製品のタグや検品業などのアフリカ進出も視野に入ってくる。

4.3 研究開発戦略の視点

4.3.1 新興国でのIT開発

　アジア20カ国・地域100社強をインタビューした企業の多くは，製造業であるが，一部には建設，学習塾，日本人向け医療サービス（エマージェンシーサービス），証券，ソフト開発などの非製造業も含まれている．その中でソフト開発に焦点を当てて，アジアの新興国における開発の実態と今後の展望を述べる．

　本書で取り上げたソフト開発企業事例には，中国の北京信思成信息技術，ミャンマーのミャンマーDCR，スリランカのメタテクノランカ，ネパールのネパールKCコンサルティングの4社がある．いずれもオフショア開発であり，開発の上流工程を日本が，下流工程（製造工程）を海外子会社が担当するソフト開発の国際分業を行っている．4社に共通しているのは，顧客は日本企業であり，現地にいる開発者のほぼすべての社員は日本語が堪能であり，日本の親会社や顧客と，電子メールとスカイプを使って日本語でコミュニケーションをしていることである．そしてメタテクノランカのように開発者を日本に派遣し，日本に在住して顧客を直接訪問して打合せ，開発したという経験を持つ会社もある．つまり社内外の仕事を海外ではあるが，日本語で行うというビジネスモデルである．日本の顧客にとっては，母国語で発注や打合せができるというメリットがある．

　現地の開発者は，日本へ留学した経験者もいるが，ミャンマー，ネパールのように現地で一から日本語をOFF-JTとOJTで学習しレベルを上げた結果，実践的に使えるようになったケースもある．現地側の安い人件費のメリットを生かすために言語のハンディキャップを，現地側を日本語化することにより克服している．日本側を英語化してグローバルな人材を活用する流れとは逆であるが，現地の人材を活用する一方法である．

295

IT産業と言えば，巨大なソフト開発のアウトソーシング国としてインドが想起されるが，優秀な開発者を確保しようとすれば人件費も高騰している中で，開発コストも高くなる。今，アジア各国の大学の情報工学部から多くの卒業生が輩出されているが，ミャンマー，スリランカ，ネパールのように実力を発揮するための雇用の機会が十分ではない国もある。アジアの新興国の優秀な若者を活用するソフトのオフショア開発の流れは今後加速化する。

4.4　経営機能戦略の視点

4.4.1　設立形態と出資形態
―自前進出／合弁／戦略的提携／企業買収―

中小企業の海外進出の検討の際に重要なことは，1つ目は，どこの国に進出すべきか，2つ目は，どのような形態で会社を設立すべきか，3つ目は，出資は誰がどこから行って，どこで回収するのかを十分に検討することである。

1つ目の進出国については，今回の訪問企業の中で，初めての海外生産拠点が，タイやベトナムやインドネシアのように進出検討するための資料や事例や支援サポート機関が無数にあるようなポピュラーな国がある。一方で，モンゴル（例：賛光精機），スリランカ（例：薄井興産），バングラデシュ（例：加美電機），ネパール（例：KCコンサルティング）のように中小企業の初進出国としては調査・検討の荷が重い国もある。もっとも，初進出国が経済規模の小さなマイナーな国になるケースは，いずれも多くの選択肢の中から比較優位を検討して選んだ結果というよりも，むしろ当該企業の事業の性格，市場特性，材料調達，あるいは進出動機上，当該国を選ばざるを得なかったことによる。

2つ目の会社設立形態は，その後の進出の成否に大きくかかわる。設立形態には，100％出資の完全子会社（自前進出），合弁（マジョリティ出資，マイノリティ出資），提携（資本，生産，販売，技術），企業買収の4つがある。合

弁形態の多くは，上記区分上，資本提携であるが，ここではその重要性から独立したカテゴリーの設立形態として取り上げる。

　100社強の訪問を通して感じるのは，何らかの合弁形態を取っている企業の間に，合弁会社の経営の難しさ，合弁パートナーとの意思決定における衝突，不信感，不満を表明する企業が多いということである。インタビューの中で言外に，行間に，背景に"なぜ当社は当時，合弁という形態を選んだのだろうか"という疑問を滲ませている。また，現地経営責任者の話の中から"合弁パートナーに翻弄される日本の中小企業"という実態が浮かび上がる。中小企業の多くが，第3章 第1節第1項の「安易な合弁設立」で指摘したように，「社内人材の欠如，現地での商流，物流への知識の無さ，商権の無さ，現地政府や市政府との交渉力の欠除，経営力の不安」などを，パートナーの出資を伴う"合弁形態"がすべて解決してくれるという甘い期待と幻想を持ちがちである。

　本当に必要なのは，上記の経営上の不安や社内人材不足を解決できる1人，または複数の優秀な現地人材を経営幹部として高給で雇用することである。また，自社に経営権があり，組織内でコーポレートガバナンスを効かせることのできる設立形態が望ましい。現地パートナー（個人または企業）による何らかの出資を伴う設立形態（合弁）と，高級で優秀な現地人経営幹部を雇い入れる日本側の完全出資とでは，中長期の経営コストと，日本本社の配当回収・ロイヤルティ回収という2つの側面で大きな違いをもたらす。中長期の経営コストでは，合弁の途中解約（termination）に伴う多大な弁護士費用，公認会計士費用も大きくのしかかる。また，後者のロイヤルティでは，一方的に日本側パートナーにだけ帰属するため，現地パートナー側は料率をゼロか極めて低率に押さえ込み，対象期間を短くし利益処分後，出資比率によって決められる配当収入の最大化を求めてくる。発展途上国での合弁形態のもたらす負の部分は，自社の虎の子の技術に対する妥当な対価を日本に果実として持って来ることが極めて困難という大きな問題をはらんでいる。

　ただし，現地人経営幹部を社員として，あるいは役員として雇い入れる場合には，雇用契約と機密保持契約に最大の注意を払う必要があることはいうまで

もない。合弁契約のもめ事を回避するための現地人経営幹部採用が，新たなもめ事を発生させては，折角，完全出資にする意味が薄れるからである。

　設立形態の1つの手段に企業買収がある。インタビュー企業の中にも，薄井興産（本社神戸市，資本金4,895万円）がスリランカにあるドイツ企業から買収したウスイランカや，弘進ゴム（本社仙台市，資本金1億円）が中国の合作会社から期間満了時に買収した大連金弘などがある。企業買収の一般論として，2つの留意点が上げられる。最初に買収価格の算定である。既存工場の資産買収では，土地の所有権（または使用権と期間）と工場の建屋や設備の評価額や，従業員の引き継ぎが争点となる。同時に累損を抱えていた場合には負債の処理方法も大きく交渉のテーブルに乗ってくる。次に買収後の経営である。外国企業の経営傘下にあった現地法人の企業風土や仕事の仕方を日本流に変えていく難しさである。完全出資の自前進出や合弁形態による進出とは異なる難しさがある。

　3つ目は，出資国と出資者である。遵法精神のもと合法的かつ合理的な節税を意識した節税戦略とも大きくからんでくる。日本本国の親会社が出資するのか，海外現地法人から出資する方が良いかという課題である。外資の中堅・中小企業の進出に法人税の減免といった節税恩典を供与する国の活用，あるいは首都や主要都市から大きく離れた僻地や過疎地に進出した企業にのみ与える節税恩典の活用である。また，外資へ配当する際に例えば，20％もの高率の配当課税を課すような国への投資を慎重に検討する。そして連結決算上，法人所得税への実効税率（effective tax rate）が一番低くなる国への投資をする場合，不透明な自社内単純合計や自社内，自称"簡易連結"による節税策が，移転価格税への抵触や脱税（tax evasion）の疑いにつながるようなことを避けることは当然である。また，タイやインドネシアの現地法人が高収益を上げ，その結果，低税率国の1つ香港に設立したペーパーカンパニーに高配当し，その先のお金の流れが日本側から見て全く不透明になるといった事態は避けなければならない。節税面と資金面からシンガポールに地域統括会社を設立するというのも1つの方策である。ASEANに複数の生産販売拠点を持つ中小企業の中にもこうした動きが既に出はじめている。

設立形態と出資形態の組合せは，中長期視点から，本国への確実な投資回収と技術援助の対価であるロイヤルティの回収の両面から戦略的に決定されなければならない。

4.4.2　資金調達 —アジアの証券取引所上場を視野に—

　中堅・中小企業のアジア進出に当たって，資金調達に最も広範に使われているのは，第3章第2節第3項で紹介したとおり親会社と海外子会社間での「親子ローン」であり，借り入れやすく安心のできる資金調達である。しかし，同時に，本国日本と進出国の両方で税金が発生する税務インパクトの大きい資金調達でもある。

　また，2つ目は地場の証券取引所に上場することによる長期資金の調達である。「第2章　中堅・中小企業のアジア進出事例研究」で紹介した，村元工作所とミツワ電機は，日本では上場していないが，海外子会社であるタイ村元工作所とタイミツワ電機がタイ証券取引所に各々メインボードとMAI（新興市場）に上場し，現地で独自に資金調達を行っている。上記2社以外にも技研サカタが1992年に本社を日本からシンガポールに移転し，社名を技研サカタシンガポールとし，シンガポール取引所の新興市場Catalystに1993年に上場している事例などがある。

　2010年代に入って，アジアの証券取引所が整備されつつある。高い経済成長を背景に，日本や韓国の証券取引所の支援を受けミャンマー，ラオス，カンボジアなどに証券取引所が設立されている。筆者はネパールでインタビュー中に，カトマンズ市内のネパール証券取引所を訪問して初めてその存在を知った。また，筆者が訪問したモンゴルのウランバートル市内にある証券取引所では，日系の証券会社が地元企業の上場支援事業を開始している。2014年3月には，中小の証券会社のばんせい証券（本社東京都）が90％出資しているスリランカ子会社で，ホテル運営会社の「バンセイ・ロイヤル・リゾート・ヒッカドゥワ」をコロンボ証券取引所に上場している。同証券市場での初の外資系企業である。

　アジアでの上場メリットとしては，以下の7点が考えられる。①株式公開に

よる長期性の資金の調達，②上場による与信効果を狙った邦銀または地場銀行からの借り入れの容易さ，③現地政府・コミュニティ・消費者に対する企業プレゼンス向上，④ブランドイメージの向上，⑤従業員のモラル・誇りの向上，⑥従業員へのストックオプションの実施が可能，⑦経営の透明性確保義務によるコーポレートガバナンスの向上である。

　以上の上場メリットに対しては，次の４つのデメリットや留意点がある。①上場している株式の流動性次第では企業買収の脅威が発生すること，②ルールと規則による政府の監督強化，③上場維持コストの負担，そして④上場廃止時の難しさである。今後，ASEAN，中国，インドのアジア各国の経済成長の中で，証券市場が拡大し，証券取引所も新設・拡充強化されるなど変貌していくものと思われる。外資系企業のアジアでの上場企業数が長期的に増加する中で，日本企業の本社も現地法人も資金調達の視点から上場の是非を新たに問われる。

　３つ目は，中小企業にとっては地元密着型の身近な金融機関である信用金庫の海外融資制度の活用である。３メガバンクや地方銀行の融資対象枠に入りにくい中小企業にとり，創業以来，地元の信用金庫は頼りがいのある金融機関であったが，海外現地法人を設立する際には，直接融資の対象外となっていた。それは，信用金庫の融資先が，原則として金融庁が認可した地区内の中小企業に限定されており，当該中小企業の海外子会社には直接融資することができなかったからである。しかしながら，2010年代に入って中小企業の海外進出が急増する中で，金融庁は2014年３月に信用金庫法施行令を改正した。各地の信用金庫は地元企業の海外子会社に直接融資ができるようになった。また，信用金庫自身も地元に留まることなく，地元企業の進出意欲の強いタイのバンコクなどに駐在員事務所を開設し，サポート体制を構築し始めた。中小企業にとっては，地元の信用金庫と，既にアジア主要都市に海外拠点を構築し始めている地方銀行の両方から融資を受けるチャンスが出てきた。

4.4.3 グローバル人材の確保
—人材不足の中で誰が現地法人を経営するのか—

　中堅・中小企業のグローバル人材不足が言われる中で、誰が現地法人を経営しているのであろうか。100社強の中堅・中小企業の現地法人をインタビューした際、経営責任者として対応していただいた方のプロフィールをまとめると下記のようになる。

(1) 日本人社長。CEO, President, Managing Director, 総経理の肩書を持ち常駐している。日本または現地で、現地人男性と結婚した日本人女性が秘書や総務部門のスタッフとして通訳も兼ねている。

(2) 現地人の副社長クラス。社長の日本人は普段、現地におらず月1回日本から経営全般をチェックするため現地を訪問、1週間程度滞在する。日々の経営管理は、優秀な現地人経営幹部が行う。日本人は海外現地法人1社に常駐して張りつくだけの時間的かつ経費的余裕がないため、日本本社の仕事と掛け持ちをするか、海外現地法人の複数社を巡回訪問して経営管理する。結果的には、現地給与と日本給与を合計した所得を現地政府に合算課税されることを避ける、という節税上の意味合いも少なからずあるものと推察される。

(3) 現地人社長。多くは日本語が堪能であり、1人目のタイプは日本へ留学して日本の大学を卒業した人や卒業後、日本本社に勤務経験がある人。2人目のタイプは過去、他の日本企業に日本または現地で長期にわたって勤めた経験があり日本的経営や日本本社と現地法人の間取り、位置取りが理解できる人。3人目のタイプは、同一現地法人に長期にわたり勤め、その間、日本語も修得し内部昇格した人。現地人社長の場合は、会社組織上、名目的に会長職として日本人（日本本社）がいるか、現地人社長の下に補佐役の日本人副社長が常駐している場合と、製造や技術担当の日本人の取締役工場長がいる場合がある。

(4) 合弁形態の場合の現地人社長。日本側企業がマイノリティ出資の場合、マ

ジョリティ出資の現地企業側が社長を務めている。
(5) 現地法人設立ではなく，リエゾンオフィス設立による現地進出（例：バングラデシュのペガサスミシン）の場合，現地オペレーションの実質的な経営責任者は現地人である。中堅・中小企業の現地法人経営では，常駐の日本人出向者がいない経営が志向されている。

　日本の大企業の場合，駐在員事務所，支店，現地法人の設立では，規模の大小を問わず，必ずと言っていいほど，日本人を出向させる。さらに生産品目が増える毎，関係事業部から現地へ出向者が派遣され日本の出向者の数が増える傾向にあった。大企業の場合，海外出向者1人に掛かる年間経費は業種や職位にもよるが平均2,000〜3,000万円である。これには日本側給与の一部，賞与，現地側給与，住宅手当，海外家族手当，日本本社で経営側と労働組合側の交渉で積み上げられた海外赴任に伴う手厚い福利厚生費，合算課税による現地政府への個人所得税などが含まれる。現地法人の業績が悪くなるとコスト削減を図るため，まず日本人出向者の数を五月雨式に減らす。5名の日本人出向者がいれば，少なくとも年間1億円の日本人の人件費が発生する勘定になる。現地法人の利益が日本人の出向経費で消えることも起こり得る。もし中小企業が同じ経営スタイルを取るのであれば経営は成り立たなくなる。日本人がいない経営や出向者1名ですべてをカバーする経営を志向せざるを得ない。

　次に海外で実力を発揮するグローバル人材の確保を考える。
　企業の「グローバル人材」の定義は不明確である。"自社の経営理念や使命を良く理解し，民族，宗教，言語，文化，価値観などの異なる外国で自分自身の考えを現地の組織で説得し，実行でき，所期の成果を合理的に出せる人"と仮に定義する。したがって「グローバル人材」とは経営責任者だけを対象にいうわけでなく社内での職種や職位，専門性が異なるすべての人が対象となる。
　日本の中小企業の現地法人を訪れて感じる日本人経営幹部の人材面の変化は，下記の3点である。

4.4 経営機能戦略の視点

(1) 大手企業や中堅企業の海外勤務経験者の中で60歳という定年退職を迎えた人，あるいは定年に到達しなくとも帰国すれば早期退職やリストラの対象者となる人が現地進出した中小企業に雇用の機会を得て，再度，経営幹部として活躍している．

(2) 30歳台，40歳台の中堅人材，とりわけ製造分野の人材は，海外に出向するときは，日本の親工場から派遣されたが，日本の構造的な生産の空洞化の中で帰る工場がなくなる，あるいは元の生産現場が縮小しているという状況下で働いている．1970年代～90年代のように大手製造業で海外勤務者が二度，三度海外勤務を経験し帰国の都度，拡大を続ける日本の製造部門で偉くなっていくというシナリオが描けない時代を迎えている．当時は，日本と海外の生産が両方とも同時に拡大していった時代である．

　2000年代に入ると，海外に派遣される社員にとって自社の海外生産の拡大に反比例して国内生産が減少するという構造の中での海外勤務であり，その中での自己キャリア形成や家族観が求められる．現地生活が好きになった人，現地での勤務にやりがいを感じる人，現地の女性（男性）と国際結婚した人は，任期が終って本社から帰国命令が下るタイミングを見て，現地に留まり転職することになる．その転職も，自社を退職して，条件を下げてまで自社の現地子会社に現地採用してもらう場合もあれば，同業他社の現地法人に現地人の採用条件を上回る条件で雇用され活躍する場合もある．このように中堅・中小企業の現地法人の経営では，日本本社からの出向者にこだわらず，現場での知恵を働かせた人材確保を行っている．

　今後，日本本社は自社の貴重な海外勤務経験者を失うことなく，拡大する海外生産拠点の立上げや事業拡大の先兵として，あるいは経営責任者として人材をローテーションしていく知恵が必要となる．従来の日本と海外間の直線的な人材移動ではなく，海外事業間の多面的な人材移動を円滑にする社内制度が求められている．例えば，マレーシア勤務経験者を新設のインドネシアの現地法人に外地間転勤を行う．両国は共にイスラム教国であり，マレー語とインドネシア語は8割共通しているという言語の同質性がある．中小企業は社内にコストとの折り合いをつけながら，独自の魅力

的な海外勤務制度を作らざるを得ない時代を迎えている。

(3) アジア各国から日本へ留学した学生が卒業後，日本企業の本社に正社員として採用され，1〜2年間，本社や地方工場での勤務経験の後，母国に派遣されている。言語，生活習慣，ビジネス風習の理解などでハンディがないため，即戦力になるためである。日本の中堅・中小企業の間に留学生の採用という傾向が強まっているのは，日本本社の企業風土を知り，社内に人脈ができ，日本語が通じるという安心感があるからである。一方では，海外派遣の勤務条件や定着率を慎重に見極めている中堅・中小企業も多い。

　大阪府高槻市の協和では，同社の"協和香港・深圳・東莞担当"のインド人のラジャン　シャルマ（Rajan Sharma）氏が日本本社の役員（取締役）に就任している。2014年現在，勤続16年で優秀な技術力と才能を評価された結果である。現地には他にインド人技術者が4〜5名いる。現地法人の社長が日本人か，外国人かという選択ではなく，海外現地法人で実績のある現地人社長を日本本社の役員にまで抜擢している。大企業では珍しくないが，中堅・中小企業ではいまだ例外的であり，1つのグローバル人材の登用の仕方を示唆している。

4.4.4　二世経営者（後継者）育成の場

　中堅・中小企業の海外現地法人をインタビューして気になることの1つに，親会社の後継者の問題がある。現地法人の概況を尋ねる前に親会社の経営概要を尋ねる。創業年，創業者，沿革，現在の資本金，出資者と出資比率などである。株式の大半は，現会長または社長が所有し，次に創業家の家族が持ち，残りを従業員持株会，中小企業投資育成，取引銀行などが持っていることがわかる。次に訪問中の海外子会社の設立背景や当該国への進出動機を尋ねる。日本の本社と海外現地法人の関係から，今後の自社の持続的な成長性や収益性をどのように実現していこうとしているのか推察してみる。以上の質疑応答のプロセスから見える親会社の後継者のプロフィールは下記のとおりである。

(1) 60歳台，70歳台の創業家の会長または社長が月1回，自分が設立し育

て上げた海外子会社を訪問，1週間ほど現地で経営の陣頭指揮を取り，深夜便のエコノミークラスで帰国する。これを毎月繰り返す現役続行型で、後継者へのバトンタッチが見えない。

(2) 40歳台，50歳台の息子に日本本社の社長職が世襲されている。高齢の会長，相談役は全面的に実権を手放すことはないが，経営を見守りながら，自社の経営幹部が社長として派遣されている海外子会社を年1回～2回巡回視察する。

(3) 50歳台，60歳台の創業家の社長が，主に国内事業の最前線に立ち，30歳台の学卒，修士卒，博士卒の高学歴の子息が海外事業の先頭に立つという家族内分業を行っている。後継者になる子息の育成プロセスとして熾烈な競争下にある海外子会社の経営を任せ，息子もその責任を自覚している。このような経験を通して，上海，香港，シンガポール，バンコクなどからアジア事業全体を見る力をつける。

(4) 創業家直系の息子がいなかったため娘婿に元の勤務先を辞めてもらい社長職を継承。「あと10年早く来てくれたら，我が社はもっと変わっていたのに」と嘆きながらも後継者ができたことに一安心。ただし，にわか社長になった会社の事業と元勤務先の事業は全く関連がない。事業継承の血統を意識している。

(5) 高齢になった会長の弟に社長をバトンタッチ。一緒に苦労しながら事業を育て上げてきたので社内事情は熟知。ただし，若干若返りしたものの，高齢帯の社長であることは変わりなく，後継者問題は続く。

(6) 高齢の社長がある日，他界し，長年，経理面で事業を手伝ってきた奥様が引き継いだが，子女がなく，主力納品先の大手上場企業から優秀な人材を派遣してもらい代々，社長として迎えている。このパターンを繰り返している。

(7) 創業家の血を引く子息が社長職を引き継いだが，能力的，人格的に問題があったので，グループ企業に転出してもらい，提携会社から社長に来てもらった。

(8) 血族のある後継者はもういないので，事業として相乗効果や補完関係の

ある同業者へ売却した。売却先への社長の最後のお願いは，全従業員の雇用を守って欲しいというもの。

祖父の代，父の代に画期的技術や製品を作り上げてきた中堅・中小企業の後継者の問題は深刻である。第2章で取り上げた村元工作所の"兄弟間の社長リレー"は，少子化の今日では異例中の異例であろう。創業家が血統と財産（株式）の両方を継承できなければ売却か廃業の道を選ぶことになる。廃業になれば折角築いた技術やモノづくりの伝承は途絶える。少子高齢化を迎えた日本で，各家庭の子供の数は平均で2人を割っている。子息が結婚しない創業家，子供のいない創業家，父の事業を引き継ぎたくない一人娘の創業家というのは珍しくない。このような社会構造の中で，社長の高齢化はどんどんと進んでいく。競争力を失い，業績が長期にわたり悪化している中小企業の自然淘汰は当然なことである。しかし優秀な中小企業の事業継承は，取引銀行など健全なM&A仲介機関のもと売却，買収によりなされるべきものであろう。

4.4.5　ホームページの活用

今回の研究目的のため，アジア20カ国・地域の訪問候補企業 約1,000社の中小企業のホームページを閲覧する機会があった。とりわけ訪問を引き受けていただいた100社強の企業のホームページ（以下，"HP"と略す）は，当該企業の会社概要，技術，海外現地法人などを事前に知るために時間を掛けて詳細に見た。中小企業では，HPの作成や更新には経費とマンパワーの制約から専任部署や専任担当者を置くことは難しい。100社強の中小企業のHPを分類すると下記のようになる。

(1) HPは存在するが言語対応が，a) 日本語のみ，b) 日本語と英語版を併記，c) 日本語と中国語を併記，d) 日本語，英語，中国語の3カ国併記，と分かれる。企業によっては，HP上に日本語，英語，中国語メールへの対応者名がそれぞれ表記されていて，HPを実践的にビジネスのツールとしている意図が明確にある。

(2) HP の改訂頻度もばらつきが見られる
　a) 2～3 年前の日本語のコンテンツがそのまま放置されている。
　b) 年 1 回程度は気がついたとき，あるいは大きな社内イベントがあったときに更新している。
　c) 半期毎，四半期毎，社内の総務や広報担当が決算終了や役員変更後のタイミングで定期的に更新している。
(3) HP のコンテンツの内容にもばらつきがある。頁数も 1 頁のものから 10 数頁のものまである。
　a) 当該企業の社名，創業年，資本金，主な事業内容，簡単な沿革（社史）など最小限の内容を 1 枚～ 2 枚にコンパクトにまとめて紹介。
　b) a) に加えて経営理念，社長挨拶があり技術や製品や生産設備の一覧まで詳しく紹介。
　c) b) に加えて海外現地法人各社の概要，外観写真，工程写真入りで紹介。

　これらの HP では，資本金は公開しないが出資比率は明記しているケースや，頁間のデータの更改のタイミングが数年ずれているため矛盾して表示されているケースなど社内の担当部門が一括横断的に管理していない様子が見え隠れする。
(4) HP を掲載する目的にもばらつきがある。
　a) 同業他社もやっているから乗り遅れまいと横並び意識で取り敢えず開設する。
　b) 国内市場に限定して取引き先を増やしたい。ビジネスを拡大したい。
　c) b) に加えて海外市場に対しても輸出対応でビジネスを拡大したい。したがって，日本語版の直訳だが英語版も併記する。
　d) 海外現地法人を数カ所持っており，商品供給は日本からだけでなく海外生産拠点から供給可能でありビジネスを拡大したい。

特に海外企業を顧客として捉まえたいという明確な目的があれば，少なくとも「英語版」の併記は必須である。例えば，筆者がインタビューのため訪問し

た京都市本社の金属表面処理のメテック株式会社（資本金9,700万円，従業員数335名）は，2008年6月に「ウェブサイト英語版」の開設を対外に発表，HPは日本語版へ完全対応する英語版を設置している。マレーシアとタイに製造現地法人を有し，アジアを中心とした海外展開に次代の成長を賭けている北村隆幸社長の意思表示とも推察される。英語版作成に要する経費と時間は，同社の企業規模から見て大変な負担ではあったと推定されるが，外部の専門業者の助力を得て完成させている。また，「第2章 南アジア」で紹介した加美電機（本社：兵庫県）のバングラデシュ進出は，同社の英文HPの存在がきっかけであった。

HPの英語版や中国語版は開設するだけでなく，実際に当該言語での電子メールや電話による対応体制を準備しておかないと，関心を持っていただいた顧客と十分なコミュニケーションが取れず，せっかくHPを作った主旨が生かされないことになる。

4.4.6 リスクマネジメントの構築

リスクには，大きく政治的リスク，経済的リスク，社会的リスク，文化的リスク，自然災害リスクなどに分けられる。1960年から15年間続いたベトナム戦争は，1975年に北ベトナムが南ベトナムを解放するという終結を迎えた。この結果，日本を含む外資系企業の現地法人の全資産が没収（confiscate）されるという結果となった。松下電器産業や三洋電機などの日系ベトナム現地法人や欧州，米国の多国籍企業のベトナム現地法人は，土地，建屋，設備，従業員など，ベトナム新政権の国家補償もなく，ことごとく没収された。外資が海外で現地政府より資産を取られるのは国有化，接収，没収があるが，当時，日本とベトナム間には2カ国間の投資保護協定が存在しなかった。両国間でこの投資保護協定が結ばれたのは2003年11月（発効は2004年12月）であり，資産没収された1975年から30年近く経過してからである。

ただこれらの大手企業にとり，世界に展開してきた数十カ所あるいは100社を超す事業拠点の一部が没収されただけであり，本国の事業に壊滅的な被害を及ぼしたわけではない。一方，中堅・中小企業の場合，ある特定国への大きな

投資が社運を賭けたものであればあるほど日本本社そのものの存続を危うくする。カントリーリスクをどう捉えるかはまさに重要な経営項目である。

　1974年1月，田中角栄首相（当時）の東南アジア3カ国歴訪の最終国インドネシアでは日本企業への大規模な反日暴動が起こった。人口500万人（当時）の首都ジャカルタ市では，メインストリートのトヨタ自動車のショールームが焼き打ちに合うなど，約1週間続いた"ジャカルタ暴動"により日本企業の工場などに大きなダメージを受けたところも出た。

　2005年4月の小泉首相の靖国神社参拝に端を発した中国の反日暴動，続いて2010年10月の尖閣諸島の中国漁船衝突事件の船長拘束に端を発した中国の反日暴動がある。さらに2012年9月には日本政府の尖閣諸島国有化を機に反日暴動が繰り広げられた。現地に進出している日本企業に対するこれら一連の破壊行為は"愛国無罪"のもと許され，日本企業の総被害額は100億円を超すと報じられている。このように一党独裁の社会主義国や発展途上国においては，2カ国間の関係悪化などに伴う潜在的なリスクは極めて大きい。中小企業にとっては唯一の海外拠点の喪失や撤退は，日本の親会社の存亡にもかかわる重大な事件となる。

　2011年7月に起きたタイの大洪水は3カ月から5カ月という長期間続き，日本企業の自動車，エレクトロニクスなどの現地法人に長期にわたる生産停止とSCMの崩壊など大きな被害をもたらし，生産拠点の立地のあり方や複数カ所での並行生産の必要性を再考させられた。

4.5　中堅・中小企業の強みを生かした経営　—スピード経営の光と陰—

　今回，アジアに進出した中堅・中小企業をインタビューした中で，「誰がどのように海外進出を発案し，どのような社内組織で検討を行い，どれほどの検討期間を掛けて進出を決定したのか」という根幹をなす疑問が生じた。対象企

業の多くは，創業家の会長や，現社長のリーダーシップのもとスピーディに進出を決定しているのが特徴的である。日本で親会社が上場している企業や，兵庫県神戸市の村元工作所や大阪府羽曳野市のミツワ電機のように日本では上場していないが，海外子会社が現地で上場している事例を除くと，株式の大半またはマジョリティを保有している創業家一族による経営下では，オーナーまたは限られた人数のオーナー一族によりスピーディに意思決定がなされているのが特徴的である。

　つまり，創業家を中心としたオーナー型の中堅・中小企業では，海外進出の意思決定，海外事業の立上げ，その後の現地事業の拡大においては，社内の階層を踏んで慎重に検討し意思決定を行う大企業に比べ「スピード」という強みが際立っている。この「スピード」はとりもなおさず急激な単価下落の中で熾烈なコスト競争力を強いられる中小企業にとっては，サプライヤーとしての価格競争力の比較優位をもたらす。当該業種でのパイオニア的進出は苦労も多いが，進出が早いことから来る様々なアドバンテージを作り出すことができる。

　しかしながら，現実のアジアの中堅・中小企業を見る中で，多くの識者やマスコミが手離しで礼讃する中堅・中小企業のスピーディな進出決定について，「大企業なら決してこのような稚拙な間違いや進出はしないだろう」と思わせる悲惨な事例も少なくないのである。その結果，早期の事業撤退や，折角投資した設備を二足三文で中国，韓国，台湾系企業や地場企業に売却して，日本に這う這うの体で逃げ帰るという事態が引き起こされる。つまり中堅・中小企業のスピード経営には"光と陰"の両面があり，速いとされる「スピード経営」が拙速による比較劣位をもたらしている側面も少なからず目につく。素早い意思決定と進出，そこに見え隠れする稚拙な進出検討と言える。

　その原因として，海外進出に当たっての経験が無いか限られているにもかかわらず基本的な検討チェックリストを持っていないことが指摘できる。本来，失敗要因の8割程度は，このチェックリストに該当しているものであり避けられるはずである。また，進出検討時に一面的な美味しい現地情報にのめり込んで，真偽を確かめずに進出に突っ走る。なぜ日本と現地の複数の情報源で裏を取りながら確認しなかったのか。業界情報や金融機関や公的機関の意見を少し

4.5 中堅・中小企業の強みを生かした経営 ―スピード経営の光と陰―

でも聞いてチェックしておけば不測の事態は避けられたはずである。さもないと，"当社の進出はパートナーに欺された"という類のコメントが出てくることになる。

　また，社内から現地に責任者として派遣する人材についても，日本ではモノづくりの専門性に長けた工場長であっても，現地の経営トップを突然任されて経営ができるとは限らない。言語も宗教も労働観，価値観も異なる異文化下での人材管理がわからず，ストライキという労働問題を引き起こし事業縮小や事業撤退を引き起こす。日本から海外派遣する人材が，事業の成功要因として一番大きいことがわかっているはずにもかかわらず，"社長から突然お前行け"と言われた人が妥当かどうかは疑問である。進出を急いでいるからといって"元気印のお前が行けば何とかなる"とか，"定年までのあと5年を今回の海外事業に全力投入してくれ"とか，"海外でモノが作れれば，全体の経営は何とかなる"といった判断が妥当か否か，疑問が湧く。海外進出に当たっての人の手当（人材育成，登用，社外からのスカウトなど）が，一番重要で時間が掛かるにもかかわらず，社長が海外視察団に参加して，たまたま現地を見た直感だけで性急な海外進出の意思決定がなされている。「中小企業は社内に人（適任者）がいないんです。」という答えだけで終ると，折角のスピード経営という強みが，稚拙な経営という裏目になって出る恐れがある。中堅・中小企業の持つ「スピード」や「小回り」の良さを生かすためには，"やってみなければわからない"ではなく，海外進出検討時，現地操業，現地事業の縮小・撤退という3段階における基本チェックリストを持って確認するといった堅実な経営が求められる。

第 4 章　中堅・中小企業のアジア活用戦略

注　釈

1）拙著「21c アジア経営戦略ガイド：アジア地域統括会社の事例研究と 21 世紀の経営・事業の戦略提携・指針」，社団法人企業研究会，2007 年。

2）タイとラオス間の分業については，筆者が 2012 年 2 月 24 日に訪れたラオス政府計画投資省の経済政策・投資促進の上級顧問（当時）である鈴木基義教授が詳しい。

3）東西経済回廊：ベトナム，ラオス，カンボジア，ミャンマー，タイ，中国が進める大メコン圏の経済協力開発プログラムの中に，同地域を縦横に貫く幹線道路，いわゆる「経済回廊」がある。北は中国雲南省昆明市から南はタイのバンコクまで全長 1,800 km の「南北経済回廊」に対して，東はベトナムからラオス，タイを経由して西はミャンマーに至る 1,450 km の「東西経済回廊」がある。「経済回廊」の完成と拡充により同地域への直接投資の拡大と域内貿易の発展が期待されている。

第5章

中小企業のアジア進出は地元経済に何をもたらすのか

－神戸市アジア進出支援センター開所1周年記念シンポジウム－

第5章　中小企業のアジア進出は地元経済に何をもたらすのか

はじめに

　21世紀に入り，国，地方公共団体，金融機関など，官民を挙げて中小企業のアジア進出支援に取り組んでいる。県や市などの地方公共団体にとって地元中小企業がアジア進出を果たした結果，地元経済にもたらす具体的な効果を考察することは避けて通れない重要課題である。各地方公共団体にとって，人件費を含めて年間数千万円の予算を継続的に投入する「アジア進出支援組織」や「アジア進出支援制度」が地元経済の活性化にどれだけ貢献しているかを定性的かつ定量的に把握し，その結果を国民，県民，市民に公表する透明性が求められる。

　2013年8月，神戸市役所直属の組織である神戸市アジア進出支援センターは，神戸国際会館にて開所1周年記念シンポジウムを開催，「中小企業のアジア進出は地元経済に何をもたらすのか」というテーマで公開討論がなされた。地元中小企業の期待を担って開所した同センターにとって，最初の1年間は組織と制度を立ち上げ，予想を上回る相談件数への対応であっという間に経過した。1年間の事業総括の後，2年目以降の同センターの事業の進め方や支援制度のあり方を模索し，所期の開所目的に対して，最適で最大の成果を出すためには今後どのようにすべきかの方途を探ることが，このシンポジウムの主旨であった。

　シンポジウムは，3部から構成された。第1部は，筆者の基調講演「中小企業のアジア進出は地元経済に何をもたらすのか」であり，第2部は，4人の実業界および企業OBのパネリストによる「企業経営視点から見た地元経済への貢献」，第3部は，神奈川県川崎市，大阪府堺市，地元神戸市，兵庫県の自治体の最前線で地元中小企業の海外進出，海外事業展開を推進する4人のパネリストによる「行政の視点から見た地元経済への貢献」というテーマでのパネルディスカッションである。両パネルディスカッションのモデレータは筆者が務めた。以下は，基調講演の後半部分の要約と第1部，2部のパネリストの論点である。

5.1　基調講演の骨子 —中小企業のアジア進出は地元経済に何をもたらすのか—

　神戸市に本社のある中小企業，あるいは本社所在地は兵庫県内外の他都市にあるが，主力工場や主力事業所が神戸市にある中小企業が海外進出する場合，神戸市を中心とした地域経済にどのようなメリットとデメリットをもたらすのであろうか。以下は筆者の試論である。

　海外進出する業種には，製造業と非製造業の2つがある。非製造業から水産・農林業，鉱業，建設業を除いた業種がサービス産業である。具体的にはサービス産業には卸業，小売業，外食，ホテル，銀行・保険，陸運・海運・空運，通信，電力・ガスなどが含まれる。ここでは主に前者の製造業を取り上げてそのメリット・デメリットを述べてみる。

5.1.1　デメリット

　中小企業の海外生産シフトは日本本社の雇用を増やし，日本と海外の間で当該企業に経済的な好循環をもたらすというデータや議論がある。

　これを客観的に見るために，図5-1が示すように，総務省統計局「労働力調査」の「日本の製造業就業者数の推移」を見る。1960年に日本の製造業就業者数は946万人であり，その後，高度経済成長を遂げる中で増え続け，ピークは1991年のバブル経済崩壊の翌年の1,569万人である。その後は自動車，電機，化学，機械など主要製造業の構造的な海外生産シフトの中で急減し，2012年には1,032万人になっている。そして2012年12月には瞬間的に998万人と1,000万人を割り，50年前の製造業就業者数のレベルに落ち込んでいる。つまり今日の製造業の就業者数は，ピーク年の1992年から500万人減少，ピーク年に対して3分の1も減ったことになる。2013年5月現在の日本の就業者数合計6,340万人の中で，製造業就業者数約1,000万人という数字は，最近の20年間で構造的に減少した結果の数字である。

　もし，日本の中小企業の海外進出が，日本本社の雇用を継続的に増大させて

第5章　中小企業のアジア進出は地元経済に何をもたらすのか

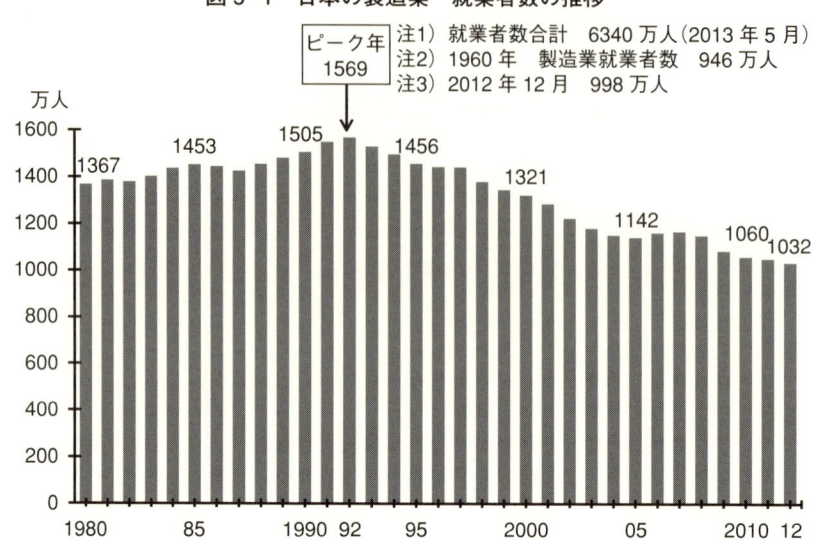

図5-1　日本の製造業　就業者数の推移

注1）就業者数合計　6340万人（2013年5月）
注2）1960年　製造業就業者数　946万人
注3）2012年12月　998万人

ピーク年 1569

出所：総務省統計局「労働力調査」より筆者作成

いるとすれば，構造的な海外生産シフトと関連の薄い特定のサービス業種とか，ある特定の地域で例外的に成長している製造企業とか，ある政策意図を持って中小企業に対するアンケート結果を拡大解釈したものなどと推察される。少なくとも2008年のリーマン・ショックまでの中小企業の海外生産進出は，大手企業の海外生産進出とのリンケージの中にあり，日本本社の雇用機会を構造的に新たに生み出しているとは解釈しにくい。

ただし，海外生産進出によりコスト競争力を強化することに成功し，現地販売および日本へのバイバック品（現地で完成品にしたものを日本に買い戻した製品）の販売が増加するという可能性や，その結果として，当該中小企業の連結売上高と利益が増加するという可能性を否定するものではない。しかし，この販売増加が，日本から構造的に流出した製造就業者のかつての人数を上回るだけの就業機会を生み出しているかは甚だ疑問である。

神戸市や兵庫県の中小企業に限らず，日本からの海外生産シフトは一般的には地元からの雇用の流出をもたらす。一時的な流出に留まるのか，長期的な流

316

出につながるのかは当該企業の海外進出の動機や戦略と不可分である。日本の高コスト体質や長期にわたる円高傾向が熾烈な国際競争上，大きなハンディキャップになると考える企業にとっては，海外生産シフトは明らかに地元の雇用の構造的な流出につながっていく。"産業の空洞化"とか"雇用の輸出"と言われる状況である。1991年以降，海外生産シフトが加速化したが，その間，何度か生産拠点としての日本が見直され，「日本への生産回帰現象」が取り上げられた。投資企業に対する府県や市の企業誘致のための補助金支給や税の減免措置などの恩典が企業の国内投資を一時的に誘発したこともあった。しかし，海外生産シフトは構造的に続いている。

5.1.2　メリット

一方，地域経済の視点から見た海外生産進出のメリットとは何であろうか。以下7点を掲げる。

1つ目は，海外現地法人から日本の本社に送金される配当収入である。現地進出して当初の事業の累損が消え，初めて配当がなされるが，今後の現地事業の拡大をどう見込むかによって配当性向も異なる。内部留保を厚くして現地での拡大投資に備えるのか，それとも投資回収期間を極力短くしてカントリーリスクをにらみながら早期の投資回収を図るのかで日本への配当送金も異なる。筆者がアジア20カ国・地域の中堅・中小企業の現地インタビューをした中では，大企業の場合と異なり，配当送金をせずに現地から日本向け製品の価格に利益をオンすることで実質的に投資回収を図る企業が多いことが顕著であった。

2つ目は，日本本社と現地法人間で締結される技術援助契約に基づいて日本に送金されるロイヤルティ（技術援助料）収入である。ロイヤルティは，通常，生産高，料率，期間の3つを乗じたものがその計算根拠となる。海外生産高が増えれば増えるほど，このロイヤルティ収入が日本の研究開発の主要な原資となる。ちなみに，サービス産業の海外進出では，日本本社と現地法人，または日本本社と現地企業のライセンシー間のフランチャイズ契約に基づくライ

第5章　中小企業のアジア進出は地元経済に何をもたらすのか

センス料が日本の収入となる。例えば，牛丼チェーンの吉野家（本社東京都）の場合，香港・マカオを対象として，"吉野家の商標を使用し製造技術および販売技術に対するノウハウ供与"という「技術援助契約」を結んでおり，店舗開設料は1店につき1万5,000ドル，ロイヤルティは毎月の店舗売上高総額に3%を乗じた金額である。

　3つ目は，海外生産品の日本へのバイバックによる日本での法人所得税の支払である。例えば，ミャンマー，ラオス，カンボジアに生産進出したアパレル製造業や製靴業の中小企業に見られる投資形態では，現地で製造された全数または大多数の製品は日本に輸出され，それら製品に利益がオンされた状態で買い戻されていると推定される。日本から現地法人へは，現地工場の従業員給与を主体とした加工賃だけが送金され支払われる。したがって，この事業形態では，日本本社でこれら輸入品の利益が計上されていると仮定すると，最終的な法人税の支払い場所は日本の本社所在地ということになる。当該企業の本社所在地がある地方自治体にとっては，税収の増加は直接的なメリットである。

　4つ目は，日本での新たな雇用創造である。海外生産シフトにより，製造コストの競争力が強化され，廉価な部品・材料の現地調達が可能となり海外の事業拡大に成功した場合，海外現地法人と日本本社（本社工場）間で国際分業が進展するからである。これには，研究開発，基幹部品の調達・組立，完成品の組立，マーケティング，ロジスティクス，販売という一連の事業の流れの中で生じる国際垂直分業と，日本はハイエンド商品，海外はローエンドの普及価格品の生産という国際水平分業の2つが生じる。このような分業の中で，日本本社は先端技術やハイテク製品の開発，海外量産工場のマザー工場としての試作生産という分野で役割を増大し，この分野での新たな雇用が創造される可能性がある。

　5つ目は，不慣れな海外事業への挑戦による自社の人材育成および幹部職の成長である。国内事業を中心に発展してきた中小企業にとり，社内にグローバ

ル人材が少ない中で，海外に派遣され幅広い事業経験をした幹部職の成長は，今後の国内外での事業拡大のために，かけがえのない財産となる。

6つ目は，親会社または主要取引先の海外生産シフトに伴い，共同歩調による中小企業の海外進出は両者の長期的な関係構築に大きく寄与することである。中小企業にとって，国内に留まるだけでは今日まで国内で構築してきた親会社や主要取引先との取引が先細りになったり，失ったりする恐れがある。

7つ目は，オーナー企業が多くを占める中小企業にとって，海外事業の成功は二世経営者への事業引き継ぎを可能にする。国内市場が少子高齢化・人口減少で成長が制約されることにより，事業の縮小均衡や自然淘汰，廃業，または国内同業者への事業売却による撤退等が生じる。そうした状況下で海外の生産展開や市場開拓の成功は，後継者への引き継ぎや後継者の若返りを可能にし，国内の事業存続を確かなものにする。高齢化するオーナー企業の経営者の若返りは，当該企業の活性化のみならず地域社会や地域経済の活性化にも貢献する。

5.2　パネルディスカッション～企業編～
企業経営視点から見た「中小企業のアジア進出の地元経済への貢献」

このパネルディスカッションでは，4人のパネリストに，「アジアへの事業進出の動機・背景」，「海外生産進出による地元雇用への影響」，「海外から地元経済に具体的にもたらされるもの－地域経済の活性化にどれだけ役に立っているのか－」，「行政への支援要望」の4つの切り口から発言いただき，最後に「モデレータの総括」という構成になっている。

パネリストは，神戸市に本社があるメーカー，明興産業株式会社（資本金5,000万円，従業員120名，中国に生産進出）の下土井康晴会長，大阪府豊中市に本社があるメーカー，富士インパルス（資本金1,400万円，従業員100名，

第5章　中小企業のアジア進出は地元経済に何をもたらすのか

ベトナムに生産進出）の山田邦雄社長，神戸のゴム窯業メーカーの海外部門に30有余年勤務し，マレーシア・タイ・トルコに駐在し，退職後は独立行政法人で中堅・中小企業の海外進出のアドバイザーを務めた経験のある溝渕正純氏，大手商社に勤務しマレーシア，米国での駐在経験があり，退職後は東大阪市で海外販路開拓コーディネーターを務めた萬木寛氏である。

「海外生産進出による地元雇用への影響」のセッションで興味深い発言は下記のとおりである。

明興産業では，「大手納入先の香港展開に伴い自社も香港，後に中国展開を行った結果，かつて働いていた日本の300名の従業員が今日120名と大幅に減少し，逆に中国の従業員が200名増えた。さらに今日，日本の製造作業員を海外担当員や検査員として配置転換した」というものである。日本の売上高が大幅に減少し，従業員数の縮小と残された従業員の配置転換を余儀なくされている。

富士インパルスからは，日本と海外の事業のバランスや海外事業の活用という点で次のような示唆に富んだ発言がなされた。

「町工場はリーマン・ショックの痛手を受け，かつ後継者不足，極端な円高，大手企業の海外移転，などで次々と廃業していく現状です。じっとしているだけでは，モノづくりの空洞化は進んでいきます。特に30名以下の製造業は過去10年で10万事業所が消えてしまったと言われています。私は『放っておいたら何もかもなくなってしまう』と危機感を持ちました。海外展開が『産業の空洞化，雇用の輸出』を引き起こすとしても，海外展開をしなければ，空洞化どころか『産業の衰退，雇用の消滅』が起こります。

日本は不景気といっても世界第3位のGDPの経済大国です。マーケットはあるのです。町工場が海外展開しても一番頼りになるマーケットは日本なので

す．もしかしたら雇用は減るかもしれませんが，企業が生き残れる可能性は高くなります．そして小ロット短納期の製品は国内に残ります．

さらに海外拠点で後継者育成ができ，かつ世界のマーケットに向けて第一歩が踏み出せます．日本のモノづくり中小企業群が活性化する1つの可能性があると思っています．まず，企業自身が生き残ることが，地元雇用にとって非常に重要なことだと考えます．

当社の場合は，1997年売上高は20億円でしたが，1997年から99年にかけて売上高が20%減少しました．1998年には20名の希望退職を募り，縮小均衡を図りました．結構な数の設計開発の有能な人達が退職していきました．開発部隊が結果として弱体化し，元の体制に戻るまで10年掛かりました．

2008年に売上高は18億円まで回復しましたが，その矢先，リーマン・ショックで，1年で売上高が20%減少，単年度大幅な赤字を計上しました．しかしこの時は，人員削減は行いませんでした．開発部隊を温存したかったからです．そのようにできた理由は海外拠点があったからです．その時点で，売上高ベースで見たベトナム生産比率が20%となっており，原価低減による収益率への効果が出てきていたからです．現在ベトナム工場があるから日本の100名体制を維持できています．そうでなければリーマン・ショック直後に再び縮小均衡を図る以外に方法はなかったと思います．」

「海外から地元経済に具体的にもたらされるもの－地域経済の活性化にどれだけ役に立っているのか－」のセッションでは，次のような興味ある発言がなされた．

富士インパルスからは，「元気のいいモノづくり企業が地元にあるということは地元の活性化につながります．戦後の日本の発展の中でモノづくりが果たした役割は決して小さくはないと思っています．そしてそれを底辺で支えてき

第5章　中小企業のアジア進出は地元経済に何をもたらすのか

たのが町工場であったはずです。

　親の代から引き継いだ町工場経営者は，そろそろ年金をもらえる年になろうとしています。今回のプロジェクトでお会いしたモノづくり中小企業のある経営者の方は，10年位前に息子が跡を継ごうかと言ってくれたけど，先が見えないから他の道を探せと言って別の道に進んだ。仕事のあるうちは続けて，無くなったら廃業する。もうじき年金ももらえるから…。

　モノづくりのノウハウや技術が次々に消えていっています。戦後60年以上かけて積み重ねてきたモノづくりの力が日本から消えていっています。あと10年経てば，もう町工場経営者は動けなくなる。どこかの誰かにその技術やノウハウを伝えてもらわなければ　二度とは元に戻れない。地元にモノづくりの火を絶やさないためにも，何とかしなければいけないと思っています。

　私は，当社が地元の活性化に役立つためには，まず元気な企業でなければならないと考えています。元気であれば地元の協力会社との協力関係が維持でき，元気であれば社員の雇用を維持することができ，地域に対しての責任を果たすことができるのです。

　当社の場合，振り返れば1998年からの不況，リーマン・ショック，そしてデフレ，国内経済が大きく変動する中で何とかやってこられた理由として海外拠点がありました。海外拠点での製品の原価低減，そして部品の海外調達の実現が可能でした。さらに未来に向けて，今後更なる日本マーケットのグローバル化の中で，国内市場を守るばかりではなく，世界のマーケットを視野に将来を考えるための強力な選択枝でもあります。国内が手詰まりの中，海外拠点があるということが将来への希望につながっていると今，考えています」。

　次に，大手メーカーOBで現在中小企業の海外進出のアドバイザーを務めているパネリストの発言を紹介する。大手企業で当たり前になされている日本本

社への対価回収が，中小企業ではできていないケースがあるという指摘である。

「中小企業では，自社の特許が無いことを理由に，独資（100％出資）または合弁会社とライセンス（実施許諾権）契約をしても実施料をもらっていないケースが多く見られる。自社に特許が無くても製造ノウハウがあれば，それ自体ライセンス対象となり，実施料の収入は日本本社への貢献となる」。

「行政への支援要望」のセッションでは，下記のようなご指摘がパネリストからあった。

明興産業からは，「既に進出している企業に対しては，各国また同じ国でも地域差もあり，行政に支援は困難かと思われます。新しく進出する企業に対しては，国・県・市といろいろと支援などを出して頂いているので，当社も１国だけでは災害や進出国の政策の変化などで，重要な仕事の依頼を受ければ受けるほど責任が重く，１国依存に頼るのは非常に危険があります。そこで，プラスワンを考えなければならなくなって来ています。既に進出している企業にも新規進出企業同様に支援を頂きたいと思います」。とのコメントがあった。

次に富士インパルスからは，以下の発言があった。「昨年から国も，追い詰められているモノづくり中小企業に対する施策について空洞化を防ぐだけでは限界があると考え，海外展開についても支援する必要性を理解していただいています。事前の企業化調査（F/S）などに対する支援は最近とても充実してきています。

現在私たちの計画に対して，近畿経済産業局が近畿裾野産業集積モデルとしてベトナムのロンドウック工業団地を指定し，ベトナム商工省，ドンナイ省と裾野産業誘致についての協力文書を交わし，積極的なご支援をしてくれております。お蔭様で当初不可能と思っていた，工業団地内でのコンサルタント業

務，サブリース，そして人材育成事業についてのライセンスを現地法人の『ザ・サポートベトナム』が取得することができました。

　私たちの計画について簡単にご説明させていただきます。中小企業が海外展開を図る場合，まず突き当たるのが資金です。私たちは，最初 500 m^2 のレンタル工場があれば進出できる企業が増えると考えていました。500 m^2 だと年間ランニングコストが約 1,000 万円です。初年度のランニングコストと，設備などの初期費用とを合わせると 2,000 万円から 3,000 万円の初期投資で進出可能です。しかし，仲間集めをしていて，町工場ではリスクを覚悟でそれだけの投資ができる企業は本当に少ないことを実感しました。もう1つゼロ（0）を減らせないかと考えました。100 m^2 ならばランニングコストは年間 300 万円程度になります。今回私たちは 1,000 m^2 のレンタル工場を 6 区画に区切り，再リースする方法でその実現を図っています。

　次に突き当たるのが人材です。私たちの計画では，税務や通関，人事などを代行できるサービスを行うために，レンタル工場に『ザ・サポートベトナム』という会社を設立しました。モノづくりと人材育成以外のことを代行できるサービスを行います。

　おかげ様で準備がだいぶ整ってきました。これからが本番です。2013 年 10 月からベトナム・ドンナイ省ロンドウック工業団地レンタル工場でスタートします。何とか成功事例を作りたいと考えています」。

　企業 OB のアドバイザーからは，地方公共団体の支援組織や支援制度の使い勝手の悪さや支援内容の不十分さなどが指摘された。

「行政の補助金のもとで中小企業が支援を受ける場合，管理上の制約として，海外出張は支援アドバイザーと当該企業が同時出発・同時帰国でなければいけいない，などの使い勝手の悪さがあります。もう少し弾力的な運用ができない

ものか」。

「折角有望な代理店やパートナー，弁護士，会計事務所が見つかり，当該国政府とも投資奨励策や外国人事業法など投資規制策に関する協議ができて，現地商工会議所との人脈もできるなど，実りあるF/S（企業化調査）をしてきたのに，依頼企業と同行した支援アドバイザーが関西空港で別れてしまっては，何にもならない。支援アドバイザーが目的完遂まで持続的寄り添い型のフォローアップを実現できるような制度にして欲しい」。

5.3　パネルディスカッション～行政編～
行政の視点から見た「中小企業のアジア進出の地元経済への貢献」

このパネルディスカッションでは，4人のパネリストに，「海外進出支援組織や制度を作った背景とその内容」，「上記の組織・制度の今日までの進捗や実態」，「海外から地元経済に具体的にもたらされるもの－地域経済の活性化にどれだけ役に立っているのか－」，「支援の費用対効果の評価方法と対外的な透明性確保」の4つの切り口から発言いただき，最後に「モデレータの総括」という構成で締めくくった。

パネリストは，神奈川県 川崎市経済労働局 国際経済推進室室長の水谷吉孝氏，神戸市産業振興局 経済部部長の小村正俊氏，大阪府 堺市産業振興局 商工労働部副理事の藤下康氏，兵庫県 産業労働部国際局 国際経済課課長の河知秀晃氏の4人である。いずれの方も，各県，市の行政の最前線で，地元企業の海外進出・海外事業をサポートする組織や制度，政策立案および実施推進に豊富なご経験と知見を持ち合わせている。ちなみにパネリストの所属する自治体の人口規模が，川崎市140万人，神戸市150万人，堺市85万人，兵庫県550万人である。

川崎市，堺市，神戸市の3都市と兵庫県の中小企業の海外進出支援体制や制度は，できてまだ数年というものであるが，それぞれ地元企業の海外進出ニーズを的確に捉えて創設されている。ただし，その組織は，神戸市のように市の組織（産業振興局）傘下に直接置いているケースや，市の外郭団体が行っているケース，市と地元産業界が共同して組織化したケースがある。また，国内だけに支援組織があるケースと兵庫県のように海外7都市のサポートデスクと5都市の海外事務所でフォローしているケースがある。

以下，セッションごとの発言要旨を紹介する。

5.3.1 海外進出支援組織や制度を作った背景とその内容

【川崎市】

　川崎市と言えば，工業の街，モノづくりの街，そして，公害の街というイメージがあると思います。しかし，全国に先駆けて環境基準の厳しい公害防止条例を策定し，1997年には，当時の通産省からエコタウン構想の認定を全国で初めて受けた都市でもあります。こうした歴史から，市内企業を中心に環境技術が蓄積されるといった強みを持つことができました。

　こうした技術を，主に環境問題に悩むアジアを中心に海外展開することで，市内企業の海外販路開拓を支援しながら国際貢献を果たしていこうというのが，川崎市の考えです。川崎市国際環境技術展もその一環で，2013年度で6回目を迎えます。

　川崎市は，市内中小企業への支援策としては，川崎市産業振興財団を中心に，新技術・新製品開発，販路開拓，産学連携，大手企業の開放特許の活用，新分野進出などを重点的に行ってきましたが，海外展開支援にも積極的に取り組むようになったのは，この「環境技術の海外展開による国際貢献」という道標を積極的に掲げてからになります。

5.3 パネルディスカッション〜行政編〜

　2008年に川崎日中産業交流協会を立ち上げ，専門機関による中国展開セミナーや，中国に進出した市内企業による事例紹介セミナーなどを開催する他，2010年には，この川崎日中産業交流協会，川崎市産業振興財団，川崎商工会議所，ジェトロなどからなる川崎国際ビジネス交流推進協議会を立ち上げ，海外ミッション団の派遣経費や海外展示会出展費用の補助を行うようになりました。

　2013年2月からは，市内企業の海外でのビジネス展開を支援するための組織として，『川崎市海外ビジネス支援センター』（英語の頭文字をとって略称KOBS）という組織を川崎市産業振興財団の中に立ち上げました。これまでの川崎市の中小企業支援策の中で，川崎市産業振興財団の職員やコーディネーターの果たす役割が非常に大きいことから，海外地域別に3人のコーディネーターを新たに配置して，市内企業の海外展開支援を行っています。

　3人のコーディネーターは，日頃から川崎市産業振興財団のマネージャーなどと連携して，市内企業を訪問することで，企業の海外展開のニーズ把握に努めています。そうしたニーズに合わせて，それぞれのコーディネーターや産業振興財団のネットワークを活用して，市内企業の各ステージに応じたお手伝いをさせていただいています。川崎市などが主催する海外でのビジネスマッチングや，海外展示会に同行することもしばしばあります。

　さらに，2013年5月には，市内中小企業に対して上海市での連絡事務所機能を提供しています。『川崎中小企業上海合同事務所』という名称で，上海市工商業連合ビル内の一角に，現地での商談などに利用できるスペース，中国での市内企業の現地拠点として，電話代行や郵送物，FAX，メールの受け取りと基本的な翻訳などのサービスを提供しています。いずれも手探り状態なところもありますが，川崎市では今，このような取り組みを行っています。

第5章　中小企業のアジア進出は地元経済に何をもたらすのか

【堺市】

　堺国際ビジネス推進協議会事業は，市内を中心とした中小企業者の，貿易や投資など海外との幅広いビジネスチャンス獲得に向けた取り組みを支援するとともに，地域の情報発信力の強化により，堺市経済の活性化を図るという目的を掲げております。

　もともとは，堺の特産品を海外に発信していくための仕掛けとして，海外の見本市を活用した出展の支援を中心に活動をしていた団体でしたが，企業の国際ビジネス全般への挑戦を支援する団体へと，平成15年に堺国際ビジネス推進協議会としてあらたにスタートしました。本協議会事業の特徴は，会員相互の協力と事務局である堺市職員による手作りであると考えます。それにより，それぞれの活動の情報共有，意識の向上，それに海外展開に係る課題の抽出の共有が，泥臭いですが，こつこつと職員の業務の中に蓄積されてきており，今後はネットワークの強化も含めて，地域の海外展開支援のプラットフォームを目指したいと思います。

　本協議会の当初の事業の中心は，引き続き，海外の見本市への出展支援でした。なお，この事業については，現在も活用される会員企業は多いですが，この事業だけではなく，中国以外にも広く東南アジア各国の進出可能性について知りたいという希望が多く上がり，平成18年度（2006年度）のインドネシアへの経済交流ミッションを皮切りに，それ以降毎年度東南アジアへの経済交流ミッション派遣事業を行っております。特に過去10回のミッション派遣中，ベトナムへは，当市に総領事館が移転されて，情報の交流が活発になった理由もあるのですが，4回のミッション派遣を行っているところです。

　それ以外には，企業の発信力強化を目的に，会員企業の外国語ホームページをはじめとする，販売促進ツールの作成支援やセミナー・勉強会，海外からのミッション受入れなどを行っております。

5.3 パネルディスカッション〜行政編〜

【神戸市】

　古くから国際貿易港として栄えた神戸市では，神戸ブランドの海外販路開拓支援など貿易振興，外資系企業誘致，海外からの貨物・客船誘致，アジアからの観光客誘致などに取り組んできました．また，最近では水道局を中心に水・インフラ整備に関する国際貢献の取り組みを行っています．

　2010年秋頃から，国内需要の縮小，新興国の台頭など，企業経営環境の変化を背景に，中小製造業の海外展開支援策を検討してみてはどうか，という業界団体の声を受け，神戸市では，2011年4月から11月にかけて，安積先生に座長をお願いし，海外ビジネス経験豊富な委員をメンバーとする『アジア進出研究会』を開催しました．

　アジア進出研究会では，まず，アンケートにより，市内中小製造業の海外進出の実態・意向・課題の把握を行いました．アンケートは1,304社に対して実施，回答231社中，55社がアジア進出に関心があることがわかりました．次に，市内の中小製造業に個別にインタビューを行い，①中小製造業が生き残るためには，成長著しい新興国の需要を取り込むことが重要な選択肢である，②海外進出に関心はあるが，社内に海外進出を検討する人材，情報，ネットワークが不足しているため，いつでも気軽に相談できる窓口が必要というニーズがわかりました．さらに，アンケートで関心の高かった東南アジア3カ国（ベトナム，タイ，インドネシア）への調査団を派遣，現地に進出している中小製造業の経営者から進出前後の苦労話，役に立った支援策などをお聞きしました．

　調査や業界のニーズをもとに，支援策の検討を重ね，2012年7月末，神戸市直属の「神戸市アジア進出支援センター」を開設しました．同センターの設置目的は，①中小製造業の進出リスクを軽減すること，②市内経済を活性化することで，進出前から進出後まで，いつでも気軽に相談できる，経営者の立場に立った"寄り添い型の支援"を目指しています．

　支援策の柱は，①登録アドバイザー派遣制度，②実践的なセミナー・勉強

会，③実践的な海外ミッション派遣，④アジア進出に必要なお役立ち情報の提供，です。特に，登録アドバイザー派遣制度に特徴があり，海外ビジネス経験豊富な企業のOBなど，94名の方にアドバイザー登録いただき，市内中小製造業からの相談内容に応じてアドバイザーを派遣する他，セミナーの講師としても活躍いただいています。

【兵庫県】

　2005年4月に外郭団体「ひょうご産業活性化センター」内に開設した「ひょうご神戸投資サポートセンター」は，企業誘致を主要業務としていましたが，企業の海外展開支援も担当していました。その相談が増えてきたこともあり，2011年11月投資サポートセンターと同じところに「ひょうご海外ビジネスセンター」を開設，県内企業の海外での販路開拓や拠点設立，現地法人運営などの相談の他，海外情報を提供するセミナーも開催するようになりました。体制は，当初職員は投資サポートセンターの次長兼務と海外展開促進員2名で始まり，2012年4月からビジネスセンター所長と投資サポートセンター次長兼務の職員1.5名に海外展開促進員2名，2013年4月からビジネスセンター所長と課長の職員2名と海外展開促進員3名と増員してきています。

　2011年5月に「ひょうご国際ビジネスサポートデスク」を上海，広州，大連，ホーチミンに開設。現地の兵庫県人会メンバーのビジネスマンに現地ネットワークを活用した現地情報の提供や相談に応じる体制を作りました。2012年4月から同サポートデスクをデリー，ジャカルタ，バンコクの県人会の協力も得て設置し，7カ所のデスク体制としています。

　2012年10月に兵庫県香港経済交流事務所を開設。2008年3月に行政改革で閉鎖した香港事務所（1982年9月開設）を再開したもので，兵庫県の海外事務所は米国 シアトル，フランス パリ，オーストラリア パース，ブラジル クリチバと合わせ5カ所の体制となりました。海外事務所では，現地姉妹都市との交流事業の他，県内企業の海外展開支援や物産・農水産品の販路拡大支援，

観光誘客などの経済機能を強化しています。

　これらの施策の背景としては，国内市場が縮小傾向にある中，アジアをはじめとする新興国市場の需要を積極的に開拓しようとする動きが県内中小企業にも多く見られるようになったため，個別企業の具体的な相談に対応し，支援を行うため，従来から中小企業支援を総合的に実施してきた「ひょうご産業活性化センター」内にワンストップサービス機関を整備しました。

　2013年度の新規事業として，『中小企業海外進出調査支援事業』で海外での展示会出展費や拠点設立などの調査費を補助率1/2で100万円を限度に助成する事業と『国際ビジネス人材採用奨励金事業』で県内大学に在籍する外国人留学生を雇用する県内中小企業へ30万円の採用奨励金を支給する事業の他，企業向けのセミナーやインターンシップ，企業と留学生のマッチングなど留学生就職支援により海外展開に向けた人材確保対策を開始しています。

5.3.2　組織・制度の今日までの進捗や実態

【川崎市】
　川崎市がこれまで中小企業支援をやってきて思うのは，結局は職員やコーディネーターが，いかに親身に企業に寄り添ってサポートしようとするか，という想いが大事だと思います。

　その想いが，ネットワークの構築や活用につながると思っています。先ほどお話した「川崎市海外ビジネス支援センター」(KOBS) は，まだできたばかりの支援組織ですが，もともと川崎市の中小企業支援策で大きな役割を果たしてきた川崎市産業振興財団の中に，こうした組織を作ったことです。既に産業振興財団に蓄積している市内企業に関する様々な情報を共有できるというメリットがありますが，KOBSの情報蓄積やネットワークを活用した支援は，これからになります。KOBSのコーディネーターが，これまでの個人的なネットワークに加えて，産業振興財団のネットワークや川崎市のネットワークを活

用できるようになって，支援が生きてくると思っています。

　川崎市では，これまでも海外の都市（地方政府機関）と産業交流に関する覚書を締結してきました。特に上海市とは，上海市経済委員会，上海市浦東新区，上海市環境保護局，上海交通大学などと環境技術や産業交流に関する覚書を結んできました。中には，今ではほとんど交流がないところもありますが，市では，市内中小企業の海外展開支援につながりそうなところとのネットワークの構築に努めています。海外の地方政府機関の他，国内外の支援機関，金融機関，コンサルタント，大学，NPO法人などになります。

　そうしたネットワークを通じて，より確かな海外企業とのビジネスマッチング，より正確な進出先などの海外情報を市内企業に提供できるようにと考えています。しかし，実際には人と人との顔の見える関係でネットワークができるわけで，市の職員は異動で変わってしまいますから，市内企業との関係すら途絶えてしまうこともあります。こうしたことを補完するためにも，なるべく変わらない産業振興財団の職員やコーディネーターに，優良なネットワークというか，相手方との関係を引き継いでいくということが大切になってきます。

　行政機関には，国内外の様々な地方政府や企業，大学，機関などとネットワークを構築できるメリットがあります。これをいかに企業支援につなげていくかということを考えているわけですが，なかなか有機的につながるには時間が掛かります。その間に職員は異動してしまう。だから，ネットワークが持続しない，という部分もあります。実際に，関係を構築できた相手方から，そのことを指摘されることもあります。

　新たに立ち上げる支援組織や支援制度を生かしていくときに，このネットワークをいかに有効に構築するか，積み上げていくか，太いものにしていくか，生きたものにしていくか，ということが課題だろうと思います。

5.3 パネルディスカッション～行政編～

【神戸市】
　アジア進出支援センター開所から1年を経過しました。設置の経緯から産業振興局工業課の海外展開支援部門として，常に工業課の施策，具体的には，販路開拓支援，人材育成支援，新分野への挑戦支援などの施策と連動しながら，常駐職員5名の体制で運営しています。これまで中小製造業27社から相談を受け，アドバイザー派遣などを行ってきましたが，うち8社がベトナム，5社が中国，4社がタイに関する相談でした。

　検討開始段階から相談いただき，既に進出済みの案件が2件あります。詳細な内容は申し上げられませんが，うち1件はタイに工場を進出された案件で，当初は社長1人で検討されていましたが，当センターから職員も同行して10数回アドバイザー派遣を行ううちに，社内プロジェクトチームの設置，現地調査，工場選定，投資委員会への申請，人材採用といった流れの中で，経営者の良き相談相手として役割を果たせたのではないかと考えています。進出後，それまでに入居していた事業者の引越しが遅れたため，内装工事が多少遅れたというトラブルもありましたが，今後もいつでも気軽に相談できる窓口としてセンターを活用いただきたいと考えております。

　もう1件は，ベトナムに駐在員事務所を開設された案件で，担当者の現地調査前に訪問先の紹介を行った他，進出リスク軽減の観点からリスク管理に詳しいアドバイザーを派遣し，自身の苦い経験を語っていただきました。また，中国へ製品を販売したいという相談を受け，神戸市の天津事務所の人脈を生かして商談先を探すなど，継続している案件もあります。アジアの最新情報やリスク関連情報を発信するため，1年間で17回のセミナーを開催，約900名の参加を得ました。

　課題としては，登録アドバイザー94名の中から企業の相談内容に合わせて，国，業種，専門分野を絞り込んでいくと，派遣できる人材が限られてくることから，ニーズに応じたアドバイザーを確保・更新していくことが挙げられま

す。また，海外に拠点の少ない神戸市が「進出後」の寄り添い型支援をいかに行うかという課題もあり，この点は海外に拠点のある行政機関，外国政府機関，民間企業などとのネットワークを構築し，各機関の支援制度を含め最新情報を入手・更新し，中小製造業に提供しています。

【堺市】
　当市の海外展開支援事業は，協議会会員のニーズに応えるということを基本としているため，市内の企業の海外展開実績の数などというような，行動目標ということは掲げていません。海外展開に関心のある，あるいは意欲のある企業の発掘ということを1つの指標とするならば，まさに，堺国際ビジネス推進協議会の会員数の増加ということで，お示しできるのではないかと思います。

　国内の事業環境の厳しさから，海外へ事業を拡大することを検討する必然性や，当協議会の経済ミッション派遣事業参加企業の他社への勧誘もあり，協議会会員数は，3年前は40社程度であったものが，現在は民間企業だけで約110社となってきております。ただ，会員数の増加とともに，海外展開に関してのニーズは，単に情報収集だけでなく，各国のビジネス詳細情報や海外展開に当たっての諸問題についてのお問い合わせがあり，その一点だけをとっても，事務局だけで解決することは非常に困難であります。しかも，情報収集以外のニーズについても要望をお聞きする機会も少なからずあり，各要望について，必ずしも満足のいく解決方法が見いだせていないのが現状であります。

　解決方法としては，協議会のサポーターを増やし，課題解決のための御示唆をいただくことだと考えました。もともと，産業支援機関である堺商工会議所，堺市産業振興センターは当協議会に参画しており，企業の体力強化などの課題解決については，協力しているところであります。

　また，海外展開支援のための課題解決を行うネットワーク形成ということで，平成24年度（2012年度）から正式に，近畿経済産業局，ジェトロ大阪本

部，中小企業基盤整備機構近畿本部，大阪府を参与としてお招きし，それらが実施する事業の参画や会員企業の課題解決のための依頼を行っています。さらに，当協議会の企業の集積を魅力として，金融機関，保険事業者や海外展開ビジネスサポート企業などが入会されており，その機能も当協議会の中で発揮をしていただけるよう，調整を重ねているところであります。ただ，例えば，関西で同時期に同じ国への経済ミッションが行われているなど，他の地域の機関と連携をすれば，さらに効率的に事業が運営できる余地があると思います。

【兵庫県】

　ひょうご海外ビジネスセンターとして体制が整った2012年度の相談対応件数は，延べ328件。うち，海外のサポートデスクにつないで対応した件数は，96件。セミナー開催は7回で合計274人の参加がありました。相談対象国では，中国が最も多く24%，次いでベトナム，タイ，インドネシアの順。地域としては東南アジア各国合計57%，東アジア各国合計30%で，ヨーロッパは6%，北米4%となっています。

　相談内容では，現地拠点設立などに関すること26%，市場調査や販路開拓に関すること34%，現地ビジネス情報の提供40%となっています。企業の業務分野としては，ほとんどが製造業ですが，貿易業の他，教育，介護，研究所などのサービス業も若干あります。

　相談対応の実態としては，海外展開が初めてという企業が多く，海外展開のためには何を考え，何を準備する必要があるのかなど全くの初歩から相談に乗る必要があり，非常に時間と手間が掛かっています。逆に海外展開を始めている企業からは，現地での契約書の作成や労働許可証の手続き，知的財産権保護の手続き，輸出手続きなど専門的な内容が多く，国内や現地での専門家の紹介などを行っています。

5.3.3 海外から地元経済に具体的にもたらされるもの
　　　　―地域経済の活性化にどれだけ役に立っているのか―

【川崎市】
　市内に限らず，中小企業の経営者の方々は，日々，高い経営判断のもとで事業を展開されているわけで，当然，リスクを伴う海外進出もそうした経営判断に基づくものであって，中途半端な決断ではないわけです。その企業が生き残りをかけて海外進出を選択する以上，そのお手伝いをできるだけさせていただくというのが基本的な考え方になります。

　ただ，既に海外に進出している市内企業は，これまでほとんど市役所などに頼ることなく，様々な苦労を重ねて海外での実績を積んできているというのが，実態だと思います。そうした海外進出における先輩企業の経験というのは，市内企業にとって大きな財産になるわけで，中には自社の中国の工場内に余剰スペースがあるから，中国進出を考えている市内企業に貸してもいいですよ，といったご提案もいただきます。既にベトナムの工場団地に進出している企業が，市内企業の仲間を誘って，一緒にベトナムで事業を展開するといった例もあります。

　一般的には，例えば，研究開発や試作機能を市内に残して，海外に製造拠点を置く場合や，国内での高付加価値製品を国外に販路を拡大するといった，市内企業が市内に足場を置いたまま，海外展開することで企業自身が発展するのであれば，そのことが地域経済の活性化にもつながるものと考えています。

　ただし，生産拠点の海外展開となれば，市内での雇用の問題が発生することは事実ですし，特に大手企業が，海外のみならず国内での集約などで市外へ生産拠点を移すといった事例はかなり以前から川崎市でも多くありました。

　こうした市内におけるいわゆる「産業の空洞化への対応」や「雇用の創出」

という課題に対しては，最初にお話ししましたエコタウン認定による新たなリサイクル施設の建設の促進や，最近では例えば，国際戦略総合特区としての国の指定などを活用して，ライフサイエンスや環境分野の研究開発拠点の集約を進めているところでして，企業誘致も行いながら，成長産業分野での新産業の創出に取り組んでいます。国際戦略総合特区の土地は，もともと大手企業の生産拠点の跡地を利用しているわけです。

　市内の中小企業にとって，高い経営判断のもとに海外展開を進めていく場合でも，市内に魅力があれば，市内に留めるべき機能は留めていただけると考えていますので，個別企業の支援をさせていただきながら，市内における企業立地の魅力の創造にも努めているというところでしょうか。川崎市では今，ライフイノベーション，グリーンイノベーション，ウェルフェアイノベーションの3つを掲げて，それぞれ，生命科学分野，環境や省エネ創エネの分野，健康や福祉の分野での産業振興に取り組んでいます。既存のモノづくりの分野とこうした分野との融合を図る機会を作っていく取り組みを行っています。

【神戸市】
　神戸市アジア進出支援センター設置の目的は，市内経済の活性化ですから，市内に本社，製造拠点などの軸足を置いて海外進出を図る中小製造業の支援を中心に考えています。

　中小製造業には，雇用の受け皿，納税など重要な役割を担っていただいていますが，「生き残りのための選択肢として，海外に活路を求めざるを得ない」，「海外進出するリスク，進出しないリスクの両方がある」という厳しい状況の中で，神戸市はアジア進出支援という新たな取り組みを始めました。

　海外進出のプラスの効果については，中小企業白書，日本政策金融公庫のレポートからも読み取れますが，我々も海外進出した企業の現場を訪れた際に，必ず国内本社との関係をお聞きします。現場で「海外に拠点を置いたおかげで

国内の本社を維持できている，競争力が高まり仕事も増えた」，「海外で得た利益を国内の製造拠点で再投資する」，「若手人材育成の場になる」といった声をお聞するたびに，アジア進出支援は市内経済の活性化につながるとの実感を得ます。幸いにも相談をいただいた中小製造業の中で，神戸の本社を閉じて，海外に移転という方針の経営者はいません。

一方，「海外で得た利益を国内に還流する方法が分からない」という相談も複数あり，利益還流の方法や成功事例を伝えることも重要な役割と考えます。成功事例が現れるまで数年は掛かると思いますので，進出後も引き続き支援を続け，状況把握に努めていきたいと考えています。

製造業以外の業種からの相談としては，物流関連企業，水道の配管設備業など個人事業主の方に数件情報提供したことがあり，現状で可能な範囲での対応を行っています。しかし，サービス産業の海外進出支援を本格的に"寄り添い型"で行うには，サービス産業の業種，規模が広範なこともあり，相談に対応できるアドバイザーの確保や情報の整備，サービス産業界との関係構築の他，その支援が地元利益還元に結びつくのかなど慎重に検討すべき課題が多いと考えています。

【堺市】
中小企業が海外での活動を検討されることは，国内での操業環境や市場環境を考えると半ば必然的なものではないかと思います。例えば，系列の企業が海外へ拠点を移したために，当該企業も海外に出ないかと誘われているケースや，そもそも取引を求めて海外展開を検討せざるを得ないケースなどが考えられます。

基本的認識として，中小企業の操業環境支援の一環として，海外展開支援は考えており，それを支援することは，決して地域の空洞化につながるとは考えておりません。むしろ，海外展開を検討・企画・実行することにより，企業本

体の体制強化が考えられるケースが存在すると考えます．肝心なことは，海外展開ということを通して，企業の体制強化につなげるということを，まず念頭におき，海外展開支援事業を行わなければいけないのかなと考えます．

もちろん，企業の根こそぎ海外展開はないように配慮をしなければならないと思いますが，そのために地域の自治体の職員が海外展開の支援であっても真摯に対応する必要があると思います．

しかも，海外に進出した当時はまだ，高コスト是正や為替変動による負担などのハンディからは脱出できると思いますが，長期的に見れば，現地での安定的な受注確保や現地人材確保などの課題が想像でき，海外展開に当たり事前にそれらの課題を想定しなければ，他と同じように海外展開を考えると成功には至らない場合が多々あります．

我々は，セミナー，研究会やメールでの情報提供を行い，想定できる課題とそれを踏まえた上での海外展開を行うことが重要であるとのご理解をしていただきたいと考えております．

【兵庫県】
まず，兵庫県では海外進出という言葉より海外展開という言葉を主に使うように心掛けています．これは，海外へ行ってしまうというのではなく，輸出など海外へ売り込むということを中心に考えるということです．もちろん，海外での工場設置なども支援するが，目的は県内企業により多く儲けてもらうことであり，県内企業でなくなった段階で支援対象でもなくなってしまいます．

すなわち，県内に本拠を置く企業が儲けて県税をしっかり納めてもらうことが，県事業の目的です．県の施策のベースは「ふるさと兵庫」を作るということであり，個人にとっても企業にとっても居心地の良い，住み続けたい，ここで事業を続けたいと思われるような地域社会を作ることであります．

製造業の工場が海外へ出て行って県内工場が無くなれば県内の雇用はその分喪失する。しかし，その企業が海外で儲けて国内で新たな事業展開をすれば新しい雇用が生まれる可能性があります。雇用は全ての産業分野でカバーするものであり，産業構造が変化すれば雇用先が変わるのはやむを得ない動きであります。

これまで海外ビジネスセンターで受けてきた海外展開の相談の中で，海外で製造拠点を新たに作るというものもあるが，本社を海外へ移すというものはありませんでした。企業の海外展開により具体的な数値で県内 GDP がいくら増加したかなど計測の方法が無く，示すことはできませんが，例えば，2013 年発行の通商白書で回帰分析による検証として，海外市場進出が企業の生産性を高めるとの結果が示されたり，2011 年版中小企業白書ではアンケート調査の結果として外国との関わりを持つことによって「国内での取引先が増えた」とする中小企業が 32% との結果が示されています。このようなマクロ的な分析結果から企業が海外展開することによって当該企業が活性化し地域経済にも良い影響を与えると考えています。

5.3.4 費用対効果の評価方法と対外的な透明性確保

【川崎市】
　市内中小企業の海外展開支援については，何をもって成果とするのか，ということがコーディネーターとの間でも議論になっています。海外に製品が売れた，海外に拠点を構えた，といったことは 1 つの指標にはなるかも知れませんが，最終的には市内企業の発展につながることが重要です。そういう意味では，新製品・新技術開発支援，産学連携，知的財産活用，販路開拓支援などと同じことが言えると思います。

　実際には，開発支援については，年間で何件補助金を支出したか，産学連携や知的財産活用などでは，何件が契約などとして成立したか，ということを施策上の指標としています。海外展開支援については，例えば，ビジネスマッチ

ングの数と合わせて，成立件数を1つの目標に置いています。

　これらは，一応，指標として置いているというのが正直なところです。自治体としては，都市経営上，税収の確保が大事になるわけです。その面で，企業の存続発展は大切になってきますが，どれだけ税収を確保できたか，ということと様々な支援施策とを直結させて評価するということはしていません。

　私たちが説明責任を果たす重要な場面の1つが，市議会です。ここでは，当然，中小企業支援，商店街支援などが毎回，質問されるわけですが，これまでは施策評価についての議論はあまりなく，どのような支援策を展開しているかが問われてきました。しかし最近，議会からの提案で，市の事業評価の報告を，それぞれの事業担当部署から市議会の常任委員会に報告するようになりつつあります。まさに，施策評価の指標の設定や効果が問われるわけですので，そうした議論を通じて，施策の見直しも迫られてくるのだと思います。

　ただ，市議会などを通じて，一貫して感じるのは，やはりどれだけ親身に市内企業に寄り添って支援策を展開しているのかが求められているということです。行政として，「効果測定」や「費用対効果」ということを日常的に意識するようになってきましたが，市という基礎自治体では，明確な方向性や解決策が見えない中で，いかに一緒に悩んで先に進もうとしているかという姿勢が問われている気がします。それが対外的な評価に結びつくかどうか市議会を通じて，財政当局も判断して予算措置に反映させる，というのが現状と言えます。

　そうは言っても，様々なステークホルダーが存在するわけですから，市としても市民に対して中小企業支援施策に対する満足度調査といったものを，今後，考えていく必要があるかも知れません。

【神戸市】
　平成25年度の神戸市アジア進出支援センターの事業予算は2,042万円で，

センターが入居している神戸商工貿易センタービルの賃料・共益費の他，アドバイザーの経費（常駐・登録とも），アジアのお役立ち情報の整備費，セミナー開催経費，ミッション派遣経費などが含まれています。常駐職員は事務アルバイト職員1名を含め5名の体制で運営しています。事業費については，市議会での予算・決算審査を通じて対外的に説明しています。神戸市アジア進出支援センターは，神戸市直営の組織なので，市が直接，説明する責任を負います。

また，神戸市の5年間の実行計画を定めた神戸2015ビジョンの内「産業活性化」の主な取り組みとして，アジア進出支援センターも外部評価委員の検証・評価の対象となり，昨年度は「前進」という評価をいただいております。

なお，27社から相談いただいた内，3回以上相談，他の施策も活用いただいている案件は9社あります。当センターは「寄り添い型」を表明していますので，リピーターとして進出前から進出後まで活用いただき，具体的成果を挙げていただくことが1つの目標です。

費用対効果の評価方法としては，個別の支援策に対する税収額，雇用数を把握する方法はないので，地道に支援策毎に利用者数・内訳・満足度を把握するとともに，日頃から業界団体や個別企業の評価をお聞きすることが重要と考えています。そのために，業界団体の委員会（兵庫工業会グローバル化推進委員会）にメンバーとして参画する他，できる限り現場を訪問し，直に経営者の声を聞くようにしています。満足度と評価を踏まえ，時代の要請，中小製造業のニーズに合った形で施策を弾力的に見直していかなければならないと考えております。

【堺市】
堺市の海外展開支援については，繰り返しになりますが，協議会への入会を通して，積極的に海外事業について検討を希望される企業のニーズに限り，し

かも，相互支援でもって事業支援を行うものと考えています。

　協議会の収入は，会員から徴収する会費，商工会議所からの負担金と堺市からの負担金，それから実際に事業を行う際の会員の実費からなります。支出については，事業を行う際には，それぞれ，海外経済ミッションならば割引，展示会出展事業や海外販路開拓ツール作成事業ならば補助金として収入から支出します。あとは，セミナー，勉強会，通信費，交流会費用となります。

　ざっと，事業規模を金額的にお話させていただきますと，全体の事業規模は堺市からの負担金額の増減により変動しますが，約1,000万円規模で運営しております。その内，堺市からの負担金の割合は，約4割程度で，それ以外は，会員からの会費と会員の事業費がほとんどとなります。事業の規模としては，経済ミッション派遣2回で約700万円，海外見本市出展支援，これは会員企業の海外見本市出展費用の30%を支援するという事業ですが，総額で約300万円となります。

　また，年度ごとに特定の事業を行う必要性がある場合は，通常の負担金に加え，負担金として特定の事業費を市の予算要求額に計上します。例えば，2013年度は，堺市の企業と海外の高度な人材がマッチングできるような仕組みづくりを希望し，予算に計上してもらうことができました。堺市内の企業が現地での高度人材マッチング会に向け，当該企業のポリシー，技術力を現地の人材にアピールできるようアドバイスを行い，現地では高度な人材を紹介できるような大学などの機関とのパイプづくりが具体的にマッチング会を通して可能となるように事業計画を進めております。

　このように，会員から会費をもらっている以上，常に会員に対して新たなサービスを創出するか，サービスの質の向上を考えないといけません。それが，日々の活動上のプレッシャーとなっています。他方，会員からの要望の解決の数や会員の入会数が今のところは，この活動の意義のバロメーターである

第 5 章　中小企業のアジア進出は地元経済に何をもたらすのか

のかなと思います。

　また，この協議会が将来予算的に市からの負担金の割合を減らし，会員企業同士の相互協力によって，海外展開事業に係る課題解決を行っていただければと考えており，そのための活動も始めたいと思っております。例えば，会員の会費は年額5,000円ですが，来年度から1万円にすることが，2013年5月の総会で決議されました。これは，会員の協議会に対しての積極的な参画を促すことと，事務局が会員企業に対して，情報提供などサービスの充実を行うことの表明と考えております。

　いつも，費用対効果を考慮することは，事業として必要な行為であると思います。例えば，経済交流ミッションでの参加企業と現地企業の面談数や面談後の有望案件数は記録をしております。

　しかし，定性的ではありますが，地域の企業ニーズに対していかに満足してもらえるかということが，本協議会事業の効果であると思います。また，この事業を通して，関係各機関とのネットワークの形成を大切にしたいと考えます。そして，海外展開を含め企業の操業情勢が変化しても，その状況を的確にとらえる体制を整え，情勢の変化からくる企業の課題解決を企業とともに行っていけるような仕組みを確立できればと思います。

【兵庫県】
　費用対効果ということでいくらの経費を掛けていくらの税収があったというような算定ができないため，兵庫県では「事務事業評価」として事業費500万円以上の事業について評価を行い，事業費の予算・決算額と人件費の額，目標値の設定とその達成度などを毎年作成し県ホームページで公表しています。

　「ひょうご海外事業展開支援プロジェクト」事業として「ひょうご海外ビジネスセンター」や「ひょうご国際ビジネスサポートデスク」，「香港経済交流事

務所」などの運営経費として 2012 年度当初予算に 4,876 万円の事業費が計上され，人件費としては約 3,200 万円，総コストとして 8,076 万円が掛かっていることになります。

同事業の目標としては，「相談対応件数」を指標としています。これは毎年度直接的に数値が出せるものであり，相談がどれだけあるかが企業のニーズを反映すると考えたためです。

5.3.5 モデレータの総括

以上，4 人のパネリストの方から，4 つのテーマについてご発言いただきました。行政側にとって，特に一番重要と思われるのは，最後の 4 つ目のテーマです。中堅中小企業の海外進出支援の「費用対効果の評価方法」や「その対外的な透明性確保」ですが，ご意見を伺うと，その悩みや試行錯誤が浮き彫りにされてきた感じがいたします。このテーマについて総括すると次のようになります。

本日のフォーラム主催の神戸市をはじめ，川崎市や堺市，そして兵庫県など全国各都道府県・市で，アジア進出支援または海外進出支援の組織や制度が「雨後の竹の子」のように，どんどん出ています。毎年，市議会や県議会において，こうした海外進出組織や制度について予算承認が必要となります。海外進出組織や制度を維持発展するためには，当然ながらある一定の予算を計上しなければなりません。したがって毎年，定量的に数字が出てきます。例えば，神戸市産業振興局の傘下に，2012 年 7 月末に設立された「神戸市アジア進出支援センター」には，開所 2 年目の平成 25 年度（2013 年度）は，事業費ベースで約 2,000 万円が計上されています。中小企業の支援体制と制度を本格的に稼動させるとなると，各都市とも，これに直接間接かかわる公務員の人件費まで含めると，やはり年間数千万円という予算計上が必要となります。

他方，地元への経済波及効果（Spillover Effect）は，「長期的には何らかの

貢献をするであろう」という定性的な経済効果の説明しかできないとなると，費用対効果の評価が議会や市民，県民から追及されることになります。「具体的に直接・間接，地元経済に貢献をしている」ということを市民・県民に説明する義務があると思います。例えば，地方自治体が地域活性化のために行うマラソン大会やB級グルメイベント，花火大会といった様々な地域おこしのイベントについては，かなりの規模の開催費用が掛かるため，当然ながら費用に対する経済波及効果は算出されています。その経済波及効果は，多くの都市で主催者のホームページに数字で定量的に公表されています。

　海外進出の支援組織や制度は，市民，県民の貴重な税金を投入して地元経済，地域経済の活性化の手段として作られたものです。それが「いつかは役に立つであろう」とか「5年，10年経ってみないと成果がわからない」というのでは無責任になる恐れがあります。そうしている間に，いつの間にか「地域経済の活性化」の手段であったはずの組織・制度そのものの存続・維持が目的化されてしまう恐れが出てきます。民間企業の経営では，計上される費用の原資を稼ぐ組織と，数字で成果を確認する組織が同じ企業内にあることから，こういう事態は起こり得ないのでありますが，役所では「手段」と「目的」が逆転することが多々あります。

　多くの税金を投入するこの支援体制と制度については，毎年，「費用対効果の評価」が定量的かつ定性的に，そして短期的かつ中長期的観点から的確に行われるべきであり，また，その結果が市民・県民・国民へ公表されるという透明性確保も重要となります。そういう意味では今後，地方公共団体による中小企業の海外展開支援について，試行錯誤の中で「費用対効果の評価方法」，「経済波及効果」や「その対外的な透明性確保」のあり方が確立されるべきであろうと考えます。

おわりに

　2011年10月に拙著『サービス産業のアジア成長戦略』（日刊工業新聞社刊）を出版してから3年近くが経過して本書を上梓した。当初の計画では2年間全力投球すれば執筆できると思った本テーマは，1年間オーバーする結果となった。当初の2年間という限られた時間で，アジア20カ国・地域100社強を訪問し，その結果を執筆することは，時間的にも作業量的にも筆者にとって手に余るものがあった。本研究のため海外出張した回数はちょうど20回で，関西国際空港から航空機で移動した往復距離は約17万kmに上り，地球の円周4万kmを4回以上飛んだことになる。改めてアジアの地政学的な広さと複雑さを感じた。

　本研究を通して，中堅・中小企業のアジア事業の実態は，民間企業のアジアの現場で働いた経験のある筆者にとっては，実際に見て聞いて感じたという五感で理解することの重要性を再認識させられた。対象企業の日本本社から回収したアンケートに基づく無機質な机上論と大きく異なるのは，現地の経営実態，現地の変化のダイナミズムとその変化のスピードが実感できたことである。

　1970年代から90年代までは，大企業の進出した後を中小企業が"現地サポートインダストリー"の一翼を担って進出というパターンが圧倒的に多かった。中堅中小企業にとっては，大企業の国際化の動きが先行指標（Leading Indicators）であった。しかしながら2000年代初頭に入ると中堅・中小企業の中には，自らの意思でアジア進出を図るという動きが見られ，そうした企業の中から成功事例が多く出てきたことが指摘できる。

　従来のように大企業の下請け企業として受動的に現地進出するのでなく，世

おわりに

界の変化を読み込んで，自らの国際競争力を認識し，能動的にスピード感を持ってビジネスチャンスに挑む中小企業が現れた。大企業にとり逆に先行指標となる兆しが出てきた。自社のコアコンピタンスを確立し，アジアで長年にわたり成功してきた中堅・中小企業の経営のあり方を，むしろ大企業が素直に「リバースエンジニアリング」する時代を迎えていることを痛感させられる。そういう意味では大企業が，スピード感をもって事業展開を図る中堅・中小企業の中からもっと学ぶべき時代を迎えているのであろう。「次代の日本のビジネスの牽引車は，アジア中心に積極果敢に国際展開を図る中堅・中小企業」ではないかという期待を抱かせるものである。

国別訪問企業一覧

地域	国名	No.	訪問企業	本社所在地	訪問年月
東アジア	モンゴル	1	アイザワモンゴル LLC	北海道	2012年8月
		2	ユニガス LLC	北海道	2012年8月
		3	Azuma Shipping Mongolia LLC	東京	2012年8月
		4	賛光テックモンゴリア株式会社	埼玉	2012年8月
	中国	5	北京信思成信息技術有限公司	長野	2012年8月
		6	制電社電気控制系統（北京）有限公司	広島	2012年8月
		7	京蝶苑和服工藝廠	京都	2013年12月
		8	新确精密科技（深圳）有限公司	京都	2013年12月
		9	東莞萬江明興産業塑膠製品廠	兵庫	2013年12月
		10	大連旭計器有限公司	東京	2014年2月
		11	大連龍雲電子部件有限公司	岡山	2014年2月
		12	大連味思開生物技術有限公司	静岡	2014年2月
		13	大連大暁協和精模注塑有限公司	大阪	2014年2月
		14	大連金弘橡膠有限公司	宮城	2014年2月
		15	T社（社名公表を希望せず）	兵庫	2014年2月
	韓国	16	Koyo Thermo Systems Korea Co., Ltd.	奈良	2012年10月
		17	韓国三星ダイヤモンド工業株式会社	大阪	2012年10月
		18	ニッカコリア株式会社	福井	2012年10月
		19	Kito Korea Co., Ltd.	山梨	2012年10月
	台湾	20	美麗花壇股份有限公司	熊本	2012年11月
		21	台湾曽田香料股份有限公司	東京	2012年11月
		22	台湾塩野香料股份有限公司	大阪	2012年11月
		23	晋一化工股份有限公司	京都	2013年12月
		24	台灣上村股份有限公司	大阪	2013年12月
	香港	25	サンコール香港株式会社	京都	2013年6月
		26	Crestec（Asia）Ltd.	静岡	2013年6月
東南アジア	インドネシア	27	P.T. EX Batam Indonesia	愛媛	2012年3月
		28	P.T. Nagano Drilube Indonesia	長野	2012年3月
		29	P.T. Nissin Kogyo Batam	滋賀	2012年3月
		30	P.T. Shinto Kogyo Indonesia	静岡	2011年8月
		31	P.T. Bando Indonesia	兵庫	2011年8月
		32	P.T. Muramoto Electronika Indonesia	兵庫	2011年8月
		33	P.T. Meiwa Indonesia	大阪	2013年11月

国別訪問企業一覧

地域	国名	No.	訪問企業	本社所在地	訪問年月
東南アジア	インドネシア	34	P.T. Komoda Indonesia	千葉	2013年11月
		35	P.T. SMT Indonesia	秋田	2013年11月
		36	P.T. Shinto Lance Indonesia	長崎	2013年11月
		37	P.T. Yasufuku Indonesia	兵庫	2013年11月
	シンガポール	38	Tokyo Byokane (S) Pte. Ltd.	東京	2012年3月
		39	Kyowa Singapore Pte. Ltd.	群馬	2013年11月
		40	Emergency Assistance Japan (Singapore)	東京	2013年11月
		41	キング アルコール インダストリーズ シンガポール株式会社	兵庫	2013年11月
		42	早稲田アカデミーシンガポール　ウエスト校	埼玉	2013年11月
		43	Kusatsu Electric Singapore Pte. Ltd.	滋賀	2013年11月
	タイ	44	Nishii Fine Press (Thailand) Co., Ltd.	東京	2011年8月
		45	Nambu Cyl (Thailand) Co., Ltd.	東京	2011年8月
		46	Kobayashi Industrial (Thailand) Co., Ltd.	山梨	2013年11月
		47	Drilube (Thailand) Co., Ltd.	東京	2013年10月
		48	Eidensha (Thailand) Co., Ltd.	静岡	2013年11月
		49	Muramoto Electron (Thailand) Public Co., Ltd.	兵庫	2013年11月
		50	タイミツワ株式会社	大阪	2013年11月
	フィリピン	51	Surtec Philippines, Inc.	愛知	2013年5月
		52	Philippine Advanced Processing Technology, Inc.	埼玉	2013年5月
		53	P. IMES Corporation	神奈川	2013年5月
		54	Nikkoshi Electronics Philippines Inc.	東京	2013年5月
		55	Castem Philippines Corporation	広島	2013年5月
	マレーシア	56	SEM (Malaysia) Sdn. Bhd.	東京	2012年2月
		57	Kee Fatt Industries Sdn.Bhd.	兵庫	2013年8月
		58	DIPSOL (M) Sdn. Bhd.	東京	2014年2月
		59	Future Spirits Malaysia Sdn. Bhd.	京都	2014年2月
		60	Taitsu Electronics (Malaysia) Sdn. Bhd.	神奈川	2014年2月
		61	トーケンマレーシア株式会社	大阪	2014年2月
		62	Sanyu Jushi Sdn. Bhd.	大阪	2014年2月
	ベトナム	63	Nagatsu Vietnam Co., Ltd.	京都	2011年8月
		64	Kein Hing Muramoto Vietnam Co., Ltd.	兵庫	2011年8月
		65	Ochiai Vietnam Co., Ltd.	東京	2011年8月
		66	Vietinak Co., Ltd.	愛知	2011年8月
		67	Eikoh Vietnam Inc.	埼玉	2012年11月
		68	Onishi Vietnam Co., Ltd.	兵庫	2013年9月

国別訪問企業一覧

地域	国名	No.	訪問企業	本社所在地	訪問年月
東南アジア		69	ザ・サポートベトナム有限会社	大阪	2013年9月
		70	Kobe EN&M Vietnam Co., Ltd.	兵庫	2013年9月
		71	Witco Vietnam Ltd.	兵庫	2013年9月
		72	Gerbera Precision Viet Nam Co., Ltd.	愛知	2013年9月
		73	Vina Mode International Co., Ltd.	東京	2013年9月
		74	Kosaka Vietnam Co., Ltd.	愛知	2013年9月
		75	Akiyama-SC (Vietnam) Co., Ltd.	東京	2013年9月
		76	Pomme International Co., Ltd.	大阪	2013年9月
		77	Osawa Vietnam Co., Ltd.	岐阜	2013年9月
		78	Ueda Vietnam Co., Ltd.	静岡	2013年9月
	ミャンマー	79	藤本　ヤンゴン事務所	広島	2012年2月
		80	マニーヤンゴン株式会社	栃木	2012年2月
		81	Myanmar Postarion Co., Ltd.	広島	2012年2月
		82	株式会社ミャンマーDCR	愛知	2012年2月
	カンボジア	83	Clean Circle Co., Ltd.	東京	2012年2月
		84	ＡＳＴＭ	神奈川	2012年2月
		85	Tiger Wing Co., Ltd.	兵庫	2012年2月
		86	マルニックス・カンボジア株式会社	埼玉	2012年2月
	ラオス	87	ラオミドリセフティシューズ株式会社	東京	2012年2月
		88	TSB Lao Co., Ltd.	大阪	2012年2月
		89	ラオシューズ株式会社	大阪	2012年2月
南アジア	スリランカ	90	ウスイランカ株式会社	兵庫	2013年4月
		91	メタテクノランカ株式会社	神奈川	2013年4月
		92	トロピカル ファインディングス リミテッド	東京	2013年4月
		93	Big Sunshine (Pvt) Ltd.	広島	2013年4月
	ネパール	94	ネパールKCコンサルティング株式会社	東京	2013年3月
		95	株式会社かんぽうネパール	大阪	2013年3月
		96	丸新志鷹建設株式会社　ネパール支店	富山	2013年3月
	インド	97	Nagata India Pvt. Ltd.	静岡	2013年3月
		98	インドフルシマ検品センター株式会社	埼玉	2013年3月
		99	Kosei Minda Aluminum Co., Ltd.	愛知	2013年4月
		100	Taoka Chemical India Pvt. Ltd.	大阪	2013年4月
	バングラデシュ	101	Kami Electronics International Bangladesh Ltd.	兵庫	2013年2月
		102	Japatech Cleaning Service Ltd.	静岡	2013年2月
		103	Toka Ink Bangladesh Ltd.	東京	2013年2月

国別訪問市場一覧

地域	国名	No.	訪問企業	本社所在地	訪問年月
南アジア	バングラデシュ	104	横浜印刷（バングラデシュ）有限会社	東京	2013年2月
		105	丸久パシフィック株式会社	徳島	2013年2月
		106	ペガサスミシン シンガポール バングラデシュ・リエゾンオフィス	大阪	2013年2月
	パキスタン	107	パキスタン リークレス インダストリーズ株式会社	東京	2013年2月

［参考］国別訪問企業一覧　（現地企業編）

国名	No.	企業	訪問年月
モンゴル	1	Frontier LLC	2012年8月
カンボジア	2	Yakumo F&B Co., Ltd.	2012年2月
東ティモール	3	Emera Moris Foun Japanese Car Sales	2012年3月
ベトナム	4	Vietnam-Japan Human Resources Cooperation Center	2012年11月
	5	Japan Vietnam Culture Association Foundation	2012年11月
	6	Trung Tam Tieng Nhat SJP	2012年11月
	7	Trung Tam Nhat ngu ZEN	2012年11月
	8	Giakhanha Technological & Commercial Co., Ltd.	2013年9月

国別訪問市場一覧

地域	国名	No.	名称	業種
東アジア	モンゴル	1	ノミンデパート	SC
		2	ナランモール	SC
		3	スカイデパート	SC
	中国	4	世界天階	SC
		5	中関村　電脳地区	電気店街
		6	イオン永旺店	SC
		7	国際購買中心（蘇寧電器　他）	SC
		8	王府井　東方新天地	SC
		9	王府井　書店	書店
		10	王府井　李寧ショップ	ショップ
		11	王府井　ロッテデパート	SC
		12	ラオックス　北京支店	家電量販
		13	カルフール（北京　富貴園店）	SC
		14	国美電器（北京　富貴園店）	家電量販
		15	王府井洋華堂	SC

352

国別訪問市場一覧

地域	国名	No.	名称	業種
東アジア	中国	16	大中電器	家電量販
		17	大連国際商貿大廈	SC
		18	大連商場	SC
		19	勝利広場	SC
		20	国美電器（大連）	家電量販
	韓国	21	ロッテ百貨店 明洞店	百貨店
		22	新世界百貨店 本店	百貨店
		23	ギャラリア百貨店	百貨店
	台湾	24	新光三越百貨	SC
		25	TAIPEI 101	SC
	香港	26	ランドマーク（置地廣場）	SC
		27	IFC モール（国際金融中心商場）	SC
		28	ザ・ワン	SC
東南アジア	インドネシア	29	ハイパーマート	SC
		30	グランド・インドネシア　モール	SC
		31	プラザ・インドネシア	SC
		32	サリナ・デパート	百貨店
	シンガポール	33	H&M	アパレル小売
		34	髙島屋	百貨店
		35	伊勢丹スコッツ	百貨店
		36	Parkway Parade SC	SC
		37	マリーナ・スクエア	SC
		38	ロビンソンズ	百貨店
		39	パラゴン	SC
		40	サンテック・シティ・モール	SC
	タイ	41	エンポリアム	百貨店
		42	サヤーム・センター	百貨店
		43	サヤーム・ディスカバリー・センター	SC
		44	サヤーム・パラゴン	SC
	フィリピン	45	SM モール・オブ・アジア	SC
		46	SM メガモール	SC
		47	SM シューマート	SC
	マレーシア	48	ミッドバレー・メガモール	SC
		49	パビリオン	SC
		50	ロット・テン	SC

国別訪問市場一覧

地域	国名	No.	名称	業種
東南アジア	マレーシア	51	メトロジャヤ	百貨店
		52	ザ・ガーデンズモール	SC
	ベトナム	53	チャン・ティエン・プラザ・デパート	百貨店
		54	Vinaconex Mart	スーパー
		55	ビンタン市場	市場
		56	ヴィンコムセンターA	SC
	ミャンマー	57	Yuzana SC	SC
		58	Thiri Mingala Market	卸市場
		59	Yangon Bogyoke Aung San Market	市場
	カンボジア	60	セントラルマーケット	SC
		61	ソリアショッピングセンター	SC
		62	ソバンナショッピングセンター	SC
	ラオス	63	ITEC コンベンションセンター	コンベンションC
		64	Talat Sao Market	市場
		65	Talat Lane Market	市場
		66	Eang Jieng Chinese Market	市場
	東ティモール	67	Hero International 電気店	電気店
		68	Bravo International 電気店	電気店
		69	Timor Plaza	SC
		70	Sky Net	ネットカフェ
		71	Dynamic Net	ネットカフェ
		72	ディリ タリス マーケット	市場
		73	Fatin Fa'an Aifaan Natural Market	市場
		74	Lita Store	スーパー
南アジア	スリランカ	75	Keells Super	SC
		76	Shanthi Stores	雑貨屋
		77	Softlog 電気店	電気店
		78	ノリタケ専門店	専門店
		79	Yamaha Music Centre	楽器店
		80	Aprico スーパーセンター	SC
		81	Crescat	SC
	ネパール	82	Bhat- Bhateni	SC
		83	Big Mart	SC
		84	Civil Mall	SC
	インド	85	MGF メトロポリタン	SC

国別訪問市場一覧

地域	国名	No.	名称	業種
南アジア	インド	86	Emprio	SC
		87	Express Avenue	SC
		88	Spencer Place	SC
	バングラデシュ	89	ニューマーケット	SC
		90	ボシュンドラシティー	SC
		91	ボタニーSC	SC
		92	アーロン民芸店	民芸ショップ
		93	アゴラスーパー	スーパー
	パキスタン	94	メトロ	SC
		95	パークタワーSC	SC
		96	ハイパースター（カルフール）	百貨店
		97	エンプレス市場	市場

注：SC = shopping center

参 考 文 献

第1章 アジア20カ国・地域100社強の現地実態調査の概要

1．経済産業省，「第42回　我が国企業の海外事業活動」(2013)
2．中小企業庁編，「中小企業白書」2010 — 2013 の各年版

第2章 中堅・中小企業のアジア進出事例研究

1．東アジア編

賛光テックモンゴリア株式会社

1．賛光精機株式会社のホームページ：http://www.sankou-mc.co.jp/ （2012年9月21日採録）
2．賛光精機株式会社の会社案内，同社編，2011年9月
3．賛光精機株式会社の太陽光発電システム総合カタログ，同社編，2013年1月

アイザワモンゴル LLC

1．會澤高圧コンクリート株式会社のホームページ：http://www.aizawa-group.co.jp/ （2012年8月17日採録）

北京信思成信息技術有限公司

1．株式会社システックスのホームページ：http://www.systex.co.jp/ （2014年1月18日採録）
2．北京信思成信息技術有限公司のホームページ：http://www.xsc.net.cn/ （2014年1月18日採録）
3．「北京信思成信息技術有限会社　会社案内」2012年7月版，同社編
4．独立行政法人　情報処理推進機構のホームページ：http://www.ipa.go.jp/ （2014年1月22日採録）

357

参考文献

大連金弘橡胶有限公司

1．弘進ゴム株式会社のホームページ：http://www.kohshin-grp.co.jp/（2014 年 2 月 18 日採録）

大連大暁協和精模注塑有限公司

1．協和株式会社のホームページ：http://www.kyowajpn.co.jp/（2014 年 2 月 18 日採録）

2．大連大暁協和精模注塑有限公司のホームページ：http://ja.daisho-kyowa.com/（2014 年 2 月 18 日採録）

ニッカコリア株式会社

1．日華化学株式会社のホームページ：http://www.nicca.co.jp/（2012 年 9 月 26 日採録）

2．日華化学株式会社の有価証券報告書　2011 年度～2012 年度版

3．日華化学株式会社の第 98 期第 2 半期　営業のご報告「GLOBE」,2011 年 12 月

4．日華化学株式会社　会社案内, 同社編, 2011 年 2 月

5．NICCA KOREA CO., LTD. 会社案内（韓国語），同社編

6．NICCA KOREA CO., LTD. 会社案内プレゼンテーション資料, 同社編, 2011 年版

韓国三星ダイヤモンド工業株式会社

1．三星ダイヤモンド工業株式会社のホームページ：

http://www.mitsuboshidiamond.com/（2012 年 10 月 14 日採録）

台湾曽田香料股份有限公司

1．曽田香料　有価証券報告書, 2004 年度～2011 年度版

2．曽田香料のホームページ：http://www.soda.co.jp/（2012 年 12 月 15 日採録）

3．塩野香料のホームページ：http://www.shiono-koryo.co.jp/（2012 年 12 月 15 日採録）

4．台湾塩野香料股份有限公司のホームページ：http://www.shiono.com.tw/（2012 年 12 月 15 日採録）

5．台湾経済部投資業務処：『台湾　卓越の投資先』，台湾経済部（2012）
6．塩野秀作：『香りを創る，香りを売る』，ダイヤモンド社（2012）

台灣上村股份有限公司

1．台灣上村股份有限公司の会社紹介誌"Growing together with U"，2013年10月
2．台灣上村25週年紀念專書"25起飛"
3．台灣上村股份有限公司のホームページ：http://www.uyemura.com.tw/（2013年12月15日採録）
4．上村工業株式会社　平成25年3月期　決算短信

サンコール香港株式会社，新確精密科技（深圳）有限公司

1．サンコール株式会社の有価証券報告書　第96期　2012年度版
2．サンコール株式会社のホームページ：http://www.suncall.co.jp/（2013年11月30日採録）
3．新確精密科技（深圳）有限公司のホームページ：http://www.suncallsz.com/（2013年11月30日採録）
4．サンコール株式会社　会社説明会資料〜平成25年3月期決算報告〜，2013年6月6日作成
5．SUNCALL Company Profile，同社編，2009年8月31日

明興産業（香港）有限公司，東莞萬江明興産業塑膠製品廠

1．明興産業株式会社の会社案内，同社編
2．東莞萬江明興産業塑膠製品廠の会社案内，同社編
3．明興産業株式会社のホームページ：http://www.meikos.co.jp/（2013年8月11日採録）

京蝶苑（香港）有限公司，京蝶苑和服工藝廠

1．石勘株式会社のホームページ：http://www.ishikan.co.jp/（2013年6月21日採録）
2．「Ishikan Corp. CORPORATE PROFILE」，2012年，石勘株式会社編

参考文献

> 2．東南アジア編

P. T. MEIWA INDONESIA

1．明和グラビア株式会社のホームページ：http://www.mggn.co.jp/（2013年10月28日採録）
2．P. T. MEIWA INDONESIA 会社概要（同社提供）

P.T. KOMODA INDONESIA

1．株式会社コモダエンジニアリングのホームページ：http://www.comoda.co.jp/（2013年10月28日採録）
2．コモダインドネシア会社案内（同社提供）

KYOWA SINGAPORE PTE. LTD.

1．株式会社協和のホームページ：http://www.kyj.co.jp/（2013年11月14日採録）
2．KYOWA SINGAPORE PTE. LTD. のホームページ：http://www.kys.com.sg/（2013年11月14日採録）
3．株式会社協和の有価証券報告書　2011年，2012年版

キング　アルコール　インダストリーズ　シンガポール株式会社

1．キング醸造株式会社のホームページ：http://www.hinode-mirin.co.jp/（2013年7月11日採録）
2．KING ALCOHOL INDUSTRIES（S）PTE. LTD.　会社案内，同社提供
3．BIGWEST INDUSTRIES SDN. BHD.　会社案内，同社提供
4．SIAM KING CO., LTD.　会社案内，同社提供

Muramoto Electron (Thailand) Public Co., Ltd.

1．COMPANY PROFILE, MURAMOTO ELECTRON（THAILAND）PUBLIC COMPANY LIMITED　（同社提供）
2．Annual Report 2012, MURAMOTO ELECTRON（THAILAND）PUBULIC COMPANY LIMITED
3．村元工作所ホームページ：http://www.muramoto.com/（2013年10月23日採録）

4．MURAMOTO ELECTRON（THAILAND）PUBLIC COMPANY LIMITED, Companies/Securities in Focus, The Stock Exchange of Thailand.

タイミツワ株式会社

1．ミツワ電機工業株式会社のホームページ：http://www.mitsuwa-ec.co.jp/（2013年10月23日採録）
2．タイミツワ株式会社の財務諸表：Financial Statements For the Year ended March 31, 2012 & 2011 and Independent Certified Public Accountants' Report
3．安積敏政：『激動するアジア経営戦略 ―中国・インド・ASEANから中東・アフリカまで―』, pp.327～338, 日刊工業新聞社（2009）

KOBAYASHI INDUSTRIAL（THAILAND）CO., LTD.

1．小林工業株式会社のホームページ：http://www.kobayashi-kogyo.jp/（2013年10月19日採録）
2．KOBAYASHI INDUSTRIAL（THAILAND）CO., LTDの「COMPANY PROFILE as of Oct. 01. 2013」（同社提供）

Nikkoshi Electronics Philippines, Inc.

1．紀正電機株式会社のホームページ：http://kishodenki.co.jp/（2013年5月26日採録）
2．ニッコーシ株式会社のホームページ：http://www.nikkoshi.co.jp/（2013年5月26日採録）
3．ニッコーシ株式会社の会社案内，同社編
4．Nikkoshi Philippines Group Corporate Profile, 2013, 同社編

P. IMES Corporation

1．株式会社アイメスのホームページ：http://www.imes.co.jp/（2013年5月26日採録）
2．P. IMES Corporationのホームページ：http://www.pimes.com.ph/（2013年5月26日採録）

3．Company Profile, P. IMES Corporation, 2013

DIPSOL (M) SDN. BHD.

1．DIPSOL CORPORATE PROFILE, 2013年9月版, DIPSOL CHEMICALS CO., LTD.
2．DISPOL (M) SDN. BHD. 会社紹介誌
3．ディップソール株式会社のホームページ：http://www.dipsol-jp.com/（2014年2月4日採録）
4．DIPSOL (M) SDN. BHD. のホームページ：http://www.dipsol.com.my/（2014年2月4日採録）

トーケンマレーシア株式会社

1．TOHKEN THERMO TECH CORPORATE GUIDE, 株式会社　東研サーモテック, 2013年版
2．TOHKEN (M) SDN. BHD. 会社紹介スライド, 同社作成
3．株式会社東研サーモテックのホームページ：http://www.tohkenthermo.co.jp/（2014年2月4日採録）
4．Tohken (M) Sdn. Bhd. のホームページ：http://www.tohken.com.my/（2014年2月4日採録）

Witco Vietnam Ltd.

1．ウイトコ株式会社のホームページ：http://www.marinaice.com./（2013年9月9日採録）
2．ハイフォン市電子ポータル：http://haiphong.gov.vn/Portal/（2013年9月21日採録）

ザ・サポートベトナム有限会社

1．富士インパルス株式会社のホームページ：http://www.fujiimpulse.co.jp/（2013年8月11日採録）
2．ザ・サポートベトナム有限会社のホームページ：http://www.thesupport.jp/

（2013 年 9 月 18 日採録）
3．「富士インパルスベトナムの 16 年の歩み」山田和邦社長のスライドプレゼンテーション資料，同社編，2013 年
4．会社案内誌「ベトナムにおけるモノづくりネットワーク，The Support」同社編

マニーヤンゴン株式会社

1．マニーヤンゴンの英文紹介誌，MANI YANGON LIMITED.，同社編
2．マニー株式会社の会社案内　2012 年 Ver.18 版，2012 年 3 月
3．マニー株式会社のホームページ：http://www.mani.co.jp/（2013 年 1 月 25 日採録）

株式会社ミャンマー DCR

1．株式会社第一コンピュータリソースのホームページ：http://www.dcr.co.jp/（2012 年 2 月 16 日採録）
2．株式会社ミャンマー DCR のホームページ：http://www.myanmardcr.com/（2012 年 2 月 16 日採録）
3．株式会社ミャンマー DCR の会社紹介資料（2011）V1.1，同社編，2011 年

マルニックス・カンボジア株式会社

1．株式会社マルニックスのホームページ：http://www.marunix.co.jp/（2012 年 2 月 1 日採録）
2．プノンペン経済特区のホームページ：http://www.ppsez.com/（2013 年 2 月 8 日採録）

ラオ ミドリ セフティ シューズ株式会社

1．LAO MIDORI SAFETY SHOES CO., LTD. 会社案内，MIDORI ANZEN GROUP，2012
2．ミドリ安全株式会社のホームページ：http://midori-anzen.co.jp/（2013 年 1 月 26 日採録）

参考文献

ラオシューズ株式会社

1. 大阪マルニ株式会社のホームページ：http://www.osaka-maruni.co.jp/（2013年1月29日採録）

3．南アジア編

トロピカル ファインディングス リミテッド

1. 中川装身具工業株式会社のホームページ：http://www.nakagawa-tokyo.co.jp/（2013年3月20日採録）
2. 中川装身具工業株式会社　会社紹介誌　"PRIDE OF CRAFTMANSHIP, NAKAGAWA CORPORATION"，同社編

ウスイランカ株式会社

1. 薄井興産株式会社のホームページ：http://www.b-r-s.jp/（2013年3月20日採録）

メタテクノランカ株式会社

1. 株式会社メタテクノのホームページ：http://www.meta.co.jp/（2013年3月20日採録）
2. メタテクノランカ株式会社のホームページ：http://www.metalanka.com/（2013年3月20日採録）
3. メタテクノランカ会社紹介パンフレット（英文），同社発行

ネパールKCコンサルティング株式会社

1. ネパールKCコンサルティングのホームページ：http://www.nepalkcing.com/（2013年3月16日採録，2014年1月閉鎖）

株式会社かんぽうネパール

1. 株式会社かんぽうのホームページ：http://www.kanpo.net/（2013年3月20日採録）
2. 「KANPOU PROFILE SINCE 1948」会社案内，株式会社かんぽう編
3. 「KANPOU NEPAL SINCE 1990」会社案内，株式会社かんぽうネパール編

4．ネパール現地新聞紙，República, 2013. 3. 30 "Prisoners of banda"

丸新志鷹建設株式会社　ネパール支店
1．丸新志鷹建設株式会社のホームページ：http://shitaka.net/（2013 年 3 月 20 日採録）
2．丸新志鷹建設株式会社の会社紹介誌（英文），同社編
3．中央職業能力開発協会のホームページ：http://www.javada.or.jp/（2013 年 5 月 2 日採録）

インドフルシマ検品センター株式会社
1．株式会社ファッションクロスフルシマのホームページ：http://www.f-furushima.com/（2013 年 3 月 20 日採録）

丸久パシフィック株式会社
1．丸久株式会社のホームページ：http://www.maruhisa.co.jp/（2013 年 2 月 9 日採録）
2．南谷猛，浅井宏，松尾範久：『バングラデシュ経済がわかる本』，徳間書店（2011）
3．久保公二（編）『東南アジア移行経済の経済政策と経済構造』，調査研究報告書，アジア経済研究所（2011）

横浜印刷（バングラデシュ）有限会社
1．横浜テープ工業株式会社の会社案内誌「COMPANY PROFILE, YOKOHAMA TAPE CO., LTD.」同社編
2．Yokohama Labels & Printing（Bangladesh）Co., Ltd. のホームページ：http://www.yokohamabd.com/（2013 年 2 月 9 日採録）

KAMI ELECTRONICS INTERNATIONAL BANGLADESH LTD.
1．加美電機株式会社のホームページ：http://www.kamidenki.jp/（2014 年 1 月 23 日採録）
2．KAMI Electronics, Inc.「COMPANY PROFILE」，同社編
3．「バングラデシュへの進出経緯」，公益財団法人ひょうご産業活性化センター主催

参考文献

セミナー（2012年9月24日）における加美電機株式会社代表取締役　池田一一氏のプレゼンテーションスライド

ペガサスミシン シンガポール　バングラデシュ・リエゾンオフィス
1．ペガサスミシン製造株式会社の有価証券報告書2004年度〜2012年度の各年度版
2．ペガサスミシン・バングラデシュ・リエゾンオフィスのホームページ：http://www.pegasusbd.com/（2013年2月9日採録）

パキスタン リークレス インダストリーズ株式会社
1．日本リークレス工業株式会社のホームページ：http://www.nlk.co.jp/（2013年2月9日採録）
2．Millennium Engineering（Pvt.）Ltd. の英文会社案内，同社編
3．NLK CORPORATE PROFILE，日本リークレス工業株式会社編，2009年12月

第3章　中堅・中小企業のアジア進出の20大留意点

1．安積敏政：「中小企業の海外展開に当たっての心構え」，『海外展開サポートガイド　グローバル展開を考える経営者の皆様に』，神戸商工会議所（2013）
2．安積敏政：「日本企業はアジアにどう向き合うか」，『ふれあい No.112』，公益財団法人　納税協会連合会納税月報臨時増刊（2014）
3．安積敏政：『サービス産業のアジア成長戦略』pp.324-337，pp.348-360，日刊工業新聞社（2011）
4．佐和　周：「アジア進出・展開・撤退の税務」中央経済社（2013）

第4章　中堅・中小企業のアジア活用戦略

1．FIFTA/JICA 編：『モンゴル投資ガイド』（2009）
2．安積敏政「日系企業のアジアの収益性と今後の戦略的課題　―日系企業15社の事例研究―」，『アジア経営研究　No.13』3―26頁，アジア経営学会（2007）
3．安部春之，魚谷禮保：『中小製造業の中国進出はこうありたい』，日刊工業新聞社

(2010)

4．インド・ビジネス・センター編著：『図解　インドビジネスマップ―主要企業と業界地図―』，日刊工業新聞社（2011）

5．上田宏美，岡田知子編著：『カンボジアを知るための60章』，明石書店（2009）

6．大泉啓一郎：『消費するアジア』，中央公論新社（2011）

7．大西正曹：『中小企業再生の道　―東大阪30年歩いて見たもの―』，関西大学出版部（2013）

8．国際税務研究会「国際課税の執行を巡る最近の動向」，『月刊　国際税務』第33巻第1号，pp28―73，国際税務研究会（2013）

9．岸本太一，粂野博行編著：『中小企業の空洞化適応　―日本の現場から導き出されたモデル―』，同友館（2014）

10．財団法人商業発展研究院「台湾　卓越の投資先」，台湾経済部（2012）

11．税理士法人　名南経営　NAC国際会計グループ：『アジア統括会社の税務入門』，中央経済社（2013）

12．中沢孝夫：『グローバル化と中小企業』，筑摩書房（2012）

13．日本政策金融公庫総合研究所編：『中小企業を変える海外展開』，同友館（2013）

14．福永雪子「ブミプトラ政策改革に踏み出したマレーシア ナジブ新首相 ～ポストマハティールの本格政権を築けるか～」，『経済レビュー No.2010-3』p1～9.，株式会社　三菱東京UFJ銀行　経済調査室（2010）

15．藤井一郎：『トップM&Aアドバイザーが初めて明かす中小企業M&A　34の真実』，東洋経済新報社（2013）

16．宮内敬司：『知られざるチャンスの宝庫　カンボジアビジネス最新事情』，カナリア書房（2011）

17．吉原英樹：『国際経営 [第3版]』pp.293～317，有斐閣（2011）

18．渡辺章博：『新版　M&Aのグローバル実務 [第2版]』，中央経済社（2013）

第5章　中小企業のアジア進出は地元経済に何をもたらすのか

1．安積敏政：「兵庫企業のアジア展開の課題と展望　―今後の中小企業のアジア進出支援策を考える―」，『都市政策』第150号，公益財団法人 神戸市都市問題研

参考文献

究所(2013)
2. 一般財団法人　アジア太平洋研究所編:『日本型ものづくりアジア展開　―中小企業の東南アジア進出と支援策―』,(2014)

図表一覧

第1章

図1-1　アジアの訪問国
図1-2　現地訪問企業の本社所在地
表1-1　海外従業員比率 上位トップ20社
表1-2　従業員数の多いアジア現地法人 上位15社

第2章

図2-1　モンゴルと日本の月別気温推移
図2-2　協和の海外現地法人の出資形態
図2-3　曽田香料の連結売上高・連結営業利益推移
図2-4　Muramoto Electron (Thailand) Public Co., Ltd. の業績推移
図2-5　タイミツワの業績推移
図2-6　ベトナムにおける裾野産業の育成
図2-7　マニーの連結売上高と営業利益率推移
図2-8　ファッション クロス フルシマのアジア拠点
図2-9　ペガサスミシンの地域別売上高および海外売上高比率
表2-1　協和のアジア生産拠点と対応機能

第4章

図4-1　インドシナ半島
図4-2　マブチモーターのアジア子会社の生産拠点シフト

第5章

図5-1　日本の製造業　就業者数の推移

索 引

（英数は a.b.c 順、カタカナ／平仮名および漢字は五十音順）

【県，市など】

イスラマバード市‥‥‥‥‥‥‥‥ 238, 240, 286
ウランバートル市‥‥‥‥‥‥‥ 18, 19, 22, 23, 24, 25, 27, 277, 278, 299
カトマンズ市‥‥‥‥‥‥‥‥ 199, 200, 202, 204, 206, 207, 270, 299
カビテ市‥‥‥‥‥‥‥‥‥‥‥‥ 126, 127, 128
カラチ市‥‥‥‥‥‥‥‥‥‥‥‥ 238, 240, 286
カラワン県‥‥‥‥‥‥‥‥‥‥‥‥‥‥‥ 133
カンナノール市‥‥‥‥‥‥‥‥‥‥‥‥‥ 212
クアラルンプール市‥‥‥‥‥‥‥ 132, 138, 290
クチン市‥‥‥‥‥‥‥‥‥‥‥‥‥‥‥ 290
クリチバ市‥‥‥‥‥‥‥‥‥‥‥‥‥‥ 330
グルガオン県‥‥‥‥‥‥‥‥‥‥‥‥ 211, 212
コルカタ市‥‥‥‥‥‥‥‥‥‥‥‥‥‥ 206
コロンボ市‥‥‥‥‥‥‥‥ 187, 191, 193, 194, 195
コンケン市‥‥‥‥‥‥‥‥‥‥‥‥‥‥‥ 79
サニーベール市‥‥‥‥‥‥‥‥‥‥‥‥‥ 124
サバ州‥‥‥‥‥‥‥‥‥‥‥‥‥‥‥ 135, 290
サラワク州‥‥‥‥‥‥‥‥‥‥‥‥‥ 135, 290
サワンナケート県‥‥‥‥‥‥‥‥‥‥‥‥ 282
ジャイプール市‥‥‥‥‥‥‥‥‥‥‥‥‥ 213
ジャカルタ市‥‥‥‥‥‥‥ 83, 84, 85, 86, 89, 91, 215, 290, 309, 330
ジョホールバル市‥‥‥‥‥‥‥‥‥ 96, 97, 290
スマラン市‥‥‥‥‥‥‥‥‥‥‥‥‥‥ 290

ソウル市‥‥‥‥‥‥‥‥ 47, 49, 51, 181, 199, 203, 233
ダッカ市‥‥‥‥ 214, 218, 219, 221, 223, 225, 227, 228
チェンナイ市‥‥‥‥‥‥‥‥‥‥‥‥‥‥ 212
チェンライ県‥‥‥‥‥‥‥‥‥‥‥‥‥‥ 181
チッタゴン市‥‥‥‥‥‥‥‥‥‥‥‥ 226, 236
チョンブリ県‥‥‥‥‥‥‥‥‥‥‥ 95, 103, 115
ディリ市‥‥‥‥‥‥‥‥‥‥‥‥‥‥ 284, 285
デリー市‥‥‥‥‥‥‥‥‥‥ 212, 214, 232, 330
ナラヤンゴンジ県‥‥‥‥‥‥‥‥‥‥‥‥ 236
ハイフォン市‥‥‥‥‥‥‥‥ 144, 145, 146, 147, 148
ハノイ市‥‥‥‥‥‥‥‥ 67, 144, 145, 146, 158, 159, 162, 177, 214
バンガロール市‥‥‥‥‥‥‥‥‥‥‥ 212, 232
バンコク市‥‥‥‥‥‥‥ 102, 104, 105, 110, 114, 115, 121, 164, 178, 206, 300, 305, 330
バンドン市‥‥‥‥‥‥‥‥‥‥‥‥‥‥‥ 290
パトムタニ県‥‥‥‥‥‥‥‥‥ 110, 111, 112, 114
ビルガン市‥‥‥‥‥‥‥‥‥‥‥‥‥‥‥ 206
フトゥル‥‥‥‥‥‥‥‥‥‥‥‥‥‥‥‥‥ 27
ブカシ県‥‥‥‥‥‥‥‥‥‥‥‥‥‥‥‥‥ 87
プノンペン市‥‥‥‥‥‥‥‥‥ 170, 174, 175, 214
ホーチミン‥‥‥‥‥‥‥‥ 79, 144, 149, 150, 151, 152, 175, 214, 330
ホーチミン市‥‥‥‥‥‥‥‥‥‥‥‥‥‥ 145
マカティ市‥‥‥‥‥‥‥‥‥‥‥‥‥‥‥ 124
マニラ市‥‥‥‥‥‥‥‥‥‥ 84, 123, 124, 127, 128

370

索 引

メヒカリ市……………………………… 124	海塩県……………………………………… 177
モービイタウン………………………… 159	香川県………………………………………… 73
ヤンゴン市……… 156, 158, 161, 163, 164, 168, 223	柏市…………………………………………… 87, 88
ラグナ市……………… 123, 125, 126, 128	柏原市……………………………………… 138
ラホール市………………………… 240, 286	神奈川県……………… 127, 194, 195, 314, 325
ラヨーン県………………………………… 103	河北省………………………………………… 31
ヴィエンチャン市……… 79, 158, 176, 181, 182, 283	刈谷市……………………………………… 134
	川崎市………………… 152, 194, 195, 314, 326,
愛知県………………………… 134, 149, 163	327, 331, 332, 336, 337, 345
青森県……………………………………… 40	広東省………… 42, 45, 66, 74, 77, 80, 94, 95,
明石市……………………………………… 270	124, 145, 171, 177, 222, 223
旭川市…………………………………… 23, 25	北上市……………………………………… 188
阿南市……………………………………… 227	北見市………………………………………… 23
尼崎市…………………………………… 154, 191	吉林省…………………………………… 37, 145
安徽省……………………………………… 290	岐阜県……………………………………… 216
石川県……………………………………… 78	行田市………………………………………… 84
伊勢市……………………………………… 73	京都市…… 50, 66, 70, 77, 78, 80, 81, 82, 278, 308
茨城県……………………… 23, 42, 88, 188	京都府……………………………………… 227
岩倉市……………………………………… 149	杭州市………………………………………… 48
岩手県……………………………………… 188	呉江市……………………………………… 182
仁川市, 仁川広域市……………… 47, 51, 133	群馬県………………………………………… 93
宇都宮市………………………………… 156, 283	恵州市………………………………………… 94
大阪市……… 41, 50, 52, 60, 61, 83, 110, 138,	広州市…………………………… 48, 67, 177, 239
140, 151, 154, 164, 176, 181	江西省………………………………………… 80
204, 205, 216, 232, 282, 292	江蘇省……………… 59, 111, 133, 171, 182, 222
大阪府……… 52, 83, 110, 138, 149, 154, 289,	神戸市………………… 10, 72, 78, 100, 102, 104, 144,
304, 310, 314, 319, 325, 335	148, 154, 191, 228, 257, 270, 291,
大津市……………………………………… 280	298, 310, 314, 315, 316, 319, 320,
小野市……………………………………… 138	326, 329, 333, 334, 337, 338, 342, 345

371

索　引

黒龍江省……………………………… 37
越谷市………………………………… 170
湖南省………………………… 69, 74, 80
湖北省…………………………… 69, 80
昆山市………………………………… 59
埼玉県……… 18, 19, 20, 84, 124, 170, 211, 238, 259
堺市…………………… 314, 326, 328, 342, 343, 345
篠山市………………………………… 41
鯖江市………………………………… 154
山西省………………………………… 31
山東省………………………………… 219
滋賀県……………………………… 8, 280
静岡県…………………………… 115, 195
四川省……………………… 69, 219, 290
珠海市………………………………… 124
韶関市………………………………… 171
白河市………………………………… 124
深圳市……… 42, 43, 45, 46, 66, 67, 68, 69, 71, 171
瀋陽市………………………………… 34
石家荘市……………………………… 31
浙江省…………………………… 177, 182
摂津市………………………………… 52
仙台市…………………………… 33, 298
蘇州市………………………………… 139
太原市………………………………… 31
台州市………………………………… 182
台北市…………………………… 58, 60, 61
大連市……… 33, 38, 41, 43, 44, 45, 46, 196
高崎市………………………………… 93

高槻市…………………………… 41, 304
宝塚市………………………………… 154
丹波市………………………………… 193
丹陽市………………………………… 182
千歳市………………………………… 23
千葉県………………………………… 87
青島市………………………………… 219
土浦市………………………………… 188
大邱市，大邱（テグ）広域市……… 47, 49
天津市…………………………… 102, 233
桃園県………………………………… 60
東京都……… 3, 8, 34, 56, 88, 93, 123, 124, 132,
　　　　　　 176, 187, 188, 199, 221, 238, 258, 299, 318
徳島県…………………………… 149, 218, 227
栃木県…………………………… 156, 238, 283
苫小牧………………………………… 23
富山県…………………………… 40, 207, 208
豊中市…………………………… 149, 154, 319
東莞市……… 43, 72, 74, 76, 77, 78, 80,
　　　　　　 81, 95, 145, 171, 222
富田林市……………………………… 138
長野県………………………………… 29
長野市………………………………… 29
名古屋市………………………… 83, 163, 188
名張市………………………………… 138
鳴門市………………………………… 218
南京市………………………………… 171
南通市………………………………… 182
寝屋川市……………………………… 138

索 引

函館市 …………………………………… 23
羽曳野市 ……………………………… 110, 310
羽生市 ………………………… 124, 211, 259
東大阪市 ……………………… 83, 84, 154, 289, 320
姫路市 …………………………………… 227
兵庫県 ………………………… 41, 72, 73, 99, 103, 104,
108, 109, 138, 144, 148,
154, 191, 193, 227, 270,
308, 310, 314, 315, 316,
325, 326, 330, 339, 344, 345
広島市 …………………………………… 148
福井県 ……………………………………… 47, 154
福井市 …………………………………… 47
福岡県 …………………………………… 238
福島県 …………………………………… 59, 124
福知山市 ……………………………… 227
釜山市 ……………………………………… 47, 181
藤沢市 ………………………………… 127, 128
富士宮市 ……………………………… 115
撫順市 …………………………………… 34
福建省 …………………………………… 278
北京市 ………………………… 29, 30, 31, 159, 164
北海道 ………………………… 23, 24, 25, 27, 277
本庄市 …………………………………… 18, 19
丸亀市 …………………………………… 73
三重県 ………………………………… 138, 188
三木市 …………………………………… 109
宮城県 ………………………… 8, 23, 33, 40
無錫市 ………………………………… 111, 133

横浜市 ………………………… 22, 93, 144, 206, 223
遼寧省 ………………………… 33, 34, 37, 41, 145
蕨市 …………………………………… 18, 19

【官公庁，団体など】

AOTS（海外技術者研修協会）………… 130, 208
HIDA（海外産業人材育成協会）………… 151
JAVADA（中央職業能力開発協会）……… 207
JETRO，ジェトロ（日本貿易振興機構）…… 190,
202, 229, 266, 276, 327, 334
JICA（国際協力機構）………… 196, 229, 284
JODC（海外貿易開発協会）……………… 130
JQA（日本品質保証機構）………………… 112
NTUC（シンガポール全国労働組織会議）…… 97
PSB（シンガポール生産性標準庁）……… 98
WTO（世界貿易機関）…………………… 246

ひょうご海外ビジネスセンター ………… 330, 335

インドネシア金属労連（FSPMI）………… 90
ジュート省 ……………………………… 221
タイ国工業省 …………………………… 120
ドンナイ省工業団地管理委員会（DIZA）…… 152
フィリピン厚生省 ……………………… 129
フィリピン日本商工会議所 ……………… 130
ヘプザ（HEPZA：ホーチミン市工業団地
　管理委員会）…………………………… 151

373

索引

ベトナム商工省	323
ポルトガル語圏諸国共同体	285
ミャンマー投資委員会（MIC）	159
大蔵財務協会	204
大阪府立中央図書館	204
外資評価委員会（FCEC）	159
外務省	26, 221, 266, 276
川崎市海外ビジネス支援センター（KOBS）	327, 331
川崎市経済労働局	325
韓国中小企業庁	49
近畿経済産業局	323, 334
経済産業省	2, 33, 140, 276
神戸市アジア進出支援センター	5, 329, 314, 333, 337, 341, 342, 345
神戸市産業振興局	325, 345
国際フレーバー工業協会（IOFI）	59
国際香料協会（IFRA）	59
国立印刷局	204
堺国際ビジネス推進協議会	328, 334
堺市産業振興局	325
上海市経済委員会	332
自由貿易区製造業者協会（FTZMA）	190
商業発展研究院	279
情報処理推進機構（IPA）	29
政府労働省（Ministry of Manpower）	97, 196
総務省	315
造幣局	204
中国食品検査局	102
中小企業基盤整備機構	335
中小企業庁	2, 3, 83, 140
電力・エネルギー・鉱物資源省	229
統計局	315
日本モンゴル議員連盟	26
日本香料工業会	56
日本国際協力システム（JICS）	209
日本国大使	229, 285
日本大使館	20, 202, 225, 266, 278
日本統計協会	204
東ティモール暫定行政統治機構	284
北極星勲章	26
香港経済交流事務所	330, 344
両岸経済協力枠組協議（ECFA）	279

【工業団地，特区】

304 工業団地パーク 2	102
EPZ	152, 189, 190, 193, 226
East Jakarta Industrial Park（EJIP）	87, 90, 91
First Philippines Industrial Park（FPIP）	126
アダムジー輸出加工区（AEPZ：Admjee Export Processing Zone）	219, 221, 223, 224, 225
アマタナコン工業団地	115, 116, 292
アラブ・マレイシアン工業団地	138
ウディヨグヴィハール工業団地	212

374

索 引

カトナヤケ輸出加工区（Katunayake Export Processing Zone） ……… 187, 188, 190, 191
カビテ経済特区（Cavite Economic Zone） ……………………………… 127, 128
サウスダッカ工業団地 ……………………… 227
ジュロン工業団地 ……………………… 99, 100
チャンヅエ工業団地 ……………………… 148
バタミンド工業団地 ……………………… 280
バシル・グダン工業団地 ……………………… 101
プノンペン特別経済特区（PPSEZ, Phnom Penh Special Economic Zone） ……… 170, 173, 174, 175, 282
マネサール工業団地 ……………………… 211, 212
ラグナテクノパーク ……………………… 123, 124, 125
リンチュン輸出加工区 ……………………… 150
ロジャナ工業団地 ……………………… 219
ロンドウック工業団地 ……………………… 149, 152, 153, 154, 292, 323, 324

太田テクノパーク ……………………… 292
金属表面処理科技工業園区 ……………………… 133
国際戦略総合特区 ……………………… 337
国家高新技術産業開発区 ……………………… 111
新界元朗工業団地 ……………………… 42
蘇州経済開発区 ……………………… 139
大連経済技術開発区 ……………………… 38, 41, 43
特別輸出加工区 ……………………… 123
野村ハイフォン工業団地 ……………………… 145

【証券取引所】
Catalist ……………………… 299

コロンボ証券取引所 ……………………… 299
シンガポール取引所 ……………………… 299
ジャスダック証券取引所，ジャスダック市場 ……………………… 9, 56, 156
タイ証券取引所 ……………………… 106, 112, 299
ネパール証券取引所 ……………………… 299
モンゴル証券取引所 ……………………… 277

京都証券取引所 ……………………… 67
新興市場（MAI, Market for Alternative Investment） ……………………… 112, 299
大阪証券取引所，大証 ……………………… 9, 61, 67
東京証券取引所，東証 … 3, 9, 67, 108, 156, 232, 278
名古屋証券取引所，名証 ……………………… 9, 48

【大　学】
コロンボ大学 ……………………… 196
カトマンズ大学 ……………………… 200
トリブバン大学 ……………………… 201, 208
ホーチミン工科大学 ……………………… 150, 152
モルトゥワ大学 ……………………… 196
モンゴル科学技術大学 ……………………… 20
モンゴル大学 ……………………… 21

375

索 引

亜細亜大学	85
大阪府立大学	204
香川大学	101
上海交通大学	332
信州大学	30
東京都市大学	195
東ティモール大学	284
東ティモール ポリテクニック	284
福井大学	142
武蔵工業大学	195
立命館アジア太平洋大学	101

【企 業】

DIPSOL (M) SDN. BHD.	132, 133 134, 135, 137, 138
DYL モーターサイクル	241
HIKARI アカデミー	151
i.i.i.	216
KAMI ELECTRONICS INTERNATIONAL BANGLADESH LTD.	227, 229, 230, 231
Engtek Philippines	124
KC コンサルティング	199, 200, 202, 296
KING ALCOHOL INDUSTRIES (S) PTE. LTD.	99, 100, 103
KOBAYASHI INDUSTRIAL (THAILAND) CO., LTD.	115, 117, 118, 122, 252
KYOTECH THAILAND CO., LTD.	95
KYOWA SINGAPORE PTE. LTD.	93, 94, 95
Kee Fatt Industries	291
Leakless Gasket India	239
Muramoto Electron (Thailand) Public Co., Ltd.	104, 105, 106, 107, 108, 109, 260, 299
Nikkoshi Electronics Philippines, Inc.	123, 124, 125, 126
NSA	117, 118
P. IMES Corporation	127, 128, 129, 130, 131
P.T. KOMODA INDONESIA	87, 88, 89, 90, 91
P.T. MEIWA INDONESIA	83, 84, 85, 289
SUNCALL TECHNOLOGIES (SZ) CO., LTD.	67
WITCO VIETNAM LTD.	144, 145, 146, 147, 148
かんぽう	204, 205
かんぽうネパール	204, 205, 206
ぎょうせい	204
しまむら	211, 218
ばんせい証券	299
やまと工業	128
アイザワモンゴル	23, 24, 25, 26, 27
アイメス	127, 128, 129, 131
アサノ建材	154
アサヒ・リンク	216
アトラス バッテリー	241

索 引

アトラス ホンダ …………………………… 240, 241	トヨタキルロスカ・モータ…………………… 260
インドフルシマ検品センター………………… 211, 212, 213, 215, 216, 259	トロピカル ファインディングス リミテッド … 187, 188, 189, 190
ウイトコ………………………………… 9, 144, 145, 148	ドナフード……………………………………… 152
ウスイランカ ……………… 191, 192, 193, 194, 298	ニッカコリア…………………………… 47, 48, 49, 51
エクサイド パキスタン ……………………… 241	ニッコーシ………………………… 123, 124, 125, 126
エマーソン………………………………………… 130	ニッタン………………………………………… 130
キムラシール…………………………………… 154	ネッツエスアイ東洋………………………………… 227
キング醸造………………………… 8, 99, 100, 101, 102, 103	ネパール KCC ………… 199, 200, 201, 202, 203, 295
コモドエンジニアリング………………… 87, 88, 89, 91	パキスタン リークレス インダストリーズ …………………………………… 238, 239, 240, 241
サカタインクインターナショナル……………… 123, 125	ファッションクロスフルシマ………………… 211, 214, 215, 216, 217, 259
サンコール…………………………… 66, 67, 70, 71	フクオカラシ……………………………………… 154
サンコール香港 ……………… 66, 67, 68, 69, 70, 72	プルドア………………………………………… 138
ザ・サポートベトナム……………… 149, 152, 153, 154, 292, 293, 324	プロトン………………………………………… 138
システックス…………………………………… 29, 30	ベラ通商………………………………………… 216
シャングリラホテル…………………………………… 26	ペガサスミシンシンガポール………… 232, 236, 237
ジーエフ………………………………………… 216	ペガサスミシン製造……………… 3, 8, 9, 232, 233, 236, 262, 302
スリランカ航空…………………………………… 188	ホンダ アトラス カーズ パキスタン……… 240, 241
スワロフスキー…………………………………… 188	マニー……………… 156, 157, 158, 159, 161, 162, 283
タイガーウィング……………………………… 291	マニーヤンゴン…………………… 156, 159, 161, 162
タイミツワ………………… 110, 111, 112, 113, 114, 299	マルニックス……………………………… 170, 172
タイ都筑………………………………………… 118	マルニックス・カンボジア………………… 170, 172, 173, 174, 175
タイ山喜………………………………………… 283	
タッチパネル・システムズ…………………… 227	ミツワ電機工業…… 110, 111, 112, 113, 114, 299, 310
ダイショープレーン……………………………… 43	ミドリ安全………………………………… 176, 177, 178
ディップソール………………… 132, 133, 134, 137	ミャンマー DCR ………………… 163, 164, 165, 166,
トーケンマレーシア…… 138, 139, 140, 141, 142, 143	
トビー工業……………………………………… 88	

377

索 引

	167, 168, 169, 295
ミヤテック・インターナショナル	270
ミレニアム エンジニアリング	239, 240, 241, 242
メイケン	270
メタテクノ	194, 195, 198
メタテクノランカ	194, 195, 196, 197, 198, 295
メテック	308
ラオ ミドリ セフティ シューズ	176, 177, 178, 179
ラオシューズ	181, 182, 183, 184, 185, 291
ラオ山喜	176, 283
ラガーコーポレーション	291
ワタベウェディング	278
會澤高圧コンクリート	23, 24, 26
旭食品	100
安藤建設・間組	210
市光工業	116
石川島建材工業	116
石勘	77, 78, 79, 80, 81, 82
上原精工	154
上村工業	60, 61, 62, 64, 65
薄井興産	191, 192, 193, 296, 298
臼井国際産業	116
大阪中小企業投資育成	84, 110
大阪マルニ	181, 182, 184, 185, 291
小田原機器	195
甲斐エンジニアリング	116
香川ダイカスト工業所	154

株式会社協和	93, 94, 95
加美電機	227, 228, 229, 230, 231, 296, 308
韓国三星ダイヤモンド工業	51, 53, 55
技研サカタシンガポール	299
京蝶苑（香港）	77, 79, 80, 81
京蝶苑和服工藝廠	77, 80
協和株式会社	41, 43, 45, 304
協和シンガポール	95, 96, 98
京葉ユーティリティ	195
群馬電子	74
弘進ゴム	8, 33, 34, 36, 37, 38, 40, 298
小林工業	115, 116, 117, 118
酒井重工業	88
賛光精機	18, 19, 20, 21, 296
賛光テックモンゴリア	18, 19, 20, 21, 22
三星ダイヤモンド工業	52, 53, 54, 55
芝浦電子	53
新确精密科技（深圳）	66, 67, 68, 69, 70, 72
新確精密（香港）	66
進功プラスト	154
曽田香料	56, 57, 58, 59, 279
第一コンピュータリソース	163, 165, 166, 167
第一法規	204
太陽刷子ベトナム	154
大連大暁協和精模注塑	41, 43, 45
大連金弘橡胶	33, 34, 35, 37, 39, 40, 298
台灣上村	60, 61, 62, 63, 64, 65
台湾曽田香料	56, 58, 59, 60
立山黒部貫光	208

索 引

立山劔岳周辺山荘……………… 208	丸久……………… 218, 219, 220, 221, 224
中央法規………………………… 204	丸久パシフィック………… 218, 219, 220
辻鐵工…………………………… 154	丸平精研………………………… 154
東栄産業………………………132, 134	村元工作所……… 10, 104, 105, 106, 107, 108,
東京中小企業投資育成……………29	109, 257, 260, 299, 306, 310
東研サーモテック……138, 139, 140, 141, 142, 143	明興産業……………… 72, 77, 319, 320, 323
東洋電機……………………………73	明興産業（香港）……… 72, 73, 74, 75, 77, 252
東莞萬江明興産業塑膠製品廠………72, 74, 75, 76, 77	明和グラビア………… 83, 84, 85, 86, 289
	八木金属………………………… 154
中川装身具工業……………187, 188, 189	山喜……………………………… 176
長瀬産業………………………… 123	山下電気………………………… 128
名古屋中小企業投資育成………… 163	横浜印刷（バングラデシュ）…… 221, 223
新潟原動機………………………… 88	横浜テープ工業………………221, 222, 223
日華化学……………… 47, 48, 49, 50, 51	
日伸工業バタム………………… 280	
日成化学鍍金…………………… 154	
日本技研…………………………… 74	【専門用語】
日本軽金属……………………… 116	BTO（Business Transformation Outsourcing）
日本リークレス工業……………238, 239, 240, 241	…………………………………… 164
根本杏林堂……………………… 195	BVC（Bureau Veritus Certification）……… 117
富士インパルス………149, 151, 152, 154, 319, 320, 321, 323	CMMI…………………………… 195
富士インパルスベトナム………149, 150, 154	CMP（Cutting, Making, Packing）……… 161
	ERP（Enterprise Resource Planning）… 203, 242
富士シート……………………… 86	Employee Welfare Committee …………… 190
北京信思成信息技術…… 29, 30, 31, 32, 295	GSP（Generalized System of Preference 特恵関税制度）……………… 178, 220
牧野フライス……………………… 18	ISO 13485 …………………………… 129
丸新志鷹………………207, 208, 209, 210	ISO／TS 16949 ……………………… 141
	JIS T 8101 …………………………… 177

379

索　引

KTX（高速鉄道）・・・・・・・・・・・・・・・・・・・・・・・　47
LC，L/C（Letter of Credit, 信用状）・・・・・・・・・　161,
　　　　　　　　　　　　　　　　225, 236, 254
OHSAS 18001・・・・・・・・・・・・・・・・・・・・・・　125, 141
SPA（アパレル製造小売業）・・・・・・・・・・・・・・・　219
Tier 1，1次請け・・・・・・・・・・・・・・・・　86, 117, 139

がんぴ（雁皮）・・・・・・・・・・・・・・・・・・・・・・・・・・・　206
こうぞ（楮）・・・・・・・・・・・・・・・・・・・・・・・・・・・・・　205
みつまた（三椏）・・・・・・・・・・・・・　204, 205, 206, 207

アジアのデトロイト・・・・・・・・・・・・・・・・・・・・・・・・　98
アジア通貨危機・・・・・・・・・・・・・・　106, 134, 141, 142
イスカンダルプロジェクト・・・・・・・・・・・・・・・・・・　281
インキュベーションファクトリー・・・・・・・・・・・・　154
インセンティブ・・・・・・・・・・・・・・・・・・　128, 190, 282
インタビューリスト・・・・・・・・・・・・・・・・・・・・・・　5, 12
カントリーリスク・・・・・・・・・　78, 158, 233, 289, 309, 317
ジェネレータ（発電機）・・・・・・・・・　67, 75, 130, 147,
　　　　　　　　168, 179, 190, 202, 216, 225, 242, 286
スウィービング・・・・・・・・・・・・・・・・・・・・・・・・・・・・　90
ストライキ・・・・・・・・・・・・・・　136, 151, 203, 259, 260, 311
セールスコミッション・・・・・・・・・・・・・・・・・・　137, 248
ゼロサム市場・・・・・・・・・・・・・・・・・・・・・・・・・・・・・　82
タイの大洪水・・・・・・・・・　94, 112, 114, 117, 134, 309
ダイナミズム・・・・・・・・・・・・・・・・・・・・・・・・・・・・・　60
チャイナ プラス ワン・・・・・・・・・・・・・・・・・　165, 223
チャイナリスク・・・・・・・・・・・・・・・・・・・・・・・・・・・　220
ツイン・オペレーション・・・　97, 98, 279, 280, 281, 290

デモ・・・・・・・・・・・・・・・・・・・・・・・・・・　90, 92, 224, 225
ネット人力バンク・・・・・・・・・・・・・・・・・・・・・・・・・　63
ハラル・・・・・・・・・・・・・・・・・・・・・・・・・・　258, 286, 287
ハルタル・・・・・・・・・・・・・・・・・・・・・・・・・・・・・・・　225
パーツ経済圏・・・・・・・・・・・・・・・・・・・・・・・・・・・　282
バイバック・・・・・・・・・・・・・・・・・・・・・・・・・・・・・・　316
バンダ・・・・・・・・・・・・・・・・・・・・・・・・・・・・・・・・・　203
ビジネスモデル・・・・・・・・　72, 77, 81, 97, 102, 143, 161,
　　　　　　　　178, 183, 196, 206, 252, 277, 279, 295
ビジネスリスク・・・・・・・・・・・・・・・・・・・・・・・　32, 289
ファッションジュエリー・・・・・・・・・・・・・・・　187, 188
フランチャイズ契約・・・・・・・・・・・・・・・・・・・・・・・　317
フレーバリスト・・・・・・・・・・・・・・・・・・・・・・・・・・・　58
ブーメラン効果・・・・・・・・・・・・・・・・・・・・・・・・・・　269
ポスト M&A・・・・・・・・・・・・・・・・・・・・・・・・・・・・・　36
ポストアジア・・・・・・・・・・・・・・・・・・・・・・・・・・・・　294
マオイスト・・・・・・・・・・・・・・・・・・・・・・・・・・・・・・　206
ライセンス・・・・・・・・・・・　24, 28, 65, 68, 81, 128,
　　　　　　　　　　　　　152, 250, 258, 323, 324
ラボラトリー開発・・・・・・・・・・・・・・・・・・・・・・・・　164
リーマン・ショック・・・・・・・・・　21, 30, 34, 56, 64, 86,
　　　　　　　93, 95, 96, 97, 104, 107, 142,
　　　　　171, 272, 285, 316, 320, 321, 322
リエゾンオフィス・・・・・・・・・・・・・・・　232, 236, 237, 302
リスク・・・・・・・・・・・・・・　32, 70, 77, 111, 131, 169,
　　　　223, 252, 256, 258, 265, 269, 278, 279, 281,
　　　　283, 293, 308, 309, 324, 329, 333, 336, 337
レンタル工場・・・・・・・・・・・・・・・　153, 154, 292, 293, 324
ロイヤルティ・・・・・・・・・・　14, 65, 70, 92, 114, 118, 137,

索 引

　　　　　　　　　　　142, 143, 152, 226, 232, 247, 248, 249,
　　　　　　　　　　　250, 251, 252, 263, 297, 299, 317, 318
ロクタ……………………………… 206
ロックアウト…………………………… 260

安定電圧装置……………………………… 225
委託加工貿易…………………………… 161
一貫生産………………………… 77, 96, 221
移転価格……………… 92, 248, 251, 262, 263, 265, 298
異文化経営……………………………… 258
内なる国際化…………………………… 267, 268
益金算入…………………………………… 251, 261
欧州債務問題…………………………… 235
親子ローン……………………… 45, 55, 70, 118, 137,
　　　　　　　　　　　142, 143, 151, 254, 261, 299
恩典……………………………… 8, 15, 68, 112, 128,
　　　　　　　　　　　172, 282, 285, 287, 317
海外シフト………………………………… 10, 11
海外従業員比率………………………………… 9
海外生産比率……………………………… 66
外形標準課税……………………………… 8
外国人労働者………………………… 135, 136, 141,
　　　　　　　　　　　259, 281, 291, 292
外資優遇策……………………………… 282
価格競争力………………………… 35, 150, 166, 310
価格弾力性……………………………… 231
合作……………………………… 34, 36, 37, 298
稼動率……………………………… 252, 294
企業化調査………………… 35, 116, 252, 291, 323, 325

危険予知能力…………………………… 268, 269
技術援助契約……………… 70, 113, 114, 143,
　　　　　　　　　　　248, 249, 258, 263, 317, 318
技術援助料………………… 14, 15, 114, 137,
　　　　　　　　　　　143, 249, 250, 317
機密保持契約…………………………… 266, 297
近畿裾野産業集積モデル…………………… 323
勤続年数…………… 13, 31, 34, 44, 54, 58, 63, 69,
　　　　　　　　　　76, 80, 86, 89, 97, 114, 130, 146,
　　　　　　　　　　150, 179, 182, 216, 236
経営危機……………………………… 142, 252
経済波及効果…………………………… 345, 346
顕在需要……………………………… 231
現地調達……………… 14, 53, 54, 70, 73, 91,
　　　　　　　　　　130, 147, 148, 175, 222, 254, 318
後継者……………………… 304, 305, 306, 319, 320, 321
高収益事業……………………………… 156, 250
工場排水……………………………… 119
雇用の流出……………………………… 316
合弁…………………… 5, 24, 26, 29, 30, 43, 47, 48, 61,
　　　　　　　　　　67, 89, 94, 102, 117, 125, 139, 152,
　　　　　　　　　　158, 162, 177, 219, 222, 233, 238,
　　　　　　　　　　239, 240, 241, 246, 247, 249, 250,
　　　　　　　　　　258, 263, 264, 265, 269, 270, 271,
　　　　　　　　　　276, 277, 291, 296, 297, 298, 301, 323
国際契約…………… 232, 249, 257, 258, 265, 273
国際スキーム……………………………… 252
国際入札………………………………… 209, 210
国家税収………………………………… 263

381

索 引

雇用契約書‥‥‥‥‥‥‥‥‥‥‥‥ 266
最低賃金‥‥‥‥‥‥‥‥ 14, 44, 54, 69, 76, 86, 87, 90,
　　　　　　98, 135, 136, 141, 142, 146, 174, 179,
　　　　　　202, 224, 260, 270, 272, 289, 293
最適地生産‥‥‥‥‥‥‥‥‥‥‥‥ 109
差別化‥‥‥‥‥‥‥‥‥‥‥‥‥ 34, 169
山岳民族‥‥‥‥‥‥‥‥‥‥‥‥‥ 207
産学連携‥‥‥‥‥‥‥‥‥‥‥ 326, 340
産業の空洞化‥‥‥‥‥‥‥‥ 317, 320, 336
資金調達‥‥‥‥‥‥ 14, 36, 45, 55, 65, 70, 106,
　　　　　　112, 114, 142, 151, 210,
　　　　　　260, 261, 268, 299, 300
事業撤退‥‥‥‥‥‥‥‥ 255, 270, 271, 310, 311
実効税率‥‥‥‥‥‥‥‥‥‥‥ 261, 298
失敗事例‥‥‥‥‥‥‥‥‥‥‥‥‥ 269
従業員協力会‥‥‥‥‥‥‥‥‥‥‥ 130
出張検品‥‥‥‥‥‥‥‥ 212, 213, 216, 217
瞬間停電，瞬停‥‥‥‥‥‥‥ 28, 168, 242
小規模事業者‥‥‥‥‥‥‥‥‥‥‥ 2, 3
人材育成‥‥‥‥‥‥ 14, 19, 21, 27, 58, 64, 79, 130,
　　　　　　151, 153, 161, 175, 183, 257,
　　　　　　284, 311, 318, 324, 333, 338
人材市場‥‥‥‥‥‥‥‥‥‥‥ 44, 69, 76
製造ノウハウ‥‥‥‥‥‥‥‥‥‥‥ 323
税務インパクト‥‥‥‥‥‥‥‥ 261, 299
節税恩典‥‥‥‥‥‥‥‥‥‥‥‥‥ 298
戦略開発計画‥‥‥‥‥‥‥‥‥‥‥ 284
創業家‥‥‥‥‥‥‥ 9, 29, 33, 41, 78, 84, 88, 93,
　　　　　　101, 110, 112, 132, 139, 149, 254,
　　　　　　257, 268, 304, 305, 306, 310
贈与‥‥‥‥‥‥‥‥‥‥‥‥‥‥‥ 249
損益分岐点‥‥‥‥‥‥‥‥‥‥ 142, 253
損金算入‥‥‥‥‥‥‥‥‥ 248, 251, 261
対価回収‥‥‥‥‥‥‥‥‥‥‥‥‥ 323
第三者検品‥‥‥‥‥‥‥‥‥‥ 214, 216
脱税‥‥‥‥‥‥‥‥‥‥‥‥‥‥‥ 298
多民族国家‥‥‥‥‥‥‥‥‥‥‥‥ 291
治安対策‥‥‥‥‥‥‥‥‥‥‥‥‥ 242
地域戦略‥‥‥‥‥‥‥‥‥‥‥‥‥ 276
仲介人‥‥‥‥‥‥‥‥‥‥‥‥‥‥ 255
賃貸工場‥‥‥‥‥‥‥‥‥‥‥‥‥ 292
定点工場‥‥‥‥‥‥‥‥‥‥‥‥‥ 246
撤退事例‥‥‥‥‥‥‥‥‥‥‥‥‥ 269
転廠‥‥‥‥‥‥‥‥‥‥‥‥‥‥‥ 74
電信為替‥‥‥‥‥‥‥‥ 175, 184, 225, 237
東西経済第1回廊‥‥‥‥‥‥‥‥‥ 283
投資回収‥‥‥‥‥‥‥‥ 70, 137, 231, 254,
　　　　　　261, 269, 271, 299, 317
投資保護協定‥‥‥‥‥‥‥‥‥ 178, 308
同族企業‥‥‥‥‥‥‥‥‥‥‥‥‥ 18
独資‥‥‥‥‥‥‥‥‥ 34, 37, 42, 43, 68, 69,
　　　　　　81, 139, 163, 165, 171, 172,
　　　　　　222, 223, 239, 247, 249, 323
途中解約‥‥‥‥‥‥‥‥‥‥‥ 247, 297
特恵関税‥‥‥‥‥‥‥‥ 73, 100, 101, 121,
　　　　　　178, 183, 220, 266, 294
日本語教育‥‥‥‥‥‥‥ 32, 142, 151, 197, 201
日本語能力試験‥‥‥‥‥‥‥‥ 32, 64, 166

382

索 引

排水処理……………………………… 134, 137

買収後の経営………………………… 38, 298

阪神・淡路大震災…………………………… 228

東日本大震災………………… 34, 56, 58, 94

法廷闘争……………………………………… 264

保税……………………… 28, 43, 152, 178, 225

水気耕栽培…………………………… 41, 43

無借金経営…………………… 65, 114, 137

無停電電源装置（UPS）……… 65, 168, 179, 225

免税恩典……………………………………… 290

輸入割当制度………………………………… 234

寄り添い型…………… 325, 329, 334, 338, 342

来料加工…………… 42, 68, 72, 74, 77, 81

利益還元…………………………… 251, 338

利益還流………………………………… 338

離職……………………… 13, 31, 35, 37, 38, 44,
63, 69, 121, 136, 173, 174,
179, 180, 196, 201, 224, 226

労使関係………………………… 107, 260

労働組合…………………… 13, 14, 44, 54, 69,
86, 87, 90, 97, 114, 120,
121, 130, 136, 142, 146,
151, 190, 193, 206, 216,
224, 243, 259, 260, 271,
290, 302

労働争議………………… 174, 193, 259, 260

383

著者紹介

〈略歴〉
- 1971年　東北大学経済学部卒業，松下電器産業（現・パナソニック）入社
- 1981年　米国イリノイ大学企業派遣留学
　　　　　エグゼキュティブ・デベロプメントセンター PEATA プログラム修了
- 1994年　松下電子工業取締役経営企画室長
- 1996年　松下電器産業本社経営企画室グローバル企画グループリーダー
- 1998年　同社アジア大洋州本部企画部長
- 2001年　同社アジア大洋州地域統括会社アジア松下電器副社長
- 2003年　同社本社グローバル戦略研究所首席研究員
- 2007年　甲南大学経営学部教授に就任（現在に至る）

〈専門分野〉
　ASEAN，中国，インドを包含するアジア経営戦略論

〈所属学会〉
　国際ビジネス研究学会，アジア経営学会

〈著書〉
　「激動するアジア経営戦略　―中国・インド・ASEANから中東・アフリカまで―」，日刊工業新聞社，2009年
　「サービス産業のアジア成長戦略」，日刊工業新聞社，2011年　他

〈対外役職歴〉
- 経済産業省経済産業政策局「グローバル産業金融研究会」委員
- 経済産業省製造産業局「ASEAN・インドを中心とする製造業の国際分業に関する研究会」委員
- 金融庁・財務省・日銀「アジア金融資本市場とわが国市場の発展に関する共同研究会」委員
- 日本貿易振興機構・アジア経済研究所　業績評価委員
- 大阪市総合計画審議会専門委員
- 大阪市夢州産業・物流ゾーン推進会議委員
- 神戸市産業振興局「神戸中小企業のアジア進出研究会」座長
- 神戸市アジア進出支援センター顧問　　他多数

実態調査で見た
中堅・中小企業のアジア進出戦略「光と陰」 NDC335

2014年8月30日 初版1刷発行 （定価はカバーに表示してあります）

　　　　Ⓒ 著　者　　安積　敏政
　　　　　 発行者　　井水　治博
　　　　　 発行所　　日刊工業新聞社
　　　　　 〒103-8548　東京都中央区日本橋小網町14-1
　　　　　 電　話　　書籍編集部　03（5644）7490
　　　　　 　　　　　販売・管理部　03（5644）7410
　　　　　 F A X　　03（5644）7400
　　　　　 振替口座　00190-2-186076
　　　　　 Ｕ Ｒ Ｌ　　http://www.nikkan.co.jp/pub
　　　　　 e-mail　　info@media.nikkan.co.jp
　　　　製　作　　（株）日刊工業出版プロダクション
　　　　印刷・製本　新日本印刷（株）

落丁・乱丁本はお取り替えいたします。　　2014 Printed in Japan
ISBN 978-4-526-07291-8　C3034

本書の無断複写は，著作権法上の例外を除き禁じられています。